应用型学前教育专业系列教材

丛书主编　蔡迎旗

本书是国家卓越幼儿园教师培养计划改革项目“中澳合作办学——国际性卓越幼儿园教师培养模式探索”的研究成果

幼儿社会教育与活动指导

主　编　邢莉莉

副主编　徐振兰　顾联胜

WUHAN UNIVERSITY PRESS
武汉大学出版社

编写委员会名单

总　序

幼儿教师是幼儿学习与发展的支持者、促进者与引导者。幼儿教师的素质直接决定着我国幼教机构的办学水平，也是保障我国适龄儿童接受基本而有质量的学前教育的关键性因素。而高质量的幼教师资来源于高水平的学前教师教育。为顺应我国学前教育事业发展的迫切需求，2011 年至 2012 年，我国先后颁布了《教师教育课程标准（试行）》和《幼儿园教师专业标准（试行）》，幼儿园教师资格制度和聘任制度也随之进行了一系列急剧变革与转型。

我国教师职前教育倡导育人为本，要求准教师们树立正确的儿童观、学生观、教师观与教育观；奉行实践取向，引导未来教师主动建构教育知识，掌握必备的专业知识与技能，发展实践能力，学会发现和解决实际问题，形成个人的教学风格和实践智慧；要求他们终身学习，树立正确的专业理想，养成独立思考和自主学习的习惯，加深专业理解，形成终身学习和应对挑战的能力。

我国学前教师教育课程改革既具有一般教师教育所具有的共性，也具有鲜明的学前教育特色，这彰显了学前儿童的年龄特征和我国独树一帜的学前教师教育的传统与积淀。当前，我国学前教师教育课程已呈现如下五种趋势。

第一，生动多样的师德与理念教育。除必要的公共政治课程以外，国家要求各级各类幼师院校突出师德修养教育，采取多种生动活泼的教育教学方式，提升准幼儿教师的师德修养。如开设幼儿园教师专业特点与道德规范、中国名师风采录、幼儿教师生涯讲座、学前教育政策法规、现代幼儿园教师职业风范与专长成长等课程。

第二，保教相融的课程体系。依据幼儿园教师专业标准，遵循教师培养和发展规律，以加强专业理想、专业基础、实践能力、反思与研究能力为核心，构建保育与教育相融合、幼儿园与家庭和社区教育相结合、幼儿生活与游戏和学习于一体的课程体系，用以培养准幼儿教师的保教一体化的能力。

第三，全面平衡的课程结构。我国正通过幼儿园教师资格制度、聘任制度、评优评先制度等的改革，倒逼各级各类幼师院校与专业，促使其纠正以往过分偏重艺术技能而相对忽视人文科学类课程、教育素养类课程的倾向，注意课程结构中的师德理念、人文素养、科学素养、信息素养、教育素养、艺体素养、科研素养等的协调与平衡。

第四，实践取向的课程内容。为培养准幼儿教师的教育教学能力，许多幼师院校与专业开设了大量务实的实践取向课程。如幼儿园五大领域的活动设计和案例分析类课程、幼儿园环境布置与玩教具制作、动漫画设计技术、音乐、美术、戏剧等方面的课程。

第五，模块式的课程设计。我国各类幼师院校与专业正竭力打破学前教育学、学前心理学、幼儿园各科教学法“老三门”的课程结构体系，开设模块化的、开放的、专题性的学前教育课程。基于学前教育专业各类人才培养目标，合理配置各课程模块，如音乐教育模块、美术教育模块、健康教育模块、特殊教育模块等。通过设先行课，将学生导入不同模块课程，引导学生多样化、有个性地发展。

以上学前教师教育课程改革已对我国原有的传统意义上的大中专学校的教材和教辅资料提出了严峻挑战，要求学前教育同仁务必更新教学资源观、教师教育观和学前教师观，依据我国幼儿园教师专业标准和教师教育课程标准，遴选课程并合理设计教材。

本套基于《教师教育课程标准（试行）》的应用型学前教育专业系列教材，正是应我国学前教师教育改革的时势而生，充分体现了以上提及的学前教师教育课程改革的五种发展趋势。适用于大中专学校的课程与教学，也可作为学前教育爱好者、相关工作人员的专业拓展学习。本丛书涵盖了学前教育大中专学校绝大多数专业课程；内容具有一定的理论性，更具有实践应用的特征；编写规范与设计务实活泼，知识点和案例穿插其中；丛书的编委遍及全国；作者主要来自华中和华南地区的本、专科院校，他们均具有丰富的教学经验和较好的研究基础。

在丛书的编写过程中，我们参阅、借鉴和引用了国内外许多同行的观点与成果。各位同仁的研究奠定了本丛书的学术基础，在此一并感谢。另外，受水平和时间所限，书中难免有疏漏和不当之处，敬请读者批评指正。

最后，我谨代表丛书的所有编委和作者，衷心感谢本丛书的策划者谢群英编辑和武汉大学出版社有关领导。他们对学前教育满腔热情，对丛书的未来充满信心，极度地敬业与审慎。出版丛书虽是一项浩大而艰苦的工作，但有谢群英编辑和武汉大学出版社相伴而行，相信梦想终会成真。

蔡迎旗

2015 年 5 月

武汉桂子山 · 华中师范大学教育学院

前　　言

我希望当你拿到并阅读这本书时，能够体会到做一名合格的幼儿园教师所要拥有的能力、付出的辛劳和收获的喜悦！你应该是一个社会性发展较完备的人，需要具备良好的师德、先进的教育观念；需要掌握幼儿社会教育的基本理论知识；需要拥有实施幼儿社会教育教学的基本技能。

你知道什么是幼儿社会教育吗？你了解幼儿社会性发展的特点吗？你知道幼儿社会教育需要达成怎样的目标、选择怎样的内容、通过什么样的方法和途径来进行吗？你能设计出适合幼儿的教学活动、撰写出教案吗？你能上好幼儿园社会领域课程吗？你会听评课和说课吗？你是否具备了做一名合格的幼儿园教师的条件了呢？如果没有，那就请你再加把劲儿，努力吧！

下面，我来介绍一下这本书。幼儿社会教育是幼儿园五大领域课程之一，本书主要介绍了幼儿社会教育领域的相关理论与实践。本书以《幼儿园教师专业标准（试行）》为主要依据，以培养理论与实践能力相结合的应用型学前教育人才为出发点，在《幼儿园教育指导纲要（试行）》和《3~6 岁儿童学习与发展指南》的指导精神下，立足于师范院校学前教育本、专科学生的教学实际，力图体现学前教育教师的专业标准要求，着重于学生应用性技能的锻炼。

本书共分为九章，内容如下：

第一章，幼儿社会教育概述。主要介绍了幼儿社会教育的内涵、功能、现状、问题、发展趋势以及幼儿社会教师的培养要求及方法等，以引导学习者从宏观层面了解幼儿社会教育，并树立不断进行专业成长的信念与决心。

第二章，幼儿社会性发展的特点及理论。主要介绍了幼儿社会认知、情感、行为发展的特点和幼儿社会发展的四种主要理论、四大影响因素等，以帮助学习者更好地了解幼儿社会发展的情况，并从理论上审视现实，分析幼儿的发展差异。

第三章，幼儿社会教育的目标与内容。主要介绍了幼儿社会领域教育课程的目标历史沿革、《纲要》和《指南》中的目标分析以及宏观到微观的目标分类结构、幼儿社会教育的内容依据、《纲要》和《指南》中对教育内容的表述与要求以及理解内容时的关注要点等，以引导学习者从历史和重要文件精神的角度掌握幼儿社会教育的目标和内容，并逐步分解、细化。

第四章，幼儿社会教育的途径与方法。主要介绍了幼儿社会教育四个主要途径及三类方法，以帮助学习者理解幼儿社会教育的整合性、渗透性、丰富性、全面性，能通过多种途径和多种方法来施以幼儿社会教育。

第五章，幼儿社会教育活动的设计与指导。主要介绍了三类需要教师预设的教学形式，即单次集体教学活动、主题教学活动和区域教学活动在设计与实施方面的理论与经验，以引导学习者掌握教学活动设计与实施的理论方法，并将其逐步运用于实际教学中。

第六章，幼儿人际交往的教育与活动指导。主要介绍了在“人际交往”目标下，根据不同年龄阶段幼儿的心理行为特征而进行的教学活动目标设计和教育活动实施的指导要点，以帮助学习者掌握更具体的教学操作方法，开展“人际交往”方面的教学活动。

第七章，幼儿社会适应的教育与活动指导。主要介绍了“社会适应”目标下，3~4岁、4~5岁、5~6岁幼儿的心理行为特点、教学活动目标设计要点及教学活动指导策略，以帮助学习者掌握和组织“社会适应”方面的更具操作性的教学活动。

第八章，幼儿问题行为及指导。主要介绍了幼儿问题行为的内涵、分类、幼儿常见的问题行为、影响因素以及幼儿问题行为指导方法等，以引导学习者关注幼儿的问题行为、正确对待幼儿的问题行为，并掌握对幼儿问题行为进行指导的主要方法。

第九章，幼儿社会教育评价。主要介绍了幼儿社会教育评价的内涵、意义、原则、幼儿社会性发展评价以及幼儿社会教育活动评价的主要内容和方法，以帮助学习者掌握教育评价的相关知识和技能。

本书主要具有以下几个特色：

1. 力图突出知识的系统性。本书从幼儿社会教育学科入手、以幼儿社会性发展理论为基础，分别从目标、内容、途径、方法、活动设计与指导、教育评价等方面阐述了教育从理论走向实践的方法，又专门设立“人际交往”和“社会适应”两个模块进行更加具体的应用性指导，还包含了幼儿问题行为的指导，从宏观到微观、从理论到实际、从一般到特殊，力图形成系统性的幼儿社会教育学科知识。另外，每章都设有学习目标、教学重难点、小结、思考题、推荐阅读等栏目，有助于学习者巩固和加深对知识的系统性掌握。

2. 强调教学的实践性。本书由多年从教幼儿社会教育的师范院校教师和幼儿园一线教师组成编写团队，在书稿编排和写作中力图突出教学的实践性特点。书中设有知识链接、案例导入、活动示例及拓展训练等项目，有助于学习者将理论与实践结合。书中第一章提出了对幼儿社会教师的素养要求及训练方法，也是希望学习者要以“专业标准”要求自己，努力学习与实践，不断促进自己的专业发展，成为“应用型”的学前教育人才。

全书由邢莉莉统稿、定稿。具体编写情况如下：邢莉莉编写第一章、第二章、第五章和第九章；徐振兰编写第三章、第四章和第八章；顾联胜编写第六章；李延花编写第七章第一节和第三节；孙艳萍编写第七章第二节。

在本书编写期间，得到了沧州市第一幼儿园、华中科技大学附属幼儿园、邢台市桥西区三环逸夫小学附属幼儿园的老师们的大力支持，在这里一并感谢！

本书的成稿还得益于许多专家学者的前期研究成果，感谢前人的“树荫”让我们可以在“乘凉”的基础上不断创新和完善。

最后，我还要感谢我的导师蔡迎旗教授的倾力推荐和谢群英编辑的大力支持，以及武汉大学出版社为本书付出辛劳的同志们！

由于编者的水平和能力有限，书中难免存在不妥之处，望广大读者多加批评和指正，以便日后进一步修改。

邢莉莉

2015 年 9 月

目　录

第一章　幼儿社会教育概述

学习目标

1. 本章导读：幼儿社会教育是幼儿园五大教育领域之一，是为了促进幼儿社会性发展，更好地适应社会所开展的一系列教育活动。幼儿社会教育能够提高幼儿适应社会的能力，促进幼儿社会化，为幼儿奠定健全人格的基础，培养幼儿的公民意识，有助于幼儿全面、完整地发展并实现社会文化的延续与发展。

根据《专业标准》，幼儿社会教育教师需要从教育观和师德、知识和技能等维度来逐步提高自己的职业素养。幼儿教师需要不断砥砺德行、树立正确的教育理念、丰富自己在社会领域教育的相关知识和技能，努力完善自身素质。

2. 教学重难点：了解幼儿社会教育的内涵与功能；掌握目前幼儿社会教育实施中存在的问题，积极探索解决问题的途径；了解幼儿社会教育的发展趋势，关注教育热点；明确职前素养的要求，努力锻炼，不断提高。

3. 教学课时：4 课时。

第一节　幼儿社会教育的内涵与功能

人离不开社会，并始终存在于一定的社会环境和关系中，通过参与社会的各项活动，最终完成“自然人”向“社会人”的转变。每个幼儿自出生之时起就不可避免地处于其所特定的社会环境和社会关系之中。他们需要社会化的蜕变，逐步学习人类社会中各种“法则和规矩”，如学习如何看待自己，如何与他人相处，遵守社会行为规则和适应社会生活等。在这个过程中，幼儿可以自然而然通过内化学习一部分“社会本领”，而教育工作者的任务则是通过教育外力帮助幼儿顺利实现内化学习的过程以及帮助幼儿学习和体验另一部分“社会本领”，继而内化。幼儿社会教育便是我们促进幼儿社会化和个性化的有效保障及重要途径。

那么，什么是幼儿社会教育呢？幼儿社会教育是幼儿园教育的重要组成部分，《幼儿园教育指导纲要（试行）》将社会教育作为幼儿园五大教育领域活动之一，充分肯定了幼儿社会教育的重要性及价值。作为幼儿园教师，要实施幼儿社会教育课程及其活动，则首先需要明确幼儿社会教育的内涵及性质。

一、幼儿社会教育的内涵

（一）幼儿社会教育的词义分析

幼儿社会教育可以理解为幼儿教育、社会教育两层意义的联结。从词义分解的角度去理解幼儿社会教育，则需要弄清楚幼儿教育和社会教育的意义所在。

我国古代教育思想中便提出了“教子婴孩”、“早欲教”的幼儿家庭教育思想。捷克的教育家夸美纽斯提出了母育学校的教育，是指从出生到6岁的儿童应该在母亲身边接受教育，而随着妇女的解放和学前社会教育机构的出现，托儿所和幼儿园一般招收6岁以下的儿童作为教育的对象。① 近现代，幼儿教育的概念和内涵不断变化，形成了两种不同的解释。一种认为幼儿教育就是3~6岁儿童的教育；另一种认为幼儿教育是指0~6岁儿童的教育。② 虽然先学前期（0~3岁）和学前期（3~6岁）的儿童确实存在发展和教育上的区别，但我们依然要看到儿童在发展和教育上的连续性特点。我们所说的幼儿教育是指0~6岁儿童的教育，但重点放在3~6岁儿童的教育。幼儿教育在广义和狭义上的解释分别是：广义的幼儿教育包括专门机构的幼儿教育、社会幼儿教育和家庭幼儿教育；狭义的幼儿教育则只是专门机构的幼儿教育。③ 我们所说的幼儿教育是指专门机构中的幼儿教育，当然在一定程度上也适用于社会和家庭幼儿教育。

社会教育作为一个特定概念，是由德国的狄斯特威格提出的。德国学者从三个层面来理解社会教育的内涵：一是从教育理念层面，即教育活动应针对社会全体成员在人的一生任何一个阶段展开。二是社会帮助活动，即通过教育帮助活动促进社会成员道德和社会性发展。三是社会工作的展开，即通过专业化的社会工作服务，帮助个体适应生活，理解生活的意义和价值。④ 在日本，社会教育的三种历史发展形态分别为：（1）作为学校教育补充的社会教育（校外的儿童组织、儿童设施）；（2）作为学校教育的扩展的社会教育（大学开放）；（3）作为学校教育以外的教育要求的社会教育（再培训、在职培训、有效利用余暇生活、精神指导等。）⑤ 我国学者一般从广义和狭义两个角度来理解社会教育，广义是指一切社会生活影响于个人身心发展的教育；狭义是指学校教育

---

① 梁志燊. 学前教育学［M］. 北京：北京师范大学出版社，2014.

② 蔡迎旗. 学前教育概论［M］. 武汉：华中师范大学出版社，2006.

③ 蔡迎旗. 学前教育概论［M］. 武汉：华中师范大学出版社，2006.

④ 佘双好. 青少年社会教育的本质与内涵［J］. 中国青年研究，2007（12）：5.

⑤ ［日］千野阳一. 关于理解社会教育本质的研究方法［J］. 华东师范大学学报，2007（1）.

以外的一切文化教育设施对青少年、儿童和成人进行的各种教育活动。① 从上面观点来看，社会教育首先被理解为由社会进行的教育，实施教育的主体是家庭和学校以外的一切社会机构的教育。其实，社会教育还可以从另外两个角度来理解：一是在社会中进行的教育，即社会（环境）对儿童发展的教育影响；二是为了社会的教育，即为了社会的发展需求对儿童实施的有目的、有计划、有组织的教育活动。② 在这里，我们从“为了社会的教育”的角度出发，将社会教育理解为根据社会的现实发展和对人才质量的具体要求，对儿童专门进行一系列关于发展儿童社会性和个性、促进儿童社会化发展的教育影响活动。

总体来说，从幼儿教育的角度出发，幼儿社会教育是针对0~6岁，尤其是3~6岁儿童在幼儿教育专门机构中开展的社会教育；从社会教育的角度出发，幼儿社会教育是为了使幼儿更好地适应社会发展要求而实施的有关社会领域内容方面的一系列专门活动。

在“幼儿社会教育”一词的用法上来看，它在不同广度和不同角度上存在三种含义：第一种是与家庭教育和幼儿园教育相对应的社会教育，即除家庭和幼儿园以外的其他社会机构所实施的幼儿社会教育；第二种是师范院校为学前教育专业学生开设的幼儿园教师教育的教学法课程在社会领域角度的称呼，与此并列的课程还有幼儿健康教育、幼儿语言教育、幼儿科学教育和幼儿艺术教育。第三种是在幼儿园中进行幼儿教学活动时对社会领域教育活动的称呼，与此并列的教育活动还有健康、语言、科学、艺术等四大领域的教育活动。③ 在这里，我们所说的幼儿社会教育是一门学前教育学生或幼儿园教师必修的专业课程，但重点不是学会课程，而是通过课程的学习和实践来构建其在幼儿园中实施幼儿园社会活动的知识和能力。

（二）幼儿社会教育的内涵表述

幼儿社会教育的内涵到底是什么？怎么表述？这是我们首先要解决和澄清的问题，但是这一问题到现在还没有一个统一的定论，我国学者从不同的角度和立场出发分别对幼儿社会教育做出了不同的表述。

《幼儿园教育指导纲要（试行）》中将“社会”领域的教育目标描述为“增强幼儿的自尊、自信，培养幼儿关心、友好的态度和行为，促进幼儿个性健康发展。”由此解读为“幼儿社会教育是以发展幼儿的社会性为目标，以增进幼儿的社会认知、激发幼儿的社会情感、引导幼儿的社会行为为主要内容的教育。”④《3~6岁儿童学习与发展指南》中提到“幼儿社会领域的学习与发展过程是其社会性不断完善并奠定健全人格基础的过程”，其“实质在于促进儿童社会化，形成良好的社会

---

① 董纯才. 中国大百科全书·教育［M］. 北京：中国大百科全书出版社，1985.

② 甘剑梅，刘黔敏. 学前儿童社会教育［M］. 北京：高等教育出版社，2013.

③ 甘剑梅. 学前儿童社会教育的内涵、性质与课程地位［J］. 学前教育研究，2011（1）：53.

④ 教育部基础教育司.《〈幼儿园教育指导纲要〉解读》［M］. 南京：江苏教育出版社，2002.

性和个性。”① 这两个纲领性文件具体表述了幼儿社会教育的目标和要求以及幼儿社会学习的价值与建议。李生兰将幼儿社会教育表述为“对幼儿进行社会认知、社会情感、社会行为等方面的教育，具体说来是指帮助幼儿正确地认识自己、他人和社会（社会环境、社会活动、社会规范、社会文化），形成积极的自然情感和社会情感，掌握与同伴、成人相互交往以及与周围环境相互作用的方式，以使幼儿能有效地在社会中生存与发展的教育。”② 徐明将幼儿社会教育表述为“教育者按照社会的价值取向，通过多种途径不断向幼儿施加多方面教育影响，使其逐渐适应社会环境的过程。”③ 张岩莉将幼儿社会教育做了如下表述：“学前儿童社会教育主要是指以发展幼儿社会性、促进其良好社会性品质的形成为主要目标，以增进学前儿童的社会认知、激发社会情感、培养社会行为技能为主要内容的教育。”④ 甘剑梅对学前儿童社会教育的内涵、性质与课程地位做了详细的论述，她将幼儿社会教育表述为“以儿童的社会生活事务及其相关的人文社会知识为基本内容，以社会及人类文明的积极价值为引导，在尊重儿童生活，遵循儿童社会性与品格发展的规律与特点的基础上，由教师、家长及相关教育人员通过多种途径，创设有教育意义的环境和活动，陶冶儿童性情，培育儿童初步的社会生活能力与良好品格、习性，促进儿童健康、完整发展的教育。”⑤

上面几种表述方法虽然不同，但却都包含了幼儿社会教育的本质属性，概括起来，幼儿社会教育应该具有以下几点内涵：一是幼儿社会教育的目的是为了幼儿的社会性发展和更好地适应社会生活；二是幼儿社会教育的主要内容是有关幼儿从事社会生活所必需的关键经验和知识，主要有社会认知、社会情感和社会行为等；三是幼儿社会教育是多途径的、多施教主体的专门的教育活动过程。

知识链接

幼儿社会教育与其他相关领域课程的关系⑥

幼儿园五大领域课程既有领域的独特性又有必然联系性。领域的整合和渗透可以从不同的角度促进幼儿全面的发展，也越来越受到广大幼教工作者的关注和研究。在幼儿园领域课程的实施中，我们需要树立整体教育的观念，使各领域内容杜绝孤立，走向融合。用身处无意识的环境影响的完整的人来表达五大领域的关系，如图

① 李季湄，冯晓霞.《〈3~6 岁儿童学习与发展指南〉解读》［M］. 北京：人民教育出版社，2013.

② 李生兰. 学前教育学［M］. 上海：华东师范大学出版社，2006.

③ 徐明. 幼儿社会教育［M］. 北京：中国劳动社会保障出版社，2008.

④ 张岩莉. 学前儿童社会教育［M］. 上海：复旦大学出版社，2012.

⑤ 甘剑梅，刘黔敏. 学前儿童社会教育［M］. 北京：高等教育出版社，2013.

⑥ 甘剑梅. 学前儿童社会教育的内涵、性质与课程地位［J］. 学前教育研究，2011（1）：53-59.

1-1 所示。

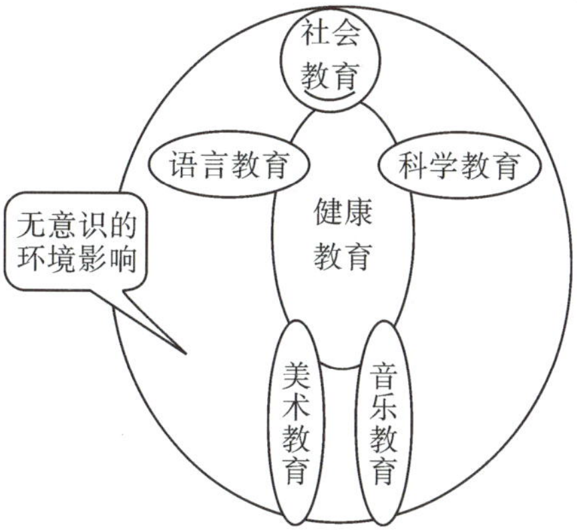

图 1-1　五大领域关系图

在图 1-1 中，人体与圆圈中的空白标示着影响儿童发展的无意识环境，它渗透在儿童所处的所有环境中。整个人体部分代表有意识的五大领域教育，其中，头部标示的是社会教育，它为学前教育提供价值的指引。没有价值指引的学前教育是盲目的，无助于人类进步的教育价值指引则是无益的，因此，学前教育的第一步是根据儿童的身心发展规律以及社会健康发展的需要，去思考我们要培养什么样的儿童。身体躯干是健康教育，它是学前教育的主体，学前阶段所有的教育都需要考量它是否有益于儿童的整体健康，违背儿童整体健康发展的价值、知识和能力都是不具有教育性的。右臂是语言教育，左臂是科学教育，它们帮助儿童认识与表达对世界的理解与体验的两种途径。右腿是美术教育，左腿是音乐教育，它们是帮助儿童体验世界之美的两种途径。这五个部分对于儿童的完整发展来说都是不可或缺的。

启示　五大领域共同作用于幼儿的整体发展，但其中社会教育则是其他相关领域教育价值的指引和导向，社会领域的教育内容不可避免地会存在于其他各领域教育活动中。幼儿教师要关注社会教育在其他领域中的渗透，巧妙地整合五大领域课程，使幼儿能够获得全面的发展，成为完整的人。

二、幼儿社会教育的功能

（一）提高幼儿社会能力，促进幼儿积极社会化

社会能力是个体在社会情境中，处理与他人和社会之间关系的能力，概括为适应性能力和社会技能。幼儿在其社会互动中应该获得基本的社会能力，表现出良好的社会适

应及相应的社会技能。社会化是指个体在与社会互动的过程中，长期积累起来的知识、技能、观念和规范，并内化为个人的品格和行为，在社会生活中加以再创造，逐渐养成独特的个性和人格，从生物人转变为社会人的过程。① 所以说，社会能力的获得与提高是幼儿社会化的前提和基础，也是促进幼儿积极社会化的重要内容和途径。

《3~6 岁儿童学习与发展指南》中提出“幼儿阶段是社会性发展的关键时期，良好的人际关系和社会适应能力对幼儿身心健康发展以及知识、能力和智慧作用的发挥具有重要影响。幼儿在与成人和同伴交往的过程中，不仅学习如何与人友好相处，也在学习如何看待自己、对待他人，不断发展适应社会生活的能力。”《指南》中将幼儿社会能力在人际交往和社会适应两个维度提出了教育的目标和要求，具体表现在七个子目标中，即愿意与人交往；能与同伴友好相处；具有自尊、自信、自主的表现；关心尊重他人；喜欢并适应群体生活；遵守基本的行为规范；具有初步的归属感等。

幼儿社会教育就是要帮助幼儿获得基本的社会能力，并促进其积极社会化的过程，使幼儿能够在社会生活中快乐、自如地成长。

知识链接

幼儿社会化需要教育的参与和引导

生活在印度加尔各答西部丛林里的“狼孩”卡玛拉和阿玛拉，因为从小跟狼群生活在一起，其言行举止有很明显的狼的生活痕迹。在辛格牧师夫妇的各种教育的尝试下，卡玛拉直到 17 岁还是没有学会真正的说话，智力也只相当于三四岁的孩子。又如，美国安娜的经历——安娜是一个私生女，外祖父不愿让外人知道她的存在，一直将她藏在阁楼里，无人交往。当她 6 岁被发现时，不会讲话，不会走路，没有与人交往的能力，感情麻木，表情呆滞。后来经过一系列帮助，到她 11 岁离世时，她只会一些简单的词，其社会生活能力仅相当于二三岁的孩子。② “狼孩”和“安娜”的事例表明，第一，人类的知识和才能并非生来就有，而是人类社会实践的产物。人不是孤立的，而是高度社会化的，脱离了人类社会环境和集体生活就形不成人类所固有的特点。第二，幼儿时期是人类身心发展和学习的关键时期。在社会生活中，幼儿逐渐获得了各种社会能力，为日后的学习和生活都奠定了基础，而一旦错过“时机”，其心智的发展可能会无法弥补。第三，幼儿社会化的过程受环境的影响是巨大的，幼儿的社会化需要教育的参与和引导。幼儿要获得社会能力，除了保障积极的社会环境之外，还需要成人的一系列有效教育的引导。

启示　如幼儿身处的环境影响是积极的，则其社会化过程也是积极的；反之，幼儿

① 甘剑梅，刘黔敏. 学前儿童社会教育［M］. 北京：高等教育出版社，2013

② 李幼穗. 儿童社会性发展及其培养［M］. 上海：华东师范大学出版社，2004：32.

身处的环境影响是消极的，则其社会化过程可能就是消极的。教育者就是要积极营造合理积极的社会环境，并对环境的消极影响加以降低，尽可能为幼儿提供健康、积极、品质的环境，帮助幼儿最终实现“自然人”向“社会人”的转变过程。此外，还要注意“过度社会化”和“社会化不足”两种消极社会化过程。

（二）奠定健全人格基础，让幼儿全面、完整地发展

幼儿社会化的过程实际上也是幼儿健全人格养成的过程。健全的人格是各种人格特征的完备结合，是幼儿一生健康幸福成长的重要基础，其支撑点在于个体的个性和社会性的和谐发展。全面发展是指幼儿在德智体美诸方面的全面发展。完整发展是指儿童在发展内容上个性和社会性的和谐发展，在发展结构上认知、情感与意志的全面发展，在时间上终身持续发展。《3~6岁儿童与发展指南》中说“幼儿社会领域的学习与发展过程是其社会性不断完善并奠定健全人格基础的过程。”幼儿社会教育的重要功能之一就是要帮助幼儿奠定健全人格的基础，从而使幼儿获得全面、完整地发展。

第一，促进幼儿德智体美全面发展。德智体美全面和谐发展是幼儿园教育的重要任务之一。幼儿园有目的、有计划、有组织的各项活动都将为幼儿发展服务，进而促进幼儿的全面、和谐的发展。德育能够帮助和促进幼儿形成初步的道德和良好的个性品质，养成文明的行为习惯，获得适应社会生活和积极交往的初步能力等；智育能满足幼儿认知的需求，帮助幼儿获得相应的知识，促进幼儿各项智力的发展，为日后学习打基础；体育能够帮助幼儿获得身心健康发展，促进身体的生长发育、增强体质，培养良好的生活习惯和自理能力以及自我保护的能力等；美育可以培养幼儿对各种艺术形式的兴趣，学习音乐、美术、文学等方面的知识和技能，培养幼儿感受美、欣赏美和创造美的能力。德智体美是整体的教育，幼儿社会教育是其重要组成部分，也是其达成的重要途径。

第二，促进幼儿个性和社会性和谐发展。“个性”是指在生物基础上受社会生活条件制约而形成的独特而稳定的、具有调控能力的、具有倾向性的各种心理特征的总和。个性心理结构主要包括自我调控、个性倾向性和个性心理特征三个子系统。自我调控系统主要包括自我意识、自我情感体验和自我调控三个方面，它能够对个体的心理和行为自动调节和控制。个性倾向性是指决定一个人的态度和对现实的积极性、选择性的动力系统，包括需要、动机、兴趣、理想、信念和价值观等。个性心理特征是指个人稳定的心理特点，主要是指人的性格、气质和能力。在日常生活中，个性表现为个体在思想、性格、品质、意志、情感、态度等方面异于他人的特质。“社会性”是指儿童在社会互动过程中逐渐掌握社会规范，形成社会技能，学习社会角色，获得社会性需要、态度、价值，发展社会行为并以独特的个性与人交往和适应社会的心理特征。社会性心理结构主要包括社会认知、社会情感、社会行为技能、道德品质和社会适应等方面。社会认知是儿童对自我、社会中的人、社会环境和社会规范等方面的认知。社会情感是儿童在社会生活和交往中的情感体验。社会行为技能是儿童在社会交往和参与社会活动时所表现出来的行为技能。道德品质是社会道德现象在儿童身上的反映，即儿童内化的社会道德

行为规范及养成的道德行为习惯。社会适应是儿童能够逐渐接受新环境，适应矛盾冲突情境的能力。社会化是幼儿个性形成和社会性发展的过程，虽然幼儿个性和社会性所涉及的内容是不同的，但二者需要和谐发展，这样才有益于幼儿的健康成长。

第三，促进幼儿认知、情感和意志的全面发展。幼儿的社会性发展有利于其认知、情感和意志等方面的全面发展。社会性发展较好的幼儿往往表现出更好的接受能力、适应能力和控制能力，更容易和教师、同伴友好相处，更多地表现为情绪稳定、自信和有毅力等。幼儿的认知、情感和意志等方面的发展也是相互作用、相互影响的。

第四，促进幼儿一生的持续发展。幼儿期是人在早期学习社会能力的关键时期。在幼儿时期进行社会教育可以帮助其更好地获得相应的社会技能，更好地与周围的人和环境和谐共处，更好地适应社会的生活。幼儿社会教育的“成果”可以说是持续影响着人的一生，积极的社会教育能够为幼儿一生的成长奠定基础，最终成为适应社会的、健康的、幸福的人。

（三）培养幼儿的公民意识，实现社会文化的延续与发展

从古罗马的昆体良、普鲁塔克到近代大教育家夸美纽斯，从中国古代的颜之推到近代的鲁迅，都是早期社会教育的倡导者。我国张宗麟先生在著作《幼稚园的社会》一书中全面系统地论述了幼儿社会教育，将社会教育目标定为“养成适合于某种社会生活的人民”。近些年，世界各国也都对幼儿社会教育进行了深入的研究，并一致认为幼儿社会教育的宗旨在于培养合格的社会成员和发展和谐的人格。① 幼儿作为社会的一员，即使没有能力承担相应的社会责任，也必须最终按照合格公民的目标进行培养教育。国内外教育界已经达成一种共识：公民的培养是社会教育的核心任务之一，当然，幼儿社会教育的重要任务之一就是培养合格的公民。在美国，社会课被认为“是一门提升公民能力的社会科学与人文科学的整合课程”，新西兰的社会课程“是帮助儿童掌握有关人类社会的知识和学习过程，以成为新西兰社会有文化、自信、有责任感的公民”。② 法国的社会教育家埃德加·莫兰说，教育应该对人格的自我形成和学会成为公民做出贡献。③ 我国学者提出，学前阶段公民教育的核心是培养学前儿童对团体事务与公共事务的一种参与和关心意识，学会合作与协商解决问题。④ 幼儿时期的社会教育应该创造适宜的环境和条件，使儿童真切地体验到公民的责任和义务，它应该成为一种陶冶情操的教育、做人的教育和生活的教育。⑤ 幼儿社会教育可以引导幼儿认识和接纳自己，了解他人、社会和环境以及自己与三者之间的关系，培养幼儿的个性和社会性，完善幼儿的人格，使之适应社会生活，从“自然人”成功转变为“社会人”。我们的社会同样也需要社会化了的、能适应社会和变革社会的公民。

---

① 马晓红，王娟. 从复杂性视野看幼儿社会教育［J］. 学前教育研究，2010（1）：54-56.

② 丁尧清. 学校社会课程的演变与分析［M］. 广州：广东教育出版社，2005.

③ 埃德加·莫兰. 复杂性理论与教育问题［M］. 北京：北京大学出版社，2004.

④ 甘剑梅，刘黔敏. 学前儿童社会教育［M］. 北京：高等教育出版社，2013.

⑤ 马晓红，王娟. 从复杂性视野看幼儿社会教育［J］. 学前教育研究，2010（1）：54-56.

当然，这样的公民教育是在特定的文化区域内实现和进行的，不可避免地能够促进传统文化的延续和发展。幼儿社会教育可以通过各种富含文化内涵的活动，如有关民间艺术、传统节日、传统服饰、人文景观、名胜古迹的活动，让幼儿感受自己民族文化的丰富内涵及非凡魅力。

图 1-2　扣花馍

图 1-3　穿着兜兜来剪纸

图 1-4　蒙古族文化体验

图 1-5　朝鲜族文化体验

知识链接

复杂性视野下的幼儿社会教育①

随着世界一体化趋势的快速发展，人类社会的复杂程度也逐步加剧。在复杂的社会现实条件下，在学科的精细化分裂和思想僵化的同时，埃德加·莫兰运用复杂性理论深刻解剖了人类的现状，并提出教育所必需的 7 种内涵丰富的知识：（1）关于人类自身的知识。人类认识不可避免地会产生错误与幻觉，这些错误和幻觉有产生的必然性和内部原因。教育应承担起探索错误和幻觉产生根源的使命，使人类具有

① 马晓红，王娟. 从复杂性视野看幼儿社会教育［J］. 学前教育研究，2010（1）：54-56.

清醒意识，建立合理、批评、反思、自我改善的理论；（2）系统论的知识。分割与封闭的专业化、还原与分离、虚假的合理性等严重阻碍人类认识，未来教育在引导人类解决问题时，必须做到把任何信息放在背景中或总体中来理解，在关注系统组成要素的基础上，更关注要素之间的关系；（3）关于人类自身地位的知识。人类存在是物理、生物、生理、文化、社会和历史的统一，未来教育应指向对全面人格的培养；（4）共生学知识。人类自身地位的实现必须考虑地球的特征，未来教育必须确保人类能够意识到其地位的统一性与多样性，应该为地球的健康存在而努力工作，教育必须将共生学提上议程；（5）不确定性知识。面对 20 世纪科学带来的不确定性，为了应对随机因素、意外事件和不确定性的挑战，教育原则要由传授知识转向传授策略，教育目标是培养准备应付不确定性的头脑；（6）理解的知识。世界是复杂的，这种复杂性体现在要素之间的关系上。认识要素之间关系的基本方法是加强相互理解，理解教育势在必行；（7）伦理学知识。教育应该考虑到人类地位的“个人—社会—族类”三位一体的性质。

莫兰指出教育应该具有 5 条使命：（1）提供一种文化，使背景化、整体化、多维度、根本的问题解决成为可能；（2）培养迎战不断增长的不确定性的头脑，不仅要使教育对象去发现宇宙、生命、人类的不确定性和随机的历史，而且在他们身上能够促进策略性智能的发展，培养为实现一个更美好的世界而进行博弈的精神；（3）增进人类之间的相互理解；（4）教育应归属于祖国，归属于她的历史和文化，并引入对整个世界的归属感；（5）培育地球公民，为此应教授人们接受人类学上的统一性，文化和个人方面的多样性以及明白人类处于命运共同体中，应让全人类知晓人类共同面临的生死问题。

莫兰的复杂性理论对幼儿社会教育也有诸多启示。首先，用复杂性思维范式来理解幼儿社会教育，必须能够在复杂、多样的社会中寻到一种背景化、整体化、多维度的教育体系，因此“伦理教育”势在必行。它应该能使幼儿具备未来社会主人所必需的内在潜质，并且这种潜质应具备一定的前瞻性和发展性。社会教育的框架体系除了要包括人际关系和自省智能所要求的情感内容外，还应该包括一定的知识体系，如历史地理、文化经济和社会伦理等。这是因为幼儿的身份不仅仅是班集体中的一员、幼儿园的一员抑或是家庭的一员，应将幼儿置身于一个更为广阔的空间中，让他们认识到他们同时也是社会的公民、国家和地球的主人。社会教育需要幼儿爱集体、爱家乡、爱祖国，更需要幼儿站在更高的平台看待和体验整个人类的发展和世界的变化，从而引导他们对整个世界产生一种归属感，并体验到“个人—社会—族类”三位一体的本质存在。其次，今天的幼儿生活在一个融合的世界，各种文化和思想的融合要求我们既要看到同一中的多样，又要能够接受并适应这种融合的现状。因此，幼儿社会教育应促使幼儿在潜意识中建立多元的概念，引导幼儿感悟多元文化在日常生活中的渗透，并逐渐养成一种理解和宽容的态度，能够认识到多元文化之间的关系。为此，“理解教育”势在必行，它应该能够引导幼儿认识并体验自身所处的小环境、社会发展的大背景以及人类所共同面临的各种局面，使幼儿理解人类在命运共同体中的地位，知晓人类所共同面临的生死问题。这既有利于幼儿形成丰富的社会性情感和经验，更有利于幼儿对人类社会多元文化的宽容、理解和尊重。最后，幼儿社会教育应注重儿童民主意识的培养。教育应该为这种培养铺平道路，不应忽视，更不应抹杀。为此，教育应引导幼儿关注政府及其领导力，认识到未来的公民应该成为国家的主人，能够关心国家的发展、成长，意识到维护国家的民主与自由是每一个公民应承担的责任。

第二节　幼儿社会教育的现状与发展

一、幼儿社会教育的现状与问题

19 世纪 90 年代之前，幼儿社会教育一般蕴含在德育教育之中，主要表现为幼儿思想品德教育并渗透在其他领域教育中。19 世纪 90 年代之后，随着儿童个性和社会性发展研究的深入及国内外的广泛关注，幼儿社会教育才逐渐被我国幼教界重视起来。2001 年《幼儿园教育指导纲要（试行）》中提出将幼儿园教育分成五大领域，社会作为其中一大领域，开启了独立的幼儿社会领域教育。全国各地也纷纷开展了社会领域教育的学习和研究，社会领域课程的教材也纷纷出版，为社会领域教育课程的实施提供了宝贵的资源。幼儿社会教育越来越受到人们的重视，理论研究逐渐增多，课程实践方面的经验也日益丰富。但是，幼儿社会领域教育的历史毕竟是短暂的，理论研究和课程实践都处于一种学习和探索阶段，而幼儿社会教育的复杂性、隐含性等也使幼儿社会教育在课程实施方面存在一些问题。

（一）价值认知度较高，课程地位却较低

从全国范围来看，对幼儿社会教育认知度总体较高，但还存在地域差别。在幼儿教师观念中，社会教育被认为对促进幼儿的全面发展具有重要作用。① 幼儿社会教育的价值和重要性，尤其在培养幼儿的完整人格和全面发展的作用等方面都能够被绝大多数幼儿园及幼儿教师认可。从幼儿园课程设置来看，幼儿园也普遍开设了社会领域教育课程。但是，在幼儿园整体课程体系中所占比例偏低，在具体课程的安排时段上，具有一定的随意性，相比其他四个领域而言，未受到同样的重视。在价值认知度较高的理想意识状态下，幼儿社会领域教育的课程地位却较低，实施情况比例较低，实施重视程度较差，课程地位在无形中被边缘化。现实中，观念认知和教育行为出现了严重的不统一和偏差。很多时候我们都会看到，虽然幼儿教师都知道幼儿社会性的培养对其一生的发展具有不可或缺的价值，但在具体实施的过程中，并没有将社会领域教育放在与健康、科

① 叶翔. 我国当前幼儿园社会教育的现状调查［J］. 长沙铁道学院学报（社会科学版），2012（3）.

学、语言和艺术教育同等重要的位置上进行，被认为是幼儿园教育中的“副科”，可有可无。相比而言，幼儿教师倾向于把更多的精力投注在幼儿知识的获得和技能的训练上，对幼儿长成一个“社会人”的培养关注不够。幼儿社会教育的边缘化地位主要表现在：一部分幼儿园有专门的社会领域教学活动，但其比重偏低；一部分幼儿园把社会教育融入其他领域教学活动或一日生活中进行，随意性较大，教育效果不明显。①

可见，教师对幼儿社会教育价值的认知往往高于其对幼儿社会教育实施的认识。仅把社会教育融于一日生活中，并没有或者很少开展专门的社会教育是缘于教师对幼儿社会教育的独特价值未能领会和重视。只在专门的社会教育活动中教学并关注幼儿的社会性发展，却在一日生活中没能做好渗透和随机教育，则是缘于教师对社会教育实施的特殊性认识不够、理解不够。除此之外，究其原因，我国当下重视知识和技能培养，忽视人的一生长远发展的功利主义教育价值取向也是一个重要的因素。当下教育“急功近利”、要求教育效果要“立竿见影”，过分强调人的知识才干，而轻视了社会性发展和完整人格的塑造。在幼儿教育实施中，遭遇尴尬境地的社会教育正是因为无法满足社会对教育功利性的追求而败下阵来，一直处于几大领域教育的末端地位。

（二）目标设置大而空，内容安排小而窄

《幼儿园教育指导纲要（试行）》中对幼儿社会教育领域提出了明确的教育目标，对幼儿园和教师实施幼儿社会教育具有提纲挈领的导向性作用。《3~6 岁儿童学习与发展指南》也对幼儿社会领域学习与发展指明了方向，为教师开展社会教育和制定教育目标提供了参考依据。但很多教师在细化这些导向性目标的时候不能很好把握，通常直接照搬，导致了教育目标大而空，普遍呈现出“万金油”目标现象，这些目标操作性较差，甚至缺乏具体的指向性。有的教师在细化目标时较难把握目标的高低和难度，常常把目标定低或定高，导致了教学效果差强人意，幼儿无兴趣或者根本达不到目的。以社会情感为例，现在很多幼儿园有关社会情感的教育都是从爱他人开始的，而且是要求式的，没有给幼儿一定的产生这种爱的空间，有时，恨不得通过一次教育活动就达到教育目标。实际上，一个人要想做到真正爱他人，需要从爱自己、爱自己的亲人和周围的人做起，要了解所爱的人和自己的关系，知道为什么要爱他人，还要有一个切身感受的机会。这也正是我们目前教育中所缺乏的。②

另外，幼儿社会教育内容在实施中出现窄化现象，许多很有价值的内容并没有得到相应的关注，有些内容甚至被划在了社会教育的范畴之外，如礼仪教育、生命教育、感恩教育、自然教育、传统文化教育等，幼儿生活技能和良好习惯的培养，良好个性品质的培养，尊重他人，团结协作，与他人共同生活，与自然和谐相处的意识和能力的培养等。很多内容我们会放在健康领域，但这些也恰恰是作为一个社会人所必须具备的社会常识和社会技能，也应该是社会领域的重要内容。而将这些内容分别放置的两个领域在强调其教育重点的时候是存在差别的。例如，“让幼儿自己学会穿衣服，保持衣着整

① 嵇珺．我国幼儿园社会领域教育研究［D］．南京师范大学博士学位论文，2012.

② 刘雅琴．我国幼儿园社会教育的进展、问题及改进策略［J］．教育研究，2008（2）：100-105.

洁”的内容，若放在健康领域，一般强调的是幼儿良好的卫生和生活习惯的养成，而放在社会领域，则强调幼儿成为一个社会人所必须首先具备的独立性和自我服务的能力以及适宜的社会礼仪。① 就现有的社会领域教育内容而言，各部分比重不均，社会认知部分较多，社会情感和社会行为部分较少，对幼儿的情绪、个性品质和行为的关注程度不够。对幼儿能力的培养基本上还是将“养护”作为主要的培养重点，而没有对社会教育活动的重点内容，如亲社会行为品质、社会规范、社会交往等方面的能力培养突出体现。②

（三）重理性知识灌输，轻感性体验实践

幼儿社会教育是以发展幼儿社会性为目标的，而幼儿的社会性发展是一个双向的、互动的过程，是发生在幼儿与其生活环境的相互作用中的。幼儿不是被动的个体，而是社会活动的积极参加者，幼儿社会性发展不能简单地视作幼儿接受集体生活规范的过程，而是一种以幼儿主动的和创造性的方式参与社会生活、丰富和发展自己的个性的过程。而我国目前的幼儿园社会教育目标多是以灌输式的语言表述，如“认识……”“懂得并遵守……”“使知道……”等，这无形中把幼儿推到了被动的地位。在这样重知性的教育目标下，幼儿的主体性无法充分体现，亲自体验和实践的活动较少，发现、探究、思考的成分过少，仅通过教师传授的“大道理”，难以真正理解和消化，只能导致幼儿认知表面化、社会行为不稳定化、社会体验虚假化的现象。在教学实施中，很多教师都感到社会教育就是“空口说白话”，实施难度相对较大，不易组织，教学效果太隐性，不易评价。为了便于操作和趋于外显等原因，教师常常把社会领域的教育内容当成一种知识来灌输，外在教化的痕迹很重。在这样以知识灌输为主的教学活动中，教师无疑会过分强调知识性，而忽视了幼儿情感、态度和行为的培养。此外，幼儿社会教育实施中重知识而轻情感的现象还存在以下几个方面：教师和幼儿之间缺乏情感性；教师控制过多，指令过多；教师缺乏社会教育的具体指导策略等。③

案例导入

两个社会活动引发的思考④

两名幼儿园教师分别以“关爱聋哑人”为切入点，设计活动，试图引导幼儿了解聋哑人、关爱聋哑人。活动一“无声的爱”通过展示聋哑学校学生的

---

① 嵇珺．我国幼儿园社会领域教育研究［D］．南京师范大学博士学位论文，2012.

② 叶翔．我国当前幼儿园社会教育的现状调查［J］．长沙铁道学院学报（社会科学版），2012（3）．

③ 嵇珺．我国幼儿园社会领域教育研究［D］．南京师范大学博士学位论文，2012.

④ 王冬兰．当前幼儿园社会领域教育活动存在的问题［J］．学前课程研究，2007（2）．

学习片段来引导幼儿了解聋哑人的生活，激发幼儿对聋哑人的情感。活动二“爱心手语”通过幼儿看图片、做手势、猜意思、学手语、观看舞蹈和手语等多种形式来达成活动目标。两个活动表面上看起来立意新颖、活动形式丰富，但却一直是教师主导教学，灌输式说教。活动中，教师强拉硬拽地让孩子们去关注聋哑人，要求他们学会关爱。其实，社会学习是一个漫长的积累过程，不是一蹴而就的，应该特别珍视人通过体验获得的生活经验。

瑞吉欧教育中有一个案例：一个盲童因为自身生理缺陷受到了同班孩子的讥讽和嘲笑，教师没有简单的斥责和教训孩子，也没有苦口婆心地灌输大道理，而是请孩子们戴上眼罩生活一天。这些孩子们在亲身体验中体会到了盲人的艰难和坚强，发自内心地感受到自己没有任何理由去嘲笑这个盲童。

【案例分析】

在案例中，可以看出我国社会教育在实施过程中还存在重知识灌输，轻感性体验的问题，教师在设计和组织活动时依然逃不开说教的禁锢。所以，教师应该解放思想、树立开放式的新的教育观念，重视幼儿在社会学习中的体验，积极吸取国外的优秀经验，更有效地促进幼儿的发展。

二、幼儿社会教育的发展趋势

（一）强化幼儿社会教育师资队伍建设，提高教师职业素养

幼儿社会教育发展的核心问题是幼儿社会教育师资队伍的培养和建设。教师的素质决定着教育的成败，幼儿社会教育教师的职业素养是幼儿社会教育得以科学有效实施的关键所在。换言之，幼儿社会教育开展不力和出现诸多问题的一个前提因素就在于幼儿社会教育教师的素质和能力水平较低。或者说，具有良好的职业素养和能力的教师队伍是幼儿社会教育有效实施和稳步发展的重要保障。

随着人们对幼儿教育观念的转变，社会对幼儿教育也提出了更高的要求，同时，对幼儿教师的专业性、职业道德、教学能力，甚至是个性和社会性方面均表现出更高的要求。然而，现实中一部分幼儿教师（尤其是一些办学条件较差的私立幼儿园教师和农村幼儿园教师）却存在学历较低、专业不对口、职业道德缺失、性格偏执等问题；此外，担任幼儿园社会领域教育教学的一部分幼儿园教师存在幼儿社会教育观念薄弱、缺乏幼儿社会教育的相关知识及培训、教学实践组织能力不高等问题。目前大部分教师所受的教育或培训都是被动式的，习惯于带着笔记本、耳朵、眼睛去记、听、看，习惯于直接被告诉什么是正确的行为标准。因此，要改进和发展幼儿社会教育，重要的一环在于培训教师，让教师掌握先讲的教学理念，在教学中注重培养和发挥幼儿的主体性，让幼儿主动学习，帮助幼儿不断调整原有经验，经过自己的思考、实践，达到知识的内

化。在幼儿社会教育中，师生间的积极关系，教师在教育过程中的情感投入和感染，是幼儿社会性发展的基础，教师对幼儿要持有温暖、关爱、支持、接受和尊重的态度，有意识地以自身的积极情感投入来激发和影响幼儿。①

2012年，教育部制订了《幼儿园教师专业标准（试行）》，这为促进幼儿教师专业发展，建设高素质的幼儿园教师队伍指明了方向。在三大维度、十四大领域和62条基本要求中我们不难看出，幼儿教师，尤其是幼儿社会教育教师不仅需要具备自身良好的个性和社会性（如个人修为与行为、沟通与合作等），还需要具备“掌握幼儿园各领域（社会领域）教育的学科特点与基本知识”以及“教育活动的计划与实施”的专业能力。因此，各级教育管理部门、各级各类幼师学校、各级各类幼儿园都需要加大对幼儿教师的职前职中培养力度，针对幼儿园社会领域教育课程开设相应的培训课程（教育部制订的《教师教育课程标准（试行）》中明确指出，幼儿社会教育与活动指导是一门幼儿园职前教师教育的必修或选修课程。事实上，各级各类师范院校在幼儿园教师职前培养的课程设置上都会将本课程列为专业必修课程。明确幼儿社会教育的内涵、目标、内容、途径、方法等，提高社会教育实践和评价等方面的知识和技能，建立一支合格的幼儿社会教育师资队伍，以促进幼儿社会教育的进一步发展。

（二）吸取国外优秀教育资源，拓展社会教育内容体系

20世纪以来，随着我国幼儿社会教育研究的不断扩展和加强，国内的学者专家不断引入和借鉴国外有关儿童社会教育的优秀教育资源来丰富和拓展我国幼儿社会教育的内容体系。幼儿社会教育的国外研究主要集中在借鉴美国、日本、意大利和法国等国家的社会教育理论和内容。有学者通过分析蒙台梭利教育、瑞吉欧教育和华德福教育三种教育实践模式也获得了幼儿社会教育的更多内容。② 此外，具体的还有美国对幼儿自立自主能力的训练、理财意识的培养等方面。③

第一，幼儿独立意识和生活能力的培养。美国的父母和幼儿教师比较重视幼儿独立意识和基本生活能力的培养，并在教育的过程中从具体的教育行为中体现出来。这与我国的父母和幼儿教师是不同的。家长和老师们虽然知道孩子要从小“自己的事情自己做”，但在教育行为中更多地表现为“包办和代替”。所以，让孩子自己独立完成任务和大胆放手让孩子去做的教育观点需要转化成为实际行动，在实际生活的锻炼中逐步培养幼儿的独立意识和生活能力。在美国，孩子从小可以使用各种工具（剪刀、钳子等），在掌握使用方法后会得到父母和教师的鼓励在日常生活中使用。此外，美国还比较注意教孩子适应环境，教师会带幼儿到郊区旅游，在雪中玩耍以学会自我保护等。而在我国，除了做手工的必要之外，更多的情况是在日常生活中幼儿接触各种工具的机会较少，或是被父母和教师告诫“不要玩这个，这个危险！”之后强行收走。为了幼儿的安全和不生病，幼儿去郊外旅游和在恶劣天气（如雪天）外出的机会也会被成人出于

① 刘雅琴. 我国幼儿园社会教育的进展、问题及改进策略［J］. 教育研究，2008（2）：100-105.

② 嵇珺. 我国幼儿园社会领域教育研究［D］. 南京师范大学博士学位论文，2012.

③ 周梅林. 学前儿童社会教育活动指导（第二版）［M］. 上海：复旦大学出版社，2009.

“爱”的考虑而剥夺。当然，关爱孩子是无可非议的，教师在进行独立意识和生活能力的训练方面也需要逐步转变观念和行为，循序渐进，因势利导。

图 1-6　雪中游戏

图 1-7　扫雪

第二，幼儿理财教育。理财是一种最基本的经济活动，也是在现代社会中，作为一个人格完整的人应当具备的一项基本能力。美国的儿童理财教育要求包括：3 岁的幼儿能够辨认硬币和纸币；4 岁的幼儿能够知道每枚硬币是多少美分，认识无法把商品全部买走而必须做出选择；5 岁的幼儿能够知道硬币的等价物，知道钱是怎么来的；6 岁的幼儿能够找出数目不大的钱，能够数大量硬币等。我国也有相关理财教育内容，如“认识钱币”、“怎样使用压岁钱”等，但这些在幼儿生活的实际应用中却显得远远落后了。让幼儿从小便学习钱对人及社会的作用，在现实的限制条件下学会如何处理金钱和满足自己的需要，勤俭节约，不铺张浪费；让幼儿从小了解钱可以买到很多东西，但是人们要付出辛勤的劳动才能换取相应的金钱，不义之财和不劳而获是不行的；让幼儿逐步养成正确的金钱观和消费观，正确理解、使用和创造资源。理财教育能够帮助幼儿正确认识自我、他人、社会和资源的关系，有助于幼儿个性和社会性发展，形成完整的人格，可能影响幼儿的一生。

借鉴中外教育家关于社会领域教育内容的思想和理论，当前我国幼儿园社会领域教育需要拓展和加强的内容主要有：生活技能的训练和生活习惯的培养、礼仪教育、安全教育、生命教育、自然教育、感恩教育、传统文化教育、良好情绪及个性和品质的培养、与他人交往合作的能力以及适宜的社会行为的培养等。① 未来的幼儿社会教育应该着眼于国际的大背景下，让幼儿以“我”为中心画圆，不断扩大圆的直径，逐步认识和适应家庭圈、幼儿园圈、社区圈、局部地域圈、国家圈乃至国际圈等。我们在实施社会教育的同时也要把我们研究和实践的视野扩大化，积极吸取国外的优秀教育理论、内容和做法，进一步丰富和拓展我国幼儿社会教育的内容体系。

(三) 教育途径更加多样，教学方法愈发灵活

幼儿社会教育的途径和方法与其他领域教育相比，有其独特性。社会教育不是幼儿

① 嵇珺. 我国幼儿园社会领域教育实践存在的问题及其对策思考 [J]. 幼儿教育（教育科学），2011（7、8）：14-19.

园集体教育活动独自享有的特权，也不是单纯的知识灌输。将幼儿社会教育局限于幼儿园教育教学活动中显然是极端和片面的；而将社会教育的方法局限于常见的讲解法、练习法和游戏法也会造成脱离幼儿的生活实际、方法僵化而过分重视知识传授、教育效果低下等。近 20 年来，通过我国学者的不断研究和努力，积极探索适合于我国国情的幼儿社会教育道路并在借鉴国外优秀教育成果的基础上，进一步促进了幼儿社会教育途径和方法的多样化及灵活性。

幼儿社会学习具有较强的潜在性，它的相当一部分学习过程和学习结果不是发生在课堂中的，不是教师传授了知识就可以直接获得的，而是通过在实际生活和活动实践中不断积累有关经验和体验而逐渐习得的。我们在进行幼儿园集体教学活动的同时还要重视这种潜在影响对幼儿社会性发展的作用，将幼儿社会教育渗透在幼儿园一日生活的各个环节中，整合于其他多个领域教育的活动中，主题教育活动和单元行为训练的设计及应用进一步开拓了多样化的教育途径。此外，环境也是一个幼儿社会教育的重要途径之一，为幼儿创设良好的学习环境、心理环境和人文环境，让幼儿在环境的潜移默化中探索和体验各种关系，形成积极的态度、恰当的行为，促进幼儿社会性发展。当然，我们还要进一步打破幼儿园界限，将幼儿社会教育置于更大的背景中，将家庭、社区等教育资源充分整合和利用，努力拓宽幼儿社会教育的途径，并有机整合多种途径实施。

在幼儿社会教育方法的选择和应用中，我们越来越重视幼儿的情感体验和实践练习，重视创设良好的环境和人际关系，逐渐打破了旧有以理性知识灌输为主的教育方法。幼儿社会教育的方法有一般性教育方法和专门性教育方法。一般性教育方法不具有某一领域教育的特性，适宜于多个领域教育，如参观、调查、观察、访问、讲解、示范、演示等。专门性教育方法是伴随幼儿社会领域教育的独立，根据其独特性特点提出的，如移情训练法、观察学习法、角色扮演法等。这些方法，教师在运用时可以灵活掌握，进行有效的结合，形成方法互补以便获得更好的教育效果。近几年，幼儿社会教育方法更加注意适应幼儿的身心发展特点及其思维发展特点，在方法运用中重视不同年龄幼儿的差异性，年龄较小的幼儿强调自身体验而较多选择易于幼儿感知、获得直接经验的方法，如实践练习法、游戏法、参观法等；年龄稍大的幼儿则选择较为抽象的方法，如讨论法、移情训练法等。①

知识链接

陈会昌的“幼儿亲社会技能训练”课程

第 1 单元　基本社会技能（8 项）

主要包括：1. 倾听；2. 好好说；3. 勇敢地说；4. 说谢谢；5. 自我奖赏；6. 寻求帮助；7. 要自己喜欢的东西；8. 忽视（不理那些欺负你的人）。

---

① 梁瑞雪. 我国不同时期幼儿园社会教育特点研究［D］. 首都师范大学硕士学位论文，2013.

第 2 单元　与上课有关的技能（4 项）

主要包括：9. 问问题；10. 按要求做；11. 困难的时候试着做；12. 插话。

第 3 单元　交友技能（8 项）

主要包括：13. 打招呼；14. 从表情理解别人的想法；15. 加入；16. 按顺序来；17. 分享；18. 提供帮助；19. 请别人玩；20. 做游戏。

第 4 单元　调节情绪（6 项）

主要包括：21. 了解自己的情绪；22. 感到被忽视；23. 请求说话；24. 害怕时怎么办；25. 判断别人的情绪；26. 表达爱。

第 5 单元　攻击的替代办法（5 项）

主要包括：27. 对付攻击；28. 消除坏心情；29. 判断是否公平；30. 自我克制；31. 承认错误和道歉。

第 6 单元　应对压力的技能（9 项）

主要包括：32. 放松；33. 面对错误；34. 诚实；35. 知道什么时候讲话；36. 面对失败（做个好输家）；37. 想当第一（做个好赢家）；38. 说不；39. 接受不；40. 决定做什么。

启示　教师应该重视在一日生活中训练幼儿的社会技能，让幼儿在感受生活体验和积累生活经验的同时获得相应的社会技能，成长为善于与人友好相处、快乐生活的人。当然，当你在发现幼儿某种社会技能存在问题的时候，而出现的问题并没有严重到使你的教学活动无法进行，那么请不要随意打断你的教学活动，而是在接下来的一段时间里专门安排此种社会技能的训练，在讨论、启发和实践中逐步解决这些问题。

（四）重视环境，家园共育，建立社会教育支撑系统

20 世纪 90 年代以来，我国幼儿社会教育越来越强调幼儿发展与环境之间的相互作用，强调要为幼儿创设适宜的环境，包括和谐的物质环境和精神环境。儿童通过环境提供的暗示和指导参与日常活动，在这种“有准备的物质环境”的影响下可以促进幼儿社会发展的各种经验与能力。教师可以通过幼儿园环境创设，合理利用空间和材料，为幼儿创设一个自由、支持的物质环境。儿童在和谐、友爱、轻松、尊重的心理环境下也会积极进行社会活动，获得社会化的发展。教师更需要营造一种宽松友善的和谐氛围，利用精神环境的影响力来熏陶和感染幼儿，潜移默化地促进幼儿的社会性发展。当然，物质环境和精神环境可以有效结合，形成影响的共同体，要在幼儿的日常生活中持续不断地发挥作用。

幼儿社会教育也越来越扩大了社会支撑的范围，而且其目的就在于使幼儿日后能够顺利地适应不同的社会环境，所以，幼儿园之外的家庭、社区必然要成为社会教育不可或缺的重要教育环境及力量。在一个人的成长过程中，家庭、学校和社会是三个重要的环境，入园后的幼儿同时受到家庭和幼儿园两种环境的影响，幼儿教师和家长应该共同

担负起教育幼儿的任务。而“社会”往往因为孩童的年龄特征而处在一个暂时被“悬置”的状态。随着城市社区的快速发展，社区与幼儿园合作实施社会教育已经成为了幼教事业发展的必然趋势，也是对原有社会教育内容的增添。① 幼儿社会教育需要幼儿园教师、家长和社会多方面教育力量的共同参与才能够获得全面长效的结果，建立三位一体的社会教育支撑系统已成为一种趋势。今后，在三者合作的建设中，如何更好地促进和实现三者的和谐统一，建设稳定持久的社会教育支撑体系是需要我们继续努力和长期实践的重点。

图 1-8　家长开放日

图 1-9　我们去踏青 1

图 1-9　我们去踏青 2

活动示例

幼儿园社会活动“小树，请喝水！”（小班）

1. 情况分析

3 月 12 日是一年一度的植树节，为了让孩子懂得爱护环境、保护自然地意义，我们特设此次教育活动。这次活动，在孩子们的心中播下绿色的希望，让他们在保护自然中亲身体验劳动的乐趣，感受美化环境的意义，获得更多亲近春天的愉快体验。

2. 活动目标

（1）让幼儿知道“3 月 12 日”是植树节。

（2）通过活动的开展，让幼儿懂得保护植物就可以保护环境的道理。

（3）活动中培养幼儿关爱花草树木，体验同伴间相互劳动的喜悦。

3. 活动准备

（1）多媒体课件（内容以现在环境恶化的问题为主）

（2）可以装水的瓶瓶罐罐若干

① 叶翔. 我国当前幼儿园社会教育的现状调查［J］. 长沙铁道学院学报（社会科学版），2012（3）.

4. 活动过程

(1) 活动导入：(问题导入)。

师：孩子们，你们知道今天是几月几日吗？你们知道三月十二日是什么节吗？(植树节) 教师用简单明了的话语向幼儿介绍植树节的由来。

(2) 树木对我们生活的意义。

①教师引导幼儿讨论。

教师：你们知道为什么大家要种树吗？树木有什么作用？

②播放多媒体课件。

观看图片，让幼儿知道我们居住的环境污染特别严重，让孩子们了解北方经常遇到的“沙尘暴”以及“雾霾”给人们的生活带来的危害，初步明白树木能阻挡风沙，植物能给我们带来新鲜空气的道理。

教师小结：树木可以净化空气、美化环境，调节气温、防风遮雨；另外，树木还可以制成各种家具，给我们的生活带来了方便。所以我们一定要保护树木，保护我们赖以生存的环境！

(3) 教师与幼儿一起为小树浇水。

①教师：幼儿园内的小树告诉我说他们口渴了，我们一起给他们浇浇水吧。老师为大家准备了很多的装水的瓶子，大家可以自己挑选，现在提几个要求：(1) 取水时不要拥挤，要按照顺序排好队；(2) 瓶子里的水不要装太满，避免水洒出来弄湿衣服、鞋子。

②教师：你们有没有什么话想对小树说？引导幼儿讨论。

③动手浇水，一边浇水一边跟小树说“小树，请喝水！”……

④教师总结：小树看到宝宝们这么爱护他们，他们觉得很幸福、很开心，要谢谢小班的孩子们。小树也是我们的好朋友，他和我们一起长大！

5. 活动延伸

(1) 日常生活教育。春天到了，小树发芽了，请小朋友户外活动的时候不要折树枝；小花也陆续开放，请小朋友不摘小花，大家爱护这些植物。

(2) 家园共育。在春天这个美丽的季节，请家长陪孩子一起植一棵树。

图 1-10　小树请喝水

图 1-11　小树长高了

(资料来源：邢台市桥西区三环逸夫小学附属幼儿园张琳老师)

【示例评析】

教师以植树节为契机来培养幼儿的环保意识，讲究了“天时”；利用幼儿园院内的环境为背景，以树木为教育载体，使“地利”蕴于活动之中；从生活的角度出发，将日常户外和家园合作作为教育的延伸，让更多的人参与到“植树、浇水”的行动中来，是谓“人和”。活动设计完整、层层推进，操作性较强，在幼儿认知的基础上，通过师生、同伴共同浇水的环节直接体验，将活动推向高潮。

第三节　幼儿社会教育的师资培养

《幼儿园教师专业标准（试行）》（2011）中明确提出了幼儿园教师“需要经过严格的培养和培训，具有良好的职业道德，掌握系统的专业知识和专业技能。”《专业标准》提出了“师德为先、幼儿为本、能力为重、终身学习”的基本理念，在专业理念和师德、专业知识、专业能力三个维度规定了幼儿园教师职业标准的内容，并在实施建议中提出师范院校要将其作为教师职前培养培训的主要依据。那么，师范院校所开设的《幼儿社会教育活动与指导》课程也要根据《专业标准》来制定培养目标，注重提高学生，即未来幼儿教师的职业素养。

一、幼儿社会教育教师的职前素养

（一）“师德为先”，砥砺德行

作为幼儿园教师，要将“师德”作为职前素养准备的一个重要方面。《专业标准》中提出了“师德为先”的理念，也强调了师德的重要性。师德，即教师的职业道德，是教师在教育教学工作中必须遵循的各种行为准则和道德规范的总和。教师要将师德放在工作的首位，它是教师素质中最重要的方面。

幼儿教师要“热爱学前教育事业，具有职业理想，践行社会主义核心价值体系，履行教师职业道德规范，依法执教”。这是师德的核心内容。热爱幼儿教育事业才可以通过自己的“热爱”促进幼儿的健康成长；具有职业理想才可以在幼儿教育工作的价值上追寻自我的实现和人生的幸福；践行社会主义核心价值体系是良好师德养成的社会前提，是师德的引领价值观及检验的标准；教师职业道德规范是教师教育教学工作的一般行为规范，教师只有依据法律和规范从事教育实践才可以确保自身的合法权益与义务，这是师德的必然要求。

幼儿教师要“关爱幼儿，尊重幼儿人格，富有爱心、责任心、耐心和细心”。这是师德的重要组成部分。教师对幼儿的爱是师德的灵魂，充满爱的教育能够促使教师无私地奉献、甘心地付出，真诚地给予，为幼儿营造“爱”的环境，促进幼儿的健康成长。幼儿园工作是琐碎而细致的，这就要求教师具备“四心”，即爱心、责任心、耐心和细心。幼儿正处于身心迅速发展的时期，但其总体认知水平较低的特点决定着教师需要承担很多细致、具体而琐碎的工作，对幼儿的每时、每处、每事都要留意、关心和教育。只有这样，幼儿教育才能体现对生命和生活的价值与意义。

幼儿教师要“为人师表，教书育人，自尊自律，做幼儿健康成长的启蒙者和引路人”。教师要扮演好自己的各种角色，认清自己的教育地位，塑造完美的教师形象。幼儿的模仿能力强，易受到外部环境的影响。教师的一言一行都可能成为幼儿模仿的对象，感染和影响幼儿。所以，幼儿教师需要为幼儿做出示范，自尊自律，成为幼儿的榜样和引导者。

总之，幼儿教师需要注重自己个人道德修养的锻炼与提高，具体内容有“富有爱心、责任心、耐心和细心；乐观向上、热情开朗，有亲和力；善于自我调节情绪，保持平和心态；勤于学习，不断进取；衣着整洁得体，语言规范健康，举止文明礼貌”。教师的师德修养对幼儿社会性的诸多方面，如关爱、责任、守法等都有重要的影响作用。

当然，现实中还存在一些幼儿教师违反职业道德或法律的行为，如虐待幼儿、侵犯幼儿等。这需要幼儿教师严格要求和约束自己的行为，努力提升自身道德修养，拥有良好的职业道德，杜绝此类事件在自己身上发生之外，还需要幼儿园严格幼教行业的入行关，将一些道德败坏的人隔离在幼儿教育事业之外。

（二）树立科学的教育观念

《专业标准》中将“专业理念”作为幼儿教师专业标准的重要内容，并提出相应的领域内容及要求。幼儿教师的专业理念主要包括教师的学前教育价值观、儿童观、保教活动观等。专业理念的不同会影响幼儿教育的具体实施及效果，对幼儿产生的教育影响也不同。

对于社会领域教育而言，教师树立科学的幼儿社会教育观是非常重要的。有学者提出教师要树立成人支持下的发展观、成长取向的目标观以及融合视野下的方法观。①

成人支持下的发展观要求幼儿教师要重视环境和教育对幼儿社会性发展的影响，树立自觉的教育意识和坚定的教育信念，为幼儿创设良好的物质环境和精神环境，使幼儿在成人的积极引导和支持下获得社会性的顺利发展。成长取向的目标观要求幼儿教师在制订幼儿社会教育的目标时杜绝过分注重规范规则的机械学习，而要将社会教育生活化，以幼儿的健康成长作为教育教学活动的目标价值取向，促进幼儿全面发展。融合视野下的方法观要求幼儿教师反对狭隘的教育观，要将教育视野融合拓宽，整合各种社会教育的途径，形成整体的、系统的教育支持力量，共同促进幼儿的健康成长。

---

① 李希贵. 幼儿社会教育视野下的教师职业准备［J］. 学园，2013（25）：6-7.

知识链接

表 1-1　《幼儿园教师职业标准（试行）》中关于专业理念和师德的基本内容

维度	领域	基本要求
专业理念与师德	（一）职业理解与认识	1. 贯彻党和国家教育方针政策，遵守教育法律法规 2. 理解幼儿保教工作的意义，热爱学前教育事业，具有职业理想和敬业精神 3. 认同幼儿园教师的专业性和独特性，注重自身专业发展 4. 具有良好职业道德修养，为人师表 5. 具有团队合作精神，积极开展协作与交流
	（二）对幼儿的态度与行为	6. 关爱幼儿，重视幼儿身心健康，将保护幼儿生命安全放在首位 7. 尊重幼儿人格，维护幼儿合法权益，平等对待每一个幼儿。不讽刺、挖苦、歧视幼儿，不体罚或变相体罚幼儿 8. 信任幼儿，尊重个体差异，主动了解和满足有益于幼儿身心发展的不同需求 9. 重视生活对幼儿健康成长的重要价值，积极创造条件，让幼儿拥有快乐的幼儿园生活
	（三）幼儿保育和教育的态度与行为	10. 注重保教结合，培育幼儿良好的意志品质，帮助幼儿形成良好的行为习惯 11. 注重保护幼儿的好奇心，培养幼儿的想象力，发掘幼儿的兴趣爱好 12. 重视环境和游戏对幼儿发展的独特作用，创设富有教育意义的环境氛围，将游戏作为幼儿的主要活动 13. 重视丰富幼儿多方面的直接经验，将探索、交往等实践活动作为幼儿最重要的学习方式 14. 重视自身日常态度言行对幼儿发展的重要影响与作用 15. 重视幼儿园、家庭和社区的合作，综合利用各种资源
	（四）个人修养与行为	16. 富有爱心、责任心、耐心和细心 17. 乐观向上、热情开朗，有亲和力 18. 善于自我调节情绪，保持平和心态 19. 勤于学习，不断进取 20. 衣着整洁得体，语言规范健康，举止文明礼貌

（三）掌握相关的专业知识

幼儿教师的专业知识主要包括幼儿发展知识、幼儿保育和教育知识及通识性知识。对于幼儿社会教育教师而言，则必须具备：幼儿社会性发展的知识、幼儿社会教育教学的知识以及社会常识知识。

首先，幼儿社会性发展的知识，即幼儿教师必须掌握幼儿的身心发展特点和规律的知识，尤其是幼儿社会性发展的特点和规律的知识，主要包括幼儿社会认知、社会情感、社会行为的发展规律、水平、特点和差异，幼儿社会性发展的理论及影响幼儿社会性发展的因素等。掌握这些知识有助于教师认识和了解教育对象，根据其特点组织社会教育。

其次，幼儿社会教育教学的知识，即幼儿教师必须掌握幼儿园社会教育的目标、内容、原则、途径、方法、活动设计要点及实施策略、评价等。教师可以根据这些社会教育教学的知识进行教育活动的设计、实施与评价，确保社会教育的顺利开展。

最后，社会常识知识，即幼儿教师必须掌握关于自我、他人、社会等的社会认知以及与社会教育有关的人文社会科学的通识知识等。

（四）提高专业能力

幼儿教师的专业能力主要包括环境的创设与利用、一日生活的组织与保育、游戏活动的支持与引导、教育活动的计划与实施、激励与评价、沟通与合作、反思与发展等七个领域内容。

针对社会教育幼儿教师则需要具备社会环境的创设与利用的能力、在一日生活中进行社会教育的能力、利用游戏促进幼儿社会性发展的能力、设计和实施社会领域教育活动的能力、对幼儿的社会性发展进行激励和评价的能力以及与幼儿、家长、社区等进行合作并共同施以社会教育的能力、对教学进行反思和研究幼儿社会教育问题的能力等。

幼儿园教师要把《幼儿园教师专业标准（试行）》作为自身专业发展的基本依据，从专业理念和师德、专业知识、专业能力三个维度的多个领域出发，努力学习和锻炼，不断提升自身的专业素养。

知识链接

幼儿园教师准入应具备的社会教育知识技能标准①

郭铁成等人的“幼儿教师职业准入标准研究”课题中对幼儿园社会教育教师的准入标准进行了研究，并提出了社会教育知识技能的标准。如下表。

---

① 双立珍，郭铁成. 幼儿园教师职业准入社会教育知识技能标准的构成与实施建议［J］. 学前教育研究，2014（5）：37-40.

表 1-2　幼儿园教师社会教育知识技能标准

领域	具体要求
社会常识	1. 具有人与自我、他人、社会的基本常识 2. 具有幼儿园社会领域教育所必需的人文社会科学常识
幼儿社会性发展知识	3. 初步掌握幼儿亲子关系、同伴关系、性别角色、自我意识、社会情感发展的主要特点 4. 初步掌握幼儿亲社会行为、攻击性行为发展的主要特点 5. 了解独生子女、留守儿童、流动儿童社会性发展的主要特点
幼儿园社会教育知识	6. 初步掌握《幼儿园教育指导纲要（试行）》所规定的幼儿园社会领域教育的目标、内容、实施途径与要求 7. 了解幼儿社会性学习的途径、方式和特点 8. 初步掌握《3~6 岁儿童学习与发展指南》在幼儿人际交往和社会适应两方面的学习和发展目标 9. 初步掌握幼儿社会教育的原则和方法 10. 了解有特殊需要幼儿的社会教育方法
幼儿园社会教育技能	11. 具有初步的观察、了解、评价幼儿社会性发展的能力 12. 具有初步的幼儿社会教育环境创设与利用能力 13. 具有初步的利用一日生活进行幼儿社会教育的能力 14. 具有初步的幼儿社会教育游戏活动设计与引导能力 15. 具有初步的幼儿社会教育教学活动设计与实施能力

二、幼儿社会教育课程中的技能训练方法

在师范院校开设《幼儿社会教育活动与指导》课程是培养幼儿园社会教育教师的重要途径。在课程中，教师不仅要注重学生知识的掌握，而且还有重视学生专业基本技能的训练与提高。关于技能方面的训练，教师可以利用以下方法。

（一）初次印象：教学观摩活动

为了使学生对幼儿社会教育教学活动有一个初步的、整体的印象，教师可以多组织学生去幼儿园进行教学观摩活动。当然，在课堂中也可以播放优质教学录像，让学生对幼儿社会教育产生兴趣，激发学生对幼儿社会教育的热情。

图 1-12　幼儿园观摩活动

图 1-13　课堂录像观摩研讨活动

（二）分析辨别：案例评析活动

为了使学生有更好的分析能力、设计能力、评价能力，教师可以通过不同的案例活动进行解析或评价，帮助学生养成勤思考、善钻研的意识和能力。

（三）设计运用：方案设计活动

幼儿教师需要具备独立设计社会教育活动方案的能力，在掌握了设计活动方案的相关知识之后，教师可以以问题的形式鼓励学生进行设计，或根据学生的兴趣特点分成不同的任务组进行设计。设计之后可以组织展览、评析、研讨等活动。

图 1-14　方案设计分享活动

图 1-15　方案设计的研讨评价活动

（四）技能训练：模拟教学活动

幼儿园社会教育教学活动需要教师良好的组织能力，学生在去幼儿园之前可以通过模拟教学活动来进行锻炼和练习。如将学生分成 10 人以内的教学小组，合作设计教案，并分别承担幼儿教师、幼儿和评价者的角色，轮流转换不同的角色让学生进行上课、说课和评课能力的练习。

图 1-16 模拟教学活动

（五）巩固提升：见习和实习

在课程学习的后期，学生已经具备了相关知识和技能。这时，教师就可以让学生到幼儿园的真实环境中去见习和实习，以巩固所学内容，进一步提升教学技能。教师还可以帮助学生树立问题意识，在幼儿园中注意观察并发现幼儿社会教育中存在的问题，之后进行研究，提高学生的行动研究和学术研究能力。

图 1-17 学生在幼儿园实习

图 1-18 学生“顶岗实习”

活动示例

托班社会活动“朋友树”说课稿①

1. 说活动教材

“朋友树”就是以树作为象征的载体，一棵树代表一个集体，每一片树叶则是个体，代表每一位小朋友。有许多朋友在一起就构成了一个庞大的集体即“朋友树”。“朋友树”象征着团结、力量以及积极向上的意念和情感。

“朋友树”这一教材蕴涵了较多的教育价值，体现较多的是社会领域的教育价值，不同年龄段有不同的要求。如大班：引导幼儿进一步了解自己是集体中的一员，主动做对集体有意义的事，具有初步的集体荣誉感；中班：引导幼儿进一步了解并关心周围的同伴，初步理解他们的需要与情感，会同情、关心、帮助他人；小班：认识集体中的同伴，初步了解他们与自己的关系。知道一个人很孤单，能主动找朋友，体验朋友多的快乐；托班：引导幼儿熟悉集体生活环境，知道班级中有许多小朋友，很多小朋友在一起非常快乐。

对于托班幼儿来说，他们刚刚进入幼儿园这个新环境、新集体，接触到新老师、新同伴，总有那么一份顾虑，会经常闹情绪。再加上该年龄段活动的特点：喜欢自己玩自己的，与人交往带有明显的自我中心倾向。由此导致这一年龄段的幼儿与其他幼儿交流、合作较少，他们对集体的快乐，朋友多的快乐，没有感性经验。因此，让他们意识到自己有很多朋友，体验朋友多的快乐是非常重要的，这有助于幼儿爱同伴、爱班级这个集体，能更好地适应新环境。

2. 说活动目标

（1）活动目标：①知道自己有很多朋友，体验朋友多的快乐。②学习用纸球压印的方法制作小树叶。③萌发爱同伴、爱幼儿园的情感。

（2）活动重点：知道自己有很多朋友，体验朋友多的快乐。幼儿生活在一个大集体中，在集体中拥有很多同伴，但是这一点往往是孩子们所忽视的，幼小的心灵往往体会不到，所以要作为重点提出来。让幼儿通过活动感受到朋友多的快乐，从而爱同伴，乐意上幼儿园。

（3）活动难点：体验朋友多的快乐。托班幼儿的思维非常直观，要让他们发自内心地体验朋友多的快乐对幼儿来说有一定的困难。因此，从形象的、直观的活动加以渲染比较适宜。

3. 说活动准备

物质准备：事先制作好树干贴在展示板上，用白纸剪成的树叶每人一张，

① 林佩芬. 新世纪幼儿园说课稿精选［M］. 宁波：宁波出版社，2010：9-11.

纸团若干，颜料等。这是为制作树叶准备的。最新的觉醒理论认为："适度的刺激更能激起幼儿参与活动的积极性。"这里的树干是本次活动的一个新刺激，带给孩子们一个好奇，激起他们学习的动机。

4. 说活动过程

(1) 环节一：通过观察、提问引发幼儿乐于打扮大树的情感。提问：这棵大树好看吗？为什么？我们怎么让它变得漂亮？分析："兴趣是最好的老师"，此环节注重兴趣的激发。让孩子发现这是一棵没有树叶的大树，通过提问产生大家一起打扮大树的动机。此环节是为重点目标服务的。

(2) 环节二：通过制作树叶、粘贴树叶发现自己有很多朋友，初步体验朋友多的快乐。①教师示范制作树叶进行粘贴。②幼儿操作树叶进行粘贴。③谈话（谈自己的感受）。分析：教师示范有两个目的，一来为下面的幼儿操作打好基础；二来让幼儿感受一片树叶的孤单，从而激发幼儿操作的动机。幼儿操作的意义在于体现合作的力量；感知自己有很多朋友。此环节完成目标②并为难度目标进行铺垫。

(3) 环节三：通过粘贴照片、谈话、唱歌等形式，进一步体验朋友多的快乐。①找自己的树叶。②粘贴自己的照片。③说说自己的朋友。④围着"朋友树"唱歌。(《幸福歌》) 分析：由于托班幼儿思维具有具体形象的特点，由树叶幼儿还不能联想到朋友，因此通过粘贴幼儿照片，使幼儿更直观的感知自己有很多朋友。幼儿说自己的朋友时，教师都应给予情绪上的激发，类似"哇，你有这么多的朋友，真好"的语句。围着"朋友树"唱歌则是将活动推向高潮，充分表现拥有朋友的快乐。此环节真正实现了重难点目标。

5. 说活动延伸

(1) 活动一：将树放到语言区继续去说一说自己的朋友。让幼儿到语言区去说，能进一步体验自己有很多朋友。

(2) 活动二：开展制作礼物送朋友的活动。在制作礼物、送礼物的过程中能增进朋友间的感情，进一步体验朋友多的快乐。

6. 说活动特色

(1) 将艺术手段运用于社会活动中。在社会领域的教育中较多运用故事、情境表演等形式让幼儿来体验一种情感，但是本次活动却选择美术手段，通过制作树叶、粘贴树叶、粘贴照片来感知自己有很多朋友。更加直观、具体，真正实现在活动中感知，在活动中更深刻的体验。

(2) 体现教学的整合性。在本次活动中体现了科学、语言、社会、艺术等方面的教育价值，注重教学的整合性。

【示例评析】

幼儿园教师不仅应具备讲课、评课的技能，而且说课也越来越成为幼儿园教师的教学业务能力之一。在教学中，学生们一直反映说课比讲课、评课更难，那是因为说课需要将教学深层化，把教学的“内部原理”说清楚。作为未来的幼儿园教师应该具有科研的意识，将教学当做是“亟待解决的各种问题”，抱着一种迎难而上的态度，去思考，去创造。

本章小结

幼儿社会教育的目的是为了幼儿的社会性发展和更好地适应社会生活；其主要内容是有关幼儿从事社会生活所必需的关键经验和知识，主要有社会认知、社会情感和社会行为等；幼儿社会教育是多途径的、多施教主体的专门的教育活动过程。幼儿社会教育的功能包括提高幼儿社会能力，促进幼儿积极社会化；奠定健全人格基础，让幼儿全面、完整地发展；培养幼儿的公民意识，实现社会文化的延续与发展。

幼儿社会教育越来越受到人们的重视，但还存在一些问题如价值认知度较高，课程地位却较低；目标设置大而空，内容安排小而窄；重理性知识灌输，轻感性体验实践等。幼儿社会教育的发展趋势为进一步强化幼儿社会教育师资队伍建设，提高教师职业素养；吸取国外优秀教育资源，拓展社会教育内容体系；教育途径更加多样，教学方法愈发灵活；重视环境，家园共育，建立社会教育支撑系统等。

幼儿社会教育教师的职前素养包括师德、相应的专业理念、专业知识和技能。在师范院校开设学前教育专业领域教学课程时，要重视理论知识和实践技能两方面的学习，二者结合，提高能力。

思考题

1. 谈一谈你对幼儿社会教育内涵的理解。

2. 简述幼儿社会教育的功能。

3. 请结合实际，谈一谈目前幼儿园社会教育的现状及存在的显著问题。你认为应该如何做才能逐步解决这些问题？

4. 试论幼儿社会教育的发展趋势。

5. 对照自身，说一说幼儿社会教育教师专业素养的构成。你认为自己还需要如何去做才能达到这些专业标准呢？

6. 请你给你的老师提一些本课程教学的建议，你会觉得怎样的形式或方法会更让你喜欢这门课？并且更能提高本课程学习的效果？

推荐阅读

《学校社会课程的演变与分析》

丁尧清著，广东教育出版社，2005。

书中围绕社会课程的科目形态，着重探讨社会课程的功能、形态和内容这三个方面的问题，旨在重新审视社会课程在普通教育中的价值和功能。以社会课程的分化和综合两个观念为主轴，重点剖析英国、美国、日本、澳大利亚、新西兰和我国社会课程发展的轨迹，在国际视野中透视社会课程演变的脉络，为我国社会课程的未来发展提供借鉴。

《〈幼儿园教师专业标准（试行）〉解读》

教育部教师工作司组编，北京师范大学出版社，2013。

本书有助于广大幼儿园教育工作者全面理解和深刻把握《幼儿教师专业标准》的基本理念和核心精神。本书主要从六章深入细致地阐释了《幼儿园教师专业标准》的具体内容：概述了《专业标准》的制定的依据、定位、基本框架与特点；阐述了幼儿园教师应秉持的基本理念；介绍了幼儿园教师应具备的专业理念与师德、专业知识和专业能力，并提出了《专业标准》实施的具体建议。对规范幼儿园教育教学、引领教师专业发展、建设高素质的幼儿园教师队伍等具有重要的意义与作用。

《幼儿教师专业发展》

张燕著，北京师范大学出版社，2005。

本书从幼儿园教师专业化的基本概念、幼儿教师的成长历程、教师的职业道德规范与职业关系、专业成熟、自身专业发展等角度进行了理论探讨，并配有丰富的案例和资料，有助于幼儿教师明确职业责任和角色定位，逐渐走向成熟与发展。

拓展训练

1. 请学生关注社会领域的小问题，如“自信”、“奉献”、“合作”等，以小组为单位创编社会题材的情景剧。

2. 请学生搜集“讲、评、说”课的资料，分析三者的异同，并制定练习各项技能的目标和计划。

第二章　幼儿社会性发展的特点及理论

学习目标

1. 本章导读：幼儿社会性发展是其在社会互动过程中逐步建立和发展社会认知、社会情感及社会行为的重要过程，亦是幼儿心理发展和健全人格的重要组成和途径。由于幼儿年龄发展的特殊性，其社会性发展的各项内容也呈现出发展的独特特点和趋势。了解幼儿社会性发展的特点能够帮助幼儿教师从幼儿的特点出发进行适宜的社会性教育。

较有影响力的幼儿社会性发展的理论分别是精神分析理论、社会学习理论、认知发展理论和生态系统理论等。精神分析理论强调用人的本能和社会预期冲突的解决来解释社会性发展；社会学习理论强调个体在社会互动中观察学习的作用；社会认知理论将个体认知水平，尤其是道德理解水平作为社会性规则发展的重要因素；生态系统理论则将幼儿社会性发展置于一个复杂的、多层次的、系统的环境中探求其综合的联系性。

幼儿社会性发展是各种因素综合作用的结果，而非自然而然的过程。影响幼儿社会性发展的主要因素包括幼儿自身因素、家庭因素、幼儿园因素及环境因素等。

2. 教学重难点：掌握幼儿社会性发展的特点，熟悉幼儿社会性发展的几种理论观点，理解幼儿社会性发展的主要因素，并尝试根据这些影响因素分析幼儿社会性发展中的问题。

3. 教学课时：4 课时。

社会性发展是儿童心理发展的重要组成部分，它是一个人在一定的社会历史条件下，逐步形成社会认知、社会情感和社会行为，从而更好地适应社会生活的发展过程。幼儿社会性的发展对其形成完整的人格、心智的健全发展有着重要的影响。幼儿园教师在对幼儿实施社会教育之前必须要了解幼儿社会性发展的特点、理论及其影响因素等内容。这样可以有助于幼儿教育者更清晰、更准确地了解幼儿的学习需要、发展规律及内外部影响因素，有助于教育者为幼儿提供更有针对性的、更适宜的社会性教育和服务，促进幼儿的社会性发展。

第一节 幼儿社会性发展的特点

幼儿社会性发展的内容体现在很多方面，国内外不同学者有着不同的认识和分类。在幼儿社会化过程中一般包括社会认知、社会情感、社会行为、自我意识、道德发展及社会适应等几个重要方面。在本节中，我们着重从社会认知、社会情感和亲社会行为三个方面来了解幼儿发展的特点。

一、幼儿社会认知发展的特点

社会认知是指个体对社会性个体和社会现象及其关系的感知、理解和推断的心理过程，如对自我和他人、社会关系、社会世界及其相互关系的认知。幼儿社会认知的发展受一般认知成熟和幼儿社会互动经验的影响，表现为以下几个特点：儿童社会认知的发展是一个逐步区分认识社会学客体的过程；观点采择能力是儿童社会认知发展的关键（观点采择是幼儿把自己的观点和他人的观点区分并协调的一种能力）；儿童社会认知各方面的发展是非同步、非等速的；儿童社会认知的发展具有认知发展的普遍规律，但不完全受认知发展的影响；儿童社会认知的发展水平与社会交往密切相关。[①]

当我们向幼儿提问“你是什么样的人？他是什么样的人？这个世界是什么样的？你们和他们有什么关系？”的时候，根据幼儿的回答，我们可以说幼儿的社会认知状态就会在一定程度上外显出来。

（一）幼儿自我意识的发展特点

自我意识是个体对自己内在状态、需求、思想、情绪的认知，主要包括对自己、自己与他人、自己与社会关系的认知。自我意识即自我，是人格的核心，是个体维持心理健康、形成健全人格的关键因素。哲学家威廉·詹姆斯在100多年前首次提出了“主我”和“客我”的二元性“我”。自我即独立于其他事物而存在的我——“独立的我”，客我即区别于其他个人或事物而不同的我——“独特的我”。自我意识不是生来就有的，而是在个体一生发展的过程中不断变化的。刚刚出生的婴儿没有自我意识，一般在两岁左右，开始产生主我和客我的自我意识，一直到青少年时期，自我意识的发展呈现出曲线上升的趋势。

1. 自我意识的发生与发展

自我意识发生于婴儿时期。为研究婴儿的主我意识，研究者设计了一个巧妙的实验。他让婴儿和学步儿童坐在镜子前看自己的形象，给他们看自己的录像和照片。发现

---

① 周世华，耿志涛. 学前儿童社会教育［M］. 北京：高等教育出版社，2011.

孩子在看他自己的录像和一个同龄人的录像时，3 个月大的孩子看他人的录像的时间更长。这说明孩子在初生的几个月就能通过镜子识别自己和他人。研究者一直认为孩子最早萌生自己的概念是“主我”，当孩子最早意识到他自己的行为能够引起物体移动和他人的反应以可预测的方式进行时，他的自我意识已经开始出现。①

到出生的第二年，孩子开始构建“客我”，意识到自己的外在特征。“点红实验”将 9~24 个月大的婴儿放坐在镜子前，母亲借口给孩子擦脸而在孩子鼻子上涂上了红色颜料。观察孩子们的反应发现，小的孩子去触摸镜子，似乎这个红点跟他没有关系，而 15 个月大的孩子则会去触摸自己的红鼻子。这个反应说明 15 个月大的孩子对自己独特的形象有了敏锐的意识。2 岁左右的孩子用“我”来称呼自己，标志着“客我”的意识已然建立，幼儿有了自我认知。

自我意识的不断发展主要经历了三个时期。第一个时期是自我中心期，即生理自我，8 个月到 3 岁左右成熟；第二个时期是客观化时期，从 3 岁到青春期，即获得社会自我的时期，是社会自我观念形成的关键期；第三个时期是主观化时期，从青春期到成年期，即心理自我时期。在自我意识发展的三个阶段中，客观化时期最为重要，而婴幼儿期作为基础和开端，对自我意识的发展尤为重要。②

自我意识主要包括自我认识、自我评价和自我控制三种形式。

2. 自我认识的发展

自我认识主要包括对自己身体、动作和行为、内心活动等的认识。

幼儿对自己身体的意识是随着其认知能力及成人教育的影响而逐步发生发展的。几个月左右的婴儿还不能意识到自己身体的存在，不知道自己身体的自我属性，比如在生活中婴儿会把自己的手脚当做玩具玩耍。1 岁左右，婴儿逐渐认识自己身体的重要部分，但还不能明确区分出身体的不同器官，比如当被问到“你的耳朵在哪里”时，他可能会摸妈妈的耳朵而不是自己的耳朵。婴幼儿对自己的面貌和身体部位的认识要经过一个较长的过程，2 岁左右的孩子逐渐认识自己的面貌和整体形象，认识自己的影子还会更晚一些。2 岁左右的婴幼儿会对自己身体内部状态具有一定的意识，如他们会用语言或动作来表示他们渴了或饿了。2 岁之后，孩子可以把自己的名字和身体联系起来，当被问到“你在哪里”时，他会用手指向自己的身体来进行回答“我在这里”。当然，直到 3 岁左右，他们还是愿意用自己的名字来称呼自己，而不总是习惯用“我”来代表自己。

幼儿对自己动作和行为的意识亦是从其自身偶然性动作及动作对象和反应的逐步认识过程中发展起来的。新生儿具有先天性的反射动作，在此基础上随着月龄的增加，婴幼儿会逐步学会抬头、翻身、坐立、爬行、走、跑、跳、投、钻、攀登等大肌肉动作及抓握、捡拾、捏、按、夹等小肌肉动作。1 岁左右的婴儿独立行为出现并能够将自己的

---

① ［美］劳拉·E. 贝克著，吴颖等译. 儿童发展（第五版）［M］. 南京：江苏教育出版社，2002.

② 沙莉. 学前儿童心理发展［M］. 北京：清华大学出版社，2014.

动作及动作的对象区分开来，如孩子会意识到自己伸出手能够够到前面的物体，这说明他已经意识到了自己的动作和物体之间的关系。2岁左右的孩子则可以通过自己的动作和行为的变化来意识其行动对象的反应及效果，如有的孩子在使用勺子吃饭的时候会努力控制勺子和嘴的位置，完成动作和“吃饭”的任务。3岁之后，婴幼儿的动作发育到达新的高峰，他们已具备了一定的动作要领，行为逐步趋于成熟，生活中体现在他们会自己吃饭、洗手、如厕等。幼儿对动作和行为的意识为其自我调控提供了前提和基础。

幼儿对自己内心活动的意识是以幼儿对身体和动作意识为基础的，因为身体和动作都属于外显因素，而内心活动则是一种隐性的内部心理活动，需要幼儿达到一定的思维发展水平。幼儿3岁之前，对自己内心活动的意识尚不明确。3岁之后的幼儿开始出现对自己内心活动的意识，如他开始意识到“应该”和“愿意”的区别，开始懂得什么是“应该的”，“愿意”要服从“应该”。4岁之后，幼儿开始比较清楚地意识到自己的认识活动、语言、情感和行为，并开始知道怎样去注意、观察、记忆和思维。但是他们只停留在意识内心活动结果的层面，并不能意识到内心活动的过程，比如他们能够做出判断，却不知道是如何做出判断的。

知识链接

婴幼儿自我认识的发展阶段

哈特将婴幼儿自我认识的发展分为五个阶段，前三个阶段为主我的发展，后两个阶段为客我的发展。

第一阶段：5~8个月，无我状态。这一阶段的婴儿对镜像感兴趣，但对自己的镜像或他人的镜像并不分化，不能区分自己与他人。

第二阶段：9~12个月，初步的主体自我。这一阶段的婴儿对自己作为活动主体有了初步的认识，表现出以自己的动作引起镜像的动作，主动以自身动作与镜像匹配。

第三阶段：12~15个月，主体自我发展。这一阶段的婴儿能够区分由自己作出的活动与他人所作活动的区别，对自己镜像和自己活动之间的联系有了明确分化，主体自我明显发展。

第四阶段：15~18个月，客体自我初步发展。这一阶段的婴儿对主体特征有了稳定的认识，开始把自己作为客体来认识，认识到客体特征来自主体特征，如认识到镜像中的红鼻子与自己红鼻子的关系。

第五阶段：18~24个月，客体自我形成。这一阶段的婴儿已经能够意识到自己的独特特征，能从照片中认出自己，用言语表达自己。当婴儿利用言语标示自我的时候，即用“我”和“他”来区分自己和他人，标志着客观自我的形成。

3. 自我控制的发展

刚刚出生的婴儿是没有自我控制能力的。研究表明，2 岁儿童延迟性自我控制行为已经初步上升到主导地位，已经具备一定的自控能力。但是这个时候的幼儿自控水平较低，表现为明显的冲动性特点，主要依靠外界的压力而实现。随后，幼儿的自控能力以及根据外界要求调节自己行为的能力得到了显著提高和发展，3~4 岁期间发展得速度较快。随着幼儿大脑皮层的抑制机能逐渐完善，儿童的自控力在 4、5 岁的时候进入了发展的飞速期。幼儿自控力的发展具体表现为 3 岁左右的幼儿能够独立做事并愿意独立完成各项事务，能够在短时间内延缓自己要求的行为；4 岁左右的幼儿能够尝试用言语调控自己的行为并逐步延长行为时间；5~6 岁的幼儿自控语言逐渐从外部语言过渡到内部语言，可以有意识地控制自己的行为，并持续较长的时间。有研究表明，学前期幼儿自我控制能力还存在明显的性别差异，女孩高于男孩。当然，我们要注意，幼儿自我控制能力除了随年龄的增长而不断提高之外，还存在内外部的多方因素影响，如言语发展和成人要求等。

4. 自我评价的发展

幼儿自我评价的发展特点具体表现为：主要依赖成人的评价；常带有主观情绪性和外在性；对自己的评价普遍较高；受其认知水平、情绪情感发展的限制等。

幼儿自我评价的发展趋势可以概括为：第一，从主要依赖成人的评价到自己独立的评价。幼儿还没有独立的自我评价，他们往往依赖和听信成人对他的评价，他们对自己的评价也往往是重复成人对他的评价。例如幼儿认为自己是好孩子，常常把原因解释为老师和妈妈说的。幼儿晚期逐渐形成独立的自我评价，他们开始对成人的评价持批判态度。如果成人的评价和幼儿的自我评价不符，幼儿会提出疑问和申辩，甚至表示反感。例如成人说：“你太淘气了，不是个乖孩子”，回答：“我是个乖孩子，我会帮妈妈扫地！”第二，从带有主观情绪性的评价到比较客观的自我评价。幼儿对他人和自己的评价往往不是从具体事实出发的而带有主观情绪性，例如幼儿认为自己妈妈的裙子比陌生阿姨的裙子漂亮，是因为她在情感上倾向于自己的妈妈。又如幼儿在评价自己和老师的作品时，即使老师的作品故意做得不如他的好，他也会对老师的作品做出较高评价，而与其他幼儿的作品相比，则总是评价自己的作品较好。第三，从对外部行为的评价到内心品质的评价。根据资料显示，幼儿的自我评价基本上都表现为对自己外部行为的评价，只有大班极少数孩子才可能涉及内心品质的评价，并且这种内部评价仅处于过渡的中间状态。例如幼儿在回答他是好孩子的原因时说道：“我不撒谎，上课坐得好，我不想欺负小朋友。”第四，从笼统、局部的自我评价到具体细致、整体的自我评价。幼儿的自我评价一般比较笼统、简单，较多只从某一个方面来评价自己，随年龄增长而逐步分化和具体，如幼儿评价自己很勇敢，原因是打针的时候没有哭。很多幼儿还分不清行为规则和行为评价指标之间的区别，如幼儿评价另一幼儿是“好值日生”，是因为他一到幼儿园就扫地擦桌子，打扫的效果如何却并不在意。

知识链接

幼儿的自尊

自尊是自我意识的重要组成部分，通俗来讲就是个体整体的自我评价。① 自尊是对我们自身价值的判断和对这些判断的想法。自尊心强就表示对自己的特征和能力有一个现实的评价。儿童在出生后不久，自尊就开始发展了，并且会对儿童的社会性发展产生重要影响。②

林崇德认为，在儿童的自我情绪体验中最值得重视的就是自尊。个体一生中自尊的发展趋势为：儿童阶段自尊稳定性较低，青少年和成年阶段呈不断增长趋势，中年和老年阶段呈下降趋势。③ 儿童在3岁左右对自己独立做事获得满足感，就产生了自尊感的萌芽；5岁时，自尊的发展达到了一个高度；小学阶段，自我体验与自尊的发展具有很高的一致性和紧密的关系，自尊心强的儿童往往对自己的评价比较积极，相反缺乏自尊心的儿童则自暴自弃。④

（二）幼儿对他人认知的发展特点

幼儿对他人的认知早于对自我的认知，出生几个月的婴儿就能区分照料者和陌生人。孩子对他人的理解——他们对他人个性的描述和对他人行为、心态的感受——和他们自我理解的发展是一致的。⑤ 幼儿对他人的认知往往是从辨认他人的外形特征和外部行为开始的，先发现他人在外形上区别于自己，知道了他人的特定称呼以及模仿他人的各种行为，最后才把他人当做是独立的个体，把其他的群体区分开来。幼儿对他人的认知随着其年龄的增长而不断发展完善，但受多种因素影响而具有明显的个体差异性。

1. 对他人外形特征的认知

幼儿对他人外形特征的认知是其对他人认知发展的第一步。几个月的婴幼儿就可以区分出熟悉的人和陌生的人，甚至可以通过不同的声音来区分男女老少。1岁半左右的幼儿可以通过观察他人的外貌、衣着等来分辨他人的年龄，如在幼儿的身边路过一位老

---

① 戴蒙著. 林崇德，董奇译. 儿童心理学手册（第三卷上）[M]. 上海：华东师范大学出版社，2009：560.

② ［美］劳拉·E. 贝克著，吴颖等译. 儿童发展（第五版）［M］. 南京：江苏教育出版社，2002：624.

③ 林崇德. 发展心理学［M］. 北京：人民教育出版社，1997：224.

④ 沙莉. 学前儿童心理发展［M］. 北京：清华大学出版社，2014：212.

⑤ ［美］劳拉·E. 贝克著，吴颖等译. 儿童发展（第五版）［M］. 南京：江苏教育出版社，2002：639.

奶奶，幼儿就可以通过观察老奶奶的外形来认出“这是奶奶”。2 岁左右，幼儿能够逐渐发现自己与他人在外形上的差异，并逐渐开始使用“你”、“他”两个人称代词。当幼儿能够正确使用人称代词来替代他人的时候，就标志着幼儿已经把他人当做是独立存在的个体了。当然，由于社会性客体相对物质客体而言在空间和时间上具有更大的可变性，所以常常导致幼儿对他人的概念模糊、不准确，比如幼儿会把穿白大褂的人当做是医生，但却分不清穿白大褂的人是医生、护士还是科学实验人员等。他们在认知和理解他人的时候往往表现出关注外部、可看见的特征，逐步才会关注内在、不可见的特征。

2. 幼儿对他人行为意图的认知①

在幼儿区分行为的有意性和偶然性的基础之上，幼儿开始逐渐理解自己和他人的行为意图，并对行为做出相应的反应。2 岁左右，他们用“就要”、“不得不”、“想要”等来说明自己将要做的行为，也经常利用自己对这些行为的意图的掌握来保护自己。比如，自己不小心撞到了别人或者打碎了花瓶而受到批评时，他们会辩解“我是不小心”、“我不是故意的”。2 岁半到 3 岁，幼儿开始进一步理解他人的行动意图。他们对行为的迹象很敏感，可以理解别人行为的有意性和偶然性。比如，幼儿听他人陈述，如果某人说他要做什么事，后来真的做了，3 岁的幼儿会认为他是故意的。如果言行不一致则会认为他的行为是偶然的。

4 岁左右的幼儿对故意行为的认知有了进一步的变化，他们认为意图是可以从行为中观察出来的内在的心理状态。他们认为一个事先计划好的行为会成功。有研究者专门设计了一项研究，给幼儿讲故事来测查其对行为意图的认知程度。故事一是一个小女孩扔面包屑，鸟儿吃了它；故事二是一个小女孩偶然落下了面包屑，鸟儿吃了它。当被问及哪个女孩想喂鸟的时候，3 岁的幼儿选择其中任何一个的都有，而 4~5 岁的幼儿都选了第一个女孩。这说明，大一些的孩子对行为意图的认知程度要更高。5、6 岁的幼儿会逐渐用更多角度去判断行为的意图，比如有研究者提出 5 岁的幼儿能够分辨出一个人是否在专心做某件事情，他的行为结果是积极的还是消极的，他对某事的结果是否惊讶、失望或糊涂，外在的因素是否会影响他的行为等。他们会逐渐依靠言行一致原则来判断他人行为的意图，评价他人行为的真诚性，并开始逐渐通过一些故意隐藏目的的微妙表现及其对环境的敏感来增强其对他人行为意图认识的准确性。

3. 幼儿对他人在集体中的地位和种族的认知

幼儿通过观察他人的外部特征及行为表现可以逐渐理解他人的内在情绪，并推断他人在集体中的地位。如，幼儿看到同伴推开另一个幼儿，就会知道这个同伴不想与另一个幼儿玩。幼儿还会根据在集体中同伴的言语、行为等来评价“某个小朋友最坏了，总是调皮、欺负人，我们都不喜欢他。”或“某个小朋友最好了，她是我们班里最可爱、最漂亮的，大家都愿意跟她玩。”

---

① ［美］劳拉·E. 贝克著，吴颖等译. 儿童发展（第五版）［M］. 南京：江苏教育出版社，2002：640.

大多数 3~4 岁的孩子就有民族和种族的概念。他们能对图画、洋娃娃和人区分出黑种人和白种人，虽然他们还未意识到其他受教育程度和职业的分类，但他们能够从穿着、住房和财产等外部特征区别出富裕和贫穷。①

4. 观点采择能力的发展

观点采择即“站在他人的角度看问题”或“从他人的眼中看世界”，是指区分自己和他人的观点，并根据自己的经验和知识分析和推断这些观点之间的关系，最终将其协调起来的一种能力。观点采择能力是幼儿社会认知发展的关键和核心。想要认识和理解一个人，就必须要理解他的观点、了解他的思想、情感、动机和意图等影响和决定其外部行为的内部因素。儿童只有逐步具备观点采择的能力，才可能更好地理解他人，站在他人的角度去感受、去体会。

塞尔曼根据主体对自我与别人关系的理解的发展变化，提出了儿童观点采择发展的阶段论。他请学龄前到青春期的孩子对一些两难社会问题作出反应，发现儿童在理解他人的想法和感觉的能力很有限，随着年龄的增长，他们逐渐开始认识看问题可以有多个不同的角度，之后，可以站在他人的角度去思考其想法、感情和行为。最后，他们能分析两个不同的人在思考同一问题时的角度关系，逐渐从客观的旁观者走向利用社会价值做参考。

塞尔曼儿童观点采择的五个等级如下：

水平 0：自我中心的或未分化的观点采择，3~6 岁。儿童不能清晰地意识到每个人都有自己的主观世界，对同一事物可能存在不同的看法。

水平 1：主观的或分化的观点采择，4~9 岁。儿童认识到每个人都有自己的主观世界，自己和别人都是外界信息的积极加工者和评价者，由于每个人获得的信息不同，每个人的动机和目的不同，所以不同的人对同一事物的观点和态度存在不同。

水平 2：自身反省的观点采择，7~12 岁。儿童不仅能意识到自己能够推断别人的观点，还可以认识到自己也能够成为别人思考和推断的对象，能够认识到自己能根据别人对自己观点的判断而主动地考虑对策，做出进一步的反应。

水平 3：第三者的观点采择，10~15 岁。儿童认识到自己和他人都能设想有一个第三者作为“公平的旁观者”，来观察两个人的相互作用（即使自己是其中一方）。这能使儿童用一种较为客观的方式来观察自己、他人及二者的关系。

水平 4：社会的或深层的观点采择，14 岁至成人。儿童不仅能对他人做观点采择，还能归纳和整合社会的观点，思考抽象的政治、法律、伦理等观点，并认识到这些观点的社会制约性。

对于学龄前幼儿而言，其观点采择能力还处于一种较低的水平，随着年龄的增长而逐步发展和提高，并表现出较大的个体差异。研究和经验都表明，幼儿在社会认知方面

① ［美］劳拉·E. 贝克著，吴颖等译. 儿童发展（第五版）［M］. 南京：江苏教育出版社，2002：641.

存在着“自我中心”的特点。皮亚杰认为，自我中心阶段的幼儿在大多数场合下认为外部事物就是他直接知觉到的样子，不能够从事物内部的关系来观察。“三山”试验是皮亚杰论证儿童“自我中心”的有力证明，从而也说明了幼儿无法进行视觉空间的观点采择。

知识链接

皮亚杰的“三山”实验

在一张桌子上错落摆放了三座立体沙丘模型，首先让幼儿从前后、左右不同方位观察这座模型，然后让幼儿看四张分别从前后、左右不同方位所拍摄的模型照片，让幼儿指出与自己站在不同方位的另外一个人（实验者或洋娃娃）看到沙丘模型的场景与哪张照片一样。结果，处于前运算阶段的孩子都选择了他所在位置上看到的那张场景照。他们认为别人从另一个角度看到的沙丘和自己从这个角度看到的沙丘是一样的。这说明前运算阶段的儿童还不具备视觉空间的观点采择能力。

（三）幼儿对社会世界认知的发展特点

幼儿对社会世界的认知范围较广，如对社会关系、社会规则等的认知。幼儿对社会环境、社会现象的认知，总的趋势是由近及远，由简单到复杂，逐步扩展和深化。

1. 幼儿对社会关系的认知发展

幼儿在自我意识和认知他人的基础之上，逐渐开始了对自己与他人的关系的理解，如亲子关系、同伴关系、师生关系等。目前将社会关系本身作为儿童认知对象进行深入研究的相对较少，而对社会关系的理解研究一般是从3岁之后进行的，并且主要是五六岁的幼儿。相关研究的结果均表明，幼儿在认识社会关系相互性方面存在具体化和表面化的特点。

关于幼儿对亲子关系的认知，有研究者提出了幼儿对亲子关系认知的特点。① 第一，大班幼儿对父母与自己关系的认知中，积极、正向的关系多于消极、负向的关系。调查显示，50%以上的幼儿是喜欢、不害怕、佩服、尊重父母的，如98.79%的幼儿尊重妈妈，0.91%的幼儿不尊重妈妈，4.27%的幼儿不知道是否尊重妈妈；90%以上的幼儿认为父母是喜欢自己的，如92.34%的幼儿认为爸爸喜欢自己，3.05%的幼儿认为爸爸不喜欢自己，4.57%的幼儿不知道爸爸是否喜欢自己。第二，大班幼儿在认知父母-幼儿关系时，主要通过父母对幼儿的行为态度或幼儿对父母的行为态度来认知，在认知

① 李瑶．大班幼儿对父母的认知研究［D］．南京：南京师范大学硕士论文，2013．

幼儿-父母关系时，主要通过父母的表现来认知。幼儿对亲子关系的认知也受到年龄及认知水平的限制，不过，他们更多地会从自己和父母的行为和态度来评价自己和父母的关系，而较少根据父母的内部因素（如性格、气质等）和外部因素（如相貌、服饰等）来评价其与父母的关系。

知识链接

依恋的发展及类型

依恋一般是指个体对某一特定个体的长久持续的情感联系。在发展心理学中，依恋则是特指婴儿与成人（父母或其他看护人）所形成的情感联结。① 依恋是婴幼儿与其抚养人之间最初的社会关系。

鲍尔比将依恋分为四个阶段。第一阶段，无差别的社会反应阶段，出生至六周。这个阶段的婴儿对所有的人的反应几乎都是一样的，他能嗅出母亲的味道和辨别出母亲的声音，但还未对母亲表现出依恋。第二阶段，产生依恋阶段，六周至七八个月。这一阶段的婴儿对熟人和陌生人的反应有了区别，表现出对母亲略微偏爱，但不介意与父母分开。第三阶段，明确的依恋阶段，七八个月至两岁。这一阶段的婴儿对母亲有明显的依恋，表现出明显的分离焦虑，对陌生人紧张不安。第四阶段，互惠关系形成阶段，两岁之后。这一阶段的婴幼儿能够理解母亲的情感，并知道交往时应考虑她的兴趣和需要来调整自己的情绪和行为。他们以母亲为主要依恋对象的同时，也和多个家人、朋友建立了多元依恋。

安斯沃斯认为婴儿依恋存在三种类型。第一，安全型依恋。表现为父母在场时，他们会自由探索周围的环境，对陌生人自然大方；父母离开时表现出不安；重聚时，积极回应父母。第二，抗拒型依恋。表现为经常缠住父母，探索行为较少，对陌生人紧张戒备；父母离开时心情很差；重聚时，无回应或拒绝接触父母。第三，回避型依恋。表现为不太关注父母是否在场，对陌生人也不在意；父母离开或重聚时，反应淡漠。

幼儿对同伴关系的认知发展亦有其年龄特点，表现出一定的发展趋势。有研究者从幼儿对朋友内涵的认知、同伴重要性原因的认知、同伴交往活动的认知及同伴关系保持方式的认知等方面，发现了3~5岁幼儿对同伴关系认知的发展趋势和特点。②

第一，幼儿对朋友内涵的认知随年龄的增长而逐步具体化、丰富化、动态化。如表2-1所示：

---

① 张文新. 儿童社会性发展［M］. 北京：北京师范大学出版社，1999：184.

② 邢莉莉. 3~5岁幼儿对“朋友”的理解研究［D］. 武汉：华中师范大学硕士论文，2011.

表 2-1　幼儿对朋友内涵认知的发展

	对朋友内涵的认知特点	资料例证
3 岁	朋友是某个或某些具体人物。	子桐（3 岁女孩）：是马玉和豆豆，他们是我的朋友 易杰（3 岁男孩）：就是牛牛
4 岁	朋友是在一起玩的玩伴。	伟佳（4 岁女孩）：就是好朋友，一起做游戏 艺阳（4 岁男孩）：我知道，朋友就是在一起玩的
5 岁	朋友是互相帮助的人。	玉洁（5 岁女孩）：可以互相帮助的（人） 儒建（5 岁男孩）：就是不互相打架，而且还互相帮助，别人摔倒了还帮别人扶起来，这就是朋友

（资料来源：邢莉莉. 3~5 岁幼儿对“朋友”的理解研究［D］. 武汉：华中师范大学硕士论文，2011.）

第二，不同年龄阶段的幼儿在理解同伴重要性原因时，表现出随年龄的增长逐步从物质满足发展为精神的满足。如表 2-2 所示。

表 2-2　幼儿对朋友重要性原因认知发展

	认知特点	物质方面	精神方面	资料例证
3 岁	倾向理解朋友的物质满足	侧重提供美食	侧重被接纳	雨辰（3 岁女孩）：朋友会给我好吃的 欣欣（3 岁女孩）：朋友喜欢我，喜欢和我玩
4 岁	朋友的物质和精神满足基本持平	侧重分享玩具	侧重获得快乐和避免孤单	文文（4 岁男孩）：我朋友带了小汽车给我玩 丽佳（4 岁女孩）：有朋友直接会快乐起来 宇欣（4 岁女孩）：没有朋友就很孤单
5 岁	倾向理解朋友的精神满足	侧重分享玩具和赠送礼物	侧重获得快乐、避免孤单和关爱	子健（5 岁男孩）：（朋友）会送我礼物 祝月（5 岁女孩）：有朋友一起玩就会玩得很开心 小杰（5 岁男孩）：朋友关心我

（资料来源：邢莉莉. 3~5 岁幼儿对“朋友”的理解研究［D］. 武汉：华中师范大学硕士论文，2011.）

第三，幼儿对同伴交往活动的认知会随着其年龄的增长及社会范围的扩大而发展，不同年龄的幼儿认为同伴交往活动的内容是不同的。如表 2-3 所示。

表 2-3 幼儿对朋友交往活动认知的发展

	对同伴交往活动的认知特点	资料例证
3 岁	朋友承载的是生活活动和游戏活动。	晨晨（3 岁男孩）：一起出去买菜，给自行车打气 奇奇（3 岁男孩）：和我住在一起，一起吃晚饭
4 岁	朋友承载的是游戏活动和学习活动。	京昆（4 岁男孩）：玩玩具，放学就在外面空地上玩 瑞哲（4 岁女孩）：看书、写字、画画
5 岁	朋友承载的是游戏活动、学习活动和互助活动。	立凡（5 岁女孩）：玩玩具，还可以当我帮手 儒建（5 岁男孩）：玩玩具和看书

（资料来源：邢莉莉. 3～5 岁幼儿对“朋友”的理解研究［D］. 武汉：华中师范大学硕士论文，2011.）

第四，幼儿对保持朋友关系方式的理解方面，逐步从物质的分享逐步向共同游戏和良好行为态度，如相互帮助、合作等方面发展。

表 2-4 幼儿对保持朋友关系方式的认知发展

	认知特点	资料例证
3 岁	侧重分享物质来保持	雨曦（3 岁女孩）：我的朋友会给我糖，我会继续跟他做朋友
4 岁	侧重分享物质、共同游戏来保持	艺阳（4 岁男孩）：就是我有好东西给他 美琳（4 岁女孩）：我就去找她们，就说我可以和你们玩吗？她们就会和我一起玩了。我们就还是好朋友啊
5 岁	侧重共同游戏和良好行为来保持	耀天（5 岁男孩）：我们可以一起玩游戏，那样我们就是朋友 莫仁（5 岁男孩）：就是要互相帮助，一起合作就可以一直是好朋友

（资料来源：邢莉莉. 3～5 岁幼儿对“朋友”的理解研究［D］. 武汉：华中师范大学硕士论文，2011.）

2. 幼儿对社会规则的认知发展

对幼儿社会规则研究较多的主要是道德规则和社会习俗两个方面。道德规则用于规范社会行为，本身蕴涵着对他人权益造成伤害，它与公平、公正、权力有关，通常是绝对化的、不可更改的；社会习俗用于规范个人的随意行为，它要求个体在一定的社会情境中做出适宜的行为，取决于相关社会组织的规定，通常是武断的、相对的、可变的。①

3 岁左右的幼儿开始区分道德规则和社会习俗，如儿童能够作出判断，认为违反道

① 冯天荃，刘国雄，龚少英. 3～5 岁幼儿对社会规则的认知发展研究［J］. 教育心理研究，2010（1）：79-83.

德规则（如偷盗、打人等行为）要比违反社会习俗（如没有穿园服、用手抓饭吃等行为）更加不能接受。3 岁半的幼儿认为即使没有成人看见的情况下违反道德规则也是错误的，而违反社会习俗则不算错误。4 岁的幼儿开始逐渐认识到，遵守社会规则要依赖于有关规则的知识及遵守规则的意识。他们认为，如其他幼儿不知道规则或有意违反规则，他们就会违反规则，中班孩子告状行为的明显增加也跟此有很大关系。

案例导入

中班幼儿告状案例："他没有打肥皂"

到了中班，孩子们越来越爱告状，而告状的原因也五花八门、层出不穷。一天，课外活动回来老师带孩子们如厕，不一会儿，玲玲就跑过来说："老师，文文打我！""怎么回事？""老师，文文她洗手不打肥皂。""那怎么会打你呢？""我说文文你没打肥皂不对，她不听我的。"这时文文说："老师，是她先打我的。"原来文文洗手没打肥皂，而玲玲一定要让文文打上肥皂，文文不听玲玲的话，玲玲就拉了文文的胳膊，而文文则打了玲玲。

【案例分析】

案例中，文文洗手没有遵守盥洗规则，玲玲发现了这个"偷懒"的人，当两个人面对规则表现出不同的理解和行为时，矛盾便出现了。中班的幼儿正处于规则意识的关键期，教师应该培养幼儿的规则意识和遵守规则的行为习惯。

二、幼儿社会情感发展的特点

社会情感是人们在社会交往和社会生活中产生的情感体验。良好的社会情感可以使人们在生活、学习和工作中调控自己的情绪情感，进行自我激励，不断完善自己的人格。幼儿社会情感的健康发展是十分重要的，一旦社会情感发育不全则可能会导致幼儿入学后的学习和品行等问题。

（一）幼儿社会情感的发展阶段

情绪的发展总体上表现出从简单到复杂、从笼统到分化、从直接到间接的发展趋势。幼儿社会情绪情感的特点主要表现在：从生物性向社会化发展；从外显性向内隐化发展；从情境性向深刻性发展等。具体来说，幼儿社会情感的发展经历了三个主要阶段。

第一阶段：0～1 岁。初生的婴儿便具备了最基本的情感，如痛苦、厌恶、快乐、兴趣等。婴儿自出生，通过与成人的互动，逐渐学习迎合他人的情绪，并对他人的情绪作出回应。2 个月的婴儿已经能够对照料者的面部表情做出情绪反应，一般都报以愉快反应。6 个月左右的婴儿可以对不同的正负情绪给予不同的情绪反应，其对他人情绪的理解有了进一步的发展。7~12 个月的婴儿表达愤怒和恐惧等情绪的能力迅速发展，并可以根据自己的社会角色来表达。这一阶段婴儿情绪的社会性参照水平逐步发展，移情能力也开始逐步发展起来。如昂德划分的情绪的社会性参照水平四，即 7~10 个月的婴儿，他们可以识别他人的情绪并影响自己的行为，这时候的婴儿面对照料者快乐的情绪会表现出相应的微笑，面对照料者悲伤表情时则会表现出呆视或哭泣，面对照料者的漠无表情则表现出犹豫。霍夫曼移情阶段的划分便是从 1 岁左右开始的，这一阶段的婴儿处于整体移情水平，对他人情绪的反应相对还比较笼统。

第二阶段：1~2 岁。这一阶段的婴幼儿在与他人社会互动的过程中逐步理解尴尬、愧疚、嫉妒、自豪等情绪。在表现这些相对复杂的情绪时，他们还会做出一些相应的反应行为，如感到羞愧会用手把脸遮住或把脸扭过去、低下头等。随着自我意识的发展，这一时期的婴幼儿逐步表现出情绪的自主性，能表达自己的情绪以及在一定程度上控制自己的情绪。儿童的移情能力处于自我中心水平，他们看到别人难过，自己也会难过，但是这大多还是对他人情绪的模仿，理解水平相对较低。

第三阶段：3~6 岁。这一阶段的幼儿表达情绪和理解情绪的能力大大提高。2 岁半到 3 岁的幼儿可以理解同一种情绪反应，不同的人有不同的原因，并尝试去寻找这些原因。4 岁的幼儿可以理解情绪发生的各种原因，明白了原因和结果的关系以及复杂情感在行为上的表现。6 岁左右的幼儿能够理解行为和情绪以及行为结果之间的逻辑关系。他们的情绪逐渐客观化，能够把自己和情绪区分开来，用不同的方式解释和表达情绪，还可以利用社会规则来调控自己的情绪。如当遇到伤心的事时，孩子会用语言进行控制并表达“我长大了，我是勇敢的孩子，不能哭了”。这个时候的幼儿可以更好地理解他人的情绪情感，经常会考虑自己的语言和行为会给他人带来怎样的情绪情感体验。如“我这么做的话，妈妈会很生气的……还是不要这样做了”。

（二）幼儿道德情感的发展特点

道德情感是人的道德需要是否得到满足所引起的一种内心体验，主要包括移情、羞愧感和内疚感等。道德情感的发展与道德认知和道德行为的发展是同步伴随的，形成一个彼此联系、相互协调的发展脉网。在幼儿前期，孩子就初步具备了同情心、责任感、互助感等道德情感，随着自我意识和道德观念、规则意识的发展，幼儿逐步将自己的行为和社会道德规则联系在一起，并依据“遵守规则与否”来体验不同的情绪情感。幼儿初期，其道德判断具有较大的情绪性、具体性和受暗示性，如幼儿受到成人的暗示，就会认为“这是好的”或“这是坏的”。幼儿期的孩子在以上方面得到了较大的发展，并逐步形成以道德情感和道德认知为前提的道德行为及初步的行为控制力。

移情，是指个体对他人情感状态进行识别、理解和反应，从而产生与他人一致的情感体验。它是亲社会行为的动机基础，并对攻击性行为具有抑制作用。霍夫曼将儿童移情的发展划分为四个阶段。第一阶段，物我不分的移情阶段，0~1 岁。幼儿能够模糊地理解来自他人的和自身的情绪体验，如听到别的孩子哭自己也跟着哭起来，分不清这个哭声是别人的还是自己的。第二阶段，自我中心的移情阶段，1~2 岁。幼儿能逐渐区分自己与他人的情绪，但主要从外部表情辨认，还分不清自己和他人内在的心理状态，并用“自己”的方式去行动，如幼儿会将自己喜欢吃的东西递给难过的成人。第三阶段，认知的移情阶段，2、3 岁开始。幼儿不仅可以分清自己和他人的不同情绪，而且还能形成有效的助人行为，如幼儿会帮助劳累的妈妈捶背捶腿。第四阶段，超越直接情境的移情阶段，童年晚期以后。这一时期的孩子能够正确评估他人的情绪状态及原因，还能理解未发生在直接情境中的情绪，并将情绪理解扩展到更抽象、概括的情境中，如看到前一段时间摔伤的同学会感到难过，理解他的痛苦。

羞愧感，是个体知觉到自己在一定社会情境中的行为背离于这一情境中公认的行为准则时而产生的情感体验，是社会道德良知发展的重要基础。库尔奇茨卡亚对幼儿羞愧感的研究表明，3 岁儿童具有接近于羞愧感的比较原始的反应，出现于和陌生人接近的场合。这种情感主要是窘迫和难为情，是接近于害怕的反应。3 岁前的幼儿只是在成人直接指出其行为可羞时才出现羞愧。幼儿期则能对自己的行为感到羞愧，这时羞愧已不包含恐惧的成分。可见，3 岁是羞愧感产生和发展的一个重要时期。进入幼儿园的孩子，小班幼儿处于羞愧感的萌芽状态，当自己的过失行为造成成人的情绪及言语反应——用手指划脸颊、说出“这多害羞啊”的时候才会感到羞愧。中班的幼儿处于初步发展，他们能够对某些具体的行为而感到羞愧，如尿了裤子就会觉得非常不好意思。大班的幼儿则会在行为发生之前便认识到行为引发的羞愧情绪，并且在无成人在场的情况下也会感到羞愧，如看到别的小朋友的玩具是自己很喜欢的那种，但若是偷偷拿走的话就会感到羞愧。这种羞愧感可以在一定程度上阻止幼儿不良行为的发生。

内疚感，是个体对自己的过错或过失行为引起他人困境时产生的一种自我感知。在 1 岁左右，幼儿还未能分清各种规则和行为对错之时，他的内疚感大多是受成人的暗示才产生的，他不能意识到自己行为的错误，而只是出于对成人情绪情感的反应理解意识到可能哪里出了问题。大约 2 岁左右，幼儿逐渐具备了因为行为上的过失而体验到内疚的能力。如 2 岁多的晨晨拿着塑料宝剑玩具不小心打到了妈妈的身上，妈妈提醒他之后，他又把桌子上的玻璃瓶打倒摔碎了。这时晨晨噘着嘴，含着眼泪站在那里看着妈妈。3 岁之后的幼儿，随着社会认知的发展，他们能够区分自己和他人并可以意识到行为发生的原因和结果，当他理解了他人的观点并看到自己的行为是他人产生困境的原因时，就产生了内疚感。如当幼儿感到自己的行为造成了妹妹的不高兴时，在成人的帮助下，他愿意把自己的玩具和食品送给妹妹作为安慰补偿。更大的幼儿在社会交往中逐步形成社会规则意识和行为，会用内化的规则来控制自己的行为，当自己的行为损害了他人利益，伤害了他人的情感时还会想办法作出补偿。如大班的幼儿将同伴的积木高楼不小心碰倒了，他会产生内疚感，并主动帮助同伴重新搭积木高楼来作为补偿。

（三）幼儿归属感的发展特点

归属感是指个体自觉被别人或团体认可与接纳时的一种情感体验。一个人能够感觉到自己被别人和团体接纳时便会产生亲切、自豪、愉快、安全、信任等情绪体验，这就是产生了归属感。幼儿的归属感主要包括集体归属感（如对幼儿园的归属感）、民族归属感和国家归属感。幼儿归属感的发展具有层级性特点，主要表现在：第一，由个体到群体，即从我自己到他人，再到群体。第二，由近到远或由小到大，即生活范围逐步扩大，从家庭、社区、幼儿园再到家乡、国家、地球等。第三，由熟悉到陌生，即交往的对象、社会环境、社会规则等都是逐步熟悉的过程。

3 岁幼儿的归属感主要是对家人、家庭的依恋。他们会意识到自己生活的家庭并被家人所接纳，他们对家庭感到亲近、安全，并产生强烈的依恋。幼儿往往会将家人和家庭作为自己寻求安全和安慰的载体。小班的孩子大多能知道自己的家庭住址、父母的基本信息等，对相对陌生的环境和人会表现出紧张、焦虑和抗拒情绪，缺乏安全感。3~4 岁的幼儿在幼儿园集体生活中逐步形成对幼儿园和集体的归属感，表现出喜欢上幼儿园，喜欢自己所在的班级，并为自己是班集体的一员而感到高兴；喜欢参与集体活动，关心班级和小组的荣誉，当被老师、同伴接纳和认可的时候会感到高兴，反之则沮丧、失望；开始了解和知道自己居住的周围环境和标志性建筑；意识并知道自己是中国人，能认识国旗，会跟唱国歌。5~6 岁幼儿的归属感主要是对集体的归属感和对国家民族的归属感，并表现得更为深刻、更为自主。如大班儿童愿意承担集体的责任和义务，积极参加集体活动，他们很喜欢集体活动，为了集体的荣誉竭尽全力、加油呐喊，非常在意竞赛的成绩，很在意自己是否被老师和同伴肯定和接纳，喜欢听老师和家长介绍社会热点新闻、家乡的变化以及祖国取得的伟大成就，知道汉族和主要少数民族的风俗习惯和民族文化。①

案例导入

归属感活动案例："班标设计"

大二班要举行班标设计大赛，这下，孩子们可都忙活了起来。我问孩子们："什么是班标呢？""就是我们班的班标。""是跟别的班不一样的，可以代表我们的。""我们需要画的，就是一看就知道是我们班画的。"通过讨论，大家纷纷投入到了设计班标的活动中，有的一个人思考，有的几个孩子围在一起商量。经过设计和绘制，我们班一共诞生了十多个班标。讨论又开始了。"班标可以有很多个吗？""班标只能有一个，那是最好的。""那么多的班标我们选哪个呢？到底哪个最好呢？""老师，我们这个最好！""我喜欢这个，这个才最好！"通过讨论和班标设计分享，我们进行了民主投票，票数最多的就是我们的班标，获得一等奖。

① 张明红. 学前儿童社会教育与活动指导（第 2 版）[M]. 华东师范大学出版社，2014：142.

【案例分析】

班标设计可以激发幼儿对班级的兴趣、增强对班集体的情感和理解，有助于幼儿班级归属感的形成。案例中，教师通过集体讨论、自行分组设计、分享班标与民主评价等手段让幼儿充分参与班级的建设中来，有助于幼儿主人翁意识的形成和集体荣誉感的形成。

三、幼儿亲社会行为发展的特点

社会行为有亲社会行为和反社会行为。亲社会行为是指帮助、安慰、分享、合作、同情、关心、保护等有利于他人并对社会有积极影响的行为。幼儿的亲社会行为主要有合作、助人、分享、安慰、保护等。反社会行为则是违法或不能接受的消极社会行为，在幼儿期最突出的表现是攻击性行为。亲社会行为的发展和教育，有利于幼儿更好地适应社会，有利于为幼儿完美人格的发展和终生发展奠定基础。

（一）幼儿合作行为的发展特点

合作即两个或两个以上的个体为达成目标而协调活动、共同努力、双方共赢的利己利他行为。国外有学者提出，幼儿的合作行为是在 18~24 个月时开始发展和分化的，12 个月的幼儿还不能解决合作性问题，而绝大多数的 18~24 个月的幼儿能够进行合作游戏，并围绕共同的主题进行角色的转换和伦理扮演。2 岁之后的幼儿在与同伴交往的过程中，能够相互协调自己的行为、互相配合来达成共同的目标。

研究表明随着幼儿年龄的增长，交往经验的增加，其合作行为的目标性和稳定性也随之增强。小班幼儿的真正意义上的合作行为较少，大多是平行或独立活动和游戏；到了中班，幼儿开始出现合作行为，并迅速发展，有共同的目标和协作的具体行为；大班幼儿的合作行为较多，并且在合作的内容和范围上逐步丰富和扩大，合作人数上也不仅局限于两人，发展到了多人合作行为。

图 2-1　我们一起摇

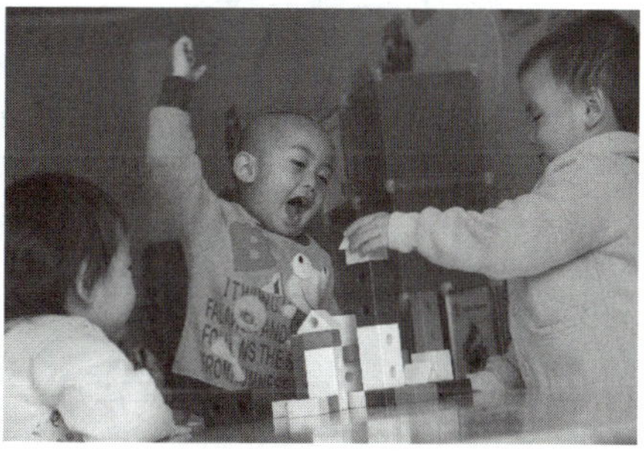

图 2-2　一起搭高楼

图 2-3　体育活动中的“合作”1

图 2-4　体育活动中的“合作”2

（二）幼儿分享行为的发展特点

分享行为是指儿童将自己的东西分享给他人，共同享用和受益的一种亲社会行为。1 岁左右的孩子将物品放在成人的手上或腿上与成人一同操作的行为是幼儿分享行为的最初萌芽。2 岁之前的幼儿为了获得积极的交往也会采取与同伴分享自己的食物或玩具等行为。而 2 岁之后，当幼儿掌握了其他与同伴交往的方式时，分享行为则会下降。随着幼儿分享观念的发展，幼儿的分享行为也随之发展。

瑞士的恩斯特·费尔通过分享糖果试验发现，80%的 7、8 岁的儿童在拥有一份糖果的试验中，愿意与他人平分糖果；40%的儿童在拥有两份糖果的试验中，会选择分给他人一份糖果；9%的 3、4 岁的儿童愿意与他人分享糖果。这说明，学前期幼儿在分享行为上的水平较低，直到七八岁时，儿童的分享行为才会更多。我国学者研究得出在 3 到 6 岁幼儿分享类型中，3~4 岁的幼儿分享处于“自我”和“不会分享”的水平；4~6 岁的幼儿分享处于“均分”和“慷慨”的水平，并随年龄的增长而上升。

图 2-5　分享玩具 1

图 2-6　分享玩具 2

（三）幼儿助人行为的发展特点

助人行为是幼儿对需要帮助的社会个体提供帮助服务，积极参与社会互动的行为。

幼儿在2岁左右的时候就有了助人行为，但这种助人行为受成人的暗示性较大。如妈妈说“宝宝帮妈妈把鞋子拿过来”，幼儿会根据妈妈的要求顺利完成帮助妈妈拿鞋的任务。

有研究者曾观察18~30个月的婴幼儿在家帮助父母做家务的情况，发现65%的18个月的幼儿和所有30个月的幼儿可以帮助父母完成简单的家务。随着年龄的增长，幼儿的助人行为呈快速增长趋势，至小学中期达到高峰，随即下降直至成年早期又逐步增加。国外研究者斯陶布认为，儿童的助人行为随年龄的增长而变化，当有其他同伴在场时，儿童的助人行为会增加。他的研究结果显示，单独在场的儿童只有32%的人有助人行为，而有其他同伴在场的儿童则有62%的人有助人行为，这是因为其他同伴的存在可以增进交流、缓解对情境的紧张情绪等。良好的人际氛围和榜样的助人行为都会增加儿童的助人行为的频率。

图2-7　我给爷爷捶捶背

图2-8　快来帮我拔萝卜

（四）幼儿安慰行为的发展特点

安慰行为是幼儿感受到他人的消极情绪状态，试图用自己的言语和行为来缓解他人消极情绪的一种亲社会行为。幼儿首先要知觉到他人的消极情绪状态，如哭泣、沮丧、烦恼等，然后对这些消极情绪进行反应而做出适宜的行为，以达到缓解他人的消极情绪，最终使他人逐渐高兴起来。

1岁之后，幼儿逐渐区分自我和他人，并可以知觉到他人的不同情绪。随后，逐步发生安慰行为。2岁左右的幼儿，当看到他人表现出明显的难过时，他不仅可以做出与他人类似的情绪反应，还能为他人提供拥抱或轻轻拍打的安慰行为。当然有时幼儿的安慰行为并不适当，如幼儿可能会将自己的奶瓶递给疲劳的妈妈，目的是安慰妈妈但方式却有很明显的“自我中心”。随着年龄的增长，幼儿安慰行为的频率和方式也迅速增加，并变得越来越复杂。安慰行为还具有性别差异，研究显示，女孩比男孩的安慰行为更明显，这与性别角色认同相关。

案例导入

你别哭了，好不好？

大二班里传来了哭声，原来是琪琪突然想妈妈，哭了。只见，班里的"淘气大王"利泽走过去，在琪琪身边绕了一圈，然后靠近琪琪问道："琪琪，你怎么了？你怎么哭了啊？"琪琪没有理会他，继续哭。利泽用手给琪琪擦了擦眼泪，说："你别哭了，好不好？咱们一起玩好吗？"利泽跑到玩具区将琪琪爱玩的小兔子、橡皮泥和积木一一拿过来放在了琪琪的面前。

【案例分析】

琪琪是个内向安静的女孩子，对母亲过度依赖，有时候会莫名其妙地哭起来。琪琪哭的时候，有些幼儿会表示习惯性同情——"她又想她妈妈了"，但不会靠近安慰。利泽是班里比较淘气的孩子，有些霸道，但在他身上却发生了案例中的安慰行为。案例中，利泽能够理解琪琪的情绪情感并能够表现出一定的安慰行为。他不仅用言语和"擦眼泪"的方式安慰琪琪，而且还将很多玩具摆在琪琪面前试图阻止琪琪的哭声。作为教师，应该及时观察、发现并引导、鼓励利泽这种安慰行为。

第二节　幼儿社会性发展的主要理论

幼儿社会性发展是各种因素综合作用的结果，而非是自然而然的过程。关于幼儿社会性发展的理论研究始于20世纪初，随着心理学家的探讨和研究的深化逐渐形成了几个较有影响力的理论学说，分别是精神分析理论、社会学习理论、认知发展理论和生态系统理论等。

一、精神分析理论

20世纪三四十年代，儿童心理发展史上的第一个关于个体发展的理论应运而生，这就是精神分析理论。精神分析理论认为儿童的发展历程是由其生理欲望和社会期望冲突的一系列阶段构成，解决冲突的方式决定了个体学习、交往和解决焦虑的能力。其代表人物有弗洛伊德和艾里克森。精神分析理论的创始人弗洛伊德，在长期与精神病人接触的过程中发现许多人的发病与其童年早期的经验相关，并提出个体早期经验对其社会化及人格形成具有重要影响。精神分析理论的发展者埃里克·艾里克森对弗洛伊德的理论进行了扩展，提出个体发展的重要任务不仅局限于幼年时期的经验，而是始终贯穿于人的一生。

（一）弗洛伊德的学说

1. 人格的结构

弗洛伊德将人格划分为三个部分，即本我、自我和超我。在人格发展的不同阶段，三者相互制约、密不可分。儿童在学前阶段建立起来的本我、自我和超我之间的关系将决定个体的基本人格。

本我是人格的心理结构中最大的一块，是人与生俱来的，是人类基本需求的源泉，是新生儿人格结构的唯一成分，是人格建立和发展的基础。本我，即原始我，按“快乐原则”行事，不受外在规范的影响，其目的是获得快乐，达到个人的舒适、生存和繁殖。自我是人格中具有理性的意识层次，是本我和外界因素的协调统一者，即现实我。按“现实原则”行事，一方面要满足本我的需要，另一方面要保持与现实的统一，避免现实冲突。超我是人格的最高层次和理想部分，是自我的进一步发展，是幼儿在交往中逐渐与社会价值理念相一致的结果。超我，即道德我，按“理想原则”行事，它通过自我理想确定道德行为的标准，通过良心惩罚违反道德标准的行为，是本我、外部世界和良心的日趋复杂的调节部分。

例如，新出生的婴儿有基本的生存需要，本我的力量驱使婴儿获得食物而感到快乐；婴儿逐渐长大，几个月时可以母亲通过解开衣扣或递来奶瓶等现实情况来进行反馈和行为，用自我的力量驱使婴儿不再哭闹，或更大一些的幼儿能够自己去通常存放食物的地方去拿取食物；随着自我的发展，幼儿超我逐步建立和形成，为了得到好吃的东西而做出攻击同伴的行为时，超我的力量则驱使幼儿形成内疚感或道歉和分享食物。

2. 性心理发展阶段

弗洛伊德认为，每个个体都要经历几个发展阶段，并在这些阶段中其获得的经验决定了个体的人格特征。他认为，在童年时期，儿童性驱力集中的部位依次是口腔、肛门和性器区。据此他将人格发展分为口腔期、肛门期、性器期、潜伏期和两性期五个阶段。每一个阶段中，成人都要把握好儿童基本需要满足的尺度，过分溺爱和过分忽视都是不可取的。

表 2-5　弗洛伊德的性心理发展阶段

性心理发展阶段	发展时期	描　　述
口腔期	出生~1 岁	新的自我引导婴儿吮吸乳房和奶瓶的行动。如果口腔的需要未能得到适当满足，那么他就可能形成诸如吮吸拇指、咬手指甲以及在童年时嚼铅笔头、暴食和成年以后抽烟的习惯

续表

性心理发展阶段	发展时期	描　　述
肛门期	1~3 岁	学步儿童和学龄前儿童从憋住大小便而后排泄的举动中获得快感。上厕所成为父母训练孩子的主要内容之一。如果父母不顾孩子是否准备好而坚持训练或不做任何要求，肛门控制冲突的后果会以洁癖或卫生习惯失调等极端形式出现
性器期	3~6 岁	自我冲突转移至性器官时，儿童会发现性刺激的快感。弗洛伊德所说的男子的恋母情结和女子的恋父情结发生了。幼儿对父母中的异性产生性的意愿。为了避免惩罚，他们放弃这个意愿，而以采取同性父母的特征和价值观的行为取而代之。作为结果，超我得以形成。在这一时期建立起的本我、自我、超我之间的关系决定了个体基本的人格方向
潜伏期	6~11 岁	性本能消失，超我进一步发展。儿童从家庭以外的成人和一起玩耍的同性伙伴那里获得了新的社会价值观念
两性期	青少年时期	潜伏期的性冲动再度出现。如果前面的阶段发展顺利，那么以后便是结婚、性生活与生育后代

（资料来源：[美] 劳拉·E. 贝克著，吴颖等译. 儿童发展（第五版）[M]. 南京：江苏教育出版社，2002：20.）

（二）艾里克森的学说

1. 艾里克森的发展观

艾里克森接受并发展了弗洛伊德的学说观点，并针对前人的不足之处提出了自己的观点。第一，艾里克森认为人格的发展不仅局限于童年时期和青春期，而是贯穿于个体的一生。他也是第一个认识到发展的自然生命周期的人。他将人的发展分为八个阶段，每个阶段有着独特的发展任务。第二，艾里克森认为个体的发展是内在本能与外部文化和社会要求相互作用的结果，而非性本能的产物。在个体不同的发展阶段中，基本的心理社会冲突是个体发展最终结果的重要决定因素。第三，艾里克森认为儿童是主动的、积极的探索者，并不是被动地接受环境的影响，能够主动地适应并希望控制环境。

2. 心理社会阶段

艾里克森按照人在一生中所处的特定时期经历的生理成熟和社会要求，将人的一生划分为以下几个阶段。

第一阶段：基本信任—不信任（出生至 1 岁），对应口腔期。这一阶段的婴儿产生了信任感或自信，感到他人的可靠性，认为世界是美好、可依赖的。而当照料者不能满足婴儿的信任或经常变化态度进行对待，使婴儿不能感到舒适时，他们就会产生不信任。此时的主要任务便是发展婴儿对外界的信任感。

第二阶段：活泼自主—害羞怀疑（1 岁至 3 岁），对应肛门期。这一阶段的幼儿掌握了更多的身心技巧，有了自主选择和决定的意愿。但他们缺乏一定的社会规范，会出现违反成人意愿的独立行为。当父母允许他们进行合理的自主选择而不限制和嘲笑时，其自主性便会逐步建立。反之，父母的过分限制、否定和斥责则会引起幼儿对自身能力的怀疑。此时的主要任务应该是发展幼儿的自主性。

第三阶段：自动自发—退缩内疚（3 岁至 6 岁），对应性器期。这一阶段的幼儿通过探索和交往，主动性和目的性逐步增强。如成人对幼儿的目标方向给予支持和鼓励，幼儿自动自发的责任便会得到进一步发展，若成人总是指责或禁止幼儿的好奇想法和探索行为，并要求他们控制这些行为时，则会导致幼儿的过分控制和退缩行为的发生。此时的主要任务应该是发展幼儿的主动性。

第四阶段：勤奋进取—自贬自卑（6 岁至 11 岁），对应潜伏期。这一阶段的儿童在学校中发展了其学习和与他人合作的能力。儿童只有勤奋进取才能学会相应的知识和技能，获得成就感。如果儿童在学习和交往中屡遭失败，自我贬低的消极感受会使儿童产生自卑感。此时的主要任务是发展儿童的勤奋感。

第五阶段：自我统合—角色混乱（青少年时期），对应两性期。这一阶段的青少年试图追寻一些问题的答案，如我是谁？我在社会中的位置如何？等。这一时期是个体从自我追求到自我定向的关键时期，了解自己并确定自己发展的方向。自我价值和职业目标影响着个体持久的人格角色。如果没有形成良好的自我统合，就会导致角色混乱。此时的主要任务就是自我统一性的发展。

第六阶段：友爱亲密—孤独疏离（成年期）。这一阶段的青年人走向社会，并致力于建立亲密的社会关系，如友情、爱情等。由于早年的失意，有些人不能建立亲密的社会关系，则会感到孤单。此时的主要任务是发展亲密感。

第七阶段：精力充沛—颓废迟滞（中年期）。这一阶段的中年人能够有充足的精力承担社会责任、关心他人和抚育后代。在这些方面无力或不愿承担的人则会体验成就的缺失，变得停滞或以自我为中心。

第八阶段：完美无憾—悲观绝望（老年期）。这一阶段的老年人在生命的最后阶段会回顾和感受一生的经历，若感到生活很幸福、很值得就会产生一种知足感，若感到生活不满和人生失败则会感到失望、害怕死亡。

二、社会学习理论

20 世纪 60 年代兴起的社会学习理论认为个体的发展和行为与环境因素密切相关。社会学习理论的代表人物是美国的心理学家班杜拉，他认为个体行为的变化是个体内部因素及环境因素共同作用的结果。他提出社会学习是个体行为发展变化的一个重要来源。

（一）班杜拉的儿童观察实验

班杜拉对观察学习进行了大量的实验和研究。班杜拉的儿童观察实验是先让儿童观察成人对一个充气娃娃拳打脚踢，然后把儿童带到放有充气娃娃的实验室，让其自由活动，观察他们的行为。结果儿童在实验室里对充气娃娃也会拳打脚踢。

后来，班杜拉扩展了他的实验，把 4 岁的儿童分为三组，让三组儿童观看电影中成人的攻击性行为后所得到的不同结果。第一组儿童看到成人被表扬，第二组看到成人被批评，第三组既不表扬也不批评。然后三组儿童分别进到放有成人攻击对象的实验室。结果发现，榜样受奖组儿童的攻击性行为最多，受罚组最少，控制组居中。可见，儿童可通过观察成人榜样的行为而习得新行为。榜样行为的后果是影响儿童是否模仿行为的决定因素。

班杜拉在研究榜样对儿童利他行为影响的实验时，将小学三至五年级的儿童分成四组，这些儿童手中都有通过游戏而获得的现金券。第一组儿童和一个自私自利的榜样玩，给孩子们的信息是好的东西留给自己，不必去救济别人；第二组儿童和一个好心肠的榜样玩，给孩子的信息是自己有了好东西还要想到别人，并要带头捐献现金券；第三组儿童和一个言行不一的榜样玩，口头说大家要为自己考虑，实际却把现金券放到了捐献箱；第四组儿童则是和一个口头宣称要捐献现金券却实际行动什么都没有的榜样在一起。实验的结果是第二组和第三组比第一组和第四组的儿童捐献的现金券要多得多。可见，成人榜样的外显行为比口头说教在影响儿童行为上的效果要强很多。

（二）直接学习和观察学习

班杜拉认为儿童可通过观察成人榜样的行为而习得新行为，榜样行为的后果是影响儿童是否自发模仿这种行为的重要因素。他认为人的学习不仅是外部行为的观察过程，而且是内部认知的过程。学习是内外因素共同作用的结果。人类学习社会行为的主要途径是观察，通过观察人可以学习到很多间接经验和行为。他将学习分为直接学习和观察学习两种。

直接学习就是通过亲身参与和体验行为的后果而进行的学习，行为的后果是继续学习行为的强化，获得满意结果的行为被保留和增强，获得不满意结果的行为被舍弃和削弱。如幼儿在摆弄积木时，将小块积木放在大块积木上的行为可以使幼儿垒得更高更坚固，相反则不容易“盖成高楼”，在亲自垒积木过程中幼儿学习到了有效垒高的办法，并保留和强化，最终学会塔式结构的垒法。

观察学习是通过观察别人的学习行为而获得的学习。人的学习大多属于替代性学习，它是学习者不必亲身感受而通过观看或聆听榜样行为间接获得行为经验的学习。如幼儿通过观察家长和教师的言行而获得相关行为，如果家长和教师待人真诚、乐于助人、拾金不昧、谦逊礼貌，则幼儿通过观察会学习这些好的行为；如果家长和教师为人狭隘、待人粗鲁、自私自利，则幼儿通过观察也可能会学到这些不好行为。由此，家长和教师应该为幼儿树立好的行为榜样，使幼儿观察到好的行为，习得好的行为。

观察学习包括四个学习过程，即注意过程、保持过程、复制过程和动机过程。注意过程是学习者产生注意和知觉到榜样情景各个方面的过程。这要求榜样是优秀的、显著的、有感染性的，而学习者对榜样要表现出注意的倾向或兴趣。保持过程是学习者在大脑中记住其所观察到的榜样行为，存储感觉表象并用言语编码记忆的过程。复制过程是学习者表现榜样行为，即将大脑存储的符号表征转换成适当行为的过程。在此过程中，学习者要选择和组织反应要素，并在信息反馈的基础上精炼自己的反应，即自我观察和矫正反馈。动机过程是学习者因为表现所观察到的行为而受到激励的过程。学习者在表现行为之后受到强化而增强了学习者学习行为的动机。

（三）替代性强化和自我强化

替代性强化指观察者因看到榜样受强化而受到强化。如某一幼儿的助人行为受到了教师的表扬，则班里其他看到此行为（强化过程）的幼儿也会更多地表现出助人行为。

自我强化指学习者在行为表现符合甚至超过某一行为标准时对自己的一种自我奖励。如幼儿会以家长或教师眼中“好孩子”的标准来评价自己的行为，当自己的行为得到师长的认可和称赞时便会自我奖励，自己夸奖自己“我是一个好孩子。”相反，行为不被认可称赞甚至遭到批评时，幼儿则可能会自我批评“我做错了，我要改正错误。”

（四）自我效能感

班杜拉还提出了自我效能感的概念，认为个体对面临事件的自我信念影响其学习效果。人们对自己能力的判断影响着其对自己将来行为的期望。一个幼儿如果认为自己有能力做出榜样的行为则会努力去模仿榜样的行为，反之则会消极被动甚至逃避。例如，2 岁的幼儿认为自己可以把鞋子像妈妈那样顺利地穿在脚上，那么他会模仿妈妈穿鞋的行为并努力尝试，而一旦幼儿认为自己不能穿好的时候则会发脾气或者把鞋子扔掉，喊妈妈来帮他穿鞋而自己则只在那里等待。

个体的自我效能感来源于两个方面：一是自己在某一领域所取得的成就，成就的高低影响其从事相关活动的积极性；二是对他人活动效能的观察。通过观察与自己相似的人的行为及其结果，估计自己的行为结果，然后决定自己的学习行为。

三、认知发展理论

认知发展理论的研究较早，但直到 20 世纪 60 年代才得到人们的足够重视，其中代表人物是皮亚杰和科尔伯格等人。认知发展理论旨在探讨个体发展过程中认知的发生发展机制，认为个体发展的重要影响因素之一便是儿童自身的积极发展，尤其是认知的发展。有关儿童社会性发展的观点主要集中在皮亚杰的道德认知发展理论和科尔伯格的道德理解阶段理论中。

（一）皮亚杰的道德认知发展理论

皮亚杰把儿童道德认知发展划分为四个有序的阶段，每一阶段都存在不同的特点，每一阶段在发展中又彼此相联系。

第一阶段是前道德阶段（出生~2 岁）。这一阶段的幼儿处于感觉运动时期，行为多与本能的满足有关，无任何规则意识，尚无道德观念的发展。

第二阶段是他律道德阶段（2~8 岁）。这一阶段的儿童表现出以服从成人为主的他律道德阶段。此阶段还可细分为自我中心阶段（2~5 岁）和权威阶段（5~8 岁）。儿童从片面强调个人中心逐步服从权威和规则。

第三阶段是自律或合作道德阶段（8~12 岁）。这一阶段的儿童不再以“服从”为特点，而是有了自律和公平感。他们以“公平”的观念进行道德判断。

第四阶段是公正道德阶段（12 岁以后）。这一阶段的儿童思维的广度、深度及灵活性有了质的变化，道德观念也逐步开始趋于公正。这种公正不是单纯的是非规则判断，而是一种处于关心和同情的真正的道德关系。

（二）科尔伯格的道德理解阶段理论

1. 科尔伯格的道德两难问题

科尔伯格改进了皮亚杰的方法，利用道德两难问题来研究儿童道德发展的阶段和水平。其代表性的道德两难问题是“海因茨两难事件”。

在欧洲，有一个妇女得了癌症快要死了。医生告诉她的丈夫海因茨只有一种药可以救治他的妻子。同乡的药商向他索要高于药品成本价 10 倍的价格来买药。海因茨四处借钱，只凑够了药价的一半。而药商却不答应提前赊账给海因茨，海因茨陷入了绝望的境地。最终，为了挽救妻子的生命，海因茨夜闯药店将这种药偷了回来，治好了妻子的病。而海因茨因为盗窃被当地的警察抓起来关进了牢房。

2. 科尔伯格的三水平六阶段理论

通过儿童的道德两难问题的讨论与反馈，科尔伯格提出了儿童道德理解的三水平六阶段理论。

水平 1：前习俗道德水平，（出生~9 岁）。儿童为了避免惩罚或获得奖励而顺应权威人物规定的行为准则。包括两个阶段，即阶段 1：惩罚与顺应取向阶段、阶段 2：工具性目标取向阶段。阶段 1 的儿童认为权威人物惩罚或批评的行为是坏的，赞扬和鼓励的行为是好的。阶段 2 的儿童将自己的利益作为评判的标准，对自己有利的行为是好的，对自己不利的行为是坏的。

水平 2：习俗水平（9~15 岁）。儿童能以社会成员的角度，按照社会规则的遵守与否来进行行为的道德判断。包括两个阶段，即阶段 3：“好女孩-好男孩”取向阶段、阶段 4：维持社会秩序取向阶段。阶段 3 的儿童认为人际关系的好坏决定着行为的对错，获得了他人的认可和喜爱的行为是好的，反之亦然。阶段 4 的儿童认为每个人都有责任去维护公平、遵守社会规则，符合社会要求的行为是好行为，不符合社会要求的规则则是坏行为。

水平 3：后习俗水平（15 岁以后）。儿童能够超出法律和权威的标准，更多地依据人类的正义和个人的尊严等进行道德理解。包括两个阶段，即阶段 5：社会观念取向阶段、阶段 6：价值观念取向阶段。阶段 5 的人认为法律和规范是为了维护社会的公平而人为商定的，是可以根据多数人的意愿而修正的。阶段 6 的人处于道德判断的最高发展阶段，他们认为人类的一般的普遍的道德原则，如公正、平等、尊严和道义等是进行道德判断的最终依据。

知识链接

表 2-6　科尔伯格的道德、皮亚杰的认知、塞尔曼的换位思考等级之间的关系

科尔伯格的道德阶段	描述	皮亚杰的认知阶段	塞尔曼的换位思考等级
惩罚与顺应取向	害怕权威和避免惩罚成为符合道德行为的原因	前运算阶段和早期的具体运算阶段	社会信息角度
工具性目标取向	个人需要的满足决定着道德选择	具体运算阶段	自我反省角度
“好女孩-好男孩”取向	维持朋友和亲人的爱和赞同会激发好的行为	早期的形式运算阶段	第三者角度
维持社会秩序取向	为了他们自己的好处而维护法律和规则的责任调整了道德的一致性	形式运算阶段	社会角度
社会观念取向	修改法律来保护个人权利和大多数人需要的公平方案得到了强调		
一般的道德原则取向	对所有人类都有效的抽象的普遍原则会引导道德决策		

四、生态系统理论

生态学关注的是个体适应、生存、行为的价值及其进化史。其起源可以追溯到达尔文的观点，它的现代基础是由动物学家康拉德·罗伦兹和尼科·廷伯根奠基的。他们通过印刻作用，而逐渐提出了关键期、敏感期等概念，并揭示了儿童社会行为的许多方面与我们的祖先有相似之处。生态学就是要认识整个机体和环境相互作用的系统。维果斯基的社会文化理论是对生态学理论的进一步发展和补充，强调了儿童发展在社会和文化方面的维度。美国的布鲁芬布瑞纳提出了生态系统理论，把儿童的发展视为周围多层次环境关系的复杂系统，成为生态学理论中的前沿理论。

知识链接

印刻现象

罗伦兹发现在刚孵化的小鸭面前，像鸭子那样摆动自己的双臂，摇摇摆摆地走路，小鸭子会像爱母鸭那样地爱他，在幼小时跟在他身后走，到了性成熟期，则向人类而不是自己的同类求爱。印刻现象和一般的反应不同，它只在一定的时期内发生，小鸡“母亲印刻”的发生是在出生后的10~16小时，小狗则是在出生后的3~7周。印刻发生的时期称作关键期。在关键期内形成的印刻行为作为动物的习性保存下来，并且是不可逆的，即一旦形成就不能修正和还原。倘若幼小动物的印刻过程遭到阻碍和中断，母亲与幼小动物就不会相互认识。

维果斯基的社会文化理论

维果斯基认为只有在儿童所经历的历史和文化背景下来理解儿童的发展才有意义。他提出人的高级心理机能的社会历史文化作用，而社会交互作用则是儿童获得社会文化思维和行为方式的前提与途径。他区分了两种心理机能，一种是作为动物进化结果的低级心理机能，这是个体早期以直接的方式与外界相互作用时表现出来的特征；另一种则是作为历史发展结果的高级心理机能，即以符号系统为中介的心理机能。维果斯基认为，人的社会性发展是在活动中发展起来的，是各种活动、社会性相互作用不断内化的结果。社会性相互作用对个体的发展起形成性的作用。此外，他还揭示了教育和个体发展的关系，提出了“最近发展区”。

布鲁芬布瑞纳认为，个体在发展过程中并不是孤立存在的，而是能动地与周围的多层次环境相互依赖、相互作用。他提出，个体的发展和周围的环境之间相互联系构成了若干个系统，即微观系统、中间系统、外在系统、宏观系统和动态变化系统。

（一）微观系统

微观系统是环境系统的最里层，指的是儿童在即时环境中的活动和相互作用。如儿童在家庭、幼儿园、学校、社区等生活环境中所进行的交互作用和影响。在这个系统中，每一个因素都可能对儿童的发展有着消极或积极的影响，当然这种影响也是双向的。在微观系统中，成人对儿童的态度和二者之间的关系会造成不同的结果。如良好的亲子关系和家庭环境对儿童的发展会呈现正向功能，反之则否。

（二）中间系统

环境系统的第二个层次是中间系统，它是指微观系统之间的联系，如家庭与幼儿园之间的联系、幼儿园与社区之间的联系等。例如，儿童的成长需要家庭和幼儿园或学校的密切配合、教育一致，否则可能导致儿童发展中的不良行为问题。

（三）外在系统

外在系统是指不包括儿童而在即时环境中影响他们经历的社会环境。如父母的工作场所、社区的服务机构、大众媒体等，这些会通过成人间接影响儿童的发展。例如父母工作单位的假期福利与工资待遇会影响亲子互动交流的时间和方式，继而影响儿童的发展。

（四）宏观系统

模型的最外层是宏观系统，它包括价值观、法律、习俗和特定文化来源等，是儿童发展的社会文化大背景。如不同国家对于儿童适宜生长的大背景有不同的规定和标准，并且在不同性质和不同价值观体现的社会中，儿童所受到的宏观影响也有差异。

（五）动态变化系统

动态变化系统或称长期系统、时间系统，它是指在儿童发展的过程中，社会生态系统会随着时间的变化而变化，即环境并非按照固定的方式始终如一地静态地影响儿童，而是一种变化着的，动态的影响力。

第三节　幼儿社会性发展的影响因素

幼儿的社会化过程是一个多因素综合作用的过程。幼儿的个性和社会性发展是各种因素相互作用的促成结果，掌握幼儿社会性发展的主要影响因素有助于幼儿教师更好地实施适宜的社会性教学，解决幼儿社会性发展过程中出现的问题。影响幼儿社会性发展的主要因素包括幼儿自身因素、家庭因素、幼儿园因素和环境因素等。

一、幼儿自身因素

（一）生理特征

遗传是幼儿从上一代那里继承的生理解剖方面的特点，它表现为不同的生理特征，如高矮、胖瘦、黑白等。在社会交往中，个体的生理特征是一个非常重要的互动因素。研究表明，幼儿在与同伴交往中往往会选择“外形更优越”的人（如长得漂亮、高高的个子等）做朋友。在幼儿园中，我们也不难发现往往外形优越的孩子更能成为大家喜爱的人，而外形存在缺陷的孩子则可能成为不受欢迎的人或受到歧视。

案例导入

童童是一名中班的幼儿，他聪明、勤快、性格开朗，就是有一点——他是班里最胖的孩子，这使他总是在户外体育活动分组的时候找不到搭档。有一次户外活动之后，童童就一直噘着嘴不高兴，老师问他："童童，你怎么了?"童童委屈地说："多多他说我太胖了，不愿意和我一组玩秋千。他说他要是推我就得累坏了。"

【案例分析】

在案例中，童童因为身体体态过胖的原因而在游戏时遭到了同伴的拒绝和排斥，人际交往存在一定的"危机"，自尊心也被同伴的态度伤害了。教师要在日常教学中注意：避免关注外表的评价和取向，并通过教育让幼儿认识到我们每个人不同的外形特征及其作用，把劣势变优势。如童童虽然胖可是力气大，在力量型的户外活动中教师可以帮助童童找到自己的优势，也让其他幼儿看到童童的优势，促进童童的人际交往。

（二）气质

气质是一个人所特有的心理活动的动力特征，是一个人生而就有的个性特征。

气质影响幼儿的社会认知。研究发现，多血质和胆汁质的儿童在解题速度以及灵活性方面明显高于抑郁质和黏液质的儿童。多血质和胆汁质的儿童的情绪情感的感受性较强，意志力和控制力较弱，他们对社会知识和规则的学习速度较快，但较难从事细致和持久的智力活动，而黏液质和抑郁质的儿童的情绪情感的感受性较弱，自控和自省能力强，他们在学习速度上较慢，但比较适合从事细致和持久的智力活动。此外，易养型的幼儿喜欢探索、反应力强、容易适应环境；难养型的幼儿很难适应新环境，容易退缩，不爱交往；迟缓型的幼儿反应较慢，比较温和，适应环境速度较慢。

气质影响幼儿的社会交往。研究表明，在亲子交往中，易养型的幼儿容易接近陌生人、接受新的事物和适应新环境，反应积极，更能形成良好的亲子关系；难养型的幼儿生活没有规律性，对新事物和环境有强烈的退缩行为，反应迟钝，对亲子关系有消极影响。在与同伴交往中，不同气质类型的幼儿表现出不同的交往态度和行为，胆汁质和多血质的幼儿交往态度积极、喜欢参与活动，交往范围较广但交往对象经常变化，维持性差；胆汁质的幼儿脾气急躁，在交往中更容易出现攻击性行为和交往冲突；黏液质的幼儿稳重、温和，不善交际，也不易出现交往冲突，人际关系较好；抑郁质的幼儿孤僻胆小，被动交际，交际范围小，不易出现交往冲突和攻击性行为，人际关系较窄。

（三）认知水平

幼儿社会认知的发展是幼儿社会性发展的基础和重要组成部分，社会情感和社会行为的发展与社会认知水平的高低有很大的关系。幼儿社会认知则是幼儿整体认知水平决定的，所以说，幼儿认知水平的高低影响着幼儿对社会知识、规则、现象的了解和掌握。皮亚杰的认知水平阶段及其道德认知阶段的对应关系也可充分说明，幼儿社会性发展是以幼儿认知发展为基础，并同步前行的。

（四）性格

性格表现为对客观现实的稳固态度和行为方式的总和，是个性中最核心的心理特征。性格和气质密切相关，却又不同。性格主要是个体在后天环境的影响下逐步形成的，不同的性格特征对个体社会性发展有着不同的影响。比如性格开朗外向的幼儿更容易在社会交往中得到人们的喜爱，而腼腆内向的幼儿在交往中主动性不强，不易成为人际交往的中心，常常被人们忽视。幼儿生活的环境及教养方式对其性格的形成有重要影响，所以，成人需要注意为幼儿创设良好的环境和教育，帮助幼儿养成良好的性格。

案例导入

小美是家里的“小霸王”。她说的话不许有人违抗，否则她就会大喊大叫。有一次，小美和妈妈去公园玩，她看到一个小朋友正往自己刚才坐过的椅子上爬，就赶紧走过去把那个小朋友拽下来，说：“这是我的椅子，你不许坐这!”

【案例分析】

小美跟着祖辈一起长大，在家里得到了爷爷奶奶的过分溺爱，形成了霸道的性格。这是家庭教养方式不当而导致的性格不良。霸道的性格会影响小美的人际交往，使小美的人际关系紧张。此外，小美对公共设施的使用规则等的社会认知不良，影响其社会性的良好发展。在幼儿交往中，良好的性格是非常重要的。成人需要帮助幼儿养成良好的性格，为幼儿提供良好的交往环境和正确的教养方式。成人不应该过度溺爱幼儿，还要适时教育幼儿懂得各种社会规则和与人交往的知识。

二、家庭因素

（一）家庭结构

家庭结构主要包括核心家庭、主干家庭、单亲或离异家庭三种类型。不同类型的家庭结构影响着幼儿的社会性发展。核心家庭只包括父母和幼儿（可能有幼儿的兄弟姐妹），人数较少，交往单一，不易形成较好的交往能力；主干家庭包括幼儿及其父辈、祖辈几代人，人数较多，关系复杂，可以和不同年龄、性格的人交往，有助于幼儿交往能力的形成；单亲或离异家庭中存在家庭成员的缺失，这些影响着幼儿的亲子关系、同伴关系、自信心等方面的发展。独生子女政策的结果形成了“四二一”的家庭结构，六个成人围着一个孩子转的结构很容易使幼儿“中心化”。

（二）家庭环境

家庭环境会影响幼儿的社会性发展。家庭的物质环境往往和家庭经济状况有关，有的家长执著于为幼儿提供丰富的物质环境，“富养”的教育环境中有丰富的书籍、电子产品、玩具、食物等，使幼儿的生活中充满了这些“物质”而缺乏了“精神”的满足。在这些物质需要得到了满足的同时，幼儿可能会形成浪费行为，或者直接剥夺了亲子交往的时间和机会。有的家长沉溺于自我娱乐中，经常拿着手机、对着电脑、打着麻将，对幼儿不管不问，幼儿可能从小便沾染上对网络和赌博的爱好。有的家长却忙于工作、赚钱，总是将孩子独自锁在家中，无疑增加了孩子的孤独感。

（三）家庭关系

家庭成员的关系如何直接影响着幼儿日后处理人际关系的情况。如夫妻感情不和，经常吵架会使幼儿处于为难的境地，缺乏安全感，容易焦虑和自卑；亲子关系亲密和疏离会影响幼儿的人际交往，如父母对幼儿亲密容易形成积极的亲子关系，但是要避免过度溺爱；父母对幼儿比较冷淡、漠不关心则会形成消极的亲子关系，导致幼儿变得冷漠、自私。此外，祖孙关系、兄弟姐妹关系及其他家庭关系都会对幼儿产生人际交往关系方面的影响。

案例导入

琳琳今年5岁了，妈妈今年又生下了弟弟，一家人围着弟弟转，这使琳琳有了很多的不情愿和嫉妒。有一次，妈妈为了照顾弟弟，把琳琳送到姥姥家住了几天。这几天，琳琳总是闷闷不乐的，她对姥姥说：“妈妈有了弟弟，就不要琳琳了。”

【案例分析】

因为家庭成员多出了一位，家庭关系出现了变化，琳琳很不适应曾经亲密的亲子关系逐渐变得疏远的现实。妈妈的时间和爱好像都给了弟弟，而琳琳只能去姥姥家。琳琳的心理落差较大，觉察到了“亲子关系危机”而表现得惴惴不安。多子女家庭中，父母要正确分配对待幼儿的时间和关爱，合理处理变化了的亲子关系，帮助第一个子女接纳第二个子女，并逐步形成亲密、良好的兄弟姐妹关系。

（四）家庭教养方式

家庭教养方式主要包括权威型、专制型、溺爱型、忽视型四种。权威型的父母对幼儿态度积极、尊重和鼓励幼儿的意见和想法，提出明确的要求和规则，赏罚分明。这种教养方式下的幼儿独立性较强，善于自控和解决问题，喜欢与人交往，对人友善，能够遵守相应的规则。专制型的父母控制结构过高，往往让幼儿无条件接受并遵守自己的要求，不许违反，否则会受到斥责和严惩，在情感上一般拒绝和漠视幼儿，使幼儿缺乏主动性、胆小、畏缩、自卑、不愿意与人交往。溺爱型的父母在情感上过度积极，对幼儿缺乏控制，不对幼儿提出要求，让幼儿随意行动，对幼儿的违反行为不做纠正和训斥，使幼儿缺乏自控能力、固执、不顺从、冲动、具有攻击性，缺乏自信心。忽视型的父母对幼儿缺乏情感反应，亦缺乏行为控制，对幼儿的行为无反馈、厌烦或不愿意理睬，亲子交往很少，这使幼儿自私、冷漠、缺乏热情和主动性，不顺从，具有冲动性和攻击性，容易出现问题行为。

案例导入

小可今年3岁了，但还没学会自己穿鞋子。有一次，小可自己想穿鞋，他把脚伸到了鞋里没穿好，就一下子着急起来，大喊大叫，还把鞋子扔了老远。妈妈闻声赶紧跑过来，捡起鞋子帮小可穿上。小可站起来，像没事人一样继续玩游戏了。

【案例分析】

小可的妈妈30岁才生了小可，从小对小可就宠爱有加，凡事都替小可做，使小可到了3岁还让妈妈穿衣服、喂饭，生活自理能力较差。小可的妈妈属于溺爱型，这使小可很容易冲动，缺乏自信，所以，小可穿了一下鞋没有穿上就表现得很不耐烦。独生子女家庭和父母的晚育有时也会导致父母对孩子的溺爱。但是正确的家庭教养方式对幼儿的成长是非常重要的。家长应该把握好“爱的程度”，让孩子形成独立的性格以及自我控制的能力。

三、幼儿园因素

（一）幼儿园环境

幼儿园环境包括幼儿园物质环境和幼儿园心理环境。

幼儿园物质环境主要是指幼儿园地理位置、空间布局、材料运用等方面。大量研究表明，幼儿园物质环境的优劣会直接影响着幼儿社会性的发展，比如说，幼儿园活动的空间密度高于一定的界限，可能导致幼儿在自由选择的游戏活动中较多地产生消极的社会性行为；过分的刺激性色彩或过于复杂、夸张的布置，容易引起幼儿的注意力分散，或烦躁情绪。幼儿园的场地面积及材料的丰富程度也会对幼儿的社会性行为产生影响，如在较大的场地和较丰富的材料供给下幼儿比较容易出现交流、协作等亲社会行为，而在较小的场地和材料工具匮乏的情况下容易出现攻击性行为。此外，不同种类的活动材料会引发不同的行为，如游戏和操作类材料更容易使幼儿表现出积极的社会行为。

幼儿园心理环境主要是指幼儿园的文化氛围和心理氛围等，体现在幼儿园的情感关怀、人际交往、社会文化宣传和感染等方面。它虽然是内隐式的，但却直接影响着幼儿情感、交往行为和个性的发展。如幼儿园整体上倡导“尊师爱生、互助友爱”的文化氛围，并逐渐形成了在情感上互相关怀的良好的人际交往氛围，幼儿逐渐认知、接纳并转化，将这些心理环境变成一种自己的社会意识和行为习惯，则有助于促进其社会性的发展。

（二）幼儿园人际关系

幼儿园的人际关系主要包括师幼关系、幼幼关系（同伴关系）和师师关系等。

有研究者提出，师幼关系在幼儿人际关系的网络中处于最重要的地位。师幼关系对幼儿的亲子关系、同伴关系等都有很大的影响，对幼儿不良的亲子关系也有一定的弥补作用，并对幼儿在同伴交往中的主动性、交往能力及社会地位等都具有影响作用。教师是幼儿社会性发展的一个重要因素，他不仅能够指导幼儿的社会性行为，而且对幼儿的态度、情感都具有指导性作用。研究表明，教师对幼儿表现出积极的情感态度会使幼儿更乐于接受教师的指导，有助于幼儿的发展，反之则否。可见，教师对幼儿的情感态度，甚至人格魅力都影响着师幼关系的状况以及幼儿的社会性发展。

在同伴交往中，幼儿可以学会分享、学会合作、学会竞争、学会承担，可以展现自己的特点，交到好朋友，在满足交往需求的同时认识到自我的价值。同伴关系对幼儿而言，非常重要，不可替代，因为同伴有着相似的身心特点和生活经验，具有交往的平等性和体验的共鸣性。幼儿与幼儿之间相互模仿、相互支持、相互协作，有助于他们社会行为的发展。

教师与教师的人际关系如何也影响着幼儿的社会性发展，体现在融洽和睦的师师关系可以为幼儿进行人际关系建立提供良好的支持和榜样。教师间的交往也能够影响班级之间的交往程度及方式等，从而影响幼儿的交往范围和交往行为。

（三）幼儿园教育

幼儿园教育是影响幼儿社会性发展的重要因素，主要有幼儿园社会教育、幼儿园其他四个领域教育的渗透以及幼儿园一日生活教育。

幼儿园可以根据幼儿的需要和社会对幼儿的要求开展各种教育活动。幼儿园社会领域教育活动能够在一定程度上影响幼儿的社会性发展。幼儿园要根据相应文件制订合理的教学目标、教学方案，确保教育的有效实施，对幼儿有针对性地进行系统、连贯的社会教育。幼儿园社会领域教育的实施是幼儿社会性发展的重要保障之一，它可以更有计划性、目的性、组织性地促进幼儿的发展。此外，幼儿园其他领域教育中往往也渗透着有关幼儿社会性发展的诸多方面，也能够对幼儿社会化的发展起到积极的影响作用。当然，教师根据幼儿的生活进行的随机、即时的社会教育能够更有针对性、个别化的影响幼儿。

四、社会环境因素

（一）社区环境

社区是一定地域内的社会生活圈，社区的环境影响着其中生活的幼儿的社会性发展。如城乡社区的不同导致幼儿在交往时的表现不同，城市中家庭有客来访，幼儿一般会和访客进行交流，而在农村中家庭有客来访，幼儿一般会躲在其他地方，不与访客接触，所以导致在城市环境中幼儿比较大胆，敢于表达，而农村环境中的幼儿比较胆小、拘谨，不主动。

楼房结构的不同社区也可能对幼儿的社会性产生影响。高层楼房建筑因为其封闭性特点会造成幼儿的交往不足，而别墅区或平房区建筑则更有利于幼儿的交往；学校附近的社区、商业区内的小区、车站附近的小区以及医院附近的社区在幼儿读书学习、经商买卖、出门旅行、健康疾病等不同侧面对幼儿有影响；社区中人口的密度、人员的素质、社区的资源和设施等也都对幼儿的社会性有影响。

（二）大众传媒

大众传媒是传播信息的载体，主要包括电视、广播、报纸、杂志、书籍、计算机和网络、影像资料等。随着社会生活信息化程度的不断加深，现在的幼儿从出生就处于一种大众传媒营造的环境之中，并受到其影响。如电视能够丰富幼儿的知识、开阔幼儿的视野、认识各种社会角色和关系，学习社会规则和交往技能等，但也会使幼儿宅在家中，缺乏户外活动和交往时机等。当然，健康的电视节目可以给幼儿带来积极的影响，相反，一些电视节目的内容却不适合于幼儿，还可以给幼儿带了消极影响。成人一定要控制幼儿看电视的时间及电视内容。

此外，计算机和网络给人们的生活带来了高效率的工作和快捷的生活方式。同样，网络上丰富的知识为幼儿提供了更广阔的学习空间。计算机多媒体的学习方式，如音频、视频动画能更好地吸引幼儿学习，提高幼儿学习的效果等。计算机和网络也是非常重要的影响幼儿社会性发展的因素之一。不过，成人在利用这些大众传媒媒介进行教育时，一定要趋利避害，利用这些现代化媒体的长处，避免它们可能给幼儿社会性发展带来的消极影响。

（三）社会文化环境

社会文化环境是幼儿所处的更宏观层面的环境，如文化传统、价值观念、风俗习惯等。社会文化环境在人们的生活中体现，并影响着幼儿。如我国有着“团圆”的文化传统，在多地不同的传统节日中也有一家人一起过节的团圆习俗，这就可以影响幼儿对家庭和团圆的认识，影响幼儿社会性的发展。

本章小结

本章主要介绍了幼儿社会性发展的特点，即幼儿社会认知的发展特点、幼儿社会情感的发展特点以及幼儿亲社会行为发展的特点，和几种比较有影响力的幼儿社会发展理论，即精神分析理论、社会学习理论、认知发展理论和社会生态理论以及幼儿社会性发展的主要影响因素，即幼儿自身因素、家庭因素、幼儿园因素和社会环境因素等。

教师要掌握幼儿社会性发展的特点，这是教师开展适宜的社会教育、帮助幼儿成长的基础和前提。幼儿社会认知、社会情感和亲社会行为的发展速度及特点呈现出不同的差异。几种较具影响力的幼儿社会性发展理论从人的本能和社会预期冲突、社会观察学习、道德理解的发展以及多层次的系统环境等方面阐述了不同的研究观点。掌握幼儿社会性发展理论的发展和观点，在吸取前人研究成果的同时有助于我们澄清幼儿社会性发展的不同理论焦点及角度，帮助我们更好地理解幼儿社会化发展。幼儿社会性发展的影响因素是多元的，主要有幼儿自身、家庭、幼儿园和社会环境等因素。教师可以在实施幼儿社会教育的同时，较好地利用这些因素，使其发挥积极作用，规避负面影响，更好地促进幼儿社会性的发展。

思考题

1. 简述幼儿社会认知发展的特点。
2. 简述幼儿社会情感发展的特点。
3. 结合你的实习经历，请说一说幼儿亲社会行为发展的特点。你能举出在实习中观察到的案例吗？请跟大家一起分享你的案例吧。
4. 论述精神分析理论关于幼儿社会性发展的理论观点。
5. 请你谈一谈社会学习理论在幼儿社会教育中的作用及启示。
6. 皮亚杰和科尔伯格关于儿童道德发展的理论分别是什么？它们直接存在怎样的对应关系呢？
7. 请结合所学内容，联系幼儿实际，分析影响幼儿社会性发展的幼儿园因素。谈一谈，作为幼儿教师应该如何利用这些因素促进幼儿的社会性发展。
8. 怎样的家庭更有利于幼儿的社会性发展？

推荐阅读

《儿童发展》

[美] 劳拉·E. 贝克著，吴颖等译. 儿童发展（第五版）[M]. 南京：江苏教育出版社，2002.

本书分五大部分，作者首先介绍了发展心理学领域的基本理论观点以及20世纪的发展心理学研究策略，并从遗传与环境、生理与心理的关系上论述了儿童发展的基础，分别从认知、语言、个性和社会性等方面具体描绘儿童发展的轨迹。最后，作者以最新视角对儿童发展的背景进行了深刻而周到的讨论。书中告诉我们，每个人是如何从牙牙学语到出口成章的，是如何从一无所知、一无所能到无所不知、无所不能的，是如何从完全依赖和依恋父母、自我中心到独立自主、自知知人、自利利人的，也会清晰地了解，在我们迈出的每一个脚步中，我们的父母、老师、同伴以及更广泛的社会传媒发挥了怎样的作用。

《儿童的秘密——秘密、隐私和自我的重新认识》

［加］马克斯·范梅南等著，曹赛先译，教育科学出版社，2004.

本书通过现象学的研究发现，日常生活中普普通通的秘密是如何让孩子们明白和意识到自己逐渐拥有的内心世界和外部世界，帮助他们形成一种自我感、责任感以及自主性和人际交往间的亲密性。书中提到，能够拥有并保守秘密是儿童走向成熟和独立的一个标志，能够与自己最亲近的人分享自己的秘密更是儿童成长和成熟的表现。书中大量的有关儿童对秘密体验的案例，揭示了儿童的秘密与其成人之后的生活之间所具有的微妙关系。

《儿童社会性发展指南：理论到实践》

［美］克斯特尔尼克等著，邹晓燕等译，人民教育出版社，2009.

本书对青春期前儿童社会性发展及引导进行了总体论述，对儿童社会性教育的理论和实践具有双重价值。通过阅读书籍，可以理解儿童社会性发展的年龄特征、影响因素，还可以按照调整自身的言行，有效指导幼儿的社会性活动，促进儿童社会性发展。

拓展训练

1. 请学生自行观看优秀教学活动录像，并去幼儿园进行教学观摩，进行观摩后交流会。

2. 联系一位幼儿园教师或家长，确定一位幼儿进行观察和分析，了解其社会性发展的情况，并探讨适宜的教育策略。

第三章　幼儿社会教育的目标与内容

学习目标

1. 本章导读：一个国家公民的素质直接关系到社会能否健康发展、社会群体是否和谐、国家是否稳定等重大问题，而公民素质的高低很大程度上取决于教育，尤其是开始于幼儿阶段的社会教育，因为一个人的价值观、情感和态度之根基形成于生命的头 6 年。正如著名教育家乌申斯基所言，“一个人即使到了 80 岁还能看到他 5 岁时的影子”。

幼儿社会教育是教师有目的、有计划地对幼儿施加教育影响，引导他们积极主动地参与活动，并促进其社会认知、社会情感和社会行为等方面健康发展的过程。幼儿社会教育的方向是什么，选择什么样的社会教育内容对幼儿施加影响，才会帮助幼儿的社会性发展并为其健全人格发展奠定基础，是每一位幼儿教育工作者必须明确的，只有明确了幼儿社会教育的目标和内容，才能帮助幼儿发展其社会性，才能保证幼儿社会教育活动有序、有效地进行。

2. 教学重难点：掌握《纲要》、《3~6 岁幼儿学习与发展指南》对幼儿社会教育目标的表述；掌握选择幼儿社会教育内容的依据及幼儿社会教育的主要内容；能根据幼儿社会教育目标和本班幼儿社会性发展的实际情况，选择合适的幼儿社会教育内容。

3. 教学课时：4 课时。

第一节　幼儿社会教育的目标

幼儿社会教育的目标是幼儿园实施社会教育的方向和准则，有了明确的目标，我们才能在幼儿社会教育过程中有的放矢地选择适合幼儿学习的内容，采用适当的组织活动方式，并能恰当而有依据地评价社会教育的效果。

一、幼儿社会教育目标的历史沿革

（一）中国古代幼儿社会教育的目标

中国古代没有专门的幼儿教育机构，但有丰富的幼儿教育思想，幼儿社会教育是在家庭中完成的，是与生活紧密联系在一起的。在幼儿阶段，社会教育主要是礼仪伦常的训练、德性的涵养、生活与文化常识的教育。

1. 以德养性的慈幼传统

《周礼》记载有“保六息，养万民”的思想。“六息”：一曰慈幼，二曰养老，三曰振穷，四曰恤贫，五曰宽疾，六曰安富。对幼儿的慈爱既体现在对幼儿身体的悉心养育与照顾，也体现在对幼儿良好品德行仪的熏陶。爱护幼小可以说是人类的天性，中国自古就将慈幼放在治国之首，并且非常重视幼儿的道德培养，由此非常重视养育者（主要是乳母）的德行，要求养育者必须具有宽容、冷静、慈爱、智慧、温和、善良、谦虚、诚敬、谨言、慎行这十种美德。可见，在中国古代人民就十分重视道德教育了。

2. 注重礼仪伦常的童蒙教育

在古代，学校的设立要以童蒙为基础，因为童蒙时期的孩子天性纯洁善良，如果教养得当则能让幼儿的善良本性得到好的滋养，从而为日后道德的进步与完善打下一个好的基础。礼仪指各种行止礼仪，这是幼儿园德育的基础。伦常指人伦之常，即仁、义、礼、智、信这五大常道，对于幼儿来说伦常的基础是孝悌。古代童蒙教材《弟子规》、《小学》以“弟子入则孝，出则悌，谨而信”作为纲目。

3. 注重生活与文化的常识教育

秦汉时期《急就篇》归纳了自然、人自身的种种常识内容。100 多个姓、400 多种器物、100 多种植物、60 多种人体部位、70 多种疾病药物。《三字经》也广泛涉及了自然常识、文化常识和社会常识。

在古代对幼儿的社会教育也不只限于礼仪伦常，还有丰富的社会文化生活的常识性内容，也有丰富的社会常识教育。秦汉编的《急就篇》是幼儿的一本常识读物，书中收纳了关于自然、社会、人自身的常识内容。明朝《幼学琼林》涵盖了天文地理、岁时、文臣武职、身体服饰、人事日用、道德伦理乃至鸟兽花木等 34 门内容。明朝李廷机的《五言鉴》叙述了从结绳计事、三皇五帝直到明朝的历史，内容有王朝更替、社会文化、遗闻逸事乃至神话传说，具有很强的人文性。影响最大的蒙学教材《三字经》也广泛涉及了自然常识、文化常识和社会常识的内容。

古代社会教育的思想：践行第一，文学第二；养育第一，学问第二；德行第一，才学第二；师品第一，教授第二。行、养、德、品是教育的核心。品是教育的核心。鸦片战争后，中国的幼儿教育开始缓慢地由旧式的家庭过渡到新式的幼儿教育，幼儿社会教育也由家庭走向制度化。

（二）20 世纪初到 20 世纪中期

1. 1904 年，中国第一个学前教育法规《奏定蒙养院章程及家庭教育法章程》

1904 年，清政府颁布了中国第一个学前教育法规《奏定蒙养院章程及家庭教育法章程》。其保育教导要旨如下（外国所谓保育，即系教导之义，非仅长养爱护之谓也。兹故并加“教导”二字以明之——原注）：（1）保育教育幼儿……使之远于浇薄之恶风，习于善良之轨范。（2）保育教导幼儿，当体察幼儿身体气力之所能为，心力知觉之所能及，断不可强授以难记难解之事，或使为疲乏过度之业。（3）保育教导幼儿，务留意幼儿之性情及行止仪容，使趋端正。（4）幼儿重性情极好模仿，务专意示以善良之事物，使则效之，孟母三迁即此意也。

蒙养院保育之法，在就幼儿最易通晓之事情，最所喜好之事物，渐次启发涵养之，与初等小学之授以学科者迥然有别。其保育教导之条目如下：游戏、歌谣、谈话、手技。

2. 1932 年 10 月由国民政府教育部正式公布《幼稚园课程标准》

1932 年 10 月由国民政府教育部正式公布《幼稚园课程标准》（以下简称《课程标准》），这是我国幼教史上的第一个课程标准。1936 年对其修正了一次。《幼稚园课程标准》分幼稚教育总目标、课程范围、教育方法要点三部分。其课程范围包括丰富的社会教育内容，其中直接与社会教育相关的是社会和常识科目，这一科目是由此前的“自然和社会”科修改而来。

《课程标准》共分三部分。第一部分为幼稚教育总目标，其内容是：（1）增进幼稚幼儿身心的健康。（2）力谋幼稚幼儿应有的快乐和幸福。（3）培养人生基本的优良习惯（包括身体、行为等各方面的习惯）。（4）协助家庭教养幼稚幼儿，并谋家庭教育的改进。第二部分为课程范围。包括音乐、故事和儿歌、游戏、社会和常识、工作、静息、餐点共七项，，每项均列有目标、内容及最低限度的要求。

《幼稚园课程标准》规定社会领域教育的目标为：（1）引导幼儿对于自然环境和人民活动的观察和欣赏。（2）增进利用自然、满足生活、组织团体等的最初步的经验。（3）引导对于“人和社会自然的关系”的认识。（4）养成爱护自然物和卫生、乐群、互助、合作等的好习惯。①

3. 张宗麟先生认为教育目标，是“养成适合于某种社会生活的人民”

张宗麟先生认为教育目标，即“教育的灵魂”不是罗列许多科目，也不是在乎“养成良好的公民”，而是“养成适合于某种社会生活的人民。”所以，幼儿培养目标应该是“能为孩子们谋共同享受，能注意他的四周事物的孩子”。因此，他认为幼稚园里的各种活动都应该含有“社会”的意味。

张宗麟先生认为，幼儿的社会与成人社会是不同的。社会课程的目的是要“让孩子们到他们自己的社会里去，不要让他们到我们（指成人）的社会里来”。那么相应的，社会课程目标就应该是发展幼儿的社会性，促进幼儿的社会化。在当时的课程暂行

---

① 唐淑. 我国第一个幼稚园课程标准简介［J］. 学前教育研究，1995（02）.

标准中，课程是音乐、故事和儿歌、游戏、社会和自然、工作、静息。张宗麟指出关于“社会”的课程目标是“引导对于人和社会的关系的认识。养成爱护自然物和卫生，乐群等好习惯”。但是，张宗麟先生认为“这个课程标准，缺点当然很多”，他认为在“目标项里应添加幼稚园各种活动都应该倾向于社会性”。

从张先生提倡的社会领域的课程目标来看，这些目标包括社会认知、社会情感、社会行为技能。社会认知，例如：“党旗、国旗、总理遗像等的认识。”“在日常生活里，显明幼儿的各种观念，并且增强他的兴趣，以养成社会生活的基础。”社会情感，例如：“集会的演习（以培养公正、仁爱、和平的态度精神为主）。”“发达适合现代生活的欣赏”。社会行为技能，例如：“身体各部的认识和简易卫生规律（如不吃担上的糖果，不吃杂食，食前必洗手，食后必洗脸，不随地便溺，不随地吐痰，不吃手，不用手挖耳揉眼，早睡早起，爱清洁等）的实践。”

根据当时社会情况拟订的几方面活动为：（1）关于生活卫生、家庭邻里、商店邮局以及其他社会公共设施和名胜古迹等方面。（2）日常礼仪的学习。（3）节日和纪念日活动。（4）身体的认识活动和基本卫生习惯。（5）健康和清洁活动。（6）识党旗、国旗等形象。（7）各种集会和社团活动。

4. 陈鹤琴 20 世纪 40 年代末在“五指活动”中提出了社会活动，强调幼儿与社会的关系

陈鹤琴 20 世纪 40 年代末在“五指活动”中提出了社会活动，强调幼儿与社会的关系，要求幼儿有能力和带着对公共服务的兴趣去参加社会活动，懂得个人与国家的关系，国家与世界的关系，以此来激励幼儿的爱国心与爱人类之心。

（三）20 世纪中期到 20 世纪末

1. 1952 年 3 月，教育部颁发了《幼儿园暂行规程（草案）》

1952 年 3 月，教育部颁发了《幼儿园暂行规程（草案）》，其中提出“培养幼儿爱国思想、国民公德和诚实、勇敢、团结、友爱、守纪律、有礼貌等优良品质和习惯”。《幼儿园暂行规程（草案）》第十六条规定了幼儿园的教养项目，主要包括：体育、语言、认识环境（包括日常生活环境、社会环境、自然环境）、图画与手工、音乐、计算，有关社会领域教育的内容主要体现在认识环境这门课程中，增加了对简单时事的了解，并认为通过爱国主义和国民公德等教育培养幼儿的道德品质是幼儿园的一项重要任务。但此时的幼儿德育具有明显的政治色彩，大量的抽象政治概念充斥幼儿德育教材，幼儿德育过分强调大德，即政治思想，而忽视小德，其中的某些实践严重脱离幼儿的年龄特点和心理发展规律。

2. 1981 年，教育部颁布《幼儿园教育纲要（试行草案）》

1981 年，教育部颁布的《幼儿园教育纲要（试行草案）》也列有“常识”一科，内容主要包括生活常识、环境常识、自然常识、文化常识与自然常识等。其中，社会教育的因素以品德教育形式出现，将思想品德作为一个独立的教育内容提了出来。1989 年制订的《幼儿园工作规程（试行）》也没有明确提过“社会”，只有思想品德课和常识课这些课程，虽摆脱了课程设置的政治色彩，但同时却过多地强调了课程的知识性

以及幼儿的社会认知发展，因此显现出了明显的知识教育、知性德育的特点。①

3. 1994 年，人民教育出版社出版《幼儿园教育活动》

20 世纪 90 年代开始，随着基础教育改革的深入，特别是幼儿发展心理学关于幼儿社会化、社会性发展等研究成果的引入，幼儿教育开始关注幼儿个性和社会性的研究，幼儿教育中的品德教育思路开始突破原有的框架，注重向幼儿的社会性发展层面延伸，品德的内涵得到了极大的丰富与补充。其标志性的事件是，1994 年人民教育出版社出版了《幼儿园教育活动》，推出了一个新的教育领域——社会教育。南京师范大学出版社出版了《幼儿园课程指导丛书——社会》等教材。这两个版本的教材不仅开始使用社会领域代替了品德课程，而且开始了分层次的目标体系架构，既提出了社会领域教育的总目标，又分解出幼儿小、中、大班各年龄阶段目标、单元（学期或月等）目标，同时还提出了相应的内容。

4. 1996 年，原国家教育委员会正式颁布《幼儿园工作规程》

1996 年，原国家教育委员会正式颁布《幼儿园工作规程》，对幼儿品德教育的目标和方式进行了补充，提出幼儿园保育和教育的四大目标，其中之一是幼儿社会领域教育，确定了德育的总体目标："萌发幼儿爱家乡、爱祖国、爱集体、爱劳动、爱科学的情感，培养诚实、自信、好问、友爱、勇敢、爱护公物、克服困难、讲礼貌、守纪律等良好的品德行为和习惯，以及活泼、开朗的性格。"《幼儿园工作规程》还对幼儿园的品德教育进行了正确的定位，指出"幼儿园的品德教育应以情感教育和培养良好行为习惯为主，注重潜移默化的影响，并贯穿于幼儿生活与各项活动之中"。

5. 我国幼教工作者对幼儿社会领域教育目标的研究

近年来，我国幼教工作者根据《幼儿园工作规程》的基本精神以及幼儿心理发展的具体特点，对幼儿社会领域教育目标进行了研究，构成了目标的大致框架：（1）自我系统的发展，包括自我认识、自我评价、自尊心和自我价值感、自信心、主动性、独立性、自制力与坚持性等；（2）情绪情感的发展，包括一般情感状态、情绪情感的表达与控制、同情心、责任感、好奇心与兴趣；（3）社会交往的发展，包括交往态度、交往能力（合作、轮流、遵守规则、解决冲突）、人际关系等；（4）品德发展，包括爱周围人、爱集体、爱祖国、礼貌、诚实、爱劳动等。

（四）21 世纪的幼儿社会教育目标

2001 年 7 月，国家教育部颁发《幼儿园教育指导纲要（试行）》（以下简称《纲要》），《纲要》是对幼儿园课程具有直接指导意义的纲领性文件，标志着我国幼儿教育改革迈进了一个新的阶段。从结构来看，《纲要》由四个部分组成，即总则、教育内容与要求、组织与实施、教育评价。《纲要》将幼儿园课程相对划分为健康、语言、社会、科学、艺术五大领域，其中，"社会"作为幼儿园教育领域之一固定下来，并提出了社会领域教育的目标及要求。

---

① 于开莲. 李莉. 我国幼儿园社会领域课程研究的历史沿革与当代发展［J］. 学前教育研究，2009（06）.

2012年10月教育部发布了《3~6岁幼儿学习与发展指南》，对防止和克服学前教育“小学化”现象提供了具体方法和建议。《指南》从健康、语言、社会、科学、艺术五个领域描述幼儿的学习与发展。每个领域按照幼儿学习与发展最基本、最重要的内容划分为2~3个方面（子领域）。每个方面（子领域）由学习与发展目标和教育建议两部分组成。其中，“社会领域”主要是从人际交往和社会适应两个方面提出了幼儿学习与发展目标，下面共设置了七个子目标，并在每一个子目标中提出了具体的年龄发展目标。

二、幼儿社会教育的目标分析

（一）《幼儿园教育指导纲要（试行）》的社会教育目标

《幼儿园教育指导纲要（试行）》中社会领域部分的教育目标有以下几个方面：

（1）能主动地参与各项活动，有自信心；

（2）乐意与人交往，学习互助、合作和分享，有同情心；

（3）理解并遵守日常生活中基本的社会行为准则；

（4）能努力做好力所能及的事，不怕困难，有初步的责任感；

（5）爱父母长辈、老师和同伴，爱集体、爱家乡、爱祖国。

这个目标涵盖了幼儿社会认知、社会情感、社会行为等维度，显示了社会教育应该促进幼儿在社会认知、情感、行为等方面的和谐发展。从《纲要》可得出：幼儿社会教育的目标主要是培养幼儿活泼开朗的性格、与人交往的技能与社会适应能力。

案例导入

一位诺贝尔奖获得者的回答

75位诺贝尔奖金获得者曾在巴黎聚会，以“21世纪的希望和威胁”为主题，就人类面临的重大问题进行研讨。

在会议期间，有人问一位诺贝尔奖获得者：“您在哪所大学、哪个实验室学到了您认为最主要的东西呢？”

这位白发苍苍的获奖者回答：“是在幼儿园。”

提问者愣住了，又问：“您在幼儿园学到些什么呢？”

获奖者耐心地回答：“把自己的东西分一半给小伙伴们；不是自己的东西不要拿；东西要放整齐；吃饭前要洗手；做错了事情要表示歉意；午饭后要休息；要仔细观察周围的大自然。从根本上说，我学到的全部东西就是这些。”

【案例分析】

这段对话是耐人寻味的。从幼儿园学到的基础东西，直到老年时还记忆犹新，可见留下的印象是非常深刻的。中国也有句古话叫“三岁看大，七岁看老”，这说明从小养成的良好习惯会伴随人的一生，时时处处都在起作用。

目前，国内无论是幼儿园还是家长，要么是关注孩子的特长、智力开发等（主要在城市），要么是关注孩子认了多少字、会多少计算（主要在农村），而不去重视孩子良好习惯的培养。幼儿园和家长要转变教育观念，应认识到幼儿阶段最重要的还是孩子良好的行为习惯建立、对他人的态度培养。

（二）《3~6岁幼儿学习与发展指南》的社会教育目标

《指南》对社会领域的内容是从人际交往和社会适应两个方面表述的。人际交往包括愿意与人交往；能与同伴友好相处；具有自尊、自信、自主的表现；关心尊重他人。社会适应包括喜欢并适应群体生活；遵守基本的行为规范；具有初步的归属感。具体表述如下：

（1）人际交往目标，如表3-1至表3-4所示。

表3-1 愿意与人交往

3~4岁目标	4~5岁目标	5~6岁目标
愿意和小朋友一起游戏 愿意与熟悉的长辈一起活动	喜欢和小朋友一起游戏，有经常一起玩的小伙伴 喜欢和长辈交谈，有事愿意告诉长辈	有自己的好朋友，也喜欢结交新朋友 有问题愿意向别人请教 有高兴的或有趣的事愿意与大家分享

表3-2 能与同伴友好相处

3~4岁目标	4~5岁目标	5~6岁目标
想加入同伴的游戏时，能友好地提出请求 在成人指导下，不争抢、不独霸玩具 与同伴发生冲突时，能听从成人的劝解	会运用介绍自己、交换玩具等简单技巧加入同伴游戏 对大家都喜欢的东西能轮流、分享 与同伴发生冲突时，能在他人帮助下和平解决 活动时愿意接受同伴的意见和建议 不欺负弱小	能想办法吸引同伴和自己一起游戏 活动时能与同伴分工合作，遇到困难能一起克服 与同伴发生冲突时能自己协商解决 知道别人的想法有时和自己不一样，能倾听和接受别人的意见，不能接受时会说明理由 不欺负别人，也不允许别人欺负自己

表 3-3　具有自尊、自信、自主的表现

3~4 岁目标	4~5 岁目标	5~6 岁目标
能根据自己的兴趣选择游戏或其他活动 为自己的好行为或活动成果感到高兴 自己能做的事情愿意自己做 喜欢承担一些小任务	能按自己的想法进行游戏或其他活动 知道自己的一些优点和长处，并对此感到满意 自己的事情尽量自己做，不愿意依赖别人 敢于尝试有一定难度的活动和任务	能主动发起活动或在活动中出主意、想办法 做了好事或取得了成功后还想做得更好 自己的事情自己做，不会的愿意学 主动承担任务，遇到困难能够坚持而不轻易求助 与别人的看法不同时，敢于坚持自己的意见并说出理由

表 3-4　关心尊重他人

3~4 岁目标	4~5 岁目标	5~6 岁目标
长辈讲话时能认真听，并能听从长辈的要求 身边的人生病或不开心时表示同情 在提醒下能做到不打扰别人	会用礼貌的方式向长辈表达自己的要求和想法 能注意别人的情绪，并有关心、体贴的表现 知道父母的职业，能体会到父母为养育自己所付出的辛劳	能有礼貌地与人交往 能关注别人的情绪和需要，并能给予力所能及的帮助 尊重为大家提供服务的人，珍惜他们的劳动成果 接纳、尊重与自己的生活方式或习惯不同的人

（2）社会适应目标，如表 3-5 至表 3-7 所示。

表 3-5　喜欢并适应群体生活

3~4 岁目标	4~5 岁目标	5~6 岁目标
对群体活动有兴趣 对幼儿园的生活好奇，喜欢上幼儿园	愿意并主动参加群体活动 愿意与家长一起参加社区的一些群体活动	在群体活动中积极、快乐 对小学生活有好奇和向往

表 3-6　遵守基本的行为规范

3~4 岁目标	4~5 岁目标	5~6 岁目标
在提醒下，能遵守游戏和公共场所的规则 知道不经允许不能拿别人的东西，借别人的东西要归还 在成人提醒下，爱护玩具和其他物品	感受规则的意义，并能基本遵守规则 不私自拿不属于自己的东西 知道说谎是不对的 知道接受了的任务要努力完成 在提醒下，能节约粮食、水电等	理解规则的意义，能与同伴协商制订游戏和活动规则 爱惜物品，用别人的东西时也知道爱护 做了错事敢于承认，不说谎 能认真负责地完成自己所接受的任务 爱护身边的环境，注意节约资源

表 3-7　具有初步归属感

3~4 岁目标	4~5 岁目标	5~6 岁目标
知道和自己一起生活的家庭成员及与自己的关系，体会到自己是家庭的一员 能感受到家庭生活的温暖，爱父母，亲近与信赖长辈 能说出自己家所在街道、小区（乡镇、村）的名称 认识国旗，知道国歌	喜欢自己所在的幼儿园和班级，积极参加集体活动 能说出自己家所在地的省、市、县（区）名称，知道当地有代表性的物产或景观 知道自己是中国人 奏国歌、升国旗时能主动站好	愿意为集体做事，为集体的成绩感到高兴 能感受到家乡的发展变化并为此感到高兴 知道自己的民族，知道中国是一个多民族的大家庭，各民族之间要互相尊重，团结友爱 知道国家一些重大成就，爱祖国，为自己是中国人感到自豪

知识链接

国外幼儿园社会领域课程纲要之目标分析①

日本幼儿园教育要领包括五个领域的教育，即健康、人际关系、环境、语言和表现。其中，有关社会领域的内容主要体现在“人际关系”领域，该领域的教育目标包括：使幼儿体验到幼儿园生活的乐趣以及靠自己的能力行动的充实感；使幼儿主动同周围的人们交往相处，以培养对他人的友爱之情和信赖感；使幼儿逐步养成社会生活中的良好行为习惯和态度。同时日本的《幼儿园教育要领》还指出，该领域

① 于开莲. 幼儿园社会领域课程目标的国际比较［J］. 学前教育研究，2012（3）.

的教育目标着重在于促进幼儿与人友好交往，提高幼儿在与他人和睦相处时的自主性。可见，自主性与友好交往是该领域所要达到的核心目的。此外，还充分考虑到幼儿的社会学习是一个从幼儿自我逐渐扩展到他人再扩展到社会生活的过程，所以首先涉及幼儿自身，着重提出要培养幼儿的自主性。随着幼儿人际交往面的扩展，幼儿所接触的他人越来越多，幼儿与他人的友好交往以及友爱之情的培养就成为重要的发展目标。最后，幼儿要适应社会生活，就必须具备社会生活所要求的行为规范和良好习惯。

英国《基础阶段教育（3~5 岁）课程指南》（2000）将早期学习领域分为 6 个部分，“个性、社会性和情感的发展”“交流、语言和读写”“数学发展”“认识和理解周围世界”“身体发展”以及“创造力发展”。其中对社会领域教育目标的阐述主要体现在“个性、社会性和情感发展”这一部分，其主要目标包括：（1）幼儿情感健康（安全感、信任感、归属感、责任感）；（2）知道自己是谁，在哪里合适，良好的自我感觉和自我形象、自尊，重点强调精心组织设计的角色游戏在幼儿发展积极的自我形象和提高自我价值感方面的重要作用；（3）对他人的尊重；（4）社会能力，如良好的人际关系，友谊的重要性，社会行为规则等；（5）积极的学习倾向，如兴趣、成就感、自信心、坚持性等。可见，英国的课程指南更多侧重幼儿的社会性发展与自我系统的发展以及良好情绪的培养，除了强调遵守社会行为规则之外，没有涉及太多有关了解社会、参与社会生活等有关社会学习方面的内容。

美国没有统一的课程大纲，各州都是根据本州的实际情况制订各自的课程纲要。在各个州的课程纲要或标准中，与社会领域相近的课程领域有两个，一是“社会性与情绪发展“领域，二是在美国大多数中小学和幼儿园都普遍存在的“社会学习”领域。“社会性与情绪发展”领域的教育主要以幼儿的自我、个性、情绪和社会性发展为核心。比如，华盛顿州《早期学习与发展基准》（2005）将“社会性和情绪发展”领域的内容和具体目标界定为以下八个方面：（1）幼儿与成人的互动：目标是幼儿信任熟悉的成人，能够与熟悉的成人融洽互动；幼儿能够在需要的时候寻求成人的帮助。（2）幼儿与同伴的互动：目标是幼儿发展与同伴的友谊关系；与同伴合作；表现积极的协商技能。（3）社会适应行为：目标是表现出行为意识，并且能认识到行为的效果；积极参与小组活动；适应变化多样的环境；表现出对他人和自然世界的移情能力。（4）尊重多样性：目标是幼儿能够识别、欣赏和尊重人们之间的相似性和差异性。（5）自我概念：目标是幼儿能够认识到自己是个独特的个体；能够认识到自己的能力、特点和爱好倾向。（6）自我效能感：目标是相信自己的能力。（7）自我控制：目标是理解并遵守规则和常规；能够调整自己的情绪情感和冲动。（8）情绪表达：目标是幼儿能够适宜地表达各种情绪。“社会学习”领域的教育则重点强调社会学科的教育。1994 年，美国国家社会学习委员会制订了社会学习课程标准——《追求卓越：社会学习课程标准》，将社会学习课程界定为：“促进公民能力发展的社会科学和人文科学的整合学习。”就幼儿园教育阶段而言，强调对社会背景中的自我的认识，其目标和重点是幼儿的“社会化”。

加拿大安大略省于1998年出台了《幼儿园大纲》，以学习期望的方式，列举了幼儿在幼儿园结束时应在五大学习领域发展的知识、技能和态度。这五大学习领域是语言、数学、科学和技术、个性和社会性发展、艺术。其中有关“个性和社会性”发展的总体期望是幼儿到幼儿园教育结束时应该能够：（1）发展对自己和他人的积极态度；（2）发展对学习和其他活动的独立性和积极主动性；（3）发展健康和安全实践的意识；（4）能完成一些需要身体平衡、协调、精确性、感知技能的任务；（5）了解和运用社交技能；（6）发展对自己周围环境包括自然环境和人造环境的意识；（7）发展对日常生活中的模式的意识。在此基础上，该大纲进一步提出了四方面的具体期望，包括：（1）自我意识和自信。如认识到自己的优势和所取得的成就；表达自己的思想观点，并能和他人彼此分享经验；表现出自信等。（2）健康和安全活动。如知道身体各个部分的名称，并能说出它们的功能；认识和运用基本的安全规则等。（3）社会关系。如能够在活动期间，以适宜的方式与同伴、成人进行活动和交谈；能够通过帮助他人，表现出对他人的关心；识别情感和情绪，并能用可接受的方式表达自己的情感和情绪；会运用各种解决社会问题的简单策略等。（4）对周围环境的意识。如表达对世界的疑问和好奇心、描述各种不同的天气；调查和描述家庭所在地的地理特征；认识社区里专门的场所、建筑物，并能描述它们的功能；谈论与某些事件或活动有关的时间等。

启示　通过对国外幼儿园社会领域的目标分析，希望能开启教师的思维，在自己的教育过程中，能更合理地设计活动目标，帮助幼儿的发展。

三、幼儿社会教育目标的结构

我国幼儿园社会教育目标和内容已初步形成了体系，有总目标、年龄阶段目标、活动目标，并有相应的内容，这就使目标和内容具有了层次性和可操作性，从而使社会教育付诸实践成为了可能。

（一）幼儿社会教育总目标

幼儿社会教育的总目标是社会教育所期望的最终结果，是学前阶段社会教育任务和要求的总和，是对幼儿社会教育目标最为概括的陈述，是其他层次目标的依据和基础。

在此基础上，2001年颁发的《幼儿园教育指导纲要（试行）》提出，幼儿社会领域教育的总目标为：（1）能主动地参与各项活动，有自信心。（2）乐意与人交往，学习互助、合作和分享，有同情心。（3）理解并遵守日常生活中基本的社会行为规则。（4）能努力做好力所能及的事，不怕困难，有初步的责任感。（5）爱父母长辈、老师和同伴，爱集体、爱家乡、爱祖国。

知识链接

欧洲的幼儿教育①

几年前，表姐一家移民德国，定居法兰克福。今年夏天，我应表姐邀请，带着女儿到表姐家度假。我女儿今年五岁，表姐的儿子今年六岁，很快两个小家伙就玩到一起了。

在表姐的儿子面前，我女儿简直就是一个小天才。因为我让她上了最好的幼儿园，她三位数的加减法早已不在话下，而且还会弹琴，会跳舞，还能用简单的英语对话。而表姐的儿子两位数都算不出来。

我对表姐说："孩子不能输在起跑线上啊，你是不是对儿子的教育放松了。"表姐却说："德国的孩子都这样，他们的任务就是玩耍。"原来，在德国，孩子在幼儿园不允许被教授专业知识。那么。德国的幼儿园都教什么呢？对此我充满了好奇。

有一次，我和表姐一起造访表姐儿子上学的那家幼儿园。当时，孩子们正在玩一个游戏，表姐的孩子不幸落后了。小家伙忍不住说了一句："哎呀，我失败了。"老师马上说："不，你没有失败，你只是慢了一点点。"说完，老师还主动拥抱了孩子，小家伙的脸上顿时充满了笑意。

游戏结束，我问老师："你为什么要特别向孩子强调他没有失败?"老师说："必须用正面的能量感染孩子。在成长期，孩子的世界里不应该有失败这个词。"让孩子永远以积极的眼光看待世界，让孩子的世界里充满阳光，这或许是德国幼儿教育的真谛吧。

晚上回家，孩子在玩了玩具后没有收好，表姐有点生气，冲他发了火。没想到，孩子平静地说："妈妈，你要温柔地跟我说话，这样我才会愿意和你合作。不然，我心情不好，就不想跟你合作了。"

听到这句话，让我很诧异。这个我原以为什么都不会的孩子着实给我上了一课，让我进一步懂得相互尊重的重要性。原来，德国不允许在幼儿时期教授专业知识，就是为了培养孩子健全的人格，积极的心态。

无独有偶，在欧洲很多国家都有类似的规定。如匈牙利就明确立法：严格而谨慎地教授幼儿园的孩子学习写作、阅读、计算等。在他们看来，孩子的唯一任务就是快乐地成长。过早地教孩子专业知识，不是让孩子赢在了起跑线上，相反却是在揠苗助长。德国产生了很多伟大的科学家、哲学家，匈牙利拥有很多伟大的艺术家，或许这就是他们的教育理念结出的硕果吧。

启示　在中国，为了使自己的幼儿园能在社会上有一席之地，特色园、特长班、兴

① http://www.takungpao.com/fk/content/2012-07/17/content_731080.htm

趣班，已经成了一些幼儿园办园的招牌，家长们为了不让自己的孩子输在起跑线上，为了让自己的孩子“成功”，使得教师和家长们也在这种潮流中追逐。作为教育工作者需要思考探讨的是：什么才是成功？什么样的教育对幼儿的成长是真正有益的？

（二）幼儿社会教育年龄阶段目标

幼儿社会教育的年龄阶段目标是总目标在各个年龄段上的具体体现，也是对幼儿园各年龄班幼儿社会性发展提出的具体要求。其主要特点就是将社会教育目标分化为不同的要求，形成对每一个年龄阶段的幼儿逐步提高要求的具体目标，引导幼儿逐步达到社会教育的总目标。例如，同样是培养幼儿与同伴交往的能力，小班时，只要求能与同伴友好相处，主动礼貌地问候小同伴；到中班时，希望幼儿逐渐喜欢和同伴共同游戏，关心弱小同伴；到大班时的目标则是能够主动地带年幼的同伴共同游戏，体验大带小的快乐，愿意与众多的同伴合作游戏。

可见，年龄阶段目标来自于社会教育的总目标，是社会教育总目标的具体和深入，而不同年龄阶段的目标之间应该是连续的、衔接的。例如，幼儿的人际交往方面的目标：

小班：知道班级中同伴的姓名、性别，会辨别生人；愿意和同伴一起玩游戏；能与同伴友好相处。

中班：能主动与认识的人打招呼；愿意与人聊天、交谈；喜欢和同伴共同游戏；遇到纠纷时不打人、不骂人，试图讲道理。

大班：主动准确地使用礼貌用语；知道待客的方法；善于和同伴一起游戏，尽力自己解决游戏中的矛盾。

各年龄阶段幼儿社会教育目标，可参照《3～6 岁儿童学习与发展指南》中的有关内容。

（三）幼儿社会教育单元目标

幼儿社会教育单元目标，既可指时间单元目标，也可指内容单元目标。以时间为单位，如按学年、学期、月等划分的，称时间单元；以内容为单位，如按主题、中心划分的，称内容单元。两者都是把阶段目标落实到具体的单元之中，是对阶段目标的具体化，即多个以时间或以内容为单元的目标的相互联系、逐步递进，便构成年龄阶段目标。同时，单元目标为具体社会教育活动目标的制订指明了方向。

目前，越来越多的幼儿园在开展各种活动的时候，采取“主题活动”的方式。主题活动是在集体性活动中，以一个主题为线索，围绕主题进行的活动与交流。与传统活动形式相比，主题活动的意义在于：

第一，主题活动贴近日常生活，幼儿兴趣高。幼儿园的主题一般选择季节性、节日性以及幼儿的兴趣点为话题，这样的话题贴近生活，更容易被幼儿接受，幼儿也会比较感兴趣，而且由于贴近生活，更具有实用性，能够“学以致用”，当幼儿运用自己所学的知识解决生活中的问题后，学习的兴趣会更浓。

第二，主题活动更具系统性。相对于传统的分科教学来说，主题活动更具系统性。因为，主题活动是以一个话题为中心进行延伸的活动，这些活动紧紧围绕这个话题而进行，这个话题始终贯穿于主题活动的始终，小的活动构成一个小主题，几个小主题就构成最后的大主题。

第三，主题活动更具灵活性。相对于传统的分科来说，主题活动更灵活，它可以根据时间、季节、节日以及孩子的兴趣灵活地确定主题的内容，可以定一个大主题，几个月完成，也可以定一个小主题，一个月或半个月完成，这样的灵活的教学形式，是传统的分科教学所不具备的。

另外，主题活动更注重孩子动手能力的培养，区域活动就是一大特色，每次主题活动时，都会相应地组织一些区域活动，区域活动是主题教学的一部分，在主题活动中，幼儿的思考能力、动手能力都会得到提高，因此，有可能父母在某段时间会感到孩子不像分科教学那样学到很多知识，但是长久的您就会发现，孩子的能力在逐渐提高，知识面很广，而且不仅仅局限于书本的知识。

【例 1】幼儿园大班社会主题活动《过大年》

主题目标：

（1）能够知道春节是中国最重要的节日之一，也是中国人家庭团聚的日子；

（2）通过了解有关过新年的习俗，能激发对中华民族传统文化的热爱，增进与家人之间的交流；

（3）通过区域活动的创设，提高动手能力及创造力。

主题活动可以分解为：《年的故事》、《龙年画龙》、《年年有余》、《放鞭炮》、《春联》等一系列活动，每个活动另设具体目标。

【例 2】幼儿园大班社会主题活动《这里是我家》。①

主题目标：

（1）了解三门的位置，知道自己是一位三门人；

（2）了解家乡的特产、特色及一些有代表性的景物；

（3）通过各种不同的形式，丰富幼儿对家乡的认识，感受家乡的美好，萌发爱家乡的情感。

主题活动可以分解为“我是三门人”、“三门的渔文化”、“三门的特色小吃”、“我的家乡在哪里”等一系列活动，每个活动另设具体目标。

（四）幼儿社会教育活动目标

幼儿社会教育活动是最具体的目标，它是单元目标的具体化和展开，必须与前三个层次的目标保持一致性、对应性。教育活动目标的主要特点是具有可操作性、可验证性，可以通过具体的教和学的行为，通过师生及环境的相互作用得以实现。

对幼儿教师来说，主题活动目标与一次具体活动目标的制订是一项基本功。根据

① http://www.baby611.com/jiaoan/db/zt/201305/28110383.html

《幼儿园教育指导纲要（试行）》、《3~6岁儿童学习与发展指南》以及幼儿社会性发展的规律与特点制订出适宜的目标，再选择恰当的教育内容来开展教育活动，是进行幼儿社会教育的基本思路。

【例1】大班社会活动：和你在一起

活动一：夸夸好朋友

活动目标：

（1）能找出自己好朋友的优点，学习好朋友的优点和长处；

（2）能和好朋友相互关心、相互帮助、团结友爱。

活动二：快乐来分享

活动目标：

（1）知道快乐的事情可以与大家分享，体验分享的快乐；

（2）能与同伴进行有效的交往合作。

活动三：关爱多一点

活动目标：

（1）体验被人关心的幸福和关心别人的快乐，对人真诚、友善；

（2）大胆表达自己的见解，发展口语表达能力和交往能力。

【例2】幼儿园大班社会主题活动《这里是我家》

活动一：三门的渔文化

活动目标：

（1）认识并了解各种船的名字及用途；

（2）提高幼儿对观察活动的兴趣，发展幼儿的语言表达能力。

活动二：青蟹

活动目标：

（1）让幼儿初步了解青蟹的生殖、生长过程及作用；

（2）引导幼儿用连贯的语言大胆地表述自己的意见；

（3）知道青蟹是我们家乡的特产，激发幼儿热爱家乡的情感。

活动三：三门的特色小吃

活动目标：

（1）了解家糟羹糟的做法，在老师的帮助下主动学做糟羹；

（2）知道三门人有正月十四吃糟羹的习俗；

（3）培养幼儿分工合作，体验与同伴一起分享劳动成果的快乐。

四、活动目标的表述

活动目标是教育活动预期的结果，即教育活动要达到的目的。由于对幼儿发展，社会需求以及对幼儿园教育活动的不同理解，在幼儿园教育活动目标的设计当中，体现出不同的价值观，从而就会表现出不同的目标取向。根据关注取向的不同可以将教育活动目标分为三类形式：行为目标、生成性目标、表现性目标。

表 3-8 教育活动目标三类形式的比较

行为目标	生成性目标	表现性目标
关注活动的结果	关注活动的过程	追求活动过程中反应的多元性
强调目标的精确性、具体性和可操作性	重视幼儿的参与和体验	只提供活动的领域
陈述包括三个因素：行为主体、行为动词、预期表现		采用体验性、过程性的行为动词
通过……学会……找出……	具有……的能力	感受、经历、参与、尝试、寻找……
重点放在基础知识和基本技能上	鼓励幼儿的创造精神	主张体验就是学习

活动目标表述应注意的事项：

(1) 目标表述的角度应该要一致，或者从教师的角度出发，或者从幼儿的角度出发。从教师的角度表述，指明教师应该做的工作或应该努力达到的教育效果，常用“培养……教育……引导……要求……”等方式表述。例如：教会幼儿穿袜子的正确方法；培养幼儿节约用水的良好习惯；鼓励幼儿大胆表达自己的真实想法。从幼儿的角度表述，指明幼儿通过学习应达到的发展，常用“感受……理解……喜欢……参与……能够……”等方式表述。例如：能用听觉辨别不同的物体；喜欢参加小制作活动，感受成功的快乐；知道简单的安全和保健常识。

(2) 目标设计要符合幼儿的年龄特点。例如，大班活动目标：学习准确使用“谢谢”“你好”“再见”等礼貌用语（这样的目标要求过于简单）。又如，小班活动目标：了解有关台湾的基本知识，了解台湾是我国不可分割的一部分（这样的目标要求难度过高）。

(3) 目标设计要简明、具体，有可操作性。例如，“引导幼儿观察周围生活中常见的标志”这一目标笼统，重点不突出，可将其改为：引导幼儿观察生活中常见的交通标志。又如，“学习做力所能及的事”这一目标笼统，不具有可操作性，可将其改为：学习洗手帕。

(4) 目标的数量适中。一般情况下，目标以 3 条最为合适。目标制订得太少，说明没能充分挖掘活动的社会教育价值；目标制订得太多，易出现书写条理不清晰的问题，并且易出现要求过多，一次活动难以实现的问题。

目标的顺序并不重要，需要把握的原则是按目标的重要程度排序，最重要的目标排在最前面。但也有其他的排序方法，如按活动进行的顺序排列目标；按情感、能力、知识方面分别阐述目标，不刻意追求顺序。

知识链接

李跃儿巴学园的教育理念

1. 孩子是脚，教育是鞋

（1）芭学园的教育理念：孩子是脚，教育是鞋。我们决心按照孩子的发展规律来设计我们的教育，芭学园教育建立在发展心理学的基础之上，并且尊重每一个个体的发展需求。

（2）芭学园的教育目标：为孩子打下一生幸福生活的基础。芭学园的教育不是为了给成人带来欣慰而设计的教育，而是需要成人付出时间和心力，帮助孩子持续建构起支持孩子一生生活能力的教育。

（3）芭学园的教育模式：建构主义教育。建构主义教育，为一百年来的世界主流教育。所谓建构也是为着累积，但在累积的过程中有着我们教育者精心的、专业的设计和布局，绝不是放任的、任由孩子完全在没人帮助的环境下生长。建构主义的教育结果是由懂得孩子的教育者与有着自然发展机制的孩子合作的结果。

（4）芭学园的教育原理：发生学原理。芭学园的教学法，运用了皮亚杰的发生学原理：S-AT-R。

S：意味着教育者设计的环境、人文、课程等作为刺激提供给孩子；

A：代表着每个孩子；

T：代表着每个孩子带来的家庭影响和个人气质；

R：代表着孩子在受到刺激后所产生的结果。

这个公式说明了芭学园的教育方法：

第一阶段，是教育者精心准备的；

第二阶段，属于孩子，孩子在自由和关怀的基础上，对第一阶段进行自我教育和自我学习；

第三阶段，在孩子和教育者的通力合作下，获得结果。

这个结果不会像应试教育那样，灌输给孩子学习知识的结果，像假牙假发那样不好用。利用发生学原理建构的结果会成为孩子人格的一部分。

2. 爱与尊重

（1）尊重孩子。很多人都很希望别人尊重自己，我们成年人也能做到尊重别人，但我们发现很多人很想尊重孩子却不会尊重孩子。尊重孩子不是什么事情都征得孩子的同意，而是认可孩子的天然气质与父母不同，认可孩子有自己的感受，认可孩子有自己的爱好，认可孩子有自己独特的行为等。芭学园是一个真正能够尊重孩子的学校。

（2）珍爱孩子。父母爱自己的孩子并不难，一个人爱别人的孩子，爱到比父母还要用心就不那么容易了。芭学园全体员工都会比孩子的父母更加用心地爱您的孩子。

（3）帮助孩子。帮助孩子不等于替孩子做事，在孩子的成长过程中，真正的爱是帮助孩子成长，所以帮助孩子的水平决定了教育的水平，芭学园聚集着中国最尽心地研究怎样帮助孩子的人。

3. 协助与自我建构

（1）芭学园的环境氛围。芭学园的环境，是根据芭学园所面对的孩子量身打造的，环境其实是一种教育装备，所有环境内容都是教育内容，目的是为了达到芭学园的教育目标。

芭学园把文化和艺术设计进了园所的环境中，文化感和艺术品位像空气一样每时每刻滋养着孩子的心灵，芭学园环境充满了关怀、温馨、美好和帮助的气息。所以这里成长起来的孩子会比较容易对文化和艺术产生共鸣。

（2）芭学园的教室装备。在教学方面，以教室为主体，与院落结合，设计出协助儿童发展的十几个功能区，包括木工、建筑、养殖、种植、厨艺、音乐、舞蹈、戏剧、绘画、陶艺、课堂、科学（数理逻辑等）、情感学习等功能区。

无论在户外还是室内，芭学园都注重孩子的精神内在品质的发展需要，在院落中尽可能地使大肢体活动与生存能力、生活技能相结合。为了使孩子们有健康的体魄，能够随时随地的工作并发展自己，芭学园注重于自然的院落和户外环境，在院落里设置了芭学园特有的功能区，孩子们随时可以融入的自然景致及工作场所。院落是李跃儿芭学园重要的“教学单元”，如木工、建筑、养殖、种植等，都是在院内进行。

（3）芭学园孩子的年龄结构。现在的孩子普遍有一种遗憾，就是很少有兄弟姐妹长期生活在一起的经历，由于孩子在成长过程中大多数时间面对的是成年人，所以很多孩子很难与同龄人交往及合作，孩子们也很少有受到年长孩子的引领和照顾的机会。而“混龄”，则能有效地解决这一问题。与不同年龄的孩子相处，使他们从小就能够解读他人的心理及需求，成年之后便可水到渠成地融入到人群之中。“混龄”的方式在国外已形成一种趋势，因为这种方式不但对独生子女有益，就是对多生子女家庭中的孩子，也是益处多多。

4. 芭学园为孩子建构的十五项人格方向

01 使孩子成为他自己

02 使孩子成为具有感受力的人

03 对人类有利的审美观

04 天然所具有的探索精神和尝试的欲望

05 天然的对工作的热爱

06 使人类发展的质疑和解疑特质

07 自己解决问题的习惯

08 对人类文化和自然具有同等的兴趣

09 头脑清楚
10 站在自我的立场上进行选择和判断
11 无意识的对群体的兴趣
12 有进入主流教育的适应能力
13 易于适应环境
14 崇尚真理、坚守原则的素质
15 抗冲突能力

启示　在“李跃儿芭学园”拍摄的纪录电影《小人国》在全国公映，获得极大反响，并获得观众、电影专家、教育专家的充分肯定。李跃儿巴学园先进的教育理念，尤其是芭学园为孩子建构的十五项人格方向，可以为幼儿教师在实施幼儿社会教育中提供方向指导。

第二节　幼儿社会教育的内容

幼儿是社会的人，他们需要与其他人建立亲密的关系，使自己的生活更快乐。幼儿在与成人和同伴交往的过程中，学习如何与人友好相处，学习如何看待自己、对待他人，不断发展适应社会生活的能力。良好的社会性发展对幼儿身心健康和其他各方面的发展都具有重要影响。

一、选择幼儿社会教育内容的依据

社会环境丰富且复杂，人们需要对社会教育的内容加以选择，以适应幼儿发展特点、水平，使幼儿习得理想的社会生活经验，促进其社会性发展不断的完善，也为其健全人格奠定良好的基础。幼儿社会教育内容的选择应遵循下列依据：

（一）以幼儿社会教育目标为依据

《纲要》在提出社会领域的总目标之后，为了确保目标的实现，明确提出了幼儿园社会教育的内容及实施要求。《指南》中对各年龄阶段教育目标的细化，也为选择教育内容明确了方向。在选择教育内容的过程中，应以教育目标为依据，避免对目标的遗漏、偏颇和无效的重复，有针对性地选择合适的教育内容，以有效地实现教育目标。

（二）以幼儿所处现实的社会生活环境为依据

在不同的社会文化背景下，幼儿社会性发展的目标不同，其社会教育内容也会随之改变。因此，幼儿社会教育内容应当依据社会现实的要求来决定。家庭、亲戚、教师、同伴和社区组成了一个完整的系统并影响着幼儿对生活的看法和观点、与人相处的方式。幼儿就是在这个社会生活环境中慢慢成长起来的，幼儿的成长离不开这个环境。所以，幼儿社会教育的内容应以幼儿所处的现实生活环境为依据，选择幼儿熟悉的，与幼儿生活经验、生活实际相联系的内容，帮助幼儿获得安全感和信任感，发展自信和自尊，学会遵守规则，形成基本的认同感和归属感，促进幼儿人际交往和社会适应能力的发展。

（三）以幼儿身心发展特点、水平为依据

我们要尊重幼儿的天性和认知规律，珍惜童年生活的独特价值，支持幼儿园开展科学保教，自觉抵制那些拔苗助长、违反幼儿身心健康的错误观念和做法。《纲要》中提出幼儿园教育应尊重幼儿的人格和权利，尊重幼儿身心发展的规律和学习特点，幼儿园的教育内容是全面的、启蒙性的。所以，我们应根据幼儿的身心发展特点和水平选择最基础、最具启蒙性、最重要的内容。例如，教育幼儿爱护玩具和其他物品，爱护公物和公共环境；喜欢参加集体活动，愿意参加并感到快乐；用礼貌的方式表达自己与人交往的要求；不欺负别人，也不允许别人欺负自己；与别人分享玩具、图书等，以此促进幼儿社会性的发展。

二、幼儿社会教育的内容表述

（一）《纲要》对幼儿社会教育内容的表述

《幼儿园教育指导纲要（试行）》中提出了社会领域教育内容的要求和指导，我们可以对幼儿社会教育内容作如下表述：

（1）引导幼儿参加各种集体活动，体验与教师、同伴等共同生活的乐趣，帮助他们正确认识自己和他人，养成对他人、社会亲近、合作的态度，学习初步的人际交往技能。

（2）为每个幼儿提供表现自己长处和获得成功的机会，增强其自尊心和自信心。

（3）提供自由活动的机会，支持幼儿自主地选择、计划活动，鼓励他们通过多方面的努力解决问题，不轻易放弃克服困难的尝试。

（4）在共同的生活和活动中，以多种方式引导幼儿认识、体验并理解基本的社会行为规则，学习自律和尊重他人。

（5）教育幼儿爱护玩具和其他物品，爱护公物和公共环境。

（6）与家庭、社区合作，引导幼儿了解自己的亲人以及与自己生活有关的各行各业人们的劳动，培养其对劳动者的热爱和对劳动成果的尊重。

（7）充分利用社会资源，引导幼儿实际感受祖国文化的丰富与优秀，感受家乡的变化和发展，激发幼儿爱家乡、爱祖国的情感。

（8）适当向幼儿介绍我国各民族和世界其他国家、民族的文化，使其感知人类文化的多样性和差异性，培养理解、尊重、平等的态度。

知识链接

德国幼儿的“善良教育”

众所周知，德国是引发两次世界大战的“罪魁祸首”。所幸的是，德国各阶层能够深刻地反思这段历史，甚至因此格外重视对孩子善良品质的培养，并将其列为德国教育的重要组成部分。德国的善良教育有这样几个部分：

第一，爱护动物。在孩子刚刚蹒跚学步时，不少德国家庭就特意喂养了小狗、小猫等小动物，让孩子亲自照料以便学会体贴入微地照顾弱小的生命。幼儿园也饲养了各种小动物，由孩子们轮流负责喂养，还要求注意观察它们的成长、发育和与它们游戏，有条件的还需作好“饲养记录”。正式入学后，孩子们的作文中常常会出现有关小动物的生动描绘，其中优秀的篇章会被教师推荐为范文在壁报上发表。此外，小学生们还热衷于利用自己积攒的零用钱来“领养”动物园里的动物，或捐款拯救濒临灭绝的动物。

第二，善待生命。柏林一个13岁的男孩为一只小鸟医治创伤，后来又将其放归大自然。小作者以充满爱怜的笔调，记录了这一充满爱心的过程，此文荣获了该校“善待生命作文大赛”的一等奖。相反，虐待小动物的孩子，则会受到各种教育：轻则受到批评或训导，重则可能受到大人的惩罚。如果仍然不思悔改，就可能被送去做心理治疗，因为在大人们看来，这是比学习成绩滑坡更为严重的“品德问题”。越来越多的德国人都有这样的共识：小时候以虐待动物为乐的孩子，长大了往往更具暴力倾向。

第三，怜贫惜弱。在成人社会的倡导鼓励下，孩子们帮助盲人、老人过马路早已蔚然成风；为身有残疾的同学排忧解难者也比比皆是。法兰克福曾发生过这样一件事：有一个孩子粗暴地将一位上门乞食的流浪者赶走，全家人对此事极为重视，并且郑重其事地召开了一次家庭会议。大人们严肃认真又耐心细致地启发孩子：流浪者尽管穿着邋遢，但同样享有人的尊严。这使孩子明白了这样一个道理：仰慕强者也许是人之常情，而同情弱者更是美好心灵的体现。后来，孩子主动提出邀请这位流浪者来家做客，大人们欣然应允。

第四，宽容待人。波恩一位7岁的小女孩雪丽，在自己的生日晚会上，因为遭到好友梅芙的无端抢白而感到大丢面子，因而试图报复以泄心头之恨。但后来在母亲的劝说下，她主动和梅芙谈心，才了解到梅芙由于自己喂养的小兔子突然死去，心情十分沮丧，才“出言不逊”。于是，雪丽宽容地原谅了梅芙，两个小伙伴的友谊更深厚了。

对孩子进行“善良教育”时，德国人还十分重视“反面教员”的作用。对那些中小学校校园常常出现的恃强欺弱的“小霸王”，校方持旗帜鲜明的反对态度。据悉，凡经两次记过仍不思悔改的“小霸王”，校方立即果断地予以开除，送交“不良少年管教部门”予以管教。

对于影视节目中频频出现的暴力镜头，无论是教师还是家长，都十分注意引导孩子以“批判”的眼光来审视。德国制造的武器之精良举世闻名，但德国人并不赞成玩具商开发高科技“暴力玩具”，更不支持孩子（特别是男孩）与玩具枪炮坦克为伴；如幼时经常用玩具“模拟杀人”，难免会对其心理产生不良影响。

启示 孩子是世界的未来，但孩子更需要引导、培养和教育。对孩子进行“善良教育”理所应当，但在德国这个国度彰显这一教育理念，仍让人倍感欣慰。

在国内，无论是从家长还是从幼儿园，更多关注的是幼儿各种能力的培养，关注的是幼儿的“成功”，使得“善良教育”被边缘化。每一位家长都希望自己的孩子幸福，其实善良才是人生幸福的基础。希望“德国的善良教育”能帮助国内教育者树立这一教育理念，认真实施并做好宣传。

（二）《指南》对幼儿社会教育内容的建议

《指南》对社会领域的内容是从人际交往和社会适应两个方面表述的。人际交往包括愿意与人交往；能与同伴友好相处；具有自尊、自信、自主的表现；关心尊重他人。社会适应包括喜欢并适应群体生活；遵守基本的行为规范；具有初步的归属感。具体表述如下：

1. 人际交往

（1）愿意与人交往的教育建议：

①主动亲近和关心幼儿，经常和他一起游戏或活动，让幼儿感受到与成人交往的快乐，建立亲密的亲子关系和师生关系。创造交往的机会，让幼儿体会交往的乐趣。如：利用走亲戚、到朋友家做客或有客人来访的时机，鼓励幼儿与他人接触和交谈。鼓励幼儿参加小朋友的游戏，邀请小朋友到家里玩，感受有朋友一起玩的快乐。

②幼儿园应多为幼儿提供自由交往和游戏的机会，鼓励他们自主选择、自由结伴开展活动。

（2）能与同伴友好相处的教育建议：

①结合具体情境，指导幼儿学习交往的基本规则和技能。如：当幼儿不知怎样加入同伴游戏，或提出请求不被接受时，建议他拿出玩具邀请大家一起玩；或者扮成某个角色加入同伴的游戏。对幼儿与别人分享玩具、图书等行为给予肯定，让他对自己的表现感到高兴和满足。当幼儿与同伴发生矛盾或冲突时，指导他尝试用协商、交换、轮流玩、合作等方式解决冲突。利用相关的图书、故事，结合幼儿的交往经验，和他讨论什么样的行为受大家欢迎，想要得到别人的接纳应该怎样做。幼儿园应多为幼儿提供需要大家齐心协力才能完成的活动，让幼儿在具体活动中体会合作的重要性，学习分工合作。

案例导入

纸飞机换了电动小汽车①

一位从德国回来的女士谈及在德国亲身经历的一件事，对于人们教育孩子颇有启示。一天，她领5岁的儿子到公园玩。儿子用一只“纸飞机”换回了德国小朋友的一辆“电动小汽车”，这件事使母亲大吃一惊。因为那只纸飞机充其量只值5美分，而这辆小汽车至少也要值20多美元。开始她以为儿子说谎，当她找到小汽车的主人和德国小孩的妈妈时，这位德国母亲说：“小汽车是属于孩子的，该由孩子做主。”她还说：“你儿子喜欢，小汽车就归他了。过会儿，我会领着孩子上玩具商店，让他知道这辆汽车值多少钱，能买多少个纸飞机，这样他就不会第二次做这样的蠢事了。”

【案例分析】

案例中的德国母亲很清楚“电动小汽车和纸飞机的金钱比值”，但是她依然尊重了“孩子拿电动小汽车换纸飞机”的选择。之后这位母亲“会领着孩子上玩具商店，让他知道这辆汽车值多少钱，能买多少个纸飞机”。这既尊重了孩子的选择，又让孩子学会下次在做选择前应慎重考虑，并为自己的选择负责。其实，教育就应该从尊重开始，尊重孩子的选择，不干预、不阻止，也不单纯批评孩子的做法，而是采取有效措施，及时对孩子进行循循善诱。尊重孩子的选择权，并不能保证孩子的每一次选择都是正确的，在这个过程中孩子肯定会“摔跟头”，会走一段“弯路”，但孩子的选择能力却在一次次尝试中得以提高。

②结合具体情境，引导幼儿换位思考，学习理解别人。如：幼儿有争抢玩具等不友好行为时，引导他们想想“假如你是那个小朋友，你有什么感受?”让幼儿学习理解别人的想法和感受。

③和幼儿一起谈谈他的好朋友，说说喜欢这个朋友的原因，引导他多发现同伴的优点、长处。

（3）具有自尊、自信、自主的表现的教育建议：

①关注幼儿的感受，保护其自尊心和自信心。如：能以平等的态度对待幼儿，使幼儿切实感受到自己被尊重。对幼儿好的行为表现多给予具体、有针对性的肯定和表扬，让他对自己的优点和长处有所认识并感到满足和自豪。不要拿幼儿的不足与其他幼儿的优点作比较。

②鼓励幼儿自主决定，独立做事，增强其自尊心和自信心。如：与幼儿有关的事情

---

① 杨亮亮. 德国父母的教子心经［M］. 北京：化学工业出版社，2013：36.

要征求他的意见，即使他的意见与成人不同，也要认真倾听，接受他的合理要求。在保证安全的情况下，支持幼儿按自己的想法做事；或提供必要的条件，帮助他实现自己的想法。幼儿自己的事情尽量放手让他自己做，即使做得不够好，也应鼓励并给予一定的指导，让他在做事中树立自尊和自信。鼓励幼儿尝试有一定难度的任务，并注意调整难度，让他感受经过努力获得的成就感。

知识链接

古代父母对孩子"七不责"精髓

（1）对众不责：在大庭广众之下，不要责备孩子，要在众人面前给孩子以尊严。

（2）愧悔不责：如果孩子已经为自己的过失感到惭愧后悔了，大人就不要责备孩子了。

（3）暮夜不责：晚上睡觉前不要责备孩子。此时责备他，孩子带着沮丧失落的情绪上床，要么夜不成寐，要么噩梦连连。

（4）饮食不责：正吃饭的时候不要责备孩子。这个时候责备孩子，很容易导致孩子脾胃虚弱。

（5）欢庆不责：孩子特别高兴的时候不要责备他。人高兴时，经脉处于畅通的状态，如果孩子忽然被责备，经脉就会立马憋住，对孩子的身体伤害很大。

（6）悲忧不责：孩子哭的时候不要责备他。

（7）疾病不责：孩子生病的时候不要责备他。生病是人体最脆弱的时候，孩子更需要父母的关爱和温暖，这比任何药物都有疗效。

启示　在实施幼儿社会教育的过程中，教师和家长注意以上几个时刻，对幼儿情绪的疏导以及身体的健康无疑是很有帮助的。

（4）关心尊重他人的教育建议：

①成人以身作则，以尊重、关心的态度对待自己的父母、长辈和其他人。如：经常问候父母，主动做家务。礼貌地对待老年人，如坐车时主动为老人让座。看到别人有困难能主动关心并给予一定的帮助。

案例导入

"你多大？她多大？"

一天，李先生带两岁女儿天天在小区玩滑梯，这时有一个大男孩等不及动作慢慢的天天，就从后面推了她一下，李先生立即发火，对着那个男孩怒吼："你多大？她多大？"（意思是想说你这么大了还对一个这么小的孩子粗鲁），还好男孩没有被李先生吓到，想了一下很诚实的回答："我5岁。"然后先生很生气地说："你5岁，你知道她几岁吗？"（意思是说她比你小得多）小男孩想了想："2岁吧？"男孩很单纯，根本没听出大人背后问话的含义。还好男孩看起来不像被李先生吓到的样子，李先生也没继续说什么，接着照顾女儿玩滑梯。

当时，李太太看到这个场面，特别难过和愤怒，想到自己30岁的先生居然对一个5岁的男孩这样发怒，她气氛地差点要对先生发怒，但想到他当时肯定不会听自己的，而且她发怒也不是什么好行为，就忍住了。这个场面在李太太心里一直记得，暂且不说那个男孩是否受到了什么负面的影响，单说对天天的影响。如果爸爸总是用这种方式"帮助"她，那她就会认为和别人发生冲突都是别人的错，而且有爸爸帮她撑腰，一方面她的思维模式会越来越负面，遇到事情只会埋怨别人，另一方面当父母不在身边时她就不知道该怎么处理这类问题，反而遭人欺负。

【案例分析】

孩子需要知道他应该做什么，需要知道他应该遵守的规则。假如不明白地告诉孩子应该遵守的规则，他会变得任性、不快乐、没有安全感，并且有一种"没有被爱"的感觉。成人要遵守社会行为规则，为幼儿树立良好的榜样。案例中的李先生显然没有给女儿做一个好的表率。反思一下，智慧的做法应该是示范给女儿：当有力量比你强大的孩子可能伤害你的时候，应该大声叫爸爸（或者妈妈），或者是赶紧躲开。

有些成人对教育孩子的道理很清楚，比如他们很清楚地知道自己应该尊重他人，应该为自己的孩子树立良好的榜样作用等。但是，在实际的生活中，遇到具体的事情的时候，他们自然而然地按照自己的习惯、态度等做出反应。为了孩子的健康成长，成人应给学着改变自己的行为、习惯、态度等，为孩子做一个好的表率。

②引导幼儿尊重、关心长辈和身边的人，尊重他人劳动及成果。如：提醒幼儿关心身边的人，如妈妈累了，知道让她安静休息一会儿。借助故事、图书等给幼儿讲讲父母抚育孩子成长的经历，让幼儿理解和体会父爱与母爱。结合实际情境，提醒幼儿注意别人的情绪，了解他们的需要，给予适当的关心和帮助。利用生活机会和角色游戏，帮助幼儿了解与自己关系密切的社会服务机构及其工作，如商场、邮局、医院等，体会这些机构给大家提供的便利和服务，懂得尊重工作人员的劳动，珍惜劳动成果。

③引导幼儿学习用平等、接纳和尊重的态度对待差异。如：了解每个人都有自己的兴趣、爱好和特长，可以相互学习。利用民间游戏、传统节日等，适当向幼儿介绍我国主要民族和世界其他国家及民族的文化，帮助幼儿感知文化的多样性和差异性，理解人

们之间是平等的，应该互相尊重，友好相处。

2. 社会适应目标

（1）喜欢并适应群体生活的教育建议：

①经常和幼儿一起参加一些群体性的活动，让幼儿体会群体活动的乐趣。如：参加亲戚、朋友和同事间的聚会以及适合幼儿参加的社区活动等，支持幼儿和不同群体的同伴一起游戏，丰富其群体活动的经验。

②幼儿园组织活动时，可以经常打破班级的界限，让幼儿有更多机会参加不同群体的活动。

③带领大班幼儿参观小学，讲讲小学有趣的活动，唤起他们对小学生活的好奇和向往，为入学做好心理准备。

（2）遵守基本的行为规范的教育建议：

①成人要遵守社会行为规则，为幼儿树立良好的榜样。如：答应幼儿的事一定要做到、尊老爱幼、爱护公共环境、节约水电等。

②结合社会生活实际，帮助幼儿了解基本行为规则或其他游戏规则，体会规则的重要性，学习自觉遵守规则。如：经常和幼儿玩带有规则的游戏，遵守共同约定的游戏规则。利用实际生活情境和图书故事，向幼儿介绍一些必要的社会行为规则以及为什么要遵守这些规则。在幼儿园的区域活动中，创设情境，让幼儿体会没有规则的不方便，鼓励他们讨论制订规则并自觉遵守。对幼儿表现出的遵守规则的行为要及时肯定，对违规行为给予纠正。如：幼儿主动为老人让座时要表扬；幼儿损害别人的物品或公共物品时要及时制止并主动赔偿。

③教育幼儿要诚实守信。如：对幼儿诚实守信的行为要及时肯定。允许幼儿犯错误，告诉他改了就好。不要打骂幼儿，以免他因害怕惩罚而说谎。小年龄幼儿经常分不清想象和现实，成人不要误认为他是在说谎。发现幼儿说谎时，要反思是否是因自己对幼儿的要求过高过严造成的。如果是，要及时调整自己的行为，同时要严肃地告诉幼儿说谎是不对的。经常给幼儿分配一些力所能及的任务，要求他完成并及时给予表扬，培养他的责任感和认真负责的态度。

（3）具有初步归属感的教育建议：

①亲切地对待幼儿，关心幼儿，让他感到长辈是可亲、可近、可信赖的，家庭和幼儿园是温暖的。如：多和孩子一起游戏、谈笑，尽量在家庭和班级中营造温馨的氛围。通过和幼儿一起翻阅照片、讲幼儿成长的故事等，让幼儿感受到家庭和幼儿园的温暖，老师的和蔼可亲，对养育自己的人产生感激之情。

知识链接

【教育美文赏析】——给为人父母

香港电台知名主持人梁继璋曾给儿子写过一封信，这封信很快流传于各大网站，很多父亲看后感触很深，不只给儿子，其实适合所有人看！

下辈子，无论爱与不爱，都不会再见

——送给儿子的备忘录

我儿：写这备忘录给你，基于三个原则：

（1）人生福祸无常，谁也不知可以活多久，有些事情还是早一点说好。

（2）我是你的父亲，我不跟你说，没有人会跟你说。

（3）这备忘录里载的，都是我经过惨痛失败得回来的体验，可以为你的成长省回不少冤枉路。

以下，便是你在人生中要好好记住的事：

（1）对你不好的人，你不要太介怀，在你一生中，没有人有义务要对你好，除了我和你妈妈。

至于那些对你好的人，你除了要珍惜、感恩外，也请多防备一点，因为，每个人做每件事，总有一个原因，他对你好，未必真的是因为喜欢你，请你必须搞清楚，而不必太快将对方看作真朋友。

（2）没有人是不可代替，没有东西是必须拥有的。看透了这一点，将来你身边的人不再要你，或许失去了世间上最爱的一切时，也应该明白，这并不是什么大不了的事。

（3）生命是短暂的，今日你还在浪费着生命，明日会发觉生命已远离你了。因此，愈早珍惜生命，你享受生命的日子也愈多，与其盼望长寿，倒不如早点享受。

（4）世界上并没有最爱这回事，爱情只是一种霎时的感觉，而这感觉绝对会随时日、心境而改变。如果你的所谓最爱离开你，请耐心地等候一下，让时日慢慢冲洗，让心灵慢慢沉淀，你的苦就会慢慢淡化。不要过分憧憬爱情的美，不要过分夸大失恋的悲。

（5）虽然很多有成就的人士都没有受过很多教育，但并不等于不用功读书，就一定可以成功。

你学到的知识，就是你拥有的武器。人，可以白手兴家，但不可以手无寸铁，谨记！

（6）我不会要求你供养我下半辈子，同样地我也不会供养你的下半辈子，当你长大到可以独立的时候，我的责任已经完结。以后，你要坐巴士还是Benz，吃鱼翅还是粉丝，都要自己负责。

（7）你可以要求自己守信，但不能要求别人守信，你可以要求自己对人好，但不能期待人家对你好。你怎样对人，并不代表人家就会怎样对你，如果看不透这一点，你只会徒添不必要的烦恼。

（8）我买了十多二十年彩票，还是一穷二白，连三奖也没有中，这证明人要发达，还是要努力工作才可以，世界上并没有免费午餐。

（9）亲人只有一次的缘分，无论这辈子我和你会相处多久，也请好好珍惜共聚的时光，下辈子，无论爱与不爱，都不会再见。

启示　文章很美，教会了我们珍惜生活、珍惜生命、珍惜周围的人。幼儿教师多读读，有助于建立对幼儿的关爱。

②吸引和鼓励幼儿参加集体活动，萌发集体意识。如：幼儿园和班级里的重大事情和计划，请幼儿集体讨论决定。幼儿园应经常组织多种形式的集体活动，萌发幼儿的集体荣誉感。

③运用幼儿喜闻乐见和能够理解的方式激发幼儿爱家乡、爱祖国的情感。如：和幼儿说一说或在地图上找一找自己家所在的省、市、县（区）名称。和幼儿一起外出游玩，一起看有关的电视节目或画报等；和他们一起收集有关家乡、祖国各地的风景名胜、著名的建筑、独特物产的图片等，在观看和欣赏的过程中激发幼儿的自豪感和热爱之情。利用电视节目或参加升旗等活动，向幼儿介绍国旗、国歌以及观看升旗、奏国歌的礼仪。向幼儿介绍反映中国人聪明才智的发明和创造，激发幼儿的民族自豪感。

（三）幼儿社会教育内容的分类表述

幼儿园社会教育的内容分为人际关系、社会环境、社会行为规范和社会文化四个方面。

1. 人际关系

（1）知道自己的姓名、性别及年龄；眼睛、耳朵的作用；自己的身体特征；自己的兴趣、爱好；自己在家里及在幼儿园的不同活动；不说谎，不怕困难，遵守规则，说话算数。

（2）同伴及同伴交往同伴的姓名、性别及年龄；同伴的外貌特征；同伴的爱好；同伴的优点和缺点；与同伴愉快地从事共同的活动；与同伴友好地讨论和商量事情；同伴间轮流游戏、阅读、玩玩具；同伴间分享食品、玩具、图书及高兴的事；关心有困难的同伴或比自己小的同伴；能用礼貌的语言与同伴交谈，注意倾听同伴的讲话；与同伴产生矛盾和冲突时会讲道理，会寻找解决问题的办法；同伴之间相互学习、相互帮助；会帮助同伴改正缺点。

（3）知道自己所在的小组、班级及幼儿园的名称；小组成员的姓名、性别及年龄；小组长及值日生的姓名及职责；小组经常进行的集体活动；自己小组的优点和不足；班级的环境特点；幼儿园的环境特点；幼儿园其他班级的名称；幼儿园里工作人员的称呼以及他（她）们的活动。

2. 社会环境

（1）家庭的住址、电话；有关自我安全保护的知识；家里主要的生活用品、娱乐工具和学习用品；家庭成员与自己、邻里的关系。

（2）幼儿园的名称、地址；幼儿园的环境和设施；集体活动的基本规范；自己的班级和小组，幼儿园的工作人员及其与自己的关系。

（3）社区社会主要机构（如银行、商店、邮局、政府部门、消防站、体育馆文化站、图书馆、农贸市场、学校、敬老院等）的名称、工作人员、主要活动及其与人们生活的关系；社区的交通设施，包括码头、桥梁、车站等。

（4）行政区划。所在省（市）、区（县）、街道（乡、镇）、街（村）的名称，家庭和幼儿园的门牌号。

（5）祖国。国名、国旗、国歌、国徽、首都；我国的人种特征；主要的民族，如汉、藏、蒙、维吾尔、回、满族等；一些主要的风景名胜，如长江、黄河、黄山、长城、故宫、兵马俑等；一些主要的特产，如茶叶、文房四宝等；中国人民解放军海、陆、空三军等。

（6）世界知识。国家与国家之间的交往，有关世界和平的最粗浅的知识。

（7）重大节日和重大社会事件知道一些重大节日的名称、时间、意义及庆祝方式，如元旦、“三八”国际妇女节、“五一”国际劳动节、“六一”儿童节、教师节、“十一”国庆节以及植树节、爱鸟周、世界环境日等；一些重大的社会事件及其影响，如抗洪救灾，大型运动会等。

3. 社会行为规范

（1）公共规则、公共财物规则，如爱护公共财物、节约粮食和水电、保护植物、动物及环境等；公共卫生规则，如不随地乱扔杂物、不随地吐痰等；公共交通规则，如走人行道、看红绿灯等。

（2）集体规则与集体活动的一般规则。如服从集体意见、遵守集体指令、愿为集体服务等；学校活动规则，如保持安静、不影响他人、会同他人合作、勇于发表意见、注意倾听他人的意见等。

（3）交往规则。使用礼貌用语；对老师、长辈行鞠躬礼；礼貌待客，礼貌做客；注意倾听他人说话，不无故打断他人说话，会合作和谦让。

（4）基本道德准则，知道别人的和集体的东西不能占为己有；能分清是非；诚实、守信；能改正自己的缺点和错误等。

4. 社会文化

（1）社区人文景观。所在社区著名人文景观的名称、特征及有关的故事、传说。

（2）民间节日。一些重要的民间节日，如春节、元宵节、端午节、中秋节等，它们的名称、时间、主要特点。

（3）民间艺术。本地的一些主要工艺品，它们的名称、用材及简单的制作方法；本地的一些天然工艺品；本地主要的地方剧种及其韵调；一些健康有益的民间歌谣、故事等。

（4）文化精品。本民族的文字，中国书法；我国的 1~2 个主要剧种；有关中国民乐、国画等方面的最基础知识。

（5）世界文化。世界主要著名文化圣地，如敦煌莫高窟、金字塔、凡尔赛宫等；世界上流传最广的乐器，如钢琴、小提琴等；世界上流传最广的艺术形式，如油画、雕塑等；世界有名的儿童文学作品，如格林童话等。

三、幼儿社会教育内容理解的关注点

（一）注重幼儿社会教育内容对幼儿的整体影响

幼儿的社会性发展是幼儿的社会认知、社会情感、社会行为协调发展的过程。幼儿社会教育内容有偏认知的、有偏情感的、有偏行为建立的，这些都是人为划分的，只是为了便于表述，便于选择，便于实施。教师在实施教育活动的过程中，应充分考虑到每项内容，对幼儿的社会认知、社会情感、社会行为的整体影响。

（二）发挥幼儿社会教育内容的熏陶作用

幼儿的社会性主要是在日常生活和游戏中通过观察和模仿潜移默化地发展起来的。成人应注重自己言行的榜样作用，避免简单生硬的说教。家庭、幼儿园和社会应共同努力，为幼儿创设温暖、关爱、平等的家庭和集体生活氛围，建立良好的亲子关系、师生关系和同伴关系，让幼儿在积极健康的人际关系中获得安全感和信任感，发展自信和自尊，在良好的社会环境及文化的熏陶中学会遵守规则，形成基本的认同感和归属感。

（三）逐步深化、丰富幼儿社会教育内容

人际交往和社会适应是幼儿社会学习的主要内容，也是其社会性发展的基本途径。幼儿在与成人和同伴交往的过程中，不仅学习如何与人友好相处，也在学习如何看待自己、对待他人，不断发展适应社会生活的能力。幼儿社会领域的学习与发展是一个漫长的过程，需要点点滴滴的积累，使其社会性不断完善并为其健全人格奠定基础，所以应根据幼儿年龄特点逐步深化、丰富幼儿社会教育内容。

本章小结

幼儿社会教育目标的历史沿革分四个阶段：中国古代幼儿教育的目标；20 世纪初到 20 世纪中期；20 世纪中期到 20 世纪末；21 世纪的幼儿社会教育目标。幼儿社会教育的目标分析主要是对《纲要》和《指南》中的社会教育目标进行分析和阐述。幼儿社会教育目标的结构分四个层次：总目标、年龄阶段目标、单元目标、活动目标。活动目标是最具体的目标，教育活动预期的结果，即教育活动要达到的目的。根据关注取向的不同可以将活动目标分为三类形式：行为目标、生成性目标、表现性目标。

选择幼儿社会教育内容的依据包括以幼儿社会教育目标为依据；以幼儿所处现实的社会生活环境为依据；以幼儿身心发展特点、水平为依据。《纲要》和《指南》中对幼儿社会教育内容进行了描述，并提出了建议，幼儿教师需要熟读这两个文件，深刻理解幼儿社会教育内容的构成。幼儿社会教育内容还可以从人际关系、社会环境、社会行为规范和社会文化四个方面分类表述。幼儿社会教育内容理解的关注点为：注重幼儿社会教育内容对幼儿的整体影响；发挥幼儿社会教育内容的熏陶作用；逐步深化、丰富幼儿社会教育内容。

思考题

1. 请简要叙述幼儿社会教育目标的历史沿革。
2. 请列出《幼儿园教育指导纲要》的社会教育目标。
3. 请列出《3~6岁幼儿学习与发展指南》的社会教育目标。
4. 请说说幼儿社会教育目标的结构有哪些?
5. 举例说明活动目标的表述，并说出注意事项。
6. 请说说选择幼儿社会教育内容的依据。
7. 请说说《指南》对幼儿社会教育内容的建议有哪些。
8. 请从分类角度说说幼儿社会教育内容。

推荐阅读

《爱的教育》

【意】亚米契斯（Amicis E D）著，夏丏尊译，安徽教育出版社，2015年1月第1版。

《爱的教育》是艾德蒙多·德·亚米契斯最著名的作品，被誉为现代意大利人必读的十本小说之一，十九世纪意大利最伟大的十本小说之一。用“真诚的心和平等的概念”来对待你身边的每一个人，是该书的教育主旨。在作者生活的那个年代里，人与人最大的交流障碍在于他们分属于不同的阶级，他不可能把自己心灵深处最真实的想法讲出来，而只能采取迂回的办法来号召所有的青少年都做一个有“心”的孩子。

《论语译注》

杨伯峻译注，中华书局，2012 年 5 月

《论语》是儒家学派的经典著作之一，由孔子的弟子及其再传弟子编撰而成。它以语录体和对话文体为主，记录了孔子及其弟子的言行，集中体现了孔子的政治主张、论理思想、道德观念及教育原则等。

《论语译注》对《论语》二十篇进行了精确细致的注释和翻译。每章分为原文、注释、译文三部分，注释精准，译文流畅明白，是当代最好的《论语》读本之一，在学术界和读者中享有盛誉。

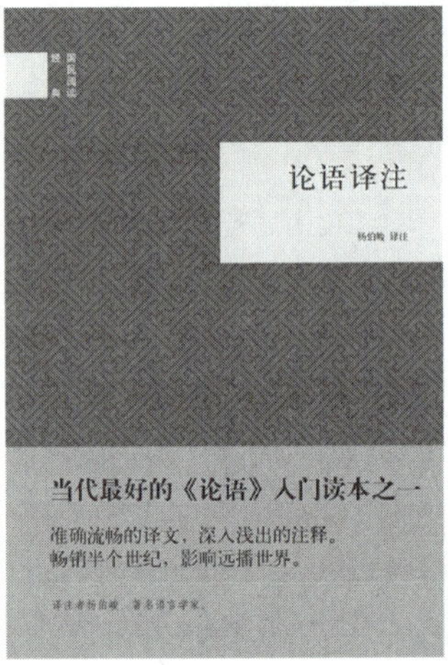

拓展训练

根据下列教育内容，选择适宜的活动方式，并制订具体的活动目标：

1.《纲要》指出“教育幼儿爱护玩具和其他物品，爱护公物和公共环境，理解并遵守日常生活中的基本的社会行为规则。”《指南》提出“爱护玩具和其他物品。”鼓励幼儿收拾整理好玩具和自己的物品，并养成习惯。

2. 端午节是我国的传统节日，让幼儿了解端午节的习俗，感受端午节丰富的文化内涵。

3. 生活中处处有规则，社会中的每个人都应该遵守规则。培养幼儿遵守规则的意识，让幼儿认识规则的重要性。

4. 让幼儿有礼貌、懂礼仪，例如，使用礼貌用语与人交流，对长辈的呼叫及时应答等。

5. 培养幼儿爱护环境、保护小动物的意识。

6. 节约是我们的传统美德，培养幼儿的节约意识，引导幼儿养成节约的良好习惯。

7. 目前独生子女较多，幼儿的自我中心意识较强，引导幼儿理解他人的感受，如通过观察表情理解他人的心情，并学会与同伴友好相处。

第四章　幼儿社会教育的途径与方法

学习目标

1. 本章导读：幼儿社会领域的学习与发展过程是其社会性不断完善并奠定健全人格基础的过程。人际交往和社会适应是幼儿社会学习的主要内容，也是其社会性发展的基本途径。家庭、幼儿园和社会应共同努力，为幼儿创设温暖、关爱、平等的家庭和集体生活氛围，建立良好的亲子关系、师生关系和同伴关系，让幼儿在积极健康的人际关系中获得安全感和信任感，发展自信和自尊，在良好的社会环境及文化的熏陶中学会遵守规则，形成基本的认同感和归属感。

幼儿的社会学习具有体验性和实践性、随意性和无意性、长期性和反复性、兴趣性和差异性等特点。根据幼儿社会性学习的特点，教师要为幼儿提供体验、实践的机会，要为幼儿创设适宜的社会性学习环境，要制订计划、有目的地对幼儿进行社会性教育，要耐心、细致地正面引导，要尊重幼儿个体差异。总之，为了使幼儿社会教育顺利开展，需要科学、合理、灵活地选择教育途径、方法，以保证幼儿社会教育取得良好的效果。

2. 教学重难点：了解幼儿社会教育的途径、方法；能根据幼儿社会教育目标和内容、幼儿发展特点，选择合理的幼儿社会教育的途径、方法。

3. 教学课时：4 课时。

第一节　幼儿社会教育的途径

《指南》指出，幼儿的社会性主要是在日常生活和游戏中通过观察和模仿潜移默化地发展起来的。因此，幼儿社会教育一般通过四个途径来实施：日常生活、集体教育活动、区角活动、家园合作。

一、日常生活

《纲要》中提出："社会领域教育具有潜移默化的特点。幼儿社会态度和社会情感的培养应渗透在多种活动和一日生活的各个环节之中，要创设一个能够使幼儿感受到的，接纳、关爱和支持的良好环境，避免单一呆板的言语说教……幼儿与成人、同伴之间共同生活、交往、探索、游戏等，是其社会学习的重要途径。应为幼儿提供人际间相互交往和共同活动的机会和条件，并加以指导。"

幼儿社会教育的过程必须紧密围绕幼儿的生活经验，从帮助幼儿理解和遵守社会生活环节中的具体规则做起，帮助幼儿逐步开始适应社会生活，形成良好的行为习惯。

幼儿园把社会教育渗透于幼儿的一日生活当中，以一日活动的各个生活环节为课程，把各环节之间的转换过程作为培养规则目标的重要内容来抓，把入园、盥洗、午睡、饮水、吃点心、整理自己的物品、游戏、离园等都作为教育内容，以促使幼儿早日养成良好的习惯，这将使幼儿终身受益。

可幼儿园教师可以根据如下幼儿园的一日生活各环节来实施幼儿社会教育：

(1) 早晨来园。幼儿有礼貌地向老师、同伴问好，和爸爸妈妈道别，建立幼儿与他人的良性关系，学习礼貌待人的好习惯。

(2) 值日生工作。发摆碗筷，擦座椅，擦窗台，整理图书、玩具柜、活动角，给花浇水，给小动物（金鱼、小乌龟、蚕）喂食等，培养幼儿爱劳动的习惯，做事认真的态度、责任心、动手实践能力等。

(3) 洗手、饮水。引导幼儿节约用水、排队等意识，培养幼儿对社会规范的认知，并建立良好的社会行为。

(4) 游戏活动。在游戏中学会与同伴友爱、谦让，能合作，帮助幼儿建立良好的同伴关系；遵守游戏规则，培养幼儿的规则意识。

(5) 进餐。引导幼儿尊重别人的劳动，爱惜粮食，养成不挑食、不暴饮暴食、文明进餐等良好习惯。

(6) 如厕。培养幼儿的生活自理能力、文明的如厕习惯等。

(7) 午睡。教幼儿穿脱衣服的正确方法和顺序，引导幼儿以正确的睡姿睡觉、不打扰他人等。

(8) 离园。引导幼儿礼貌地同老师、小朋友告别，培养幼儿交往技能；幼儿不能独自离园，不和陌生人走，增强幼儿的自我保护意识。

由此可见，每一个生活环节都有向幼儿进行社会教育的内容。教师要抓住这些机会，把社会教育渗透在日常生活中，使社会教育处于自然渗透的状态。

知识链接

孩子从生活中学到什么

如果孩子生活在批评中，他们将学会指责；
如果孩子生活在敌意中．他们将学会争斗；
如果孩子生活在恐惧中，他们将学会担忧；
如果孩子生活在遗憾中，他们将学会自怜；
如果孩子生活在嘲笑中，他们将学会畏缩；
如果孩子生活在猜忌中，他们将学会嫉妒；
如果孩子生活在羞辱中，他们将学会自责；
如果孩子生活在鼓励中，他们将学会自信；
如果孩子生活在宽容中，他们将学会耐心；
如果孩子生活在赞美中，他们将学会感激；
如果孩子生活在认同中．他们将学会去爱；
如果孩子生活在肯定中，他们将学会自爱；
如果孩子生活在认可中，他们将拥有目标；
如果孩子生活在分享中，他们将学会慷慨；
如果孩子生活在诚实中，他们将学会正直；
如果孩子生活在公平中，他们将学会正义；
如果孩子生活在友爱和体贴中，他们将学会尊重；
如果孩子生活在安全中，他们将学会信赖自己和他人；
如果孩子生活在友善中，他们将知道世界是居住的乐土。

启示　要培养积极健康的孩子，家庭和幼儿园要合力为孩子提供一个积极、健康的环境。

二、集体教育活动

集体教育活动是指幼儿园教师根据教育目的和教育计划，根据本班幼儿的身心发展规律和特点，选择合适的教育内容，采取合理的教育方式和方法，对幼儿进行教育的形式。广义的集体教育活动可理解为综合性主体活动，狭义的集体教育活动主要指一次具体的活动。集体教育活动一般包括以下内容：活动目标、教育内容、活动准备、活动过程设计、活动延伸、活动反思等。

（1）活动目标。是教育活动预期的结果，即教育活动要达到的目的。

（2）教育内容。根据活动目标，选择适宜的教育内容，使教育内容为达成活动目标服务。

（3）活动准备。为保证某活动顺利进行，在该活动开展之前，教师和幼儿园需要一些活动准备，主要包括环境创设准备、物质准备、知识和经验准备。其中，物质准备包括活动场地的选择与布置，教具的选用和制作，有关设备器材的种类、数量与人员配备等。

（4）活动过程设计。幼儿园社会教育目标、理念最终是通过教师组织的教育活动对幼儿产生影响的。教师所设计的活动过程必须紧扣活动的目标，为活动目标的实现而服务。

（5）活动延伸是指在教育活动后，教师继续设计一些与此相关的辅助活动，使教育内容渗透到一日生活中，使学前儿童受教育的时间能够持续，使教育的目的能够更好地实现。活动延伸的形式可以是家园共育、领域渗透、环境创设、区角活动、游戏等。

（6）活动反思。包括活动预期效果和活动后反思。

集体教育活动的优点主要表现在以下几个方面：每一个社会教育活动都有明确的目标来指导活动的开展；教师有清晰的设计思路、有条理的组织；集体教育活动中，教师能直接控制，明确地传递教育意图。

活动示例

大班综合主题活动：班级小雷锋（社会 语言）

活动目标：

（1）初步了解“雷锋”的人物形象，能较清楚、连贯地讲述雷锋小故事。

（2）能关注他人的需要，并主动给予力所能及的帮助。

（3）懂得帮助别人和被别人帮助都是快乐的事情，体验做“小雷锋”的自豪感。

活动准备：

（1）幼儿和家长一起收集关于雷锋的小故事、图片以及影像资料，布置展板一块。

（2）教师和幼儿一起商讨拟定《小小倡议书》，请家长给予支持配合。

（3）绘画纸、彩笔。

（4）电子课件：歌曲《学习雷锋好榜样》。

（5）幼儿用书：《社会万花筒 大班下》“班级小雷锋”。

附：

小小倡议书

亲爱的家长朋友：

您好！“学习雷锋，好榜样……”这首歌影响了我们好几代人，然而在今天，“雷锋精神”却渐渐远离了我们的孩子。当我们谈论到“雷锋”时，“雷锋是谁”、“我们为什么要向他学习”……一连串的疑问都涌现在了孩子们的脑海，我们该如何解答这些疑问呢？

本次的主题活动中，我们将借着“3月——学雷锋月”开展系列的活动：我眼中的雷锋、雷锋故事分享会、学做班级小雷锋等等。

请您配合我们从以下方面做好家园共育的准备：

(1) 和孩子一起收集关于雷锋事迹的故事、图片以及影像资料。

(2) 教孩子一个关于雷锋的小故事（时间在3分钟以内）。

(3) 和孩子一起在小区里做一件好事，让孩子用自己的方式记录下来。

(4) 鼓励孩子每天在家做一件力所能及的事情（如擦桌子、扫地等），并和孩子一起在“家庭记录本”上记录下来。

为了把“雷锋精神”传递给每个孩子，让我们一起行动起来吧！

××班

年　月　日

活动过程：

活动一：我眼中的“雷锋”

1. 说说雷锋

(1) 幼儿观看“向雷锋叔叔学习”的展板，鼓励幼儿自由交流。

提问：展板上的人是谁？你从展板上都看到了什么？

(2) 鼓励幼儿大胆讲述关于雷锋叔叔的事迹。

提问：你知道关于雷锋的哪些事情？你觉得雷锋是一个怎样的人？为什么？

2. 雷锋的事迹

(1) 结合幼儿用书《社会万花筒 大班下》“班级小雷锋”，进一步了解雷锋的典型事迹。

(2) 分组交流：让你印象最深的雷锋故事是什么？你想向雷锋叔叔学习什么？你会怎样做？

3. 雷锋故事分享会

(1) 分组自由讲述“我知道的雷锋小故事”，重点引导幼儿讲清楚故事发生的时间、地点、人物和主要事件。

(2) 带领幼儿讨论、理解“帮助别人也是快乐的事情”：

提问：雷锋叔叔帮助别人，他感到快乐吗？

你帮助别人做过哪些事情？你觉得帮助别人也是一件快乐的事情吗？为什么？

（3）比比谁的故事讲的最清晰、最完整？

活动二：班级小雷锋

1. 话题讨论：假如我是小雷锋

（1）提问：你想学做“小雷锋”吗？

你觉得我们班有什么地方需要你的帮助？

怎样可以让我们班级变得更好？

（2）结合幼儿用书《社会万花筒——班级小雷锋》进行小结：从身边的小事做起，学做班级小雷锋。如：整理玩具区域、摆放图书、收拾器械……等。

2. 班级雷锋在行动

（1）鼓励幼儿自主参与班级活动区的整理。

（2）以“我的学雷锋小日记”为题，采用绘画的方式记录自己做的好人好事。

（3）定期在班级进行“小日记”的展示分享，引导幼儿体验学雷锋的自豪感。

活动三：学习雷锋好榜样

（1）欣赏歌曲《学习雷锋好榜样》，感受歌曲节奏分明、整齐有力的特点。

（2）结合生活实际，帮助幼儿理解歌词大意：

你能听懂这首歌曲的意思吗？有哪些不明白的地方？

你觉得爱憎分明是什么意思？

怎样才能把这首歌唱得更好听？

（3）幼儿在感受和理解雷锋精神的基础上，学唱《学习雷锋好榜样》，借助歌曲宣扬雷锋精神，向雷锋学习。

附：歌曲

学习雷锋好榜样

（战友文工团演唱）

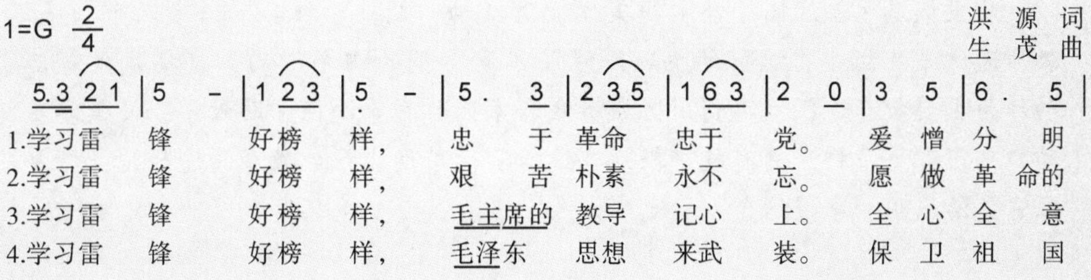

3 5 | 2.3 2 1 | 6 3 | 2 2 1 | 6 1 | 5 0 | 5. 3 | 6 5 | 6 2 3 | 5 0 ‖

不 忘 本， 立 场 坚定 斗 志 强， 立 场 坚 定 斗 志 强。

螺 丝 钉， 集体主义 思想 放 光 芒， 集体主义 思 想 放 光 芒。

为 人 民， 共产主义 品德 多 高 尚， 共产主义 品 德 多 高 尚。

握 紧 枪， 努 力 学习 天天向 上， 努 力 学 习 天天向 上。

活动四：区域游戏

1. 玩美坊（美工区）

观察重点：

（1）幼儿是否能用绘画、图文符号创造性的表现自己学雷锋的情景。

（2）幼儿的作品能否清晰地表现自己的想法。

（3）幼儿在绘画创作过程中是否能够主动收拾整理活动材料。

2. 快乐书屋（语言区）

（1）幼儿在播报活动中能否清晰讲述自己或小伙伴学雷锋的经过。

（2）幼儿能否主动向同伴分享“学雷锋”感受。

活动建议：

（1）引导幼儿分组记录身边的好人好事，在FM520小电台中播报。

（2）鼓励幼儿经常参与“大带小”式的互助活动：如帮助弟弟妹妹上下楼梯、照顾弟弟妹妹生活等。

（3）利用“快乐周末”的时间，组织幼儿自发为幼儿园做一件好事，如擦洗游乐场的大型玩具、主动捡操场上的垃圾、爱护幼儿园的公共财物、整理资料室的图书等。

（4）家园共育：可以在家中欣赏《雷锋》电影，进一步了解雷锋的事迹；在家庭社区中引导幼儿关心身边的事、关爱身边的人，学习做力所能及的事情，体验帮助他人的快乐。

（资料来源：华中科技大学附属幼儿园曾静老师）

【示例评析】

此案例属于幼儿园综合主题集体教育活动，侧重于社会、语言两个领域。教师通过“班级小雷锋”的主题设置了不同类型的四个活动，将集体教育活动作为主要教育途径，再利用区域游戏和家园共育等途径辅助教学，使教学活动更丰富、更多样、更有效。教师在选择和运用幼儿社会教育的途径时，需要注意灵活选用、渗透结合。

三、区角活动

区角活动是指教师在一定时间内设置各种区角落，在这些区角投放材料和设施，让幼儿根据自己的兴趣和需要选择内容和方式的活动。区角活动是一种重要的自主活动形式，以让幼儿感受快乐和满足为目的，以操作、摆弄、游戏、体验、自主参与为基本活动形式，在游戏中幼儿积极参与、积极动脑、开发、探索，积极沟通、分工、合作，自觉遵守游戏规则，主动解决同伴矛盾。

据此，教师可以利用区角活动，充分发挥区角活动的社会教育功能。例如，在区角活动时，需要幼儿遵守相应的活动规则，可以帮助幼儿建立规范意识；幼儿自己安排自己的活动内容，可以增强幼儿的自我意识；幼儿自由分组、交流，培养幼儿团结合作的良好品质；区域活动比较自由，幼儿可以按自己的兴趣、爱好选择活动，从而获得课堂上学不到的经验。所以区角活动可以帮助发展幼儿的良好个性，发展幼儿的社会交往技能。因此，我们把区角活动作为实施幼儿社会教育的主要途径。

案例导入

活动区的设置

1. 厨艺区

在厨艺区中，我们会给孩子准备真实的厨具、真实的蔬果材料，孩子可以自由选择和使用这些材料进行烹饪工作。

每周有一天的主课是厨艺课。在厨艺课上，老师唱着歌和孩子一起制作各种食物。通过老师的引领，孩子学会烹调的简单常识和基本技能，并能够培养起深入工作的能力，因为孩子们对制作食物非常感兴趣，所以当他们制作食物时非常专注。做好食物后大家一起分享，所有人一起享用自己的劳动果实，这种氛围也能够给孩子和老师以情感的滋养。

2. 手工区

在手工区里有陶泥、蜂蜡、针线等材料，孩子们可以用它们做剪贴、塑形、缝纫、绣花等工作。正是在这种“做”的活动中，孩子的动作以及动作所引发的思考能够唤醒孩子有意识地深入思考，这样就能成长起智慧和反思及良好的自我效能认知。另外，孩子手部、臂部的肌肉通过重复动作能够得到很好的锻炼，为以后学龄期书写做好准备。

3. 文化区

文化区中提供了具有文化内涵的材料，比如美术、文字、数理逻辑等，用来帮助孩子进行艺术和智性知识的构建。这其中孩子会使用教具进行分类、比较，从而获得相关的逻辑概念。另外，老师还会和孩子一起分享故事，有时孩子们会聚集在一起讨论书中的故事，或者一个孩子讲，其他孩子听，他们都对未知的世界充满了期待。这也是一个调整和休息的时间。

4. 娃娃区

娃娃区是一个滋养情感的地方，它给孩子带来家的感觉。因为孩子从出生开始获得的情感是最多的，所以当他到一个集体的环境中时，他也最容易使用情感去进行游戏和工作。在娃娃区中给孩子提供丰富的类似过家家的材料，如：娃娃屋、布娃娃、包裹娃娃的被子、小衣服、小背包等。孩子们会设计出许多情景，模仿成人世界中的生活和工作，在这里进行再现和创造。这一过程中孩子是作家、是演员、是艺术家……

5. 大型搭建区

创造和想象是儿童最大的潜能。提供多样的、没有固定造型的材料，供孩子自由地进行搭建，可以很好地启发孩子的潜能。他们可以利用高大的、不同造型的木头配上柔软飘逸的棉纱，搭建成一个奇幻的小屋，可以利用许多小板凳和小木块架成一座直耸的高楼，也可以搭建一座空中花园，或者一座纵横交错的立交桥。无限的想法在这里实施。

6. 木工区

木工区的材料都是真实的。在木工区中，老师锯木头，孩子可以手扶着锯子的尾端和老师一起锯，或打磨锯下的木头段。孩子们发现：原来木头可以这样来分段，粗糙的木段经过打磨可以变得这样光滑。经过一段时间的观摩，孩子自己也可以拿着小锯子锯下小木条，用小锉子锉下干枯的树皮。最后，孩子们惊喜地发现通过敲敲钉钉原来可以造成一辆小木车、小船、小人……这些都为孩子积累了生存的真实素材。

7. 建筑区

建筑区的工作是一项技术合作工作。小兔子需要家，老师和孩子会为小兔建造一所小窝。有的孩子去提水，有的孩子拿铲子和泥巴，有的孩子则和老师一起砌墙，孩子会模仿老师的样子涂抹一层泥巴，放一块砖头。小窝建好后，孩子获得了一件完整的艺术作品，而这件作品是又实用又有意义的。在这个过程中，孩子们学会了很好的配合与合作。平时，孩子还会把模仿来的建筑技能创造性地用在其他工程制作中。

8. 养殖区

养殖区中会饲养一些传染病少、易于和孩子相处的动物，例如：羊、兔子等，因为孩子和动物是非常容易产生情感共鸣的。平时在老师照顾动物的时候，孩子会在旁边观察，之后孩子会自己去照顾小动物的生活，就像一位妈妈照顾自己的孩子似的。从中孩子可以了解到每种动物的生活习性，同时还激发了孩子对生灵的喜爱和敬畏。

9. 种植区

在种植区中每个班有自己的一块地，孩子们和老师一起进行耕种工作。春天大家一起开荒种地，夏天大家一起浇水施肥，秋天大家一起采摘果实。孩子们不仅能看到种子从发芽、生长、开花、结果，到枯萎的全过程，还能观察到自然界中的草木蚁虫。在这种人与自然共同努力的劳作下，孩子可以了解植物成长的一系列内涵，还能体会到自然界的发展变化、了解其中的发展规律，由此对食物产生感恩和尊重。

10. 沙坑区

沙子细腻的手感和能够塑形的属性使得这里成为了孩子非常喜欢的地方，他们可以在这里掏洞、挖渠、灌溉、和泥巴、造城堡，又可以做“面包”、做“饼干”、玩过家家游戏，在这里孩子们能够和大自然进行亲密接触。

11. 大肢体活动区

大肢体活动区的工作材料不仅仅限于滑梯等大型器械，因为大型器械限定孩子只能采用有限的几种玩法，而自然院落中的其他材料更能拓展孩子的大肢体活动。比如轮胎，孩子们拿轮胎当汽车行驶，把轮胎垒成城堡钻到里面捉迷藏，还将轮胎摆成五连环……他们发明了很多种玩法，一年四季、乐此不疲。这样自然的探索空间可以使孩子得到很好的滋养。

【案例分析】

厨艺区做好食物后大家一起分享，所有人一起享用自己的劳动果实，这种氛围也能够给孩子和老师以情感的滋养；手工区这种“做”的活动，帮助幼儿成长起智慧和反思及良好的自我效能认知；文化区用来帮助孩子进行艺术和智性知识的构建；娃娃区是一个滋养情感的地方，它给孩子带来家的感觉；建筑区孩子们学会了很好的配合与合作；养殖区激发了孩子对生灵的喜爱和敬畏；种植区可帮助幼儿建立对食物感恩和尊重的情感。各位幼儿教师可以考虑在自己工作的幼儿园，设置生活化的活动区，可以有效地实施幼儿社会教育。

四、家园合作

引导幼儿社会性发展，帮助幼儿社会化，促进幼儿主体性发展是家长的责任，也是家长的期望。教师和家长相互配合、相互支持，通过组织和开展丰富多彩的、实用高效的家园共育活动，有效地促进幼儿社会性发展。家园合作的方式主要包括家访、个别交谈、家园联系园地、家长开放日、家长委员会、家庭教育讲座、亲子活动、家教经验交流、教师信箱等。

（1）家访。家访可以使教师更详细地了解儿童的家庭状况和儿童各方面的表现，也有助于增进教师和儿童及家长的情感交流，取得儿童和家长的信任和支持，并能够有针对性地和家长合作，提出教育建议。

(2) 个别交谈。教师把儿童一天的表现和家长进行简短的交流，及时沟通情况。个别交谈有利于教师及时了解儿童的情况，并指导家长的教育。

(3) 家园联系园地。在家园联系园地中，幼儿园可以宣传儿童社会教育的资料、文章；社会教育活动的计划，以及对家长的一些配合、协助方面的要求；家长在孩子社会教育方面的经验和体会；家长对幼儿园社会教育活动的建议。应该注意，家园联系园地的内容应根据情况适时更换，做到及时、有效、针对性强。

(4) 家长开放日。幼儿园邀请家长来幼儿园听课或参观，把幼儿园的教育情况向家长公开或公布，使家长更加了解幼儿园教师的工作，了解自己的孩子在幼儿园的情况，并进一步发现孩子的特点和需要，改进家庭教育。

(5) 亲子活动。幼儿园作为一个重要的儿童教育机构，应充分发挥资源优势，开展多种形式的亲子活动，如亲子游戏活动、亲子运动会等；还可以开设亲子教育学校、亲子教育热线、亲子图书馆等，宣传儿童教育的先进理念，指导家庭亲子教育。

案例导入

如何引导孩子和别的孩子交往？①

家长的问题：如何引导孩子和别的孩子交往？我注意到在亲子班的时候，孩子很容易被别的孩子的工作吸引，而且进行模仿。往往是走过去，径直开始参与，也许就会打扰了别的孩子，这时候双方家长应该如何处理？举个例子：我家宝宝正在专注地玩沙，别的孩子也想参与，直接拿起她正在玩的沙盆和工具，看得出来，她不是很高兴但是困惑。我是应该提醒别的小朋友要征求她的同意呢？还是应该告诉自己孩子我们可以一起玩，不要介意？当我的宝宝没有征求别人的同意就拿走了别的小朋友的工具，我该怎么做？我注意到，亲子班的家长在处理这类事情的时候态度和方法都很不一致，这样是不是容易给孩子造成规则的混淆，如果通过老师可以在家长中建立一种规则，是不是会更好？

关于第一个问题，孩子被别的孩子的吸引，而且进行模仿，这个过程是较小年龄孩子学习吸收的主要方式之一，是正常的，也是孩子积累经验的过程，当经验积累到一定程度时就有力量自己进行工作了。所以这个阶段我们会看到孩子时而自己工作，时而观察别人，甚至直接加入别人的工作之中。对于是否打扰了别人的工作，要看对方小朋友的反应，如果对方不介意，成人则没有必要干涉。如果对方小朋友不想一起工作，也不要立刻进行干预，给他们一段自己解决问题的时间和机会，当孩子向家长求助或冲突升级时，家长应给孩子示

① http://www.liyueer.com/a/qinziyuan/zuixindongtai/20150110/68.html

范正确的处理方式。课上老师会提醒家长避免使用不恰当的方式，需要时也会指导、建议家长如何运用正确的方式，随着课程的进展，孩子和家长的状态会越来越好，所以我们一直很强调家长首先要放松自己。一般来说，家长在七八次课之后，就能比较好地解决孩子的问题了。

需要注意的是，要根据孩子的感受来判断对孩子产生的影响，不能用成人的视角作为衡量的标准。例如，宝宝正在专注地玩沙，别的孩子也想参与，直接拿起她正在玩的沙盆和工具，看得出来，她不是很高兴但是困惑，因为从描述中无法感知孩子“困惑”是如何表达的，从而也无法判断孩子是否需要成人的帮助（需要时家长可以直接寻求老师的帮助），但是，一般情况家长不需要立刻给予帮助，从而让孩子失去一次交际或学习解决问题的机会，长此以往，孩子会由于不会解决问题而变得要么非常强势要么非常弱势。

那天据家长描述，宝宝（化名）和贝贝（化名）都在玩积木，贝贝拿走了宝宝的一块积木，宝宝要不回来，气愤之下推倒了贝贝的作品，于是贝贝拿起积木要打宝宝，家长制止贝贝导致贝贝大哭并坚持要打宝宝，此时家长没有采取正面解决冲突的方式而是想转移贝贝的注意力。当我了解了情况后，便抓住他手中的积木，坚决地告诉贝贝“你可以生气，但不能打人”，贝贝哭声越来越大并坚持要打，我告诉他“我知道你很生气”并一直倾听他，当他哭声渐小时我便告诉他“你可以生气，但不能打人”，他又大哭，如此反复多次，后来他不再提打人但哭着“要回家”并坐着向门口移动，同时在偷偷地注意成人的反应。通常孩子在逃避或要挟大人时都会有类似的举动，此时成人不要被孩子的新举动干扰。我坐下来，告诉贝贝我会在这里等着他，一边开始做手工。贝贝不断地试探企图得到成人的妥协，直到移到房门口，仍然无效后最终走出了教室，根据孩子刚才的表现可以知道他只是想离开我的视线来结束对抗，不会走出单元门，很快他便停止了哭泣，这时有家长和孩子好奇出去看到他藏到了楼梯下，过了一段时间，孩子的情绪应当已经稳定了，这时可以和孩子沟通了，于是我走过去，告诉他“很想和他成为朋友，我想用积木搭一座高楼，愿意和我一起去吗?”他便伸出了小手让我拉他出来，跟我回到教室，我告诉他：“你的小手和脸上都是灰尘，我们去洗洗吧。”孩子很友好并顺从地跟我去了，至此，孩子恢复了平静，继续正常的工作了，并且情绪一直很好。

成人处理问题时平静、坚决、放松也会给孩子释放出力量的信息，让他学会解决问题而不是逃避问题，同时要注意倾听孩子，不要与之产生权力相争，和孩子建立起平等信任的关系。

【案例分析】

第一个问题，说明家长还是不能留出时间让孩子自己解决问题。教师对家长的教育理念的辅导：给幼儿一段自己解决问题的时间和机会，当孩子向家长求助或冲突升级时，家长应给孩子示范正确的处理方式。辅导中老师会提醒家长避免使用不恰当的方式，需要时也会指导、建议家长如何运用正确的方式；第二个案例中家长采用了转移注意力的方式解决问题，教师采用了正面解决问题的方式。教师的方法效果要好得多，这种方式让孩子明白了他可以表达自己的情绪，但是打人之类的不正确的表达方式是不被允许的，当然幼儿也从教师那里学会解决问题。案例通过亲子游戏活动，帮助家长学习如何引导孩子与别的孩子交往，结合亲子游戏活动中出现的问题，既有老师的理论指导，也有具体的行为示范。很多时候，针对幼儿出现的各种问题，家长的处理问题的方式不是很恰当。幼儿教师可以通过亲子活动，帮助家长学习解决幼儿交往的一些问题。

（6）家庭教育讲座。家庭教育讲座是由幼儿园教师或幼教专家就某一主题开展讲座，以帮助家长树立正确的教育观念，为家长提供家教方面的指导。

知识链接

孩子最怕听到的10句话

一些儿童心理专家最近再调查中发现，孩子最感恐惧的是家长对她们说出如下的话：

（1）“傻瓜，没用的东西。”

（2）“你简直是个废物。”

（3）“你可真行，竟能做出这种事情。”

（4）“住嘴！你怎么就是不听话呢！”

（5）“我说不行就是不行！”

（6）“我再也不管你了，随你的便好了。”

（7）“求求你别再这样做好吗？”

（8）“你若考了100分，我就给你买……”

（9）“你做这种事，真让我伤心透了。”

（10）“你又做了错事，简直是坏透了。”

在专家认为，孩子的心灵是脆弱的，她们希望得到支持和理解，每一句鼓励的话语，都会使孩子信心百倍，但是一句粗暴的呵斥，足可以使他们的尊严受到极大的伤害。轻易地否定自己的孩子，对她们的能力表示怀疑，是非常可怕的。

“傻、呆、笨、坏”，在孩子的心中是最严厉的判决，无情地将她们变成了一个家庭或学校的“另类”，在与周围环境格格不入的同时，她们的心灵世界也会变得一片灰暗。爱迪生小时候被老师列入是“笨孩子”之列，但他的母亲一直在鼓励他，说他会成功，终于，爱迪生成了一位伟大的发明家。其实，每一个孩子都是天才，只是我们许多家长缺少发现，缺少培养的方法，而使“天才”与自己的孩子擦肩而过。家园合作的过程中，教师可适当向家长宣传教育观念与方式。

（7）家教经验交流。许多家长在教育孩子的过程中，积累了很多宝贵的经验，幼儿园应该为家长搭建一个交流的平台，发挥家长之间的教育作用，这也是家园合作、指导家庭教育的一种很好的形式。

除了以上介绍的方式以外，教师还可以通过打电话、发电子邮件、家教咨询、家园小报等方式加强幼儿园与家庭的联系。

案例导入

遵守规则

设计思路：社会生活当中有着种种规则要求，规则不只是一种约束，而且是对人的一种保护。只有人人遵守规则，整个社会才能是安定和愉快的。

适合年龄：中班

活动目标：

（1）感受规则的意义。

（2）学会遵守基本的规则如游戏规则、公共场所的秩序等。

活动准备：准备几个规则游戏，并与家长联系，请家长做好对孩子在公共场所规则意识的培养。

活动过程：

（1）利用游戏活动，让幼儿学会遵守规则。在“抢椅子”游戏中出现违反规则情形时，教师可及时组织幼儿一起讨论游戏中出现的问题，如“请大家说说刚才我们玩游戏时，有哪些不符合要求的地方呢？我们应该怎么做呢？”通过幼儿的讨论，最后一致总结出：游戏中不能随便拉碰椅子；一定要等到音乐停止时才可以坐下，不能挤，不能抢；必须绕着椅子走，不能跑，不能中途停下。接下来，教师问幼儿：“刚才大家说的这些，是不是每个玩游戏的人都要遵守呢？”当幼儿一致同意时，教师就可以趁热打铁地说：“小朋友们刚刚自己总结出来的这些就是游戏规则，只有每个人遵守游戏规则，游戏才能顺利进行，我们才能玩得开心。”

（2）利用区角活动，让幼儿学会轮流、等待。区域活动中容纳的人数是有限的，可以利用标志让幼儿知道每个区域的容纳人数，人满了之后，幼儿需要去别的区域。

（3）利用一些活动情境，提炼总结不遵守规则的现象，得出遵守规则的结论。在春游活动中，小朋友们在旅游中生成和内化了以下规则：野炊中不乱扔垃圾；爬山过程中，力气大的小朋友要帮助弱小的小朋友；在公园里，不乱摘花朵；在动物园里，不乱扔东西给小动物吃；等等。这些规则在幼儿亲自感受之后，老师再加以总结巩固，使得很多孩子在春游回来的路上主动将路上的果皮捡起来，扔进垃圾桶。

（4）家长应注意培养宝宝在公共场所遵守规则的习惯。三四岁的幼儿，会经常随父母外出或旅行或游玩或看戏剧电影，这些公共场所如汽车、电车、火车上，公园、动物园、影剧院，都有一套相应的规章制度。比如，上下车要先下后上，不要拥挤，上车后不准吸烟和随地吐痰；在公园里不准折花草、踩草坪；在动物园时不准逗引动物；在影剧院里不准吃带皮带核的食物，不准大声喧哗等。每到一处，不仅父母要自觉遵守各种场合的秩序，而且要向自己的孩子提出相应的要求。

（5）家长的榜样作用。如每天家长们来园接孩子，一定要按照幼儿园老师的安排，在指定的地点排队等待，包括开家长会、幼儿运动会和其他活动也应如此。

【案例分析】

此案例的活动目标是让幼儿感受规则的意义，学会遵守基本的规则，如游戏规则、公共场所的秩序等。案例中为了实现活动目标，采用了多种幼儿社会教育的途径。此案例可以说是一个集体教育活动，有活动目标、活动内容、活动准备、活动设计等。其中一日生活、区角活动、家园共育等途径，案例中也有应用，如利用了一日生活中的游戏活动，让幼儿学习遵守规则；利用区角活动，让幼儿学会轮流、等待；利用了家园合作，让家长有意识地培养幼儿遵守公共场所规则的习惯，并发挥家长的榜样作用。在幼儿社会教育实施的过程中，应根据活动目标、教育内容、幼儿的特点等选择适宜的教育途径，也可以几种途径结合起来使用。

第二节　幼儿社会教育的方法

一、以言语互动为主的方法

以语言引导为主的方法主要是在幼儿社会教育过程中，教师以口头语言引导幼儿学习与人友好相处，学习如何看待自己、对待他人，不断发展适应社会生活的能力的教育方法。主要包括讲解法、谈话法、讨论法、行为评价法、价值澄清法等。这是通过教师运用口头语言直接、明确地向儿童传递教育意图的教学方法。

学前教师与幼儿之间传递信息主要是靠语言来实现的，而且，语言是思维的外壳，通过语言的交流还可以促进幼儿思维的发展。所以，以语言传递信息为主的方法是教学中被广泛应用的方法。

此方法适合的情况有以下几种：一是人类通过漫长时间积累的优秀文化传统，如对重要节日、风俗习惯的认识就可以通过语言传递使幼儿能够在短时间内掌握；二是社会的观念和行为规范、基本的社会伦理道德和社会规则等的传递，促进幼儿对社会生活的适应，符合社会发展的方向；三是对必要的生活知识或概念，尤其与健康生活有关的安全、卫生等常识的认识。通常情况下，运用语言来传递信息，不仅可以使幼儿高效率地获得比较系统的知识，不必事事由自己去亲自尝试，而且还能免遭尝试可能带来的危险。但是由于其主要通过语言讲解进行，若运用不当则会限制幼儿主体性的发挥，忽略了幼儿情感、个性等方面的发展。因此，运用时要注意采取多种形式，如以谈话、讨论的方式来充分调动幼儿的积极性，激发他们的学习兴趣，提高其学习情绪，也可以和其他方法结合运用。

（一）讲解法

讲解法是指教师通过口头语言向幼儿说明一些简单的知识、道理、规则及其意义，使幼儿明辨是非，懂得应该怎样做和为什么要这样做的方法。讲解法是社会教育活动中运用得非常普遍的一种方法，教师用清晰简练、富有感染力的语言进行讲解，启发和引导幼儿理解人际关系，了解社会环境，学习社会行为规范和社会文化。

运用讲解法时应注意：（1）要根据幼儿的思维特点去讲解；（2）讲解过程中注意对幼儿的启发；（3）要讲究语言艺术。

知识链接

猩猩的镜像实验

有关心理学和动物学专家曾经做过一个有趣的对比实验：在两间墙壁嵌着许多镜子的房间里，分别放进两只猩猩。

一只猩猩性情温顺，它刚进到房间里，就高兴地看到镜子里面有许多“同伴”对自己的到来都报以友善的态度，于是它就很快和这个新的“群体”打成一片，时而奔跑嬉戏，时而耳鬓厮磨。彼此和睦相处，关系十分融洽，直到三天后，当它被实验人牵出房间时还恋恋不舍。另一只猩猩则性格暴戾，它从进入房间的那一刻起，就被镜子里面的“同类”那凶恶的态度激怒了，于是它就与这个新的“群体”进行无休止的追逐和厮斗。三天后，它是被实验人员拖出房间的，因为这只性格暴戾的猩猩早已因气急败坏、心力交瘁而死亡。

和顺的猩猩在镜子里看到那么多和顺的同伴，会变得更加和善、快乐。凶恶的猩猩在镜子里看到的以为是同伴的多个“自己”。则同样是愤怒、暴躁，充满攻击性，没有安全感的猩猩。于是猩猩就和镜子里的“自己”互相攻击，直至死亡。

“猩猩的镜像实验”在人际交往中给我们的启示是：你与别人的交往就像照镜子，你给出的印象就是你得到的。如果你给别人以平和的微笑，你也会得到他人真诚的友善。就像你在镜子里看到的和顺、快乐的你；如果你是挑剔的、刻薄的，甚至是攻击性的，你也会受到镜子里的“你”的攻击，你与他人的关系必定是紧张的、斗争的。

可见，从自己开始，注意交流双方友善姿态的良性互动，传递着彼此理解、鼓励和欣赏的信息，就会使我们的人际交流进入良性循环。

（二）谈话法

谈话法就是根据一定的教育任务，通过问答的方式，引导幼儿人际交往、社会适应的发展。轻松愉悦的谈话氛围有助于幼儿积极思维，并提高幼儿的语言表达能力。谈话法中幼儿的提问与回答是其真实思想活动的反映，可帮助教师把握幼儿的思想实质。在谈话的过程中，教师运用恰当的问题，可以帮助幼儿梳理已有的社会知识经验，使之系统化、明确化。

运用谈话法时应注意：（1）教师认真准备问题；（2）要善于启发诱导；（3）营造良好的谈话氛围；（4）要做好归纳小结。

（三）讨论法

讨论法是指幼儿在教师指导下，根据提出的问题，组织幼儿讨论，达到相互启发、相互学习的教育方法。谈话法，幼儿表达的机会多，有利于幼儿自由发表意见和感受，培养口语表达能力和独立思维能力，懂得不同的人对待问题的看法不同，有利于幼儿摆脱自我中心。只是谈话法场面易乱、不好控制。

运用讨论法应注意：

（1）讨论的主题是幼儿熟悉的。

（2）教师要通过提问调节讨论的节奏，使讨论不走题。在讨论的过程中，教师不轻易、简单评价，鼓励幼儿对问题及其他幼儿的意见发表自己的看法。

（3）教师要努力创设宽松自由的气氛，让幼儿大胆发表自己的看法。

（4）讨论结束时，教师简明阐述正确的观点，引导幼儿对问题作出正确的小结。

（四）行为评价法

行为评价法是指教师对幼儿的表现给予褒贬判断，从而使幼儿受到教育的方法。行为评价法对幼儿的社会性言行有强化作用。当幼儿出现亲社会行为时，肯定性评价能提高幼儿的积极性；当幼儿出现不良社会言行时，否定性评价能纠正和制止幼儿不良的社会言行。

运用行为评价法时应注意：

（1）强化要及时。当幼儿做出良好或不良的言行时，教师要及时地称赞、表扬、点头、微笑、抚摸或规劝否定、摇头、表情严肃、纠正等。

（2）强化要恰如其分。

（3）以表扬、奖励为主，严禁体罚、恐吓、辱骂或变相体罚。

（五）价值澄清法

价值澄清理论的基本内容：每个人都有各自的价值，同时每个人都按照自己的价值观去行事。在价值澄清时，有七个评价步骤：让幼儿自由选择价值；让幼儿从尽可能多的选择内容中选择价值；让幼儿对各种选择过程及其后果三思后再做选择；让幼儿珍惜和重视自己的选择；让幼儿公开表示自己的选择，并求得大家的认可；让幼儿根据自己的选择采取适宜行动；让幼儿根据自己的选择所采取的行动，成为个人的生活方式。幼儿社会教育中常用的四种具体的价值澄清法有：澄清应答法、价值表决法、价值排队发、展示自我。

运用价值澄清法应注意：

（1）把幼儿看做是独立的个体。

（2）尊重幼儿的想法。

（3）尊重幼儿的选择。

知识链接

价值澄清的基本原理

1. 假设论

价值澄清是以两个最基本的理论假设为前提的：

（1）当代幼儿处于充满互动的价值观的社会中，这些价值观深深地影响着他们的身心发展；

（2）在当代社会中，根本就没有一套公认的道德原则或价值观。从这两个假设出发，他们认为，教师不能把价值观直接教给学生，而只能通过学习评价分析和批评性思考等方法，来帮助幼儿形成适合本人的价值观体系。

2. 四个基本构成要素

拉斯等人在其名著的开头就强调应促进幼儿对价值的思考，并为之提出四大构成要素：

（1）关注生活。使人注意到那些自认有价值的生活中的事物，如情感、态度、目的等；并注意到致使价值混乱和生活复杂化的一般问题。

（2）接受现实。原原本本地接受学生的一切，包括观点、兴趣、情感等价值观，以使学生坦诚地表达自己，但并不等于赞成。

（3）激发进一步思考。在接受的同时，鼓励学生进一步综合反省各种问题，鼓励他们①作多种选择，②更好地意识到个人珍视的东西，③更好地选择和珍惜日常的行为。

（4）提高个人潜能。通过价值澄清，可以使个人正视思考个人的价值问题，能更好地整合他们的选择、珍视和行动，有助于澄清技能的发展和自我指导能力的提高。

3. 理论功能

拉斯等人指出，正是上述理论假设和目的的设计，价值澄清教学可以产生 8 个方面的德育效果：①使不良行为的强度和频率下降；②反叛和骚乱行为（如吸毒、课堂骚乱）减少；③自我概念、自信心提高；④具有较成熟的价值观；⑤学生学习风气日渐浓厚；⑥人际关系改善，盲目冲动减少；⑦缓和个人压力；⑧师生关系改善。基尔申·鲍姆姆概括分析了 25 项有关价值澄清法的研究后指出，如果教师坚持使学生经历价值评价过程，那无论是教师的热诚和精力，还是学生个人的成长和学业成绩，都会有较大的增长。

4. 基本模式

即价值形成过程（process of valuing，或称评价过程）的基本模式，他们指出，任何信态度等价值要变成某个人的价值，必须符合这一过程的七个标准，否则将不可能成为他的价值观。拉斯等人研究认为，完整的过程分为三个阶段七个步骤：

（1）选择（choosing）

①自由选择：只有在自由的选择中，才能根据自己的价值观行事，被迫的选择是无法使这种价值整合到他的价值体系中的。

②从多种可能中选择：提供多种可能让学生选择，有利有弊学生对选择的分析思考。

③对结果深思熟虑的选择：即对各种选择都作出理论的因果分析、反复衡量利弊后的选择，在此过程中，个人在意志、情感以及社会责任等方面都受到考验。

（2）珍视（prizing）

①珍视与爱护：珍惜自己的选择，并为自己能有这种理性选择而自豪充溢，看做是自己内在能力的表现和自己生活的一部分。

②确认：即以充分的理由再次肯定这种选择，并乐意公开与别人分享而不会因这种选择而感到羞愧。

（3）行动（acting）

①依据选择行动：即鼓励学生把信奉的价值观付诸行动，指导行动，使行动反映出所选择的价值取向。

②反复行动：即鼓励学生反复坚定地把价值观付诸行动，使之成为某种生活方式或行为模式。

目前价值澄清法，在幼儿社会教育中应用的不是很普遍。但是价值澄清法能有效地帮助幼儿理解自己的需要，能够学会根据自己的价值观行事。

二、以情境体验为主的方法

情境教学是教师有目的地引入或创设具有一定情绪色彩的、以形象为主体的生动具体的场景，以引起幼儿一定的态度体验，从而帮助幼儿理解人际交往和社会适应的内容，并使幼儿的社会性得到发展的教学方法。情境体验式教学的核心在于激发幼儿的情感。在幼儿社会教育中，以情境教学为主的方法主要包括移情训练、角色扮演、陶冶熏染。

（一）移情训练法

这里的移情，指设身处地地站在他人的位置和立场上考虑问题，理解他人的感情和需要。移情训练法是通过故事、情景表演等形式，使幼儿理解和分享别人的情绪、情感，使幼儿在日后生活中，会对他人类似的情绪、情感习惯性地产生理解和分享的教育方法。移情训练的主要途径有：讲故事、续编故事、情景表演、生活情景体验、开展游戏等。

运用移情训练应注意：

（1）选择符合幼儿年龄和认识发展需要的情绪、情感；

（2）帮助幼儿辨别情绪、情感；

（3）教师应真情投入；

（4）应与角色扮演和行为练习有机结合起来。

知识链接

如何发展移情能力？

1. 发展移情能力，从爱心引导开始，首先培养孩子的情感识别能力

识别他人的情绪，是孩子移情能力形成的基础。在日常生活中，家长可以引导孩子“察言观色”，让孩子知道高兴、生气、害怕、讨厌、好奇等多种情绪，正确感受他人的内心活动。那怎样才能让孩子对他人的情绪一目了然呢？

（1）给幼儿做出丰富的表情

面对孩子的时候，可以做出各种表情，如开心、生气、兴奋等，动作不妨夸张一点，边做边给宝宝当讲解员：“看妈妈的表情，妈妈在笑，因为和你待在一起妈妈很开心。”你丰富的表情能丰富宝宝的情绪发展，也能看懂别人的表情，才能走出理解他人的第一步。

（2）让宝宝看他自己的表情

带宝宝到穿衣镜前，让孩子观察自己的表情。孩子会对镜子中的人非常好奇，

并试图做出各种情绪，然后好奇地看镜子里的人有什么反应，好奇心有助于孩子用更大的积极性去探索表情的奥秘。

（3）看图识表情

孩子看绘本的时候，可以指着书中的人物对宝宝说："这个小朋友在外面玩耍，你看他笑得多开心。这个宝宝有点不高兴，小嘴都撅着的。是不是饿了？宝宝你饿了的时候也是这样的表情哦！"试着让宝宝了解自身和他人在某种情景下的感受，以及不同的表情透露出的内心感受。

（4）表情表演

孩子都很喜欢看动画片，也喜欢听故事，家长可以在给宝宝讲故事的时候和宝宝一起表演："丑小鸭落在湖面上，看见自己的倒影居然是一只美丽的天鹅，它好开心。宝宝，你开心的时候是什么样的？"然后给宝宝一个开心的表情，让他也一起做。

（5）表情模仿

孩子的很多行为从模仿大人开始，他们对此也总乐此不疲，家长可以和宝宝面对面，或者在你们面前放一面镜子，然后做出各种表情，并引导宝宝和你一起做，一边做一边和宝宝说话，让游戏充满乐趣。

（6）说出自己的感受

在孩子能说出词组后，可以引导孩子说出自己的感受。如："宝宝今天看起来很开心，跟妈妈说：开心。"值得注意的是：父母高兴就高兴，不高兴就是不高兴，不要很虚伪的掩饰自己的真实情感，不然，时间久了孩子分不清父母什么时候高兴，什么时候不高兴。

2. 了解孩子，帮助孩子提升移情能力

孩子具备情感识别能力后，并不代表他的移情能力也发展得很好了。如何让孩子和他人的情感产生共鸣，是培养孩子移情能力的重要环节。

（1）鼓励孩子表达自己的情感

情感表达能促进移情能力的发展。孩子其实也有很多心理活动，并不是让他吃饱穿暖就万事足矣，还要听听孩子的心里话。常问问孩子："你今天开心吗？""妈妈刚才忙着做事没空陪你，你生气了吗？""你看起来不太高兴，发生什么事了，告诉妈妈好吗？"引导孩子说出他的感受，当孩子用不完整、不清晰的词句表达他的感受时，不要打断他，认真聆听。甚至可以再重复一遍孩子说的话，表示你的重视。

（2）换位思考及联想

让孩子扮演"他人"，转换到他人的位置，体验他人在不同情景下的心理活动，促使孩子以某种角色进入情感共鸣状态。如孩子跌倒了，扶起他后除了安慰他，你还可以说："你看上次小琳跌倒了，你都没有扶她起来，她一定很痛很伤心。妈妈要是不拉你你也会伤心的对不对？下次看见别的小朋友需要帮助你要帮忙好不好？"冉冉和萧萧在一起玩的时候，冉冉抢走了萧萧手中的玩具水枪，可以说"你被抢走玩具的时候又生气又伤心是不是？你抢别人的玩具别人也会伤心的。”

情感换位能让孩子把过去的情绪、情感体验移到相应的情景中，并置身其中，因此更容易设身处地为他人着想，体验他人当时的情绪反应，从而产生共鸣。当然，家长也要学会从孩子的角度看问题，了解他的感受，才能有正确的行为引导。

（3）不忽视和孩子的沟通

家长觉得孩子还是小，什么都不懂，所以跟他说自己的想法他也不会理解，因此缺乏和孩子的情感沟通。其实家长自己有什么情绪时，也可以和孩子分享，让孩子有了解你的感受的机会，这样他们在面对其他人的各种情绪时，才能有更多直观的认识，能处理得更好，也能更深切地了解和认同他人的感受。

（4）榜样的力量

家长是孩子最好的老师，父母平时的所作所为，对孩子的影响非常大。孩子伤心难过时家长有没有去安慰他，看见有需要帮助的人时你有没有及时伸出援手等，都对宝宝有潜移默化的作用。

启示　孩子任性不体会父母的辛苦，孩子把自己的快乐建立在别人的“痛苦”上，孩子对需要帮助的人视而不见……当家长在埋怨孩子这些“不体贴”的行为时，可能忽略了孩子根本还不知道什么叫替他人着想，什么是感同身受。不要再埋怨孩子的不懂事，及时行动帮孩子发展移情能力。

（二）角色扮演法

角色扮演是指教师创设特定情景，使幼儿在情景中暂时置身于他人的社会位置，并按这一位置所要求的方式和态度行事，以增进幼儿对他人社会角色及自身原有角色的理解，从而更有效地履行自己的角色的方法。简单地说，角色扮演就是通过行为模仿或行为替代来影响个体心理和行为的方法。在角色扮演法中，幼儿通过扮演社会角色，并表现出符合这一角色规范的社会行为，并在此过程中感知角色间的关系，感知和理解他人的感受、行为经验，从而帮助幼儿在人际交往和社会适应方面获得发展。

运用角色扮演法时应注意：

（1）教师创设的教育情境是幼儿熟悉和喜爱的，幼儿所扮演的角色必须是幼儿认知和理解的；

（2）尊重幼儿的角色选择、角色变化、角色创造；

（3）幼儿扮演的角色应以正面角色为主；

（4）教师尽量与幼儿平等地去扮演角色；

（5）情节简单，内容短小、活泼。

知识链接

幼儿亲社会行为的培养之一：角色扮演法①

角色扮演是一种使人暂时置身于他人的社会位置，并按这一位置所要求的方式和态度行事，以增进人们对他人社会角色及自身原有角色的理解，从而更有效地履行自己的角色的心理技术。

角色扮演使人们能够亲身体验他人的角色，从而可以更好地理解他人的处境，体验他人在各自不同情景下的内心情感。心理学家证实，只有一个人内心世界之中具有了与他人相同（或类似）的体验时，他才知道在与别人发生相互联系时该怎样行动和采取怎样的态度。因此，角色扮演在发展人们的社会理解力和改善人际关系方面有着尤其重要的作用。

不仅如此，心理学家在研究中还发现，较长时间的角色扮演经验还可以改变人们的心理结构。由于扮演中真实、直接的情感体验的支持，所扮演的角色的某些特征最终能被“固定”在人们的心理结构当中，从而使人们的个性发生实质变化。

斯陶布（1971）曾用实验的方法检验了幼儿扮演角色的活动对道德行为发展的影响。他先把幼儿一一配对，然后让其中一个承担需要别人来帮助他的角色，如他想搬一张凳子，可凳子太重，搬不动；或他恰好站在自行车迎面驶来的马路上。另一个幼儿扮演帮助别人的角色，他要想出合适的方法来帮助别人，并且要表现出来。然后两个人交换角色。训练一周后，为幼儿提供如下的机会：

（1）一个幼儿在隔壁房间里从椅子上跌下来在哭；

（2）一个幼儿想搬一张对他来说很难搬得动的凳子；

（3）一个幼儿因为积木被另一个孩子拿走了而感到苦恼；

（4）一个幼儿正站在自行车道上；

（5）一个幼儿跌倒受伤了。

实验结果表明，受过这类互惠训练的幼儿比起没有受过这种训练的幼儿表现出更多的助人行为。

我国研究人员（李幼穗、王晓庄，1996）认为，角色训练使幼儿角色意识显著提高；角色训练后，实验班幼儿助人行为呈上升趋势，实验班与对照班幼儿助人行为表现出显著性差异；角色训练对于幼儿在特定情境下的助人行为及动机水平有重要的促进作用。

启示 《指南》指出人际交往和社会适应作为幼儿社会性发展的两大内容，角色扮演能较好地帮助幼儿理解社会、改善人际关系。

① 张文新.《幼儿社会性发展》，北京：北京师范大学出版社，1999，第328-329页。

（三）陶冶法

陶冶教育法也称情感陶冶法，是根据幼儿社会教育的内容，教师有目的、有计划地运用情感和环境的因素，以境陶情，对幼儿进行潜移默化的熏陶和感染，使其在耳濡目染中心灵受到感化，进而促进其社会性发展的方法。陶冶法可以利用人际关系、行为环境、社会风气、情感气氛、高雅艺术等来陶冶幼儿的性情。它包括人格感化、环境陶冶和艺术陶冶。

人格感化是教师以自身的人格威望及其对幼儿的真挚热爱和期望来对学生进行陶冶的方式。

案例导入

宽容的力量：陶行知先生的四块糖果

陶行知先生当校长的时候，有一天看到一位男生用砖头砸同学，便将其制止并叫他到校长办公室去。当陶校长回到办公室时，男孩已经等在那里了。

陶行知掏出一颗糖给这位同学："这是奖励你的，因为你比我先到办公室。"接着他又掏出一颗糖，说："这也是给你的，我不让你打同学，你立即住手了，说明你尊重我。"

男孩将信将疑地接过第二颗糖，陶先生又说道："据我了解，你打同学是因为他欺负女生，说明你很有正义感，我再奖励你一颗糖。"

这时，男孩感动得哭了，说："校长，我错了，同学再不对，我也不能采取这种方式。"陶先生于是又掏出一颗糖："你已认错了，我再奖励你一块。我的糖发完了，我们的谈话也结束了。"

【案例分析】

案例中的陶行知先生采用了人格感化法，陶行知先生处理问题的过程，体现了对男孩的宽容、尊重、爱，可以说陶行知先生用自己的人格感染了学生。

生活中，孩子犯错误是不可避免的，教师的任务就是帮助孩子认识错误并改正。关键是教师采取什么样的方式去帮助孩子很重要。一般来说，说教是教师常常采用的方式，一线教师可能深有体会，说教的效果往往不是很理想。各位教师是否考虑向陶先生学习，用自己的真诚、用自己的人格去感染幼儿。当我们真正尊重、宽容和爱孩子的时候，孩子是能够感受到的，而且这种方式往往会取得事半功倍的教育效果。

环境陶冶是利用自然美、社会生活的美，对幼儿进行潜移默化的影响，以达到陶冶情景、培养品德、净化灵魂的目的。欣赏自然美，即对自然界万事万物的欣赏，感受自然之美，并由此培养幼儿敏锐的感受力，使幼儿产生热爱自然、保护环境的情感；欣赏社会生活中的美，包括幼儿对社会生活中某个人物或某个事件所表现出的道德品质或社会品德的欣赏以及对家乡、祖国、社会上各行各业劳动者及其劳动结晶等方面的认识。通过此类欣赏活动可以促进幼儿萌发亲近社会的情感。

文艺熏陶是借助音乐、美术、文学、戏剧、电影、电视等艺术手段进行陶冶的方式。对艺术作品和文学作品的欣赏，可以是对音乐、美术、儿歌、童话、民谣等的欣赏，也可以是幼儿对自己和他人的作品的欣赏，通过欣赏活动可以开阔幼儿的视野，提高幼儿的审美能力，激发幼儿潜在的表现美、创造美的欲望，也有利于幼儿接受他人、悦纳自己。

运用陶冶法时应注意：

（1）充分挖掘和利用环境条件、生活资源，为幼儿创设良好的、温馨的、相互关爱的环境和氛围。

（2）充分运用经典高雅的音乐、绘画、文学等艺术作品来感染幼儿。

（3）发挥陶冶熏染的潜移默化的特点，让环境说话，让行动说话，避免过多的言语说教。

（4）教师要注意熏陶的循序渐进，由浅入深，让幼儿一步步提升。

三、以观察感知为主的方法

以观察感知为主的方法是使幼儿通过运用感官来直接感知事物或现象而获得知识的方法。由于它不是借助语言、符号来传递知识的，而是强调幼儿感官的参与，因此，这类方法具有直观形象性，且符合幼儿认识事物的特点。主要包括演示法、参观法、行为练习法。

在教学实践中，教师可以通过展示实物或直观教具，通过形象传递使幼儿获得对事物的表象，从而加深认识。同时，学前自然主义课程强调要以自然为师，因此，也可以通过参观的形式，组织幼儿在大自然、大社会中，通过对真实世界的直接观察来学习。

在学前自然主义课程的实施中，以直接感知为主的方法运用的情况有以下几种：一是认识自然界及其事物之间的相互关系。教师可以通过让幼儿观察真实的自然界事物和现象或者利用幻灯或影音资料等使幼儿获得丰富的感性材料，培养幼儿的观察和学习能力，增进幼儿热爱自然的情感；二是对与幼儿社会生活环境的相关信息认识。教师可以通过展示相关的直观教具或让幼儿参观图书馆、消防队、烈士陵园、博物馆、社区等来扩大幼儿的视野，使幼儿在与社会接触中受到教育。三是与幼儿个人生活密切相关的知识，可以通过展示图片、图画和宣传册的方式激发幼儿学习的兴趣，提高教学效果。值得注意的是，以直接感知为主的方法需要与以语言传递信息为主的方法相结合起来，若是只是给予幼儿直观事物而缺乏教师的言语指导，那么教学也就失去了其本来的含义。

（一）演示法

演示法是根据幼儿社会教育的内容，教师展示各种实物标本、模型、挂图，放映幻灯、电影、电视、录像等，使幼儿通过观察获得关于事物及其现象的感性认识，并引导幼儿理解社会知识，使幼儿从中增长见识、明白一些道理的教育方法。演示法可以激发幼儿的对社会教育活动的兴趣，集中注意力，使幼儿获得感性知识的同时，加深对事物的印象，提高活动的效果。

运用演示法应注意：

（1）精心选择演示教具；

（2）确保全班幼儿都能够看清演示活动；

（3）演示与讲解相结合，做到教师边演示边讲解；

（二）参观法

参观法是根据幼儿社会教育的目的和内容，组织幼儿到一定的校外场所如自然界、生产现场和其他社会生活场所，使幼儿通过对实际事物和现象的观察，从而获得社会知识与社会规范的教育方法。它能使幼儿社会教育活动与其实际生活紧密联系起来，通过身临其境，耳闻目睹，接触社会，得到教育。如参观博物馆、消防队、图书馆、邮电局等。

运用参观法时应注意：

（1）参观前的准备工作。教师要选择和确定参观的具体目标、对象、时间、地点；制订出参观的计划，包括在参观中教师应如何引导儿童观察，参观后儿童应获得的知识；教师提前到参观的地方同有关人员商量好参观安排。

参观前，教师要通过简单的谈话、图片、照片、视频等让幼儿获取相关的必要知识，教师应让幼儿做好心理上的准备，同时激发儿童参加活动的兴趣。

（2）参观中的指导工作。参观过程中，教师或工作人员要因势利导地讲解，引导幼儿要注意观察的主要方面；并围绕参观内容，启发幼儿提出需要了解的问题，解答儿童提出的问题。参观过程中，教师要维持参观的秩序和注意儿童的安全。

（3）参观后的总结工作。参观后的总结工作是非常必要的，能使幼儿获得的零散知识更有条理。参观后可以是教师做总结，也可以请工作人员做总结。此外，教师可以通过绘画、游戏等活动来巩固参观结果。

（三）行为练习法

行为练习法是在学前幼儿社会教育过程中，组织幼儿按照正确的社会行为规范去进行实践，以形成幼儿良好的社会行为习惯的一种方法。它能使幼儿明白正确的社会行为规范，形成和巩固幼儿社会行为习惯。行为练习法的形式是多种多样的，既有教师人为创设特定的情景，也有教师组织的多种实践活动，如修补图书、做值日生、劳动等；还有在各种生活情景中教师组织的幼儿行为练习，如来园和离园的礼貌行为练习，文明用餐的行为练习等。

运用行为练习法时应注意：

（1）教师要让幼儿明确行为练习的内容和要求；

（2）练习的内容应是幼儿可以接受的，做到循序渐进；

（3）行为练习的要求应前后一致，长期坚持以便幼儿能持之以恒形成习惯；

（4）无论以何种形式进行行为练习，都要注意激发幼儿练习的愿望，发挥其主动性；

（5）活动中应给每个幼儿提供练习的机会，练习的时间不宜太仓促，要让幼儿真正在练习中体验到快乐，达到练习的目的和效果。

活动示例

大班社会教案：　微笑①

一、设计意图

微笑是我们每个人都有的表情，在孩子们的交往中，都需要对别人微笑，因为微笑也是对别人的一种尊重的表示。我在设计这个活动时，运用了多种教学手段，让孩子们通过动手的操作、语言的表达等来进行活动。并运用了课件、图片等形式让幼儿进一步了解微笑无处不在，同时也让幼儿感觉到微笑的重要性，使他们在以后的生活中用微笑来对待每件事。

二、活动目的

（1）培养幼儿爱祖国、爱妈妈、爱同伴的情感。并能主动帮助需要帮助的人。

（2）培养幼儿的语言表达能力，以及与人交往协调的能力。

（3）通过本次活动，让幼儿知道微笑是生活中不可缺少的一种表情，让幼儿懂得微笑的重要性。

三、活动准备

（1）4个图形娃娃的头饰。

（2）课件：《各行各业图片》各种图片若干。

（3）录音机、磁带：《歌声与微笑》。

四、活动过程

（1）请戴头饰的小朋友出来，吸引幼儿的注意力。

①教师：小朋友们，老师今天请了表情娃娃来做客，我们请它们做自我介绍。并和你最喜欢的表情娃娃玩。

②幼儿自由选择表情娃娃玩。

③教师提问：哪个表情娃娃最受欢迎啊？

④请另外的几个娃娃变魔术，也变成微笑娃娃，这些表情娃娃都变成了微笑娃娃，你们现在的心情怎样啊？让我们一起来学学微笑娃娃吧！

---

① http://www.52jiaoan.com/Article/1804433/249549/

（2）讲述你平时所看到过的微笑，并说出微笑的重要性。

①教师：你们刚才都已经说了自己喜欢微笑的表情，那么你们还在什么地方见过谁的微笑呢？说说当时的情况。

②幼儿自由阐述生活中所见过的微笑。教师根据幼儿讲述的内容，出示相应的课件。

A. 师生互问好时的微笑。

B. 服务行业的微笑。

C. 医院里的医生、护士的微笑。

D. 餐饮业服务员的微笑……

③教师：是啊，生活中到处都可以看到人们在微笑的生活着，小朋友看看这些图片，图片上的人为什么会微笑呢？教师出示相关的图片，让幼儿说一说他们微笑的原因。

④请小朋友和客人老师说说自己现在的心情。

⑤师生互动，音乐《幸福拍手歌》。小朋友相应跟着老师做动作。

⑥教师小结。讲述微笑的重要性：它是我们人与人之间的一种尊重，体现了我们相互友善的态度。

（3）拓展幼儿思维空间，讲述我们怎么帮助他们？

教师出示图片（贫困山区孩子、地震的图片、战争带来的灾难的图片等），让幼儿发现这些人的脸上没有微笑，那我们可以怎么帮助他们？

（4）师生共舞，音乐《歌声与微笑》，结束本次活动。

【示例评析】

案例中作者根据内容需要采用了多种方法，分析如下：

价值澄清法：和你最喜欢的表情娃娃玩；幼儿自由选择表情娃娃玩；哪个表情娃娃最受欢迎啊？

谈话法：请小朋友和客人老师说说自己现在的心情。那么你们还在什么地方见过谁的微笑呢？你们现在的心情怎样啊？

讲解法：教师讲解微笑的重要性，它是我们人与人之间的一种尊重，体现了我们相互友善的态度。

演示法：教师出示图片（贫困山区孩子、地震的图片、战争带来的灾难的图片等）；教师根据幼儿讲述的内容，出示相应的课件。

陶冶法：师生共舞，音乐《歌声与微笑》；师生互动，音乐《幸福拍手歌》。小朋友相应跟着老师做动作。

正所谓“教学有法，教无定法，贵在得法”，在幼儿社会教育中，教师应根据活动目标、活动内容、幼儿特点等灵活选择教育方法，不拘一格。

本章小结

幼儿社会教育一般有四个途径：日常生活、集体教育活动、区角活动、家园合作。

日常生活是指幼儿园把社会教育渗透于幼儿的一日生活当中。

集体教育活动是指幼儿园教师根据教育目的和教育计划，根据本班幼儿的发展规律和特点，选择合适的教育内容，采取合理的教育方式和方法，对幼儿进行教育的形式。

区角活动是指教师在一定时间内设置各种区角落，在这些区角投放材料和设施，让幼儿根据自己的兴趣和需要选择内容和方式的活动。

家园合作是指教师和家长相互配合、相互支持，通过组织和开展丰富多彩的、实用高效的家园共育活动，有效地促进幼儿社会性发展。

幼儿社会教育的方法包括：以言语互动为主的方法、以观察感知为主的方法、以情境体验为主的方法。

以语言引导为主的方法主要是教师借助语言来影响学前幼儿社会性发展的方法。主要包括讲解法、谈话法、讨论法、行为评价法、价值澄清法。

以情境体验为主的方法是教师根据一定的目标，为幼儿创设相应的情境，使幼儿在情境实践中获得情感体验、产生感染与共鸣，促进其社会品德行为形成的教育方法。在学前幼儿社会教育中，以情境教学为主的方法主要包括移情训练、角色扮演、陶冶熏染。

以观察感知为主的方法是指教师借助实物等直观材料的演示，或引导幼儿参与实际活动等，使幼儿形成正确认识和良好社会行为的教育方法。

思考题

1. 请列举幼儿社会教育的途径。
2. 请说出幼儿社会教育中，以语言互动为主的方法有哪些？
3. 请说出幼儿社会教育中，以情境体验为主的方法有哪些？
4. 请说出幼儿社会教育中，以观察感知为主的方法有哪些？

推荐阅读

《孩子从生活中学到什么》

［美］诺特，［美］哈里著，李耘译，南海出版社，2008 年 10 月。

《孩子从生活中学到什么》给父母们带来教育孩子的灵感和启示，也启发了老师们形成基本的教育思想。本书提供了一个简单明了的信息：孩子总是从父母那里受到熏陶。孩子总是注意着父母，不只是父母的语言，还有父母的行为。在道德方面，父母是孩子第一个也是影响最大的榜样。做父母的可能会试着教育孩子，而孩子总是受到父母日常行为、感情和态度的潜移默化的影响。孩子终其一生都会记得父母如何表达和控制他们的感情。每个孩子都是独一无二的，有自己的创造力和智慧，而见证孩子向世界展露他们的内在美德则是父母的特权。

《怎样培养真正的人》

［苏联］B·A·苏霍姆林斯基著，蔡汀译，教育科学出版社，1992 年。

瓦西里·亚力山德罗维奇·苏霍姆林斯基（1918—1970），前苏联著名教育实践家和教育理论家。本书内容服从于培养真正人的思想：既培养人在精神上丰富、思想上充满信念、有崇高道德、热爱祖国和憎恨敌人、捍卫我们社会主义国家的财富和个人财富的共产主义理想、能领略作为崇高目的而活动的生活。

作者认为教师应当在同学生的交谈中解释社会活动的目的，怎样做才是为共产主义思想和理想而奋斗，什么是爱国主义、公民的世界观、掌握知识、创作；探讨诸如爱情、家庭欢乐与忧愁、友谊、生活欢乐这类有意义的问题。他还深信不疑地认为，生活的意义就在于生活本身，在为祖国、学校、亲人、父母履行义务，在做好事、取得个人幸福、生活的欢乐之中。本书中，爱的教育问题、对亲人的尊重和忠实、人需要人的教育、富有怜悯感、共同感受、同情、理解别人的不幸、敏锐、富有同情心等占了很大的篇幅。

《卡尔维特的教育》

［德］卡尔·威特著，中国商业出版社，2009 年 7 月

本书详细地讲述了老威特的教子过程，记载了小卡尔的成长历程以及老威特的教子心得和全能教育法。老威特早期教育的核心思想是：对于孩子来说，最重要的是教育而不是天赋；孩子成为天才还是庸才，不是由天赋和遗传决定的，而是由出生后的早期教育决定的；对于幼儿的教育，必须与幼儿智力曙光的出现同时开始；尽可能早、尽可能多、尽可能正确地开发孩子的智力，这样孩子就能成为天才。

《窗边的小豆豆》

［日］黑柳彻子著，赵玉皎译，南海出版公司，2003 年 1 月

《窗边的小豆豆》讲述了作者上小学时的一段真实的故事：小豆豆因淘气被原学校退学后，来到巴学园。小林校长却常常对小豆豆说："你真是一个好孩子呀！"在小林校长的爱护和引导下，一般人眼里"怪怪"的小豆豆逐渐变成了一个大家都能接受的孩子，并奠定了她一生的基础。"巴学园"有着与众不同的校长，第一次见小豆豆，校长就微微笑着听小豆豆不停地说了四个小时的话。没有一丝不耐烦，没有一丝厌倦。"巴学园"有着与众不同的午餐，每到午餐开始的时候，校长就会问："大家都带了'海的味道'和'山的味道'来了吗？"巴学园"还有着与众不同的教育方法，每一天的第一节课，老师就把当天要上的课和每一节课的学习重点都写在黑板上，于是小朋友就从自己喜欢的那门课开始，慢慢地老师就会知道每一个学生的兴趣所在。

拓展训练

请分析下面案例中实施社会教育的途径及方法。

社会活动教案："小花被喜欢我"（小班）

活动目标：

1. 学习盖被子，尝试自己的事情自己做。

2. 养成良好的午睡习惯。

活动准备：

1. 布娃娃若干，长方形纸或小毛巾若干。

2. 午睡时的小花被一床。

3. 提前录制幼儿午睡盖被子的视频。

4. 幼儿用书：《健康成长树——小花被喜欢我》第26~27页。

活动过程：

活动一：我的小花被

一、观看幼儿的午睡视频

(1) 提问：谁的被子盖得最好？谁的被子盖得不够好？（幼儿和老师一起边观察边分析）。

①有的幼儿将被子盖横了。

提问：这样盖被子有什么不好？（幼儿的脚露在外面，风一吹容易着凉）。

②有的幼儿只盖住了半个身体。

提问：这样盖被子暖和吗？（这样盖被子不暖和，因为被子没有裹住身体，容易透风）。

③有的幼儿将被子蒙住头睡觉。

提问：这样盖被子对吗？（这样做很危险，被子蒙着头睡觉会让呼吸不畅通，对身体不好）

(2) 教师小结：午睡时，小朋友要盖好自己的小花被，不蒙着头睡觉。

二、小花被喜欢我

(1) 看《健康成长树——小花被喜欢我》，说说谁对谁不对？

(2) 教师用拟人的语气模仿小花被哭泣的样子。

教师：小花被为什么哭了？

(3) 听一听。教师：我是小花被，午睡时总是有小朋友咬我、扯我，还用小脚踢开我，我好疼哟！

三、爱护小花被

(1) 说一说，你有过这些行为吗？怎样爱护小花被呢？

(2) 教师用儿歌的语言小结：小花被，我爱你，不咬不踢真欢喜；轻轻钻，贴身盖，太阳出来晒一晒。

活动二：学盖小花被

(1) 看《健康成长树——小花被喜欢我》，学习盖被子。

先开一扇小门——把被子的一边掀起。

轻轻慢慢钻进——把脚伸进去，碰到底，然后睡下。

再把小门关紧——把掀起的被子压在身体下盖好。

露出头，闭上眼——把头露出来睡觉。

香香甜甜睡着了——闭上眼睛快睡着。

(2) 我给娃娃盖花被。

重点引导幼儿学习给娃娃盖被子，尝试不会做的事情学着做。

三、区域游戏

1. 巧手宝贝（美工区）

观察重点：幼儿能否用提供的长方形纸学习折小被子。

2. 娃娃小屋（角色扮演区）

观察重点：幼儿收拾整理娃娃家小被子的习惯。

活动建议：

(1) 保育员老师可以结合此活动，在午睡环节分多次活动开展，引导幼儿养成良好的午睡习惯。

(2) 家园配合：家长引导幼儿看幼儿用书《社会万花筒——我会自己做》第26~27页，学习自己的事情自己做。

附自编儿歌《我爱小花被》：

小花被，我爱你，不咬不踢真欢喜；轻轻钻，贴身盖，太阳出来晒一晒。

（资料来源：华中科技大学附属幼儿园谭照娥老师）

第五章　幼儿社会教育活动的设计与指导

学习目标

1. 本章导读：在幼儿园中，幼儿社会领域教育的教学形式多样，主要包括集体教学活动、主题教学活动及区域教学活动等。这些活动是需要教师事先设计的，所以幼儿社会教育教师应该掌握这些活动的设计方法，做好活动的准备。在不同活动实施的过程中，教师还需要掌握指导策略进行适宜的指导，促进教学目标的达成，帮助幼儿获得社会性发展。

当然，集体教学活动、主题教学活动和区域教学活动在设计与指导方面存在差别，亦具有相通之处。幼儿教师应该结合教学实际开展不同类型的教育活动，使多种教学形式相互补充、渗透，达到一种整体的教育效果。教师在掌握了“理论”上的设计和指导方法之外，还需要通过鉴赏优秀案例和活动方案不断积累经验，将所学得以运用，在实际教学中不断练习，提升自己的社会性知识水平和教学技能。

2. 教学重难点：明确社会教育集体教学活动的设计方法及指导策略，尝试集体教学活动的设计与实施；掌握社会教育主题教学活动的设计方法及指导策略，尝试确定主题，设计主题系列活动方案，组织开展主题活动；掌握社会教育区域教学活动的设计思路及方法，尝试区域活动的设计及准备；通过了解和观察区域活动中幼儿的互动与反应，个性化指导幼儿的发展；能够分析相关案例和活动，并在练习中提高自身教学设计与实施能力。

3. 教学课时：6课时。

幼儿社会教育的教学活动形式丰富多样，除了一日生活中的社会教育需要教师进行随机教学之外，集体教学活动、主题教学活动、区域教学活动等都需要教师做好预设，在教学活动开展之前做好活动的准备工作。社会教育活动的设计是社会教育教学开展的前提，也是社会教育教学活动效果达成的基础。社会教育教学的组织与实施是幼儿园社会领域教育具体于实践层面的最有利的途径与方式，也决定着幼儿社会教育的目标能否最终达成。幼儿园教师需要具备教学设计能力、教学组织与实施能力，能够将所掌握的社会领域教育目标、内容、途径和方法等理论具体化，运用于实际教学的设计和实施中。

第一节　社会教育集体教学活动的设计与指导

社会教育的集体教学活动是由教师有计划、有目的、有组织地面向全班或部分幼儿实施的教学活动。集体教学活动具有儿童共同参与性、学习目标预设性、学习内容统一性、教师主导性和时空统一性等特点。在幼儿园社会教育教学中，此类活动是教师最基本、较高效、频繁选用的教学方式。

一、社会教育集体教学活动的设计

（一）活动内容的设计

1. 活动内容的选择依据

（1）社会的现实需要。幼儿的社会性发展离不开现实社会，他们通过社会生活及其表象来增进社会认知、发展社会情感、完善社会行为。幼儿的社会性发展也要遵循现实社会对人发展的需要和要求。在不同的社会时期与社会条件下，幼儿社会性发展的社会要求存在着差异，如在国际化社会背景下，幼儿需要具备合作的意识和行为，同时还需要了解和掌握如何在竞争中脱颖而出。我们需要根据社会对未来人才在社会性方面的要求来设置和选择幼儿社会教育的内容，当然这些内容大多是源于幼儿社会生活，是基础的和启蒙性的。

（2）幼儿的身心发展特点及经验。教师在选择幼儿社会教育的内容时一定要考虑幼儿的身心发展特点及其生活经验、社会能力等方面。小、中、大班的幼儿存在认知水平的差异，针对不同年龄的幼儿，教师需要把握内容的范围、容量、难易程度等，如小班幼儿可选择简单、短小的社会故事，而大班幼儿则可以选择内容相对较复杂、篇幅较长的社会故事。此外，社会教育内容要贴近幼儿的生活经验、符合幼儿的社会能力，所以，教师要尽可能地根据幼儿的经验和能力水平来选择教学内容。

（3）社会教育的各类目标。《幼儿园教育指导纲要》和《3~6岁儿童学习与发展指南》中均对幼儿社会领域的教育目标和学习目标提出了明确的要求，这两个文件是教师开展社会教育的重要依据。教师一定要根据幼儿社会教育的总目标、年龄阶段目标等选择社会教育内容。同时，结合园所社会教育的实际，依次根据主题或单元目标、教学活动目标等最终确定集体教学活动的具体内容。

2. 活动内容的设计要点

（1）内容要符合幼儿的兴趣和水平。教师要根据上述内容精心选取社会教育的内容，选好之后还要再次考虑内容的设置是否符合幼儿的兴趣、生活和水平。如教师可以选择《狼来了》和《是我打翻了草莓酱》两个故事绘本来进行“诚实”教育，对于幼儿而言，《是我打翻了草莓酱》比《狼来了》的故事更贴近幼儿的真实生活，兴趣性更浓。此外，教师必须了解本班幼儿的整体水平及个体差异，根据本班幼儿的具体能力水平进一步确定内容的难度，确保内容的适宜性。

（2）有效分析和处理教学内容。首先分析内容中的社会性教育因素，如教师利用端午节的时机确定了“认识粽子、学包粽子和吃粽子”或者“认识划龙舟、小组划龙舟比赛”等内容。教师要分析端午节吃粽子、划龙舟等风俗习惯中蕴含的饮食文化、团圆、团结等社会性教育因素。随后，根据教育要素将内容分解，并确定内容的重难点。如“认识划龙舟”侧重于幼儿对社会风俗习惯的认知，小组划龙舟游戏则侧重于幼儿的合作意识和竞争意识的培养。教师可以把了解和掌握“划龙舟”风俗的社会缘由作为教学重点，将小组内部合作、组间竞争的划龙舟游戏确定为教学难点来设计活动。

（二）活动名称的设计

集体教学活动的名称是一次教学活动的具体名字，它一般能概括出此次教学活动的主要内容和发展目标。活动名称要简明、生动、富于童趣。教师在设计活动名称时，要注意名称中一般标注三项内容，即教育活动类型、教育活动具体名称及教育活动适宜的年龄。如社会教育活动“地球生病了”（中班），这一活动名称很有启发性和趣味性，不仅让人思考“地球怎么生病了呢?”，还可以让人明确知道，此活动属于五大领域中“社会领域”教育；主要内容和目标是通过观察和讨论地球生病的原因，让幼儿掌握保护地球的基本方法，增强其环保意识；活动的适宜年龄是中班。

（三）活动目标的设计

1. 活动目标的设计依据

集体教学活动的目标，即一次教学活动的目标，是总目标、年龄阶段目标、单元目标的具体化。在设计活动目标时，教师需要考虑其是否与上位目标相一致。此外，目标的设计还需具体考虑幼儿园和本班幼儿的实际情况，如是否与近期幼儿园的教育实际相符合？是否符合了幼儿的社会性发展状况、兴趣和需要等。

2. 活动目标的设计维度

活动目标包括三个维度，即认知维度（幼儿学到了什么）、技能维度（幼儿会学了吗）和情感维度（幼儿有兴趣吗）。教师在设计活动目标时，需要从这三个维度考虑，可以将一个或两个维度目标作为主要目标，其他的维度目标作为附属目标，但切忌平均分配三个维度目标或只关注某个维度的目标。

3. 活动目标的设计要求

（1）活动目标的方向要正确，即要与上位目标保持一致。

（2）活动目标的内容要全面，即要兼顾和侧重目标的三个维度。

（3）活动目标的难易要适中，即合理安排小、中、大班幼儿的目标难度，不可过低或过高。如小班教学活动目标——使幼儿掌握防火的知识，掌握自救的能力——目标设计难度过高，而大班教学活动目标——使幼儿学会穿大小合适的鞋——目标设计难度过低。

（4）活动目标的表述要统一，即要么从教师，要么从幼儿的角度进行表述，切忌目标主语不统一。

（5）活动目标的表述要具体，即目标针对性和操作性较强，适宜于本活动的目标而不适宜于其他活动目标，切忌模糊笼统的“万金油式”目标。如“培养幼儿社会交往能力”这一表述就太笼统，可以根据活动内容改成“知道使用‘请’、‘谢谢’等礼貌用语进行交流”便相对具体、有操作性了。

（6）活动目标的数量要合适，即目标设置不能太少或太多，一般以2~3条为宜。此外，目标的顺序排列无具体要求，教师可以根据具体情况安排目标顺序。

（四）活动准备的设计

活动准备的设计要从教师和幼儿两方面考虑，主要涉及环境的准备、物质材料的准备、知识经验的准备等。

1. 教师方面的准备

（1）教学环境的准备，包括班级大环境的创设和课堂环境的创设，如班级环境布置、心理氛围的营造、活动场地的安排、座位的摆放、情境的表演等。

（2）教学物质材料的准备，即各种教具学具、仪器设备的准备，如实物、图片、头饰、幻灯片、音视频、多媒体电脑、录音录像设备等。

（3）知识经验的准备，即教师自身关于社会性教学知识的储备。教师在进行教学活动之前要做好充足的知识准备，避免被幼儿“问倒”的情况。

2. 幼儿方面的准备

（1）教学物质材料的准备，即幼儿参与教具学具的准备工作，如搜集材料和制作材料都可以让幼儿参与。

（2）知识经验的准备，即幼儿具备相应的原有知识经验。新知识的学习要建立在原有知识经验的基础之上，如幼儿社会教育活动“关爱”（大班）进行之前，教师带领幼儿参观社会福利院，使幼儿产生对残疾人的认识和关爱的情感，为活动做好知识经验的准备。

（五）活动过程的设计

活动过程的设计一般包括开始部分、基本部分、结束部分。

1. 开始部分

开始部分即教学导入环节，主要用于引起幼儿的注意、引发幼儿的兴趣。教师在设计时一般采用提问、出示直观教具、讲故事、猜谜语、欣赏图片或录像、情境表演等方式。

例如，社会教育活动“我长大了”（大班），教师设计的开始部分是：请幼儿互相观看小时候的照片，猜一猜这是谁？通过观察和猜测引起幼儿对小时候和现在的我的比较，能够较好地导入本次课堂。

2. 基本部分

基本部分即教学新授环节，主要是教师引导幼儿进行学习和练习，逐步达成活动目标的过程。基本部分的设计要兼顾教学方法、教学组织形式的考虑，因为这是教学活动的主要部分，承载着主要活动内容、目标、方法、形式等。教师可以根据循序渐进的原则将基本部分划分为逐步递进的几个步骤，并考虑：共分几个步骤？各个步骤分别占多长时间？哪个步骤是活动的重难点？每个步骤如何进行？每个步骤采用何种教学方法和组织形式？

例如，社会教育活动“我有一双能干的小手”（小班）的活动设计，通过儿歌导入，引起幼儿的兴趣。基本部分包括三个步骤：①谈话“我有一双能干的小手”，激发幼儿对手的探索欲望；②手指游戏——“我的小手变变变”，让幼儿了解小手的多变性，启发幼儿的创造性思维；③手掌印画，引导幼儿利用自己的小手为“智慧树”印上“手掌叶子”，在操作中体验小手的美妙作用。

3. 结束部分

结束部分即教学总结环节，主要用于归纳和总结幼儿在活动中获得的各种知识经验、技能和情感等。教师设计结束部分时，需要注意：结束部分的形式可以丰富多样，如自然地过渡到下一个教育内容结束、在游戏和艺术创作中结束、师幼共同总结和评价后结束、作业结束或者开放性地延伸至本次活动之外的内容结束等。

例如，社会教育活动“大家一起玩”（小班）的结束部分是：带领幼儿去户外进行《找朋友》的游戏；社会教育活动“好玩的陀螺”（中班）的结束部分是：教师总结和评价：你最喜欢谁做的陀螺？为什么呢？选出最棒的陀螺，为其制作者颁发奖牌。

（六）活动延伸的设计

活动延伸是集体教育活动的延续，一次集体教育活动结束了并不意味着此活动目标和内容的教育就结束了。活动延伸即是对集体教学活动在幼儿园、家庭、乃至社会生活中的辅助教育。活动延伸的形式有很多，如家园共育、领域渗透、区域活动、游戏等。

例如，社会教育活动“大家合作才能赢”（大班）的活动延伸包括：①户外活动时，组织幼儿进行“两人三足跑”，“两人一前一后穿长木拖鞋竞走比赛”等，使幼儿进一步体验到合作、协调一致是活动成功的保证；②组织幼儿收集破旧的儿童图书，大家分工合作，剪贴编一本新书。

（七）活动方案的写作

活动方案即教案，这是教学活动设计的物化呈现。教师一般会将活动名称、活动目标、活动准备、活动过程、活动延伸等方面的设计思路撰写出来，形成活动方案，供开展实际教学活动使用。活动方案要求格式规范、语言表达明确、流程。活动方案的表格格式可参考下面的示例。

活动示例

幼儿园社会领域教育活动“国旗飘飘”（中班）教案①

班级	中班	领域	社会	日期	某月某日	教师	张颖
活动名称	国旗飘飘			授课时长	20 分钟		
活动目标	1. 认识我国的国旗，初步思考并分析判断国旗的基本特征。 2. 知道国旗的组成元素代表的含义。 3. 有初步的热爱国旗的情感。						
活动准备	1. 鲜红色、粉色、黄色、橘色等各种颜色的正方形和长方形的纸。 2. 红色的星星和黄色的星星。 3. 糨糊。 4. 歌曲《国旗多美丽》。						
活动过程	1. 谈话引出主题。 教师：“你们都在什么地方见过我们国家的国旗？” 2. 制作国旗，引出疑问。 (1) 教师：“你们真的认识我们国家的国旗吗？太棒了！现在就请你们每人选择一张纸来制作国旗”。教师为幼儿提供各种颜色、各种形状的纸，让每个幼儿自己选择一张纸，制作自己心中的国旗。 (2) 将幼儿制作的国旗全部挂在黑板上。 教师：“老师有个疑问，我们的国旗只有一个模样，这里这么多不一样的国旗，到底哪一面才是真正的国旗呢？” 3. 探讨国旗的基本特征。 4. 和幼儿一起思考、分析他们制作的国旗，从而认识我国国旗的基本特征。 (1) 教师：“看着五颜六色的国旗，老师有一个问题，我们国旗的旗面是什么颜色的？”请一个幼儿将黑板上颜色不是鲜红色的旗子全部取下。 教师：“为什么我们国旗的旗面是鲜红色的，而不是其他颜色的？”引导幼儿分析，国旗和我们身体里流动的血液颜色一样，让幼儿知道我们的国旗颜色代表无数先烈的鲜血，看到国旗就想到了这些流血牺牲的烈士们，因此我们要爱护国旗。 (2) 教师：“这里有些什么形状的旗子？我们的国旗是什么形状的？”请一个小朋友把黑板上形状不是长方形的旗子取下。 (3) 教师：“这些旗子上的星星个数不一样，到底我们的国旗有几颗星星呢？”引导幼儿了解我国的国旗也叫五星红旗，旗面上有五颗星。 (4) 教师：“那么五颗星星是怎样摆放的呢？” 出示真正的国旗，让幼儿观察五颗星星摆放的位置，进一步探讨我国国旗的基本特征。 5. 幼儿合作制作国旗。 (1) 请幼儿重新选择纸张制作国旗。 (2) 组织幼儿讨论应该如何爱护国旗。						
活动延伸	教师：“我国的国旗里还有许多秘密，比如五颗星星各代表的是什么含义呀，请小朋友和爸爸妈妈一起探讨。此外，还有许多关于国旗的故事，请你们的爸爸妈妈讲给你们听。”						

① 伍香平主编《幼儿园优秀社会活动设计 65 例》中武汉市洪山区街道口幼儿园张颖老师的活动设计。

【示例评析】

本活动，教师根据《纲要》和《指南》的要求，结合幼儿的年龄特点，选择了适合于幼儿学习的情感教育内容，制订了明确、清晰的活动目标。教师精心设计了教学活动各个环节，准备了丰富的活动材料。教学中，教师没有直接灌输，而是让幼儿制作、讨论和分析，充分体现了幼儿的主体性。

教师可以充分利用幼儿生活中有关国旗的经验，如幼儿园每周一的升旗仪式等，还可以让幼儿观看奥运会开幕式和运动员夺冠领奖时升旗的视频等，来加深幼儿对国旗的认识，激发他们热爱祖国的情感。

二、社会教育集体教学活动的指导

（一）创设支持性学习环境

进行社会教育需要为幼儿提供使其感受到接纳、关爱和支持的良好环境，避免单一呆板的言语说教。良好的支持性学习环境包括物质环境和材料的创设、心理氛围和活动气氛的创设。教师应该根据集体活动教育的目标和内容提前布置好物质环境（如活动室地面、墙面的设计及座椅位置的摆放和活动场地的划分与安排等）、准备好教学材料（如必要的教具学具、图书、多媒体及其设备等），为幼儿尽可能地提供多样化、丰富化的学习资料，以帮助幼儿在学习中更好地达成发展目标。此外，教师应该为幼儿提供一个宽松、愉悦、自由、关爱的心理氛围，积极调动幼儿参与活动的积极性，创设一个师生“兴奋度”适宜的心理前提，为集体教学活动的开展奠定“支持性”基础。

（二）采用适宜的教学组织形式

集体教学活动一般存在集体教学、小组教学和个别教学三种组织形式。不同的组织形式在参与幼儿数量、幼儿学习方式和教师教育方式等方面存在不同。教师应该灵活采用适合于活动目标或内容的组织形式，变化性地对幼儿加以指导。如集体教学是教师同时面向全班幼儿进行的，主要用于教师统一讲解的教学环节；小组教学是将幼儿按照不同的特点分成若干个小组，教师可以根据每个小组的不同特点进行指导；个别教学是教师一对一进行个别化指导，教师可以根据每位幼儿的具体情况实施教育。一个集体教学活动可以采用某一种甚至多种组织形式，以帮助幼儿更好地参与教学活动。

（三）把握教学节奏，环节自然衔接

组织实施活动时，教师需要根据幼儿的反应不断调整教学的节奏，把握好教学进程的快慢，以使幼儿能够“跟得上教师的步伐”也不至于“踩上教师的脚”。教学的节奏亦应该有张有弛，随环节的递进而变化，如在导入部分应该轻松有趣，在基本部分应该

丰富热烈，在结束部分应该充实延续，使幼儿在整个教学活动中充分体验到“松紧快慢”的节奏美感。

对设计好了的各个教学环节，教师在实施过程中要注意彼此的自然衔接。教师首先要明确每个教学环节的任务和目标，活动实施中要对幼儿提出相应的要求，以促进目标的实现。同时，活动的实施要有秩序、有顺序，层层展开、环环相扣，注意各个教学环节之间的联系和衔接，以便达到教学活动的整体流畅性。当然，面对幼儿非预期反应时，教师可以灵活调整活动设计来适应幼儿的发展需要。

（四）难度层层递进，方法灵活多样

循序渐进是幼儿教学的重要原则。在活动设计之初，教师就应该按照难度递进的要求来安排教学程序。当然，实施活动时，教师要控制好难度递进的趋势，使幼儿逐步掌握学习内容，完成学习任务。此外，教师还要善于运用丰富多样的教学方法来促进教学的实施。如直观教学法、情境表演法、小组讨论法、故事分析法等。

（五）教师以身作则，突出师幼互动

教学的实施过程不是教师的独角戏，也不是幼儿的群体戏，而是一个师幼互动、共同促进的过程。活动实施中，幼儿通过教师的教授学习新的知识和技能，同时通过自身的参与将新的知识和技能得以内化和巩固。社会教育中，教师的言行举止、待人处世的态度及方式方法等都会成为幼儿学习的对象，这就要求教师要努力提高自身社会修养，以身作则，为幼儿树立良好的社会学习榜样。如微笑关爱的脸庞、亲切和蔼的话语、支持帮助的行为、礼貌文明的举止、友好和善的交往等都是在活动实施中教师应该注意的。

（六）提供材料支撑，启发探究思考

教师要保护和启发幼儿的好奇，可以在教学活动中提供充足多样的操作材料，让幼儿尝试自己去操作、去发现、去解决。在教学实施中，教师可以“从台前转向幕后”，做幼儿活动的观察者和支持者，让幼儿学会主动探索、思考和判断。如社会教育活动“关爱”（大班）中，教师为幼儿提供了有关汶川地震的救援资料、雷锋助人的故事以及爱心捐款箱等，引导幼儿提出问题、思考问题并寻找解决问题的方法，最后幼儿们自主发起用节省零用钱和主动义卖来奉献自己的爱心，并交流、分享彼此的感受。

（七）注重幼儿学习习惯的培养

幼儿教育要注重幼儿学习品质的培养，在社会教育活动中，幼儿学习习惯的养成亦是一项重要的内容。教师在活动实施中，要注意幼儿学习习惯的培养，如倾听的习惯、礼貌表达的习惯、遵守纪律的习惯、友好合作学习的习惯等。教师要仔细观察幼儿的行为反应及行为互动，当发现好的行为时，要及时强化和鼓励，当发现不当行为时则要适时制止，并提出正面的行为指导要求，帮助幼儿塑造好的学习行为习惯。

（八）不断地锻炼、学习与反思

教学活动的开展与实施需要教师良好的教学素质与能力，它是教师专业素养的一种现实体现。幼儿园教师应该不断地锻炼、实践、学习和反思，如进行专业深造、参加专业培训、组织园所观摩研讨、微格模拟教学等。年轻的幼儿教师应该不畏历练、虚心请教，这样才能在专业成长的路上越走越远、越练越精。教师也可以通过说课的形式进行“前提性”练习。总之，教师要不断地自我锻炼、学习和反思才能逐步提升自身的专业化水平。

三、社会教育集体教学活动的实例与分析

（一）幼儿社会活动“玩具分享日”（小班）①

1. 学情分析

现代独生子女家庭的孩子，常常因缺少玩伴而不会与同伴交往，拥有许多玩具却不懂得与人分享。在这一点上，年龄越小的幼儿表现得越突出。在日常生活和学习中，我发现孩子们因为玩具而出现争吵的现象很多。究其原因，我认为是孩子们还不懂得怎样与小伙伴协商，缺乏与小伙伴交往的经验。于是在“玩具真好玩”这个活动中，我努力为幼儿搭建交往的平台，力求让孩子们通过自己的体验、感受与思考去获得交往的经验，体验分享的快乐。

众所周知，幼儿良好的行为习惯的形成，不是一蹴而就的，需要长期潜移默化的内化过程。因而在活动中我与孩子们一起搭建了一个持续性交往的平台，诞生了“玩具分享日”这个具有延续性的交往活动。

2. 活动目标

（1）引导幼儿愿意与同伴交往，体验与同伴分享玩具的快乐。

（2）让幼儿学会用征询的语言与同伴交换玩具。

（3）让幼儿懂得与同伴礼貌交往能给别人带来快乐的道理。

3. 活动准备

材料准备：①幼儿选择一件或两件自己最喜欢的玩具带到幼儿园来。②教师撰写一封“给家长的信”，请家长知晓并融入这个活动中来。（给家长的信附后）

经验准备：幼儿对自己的玩具有一定的了解，能进行简单的介绍。

4. 活动过程

（1）体验交往。

①幼儿自由地玩自己带来的玩具，并与同桌的小朋友自由交换自己的玩具。

②教师不做任何提示，让小朋友随意交换玩具。

---

① 资料来源：教育部教育管理信息中心组编. 全国优秀幼儿社会教育活动课例评析［M］. 西南师范大学出版社，2010. p48 页，湖北省武汉市武汉大学幼儿园二分园方丽文老师的案例。

看到小伙伴有那么多好玩的玩具，你们想玩一玩吗？现在你们去找小伙伴交换玩具吧！如果成功地交换到别人的玩具，就取一个“笑脸”小贴片贴在自己的身上。

（2）说说想想。

①让幼儿说说自己交换到的玩具，说说是如何交换的，并向小伙伴演示。

你换了几件玩具？（数数身上的小贴片）你是怎样换到这么多的玩具的呢？

分析：在这个过程中，有的小朋友身上小贴片的数量不少，但通过交流和演示发现，有的小朋友是用语言交流来达到交换目的的，而有的小朋友使用肢体语言来达到交换的目的，如用玩具去碰碰小朋友，或直接向同伴展示玩具等。因而在演示过程中，教师应指导幼儿努力用语言来表达自己的想法。

你身上的小贴片很少，遇到了什么困难吗？你是怎样做的呢？谁能帮助他？（请能干的小朋友来与他合作演示）

分析：小贴片数量少的幼儿，大多是性格比较内向或胆子比较小的孩子，在此环节中要根据孩子的心理特点，教师的语言评价要多体现鼓励性和帮助性，保护孩子与同伴交往的积极性。

②师生讨论：想与别人分享玩具时，应该怎么做呢？

小结：与别人分享玩具时，先要有礼貌地向他借，征得对方同意后才能拿，并要有礼貌地说谢谢。

分析：师生共归纳出这样几句征询语：

我玩你的玩具，好吗？

我和你换着玩，可以吗？

我想玩你的玩具，你同意吗？

你的玩具怎么玩的，你教我好吗？

我们一起玩，好不好？

你想不想玩我的玩具，我们换着玩吧？

（3）分享时光。

①幼儿练习用新经验去获得分享玩具的机会。教师告诉幼儿，如果别人使用礼貌语让你觉得很快乐，你就奖励他一个小贴片（另一种颜色的贴片，与前一种有区别）。

②教师也参与到分享游戏中，在游戏中给个别幼儿以隐性的指导和鼓励性评价。

③集体交流。让幼儿说说分享游戏给自己带来的感受，以后还想玩这样的游戏吗？（共同商定“玩具分享日”的时间）

分析：讨论中，老师参考了小朋友提出的不同建议，确定了“玩具分享日”的时间：周一、周三的早餐后，周五的晚餐后，周五可以带回家，更换玩具后再带来。

（4）爱护玩具。

教师：带来的玩具能否整天放在自己身上？为什么？

教师引导幼儿看四张照片，说说图片中的小朋友是怎样放置玩具的？（分类放置，轻拿轻放）

请小朋友按照片的标志（毛绒玩具、小车玩具、其他玩具），将自己带来的玩具分类放在不同的篓子中。

（5）活动延伸。

园内延伸：在“玩具分享日”里进一步引导幼儿尝试与同伴合作玩玩具，体验一起玩的快乐。

家庭延伸：在家庭生活中，继续关注孩子分享意识的培养，帮助孩子积累与周围人礼貌交往的经验。

5. 教师自评

（1）努力为幼儿创设交往的空间，支持幼儿间的交往。《纲要》告诉我们，幼儿与成人、同伴之间的共同生活、交往、探索、游戏等，是其社会学习的重要途径。教育者应为幼儿提供人际间相互交往和共同活动的机会和条件，并加以指导。因而，我根据孩子们的兴趣和发展的需求，以玩具为媒介，为孩子们提供了与同伴相互交往的平台，让孩子们在玩具分享的活动中体验、培养与同伴交往的技能。

（2）让幼儿在体验中获得交往的经验，避免对幼儿呆板的言语说教。《纲要》中指出，幼儿社会态度和社会情感的培养应渗透在多种活动和一日生活的各个环节中，要创设一个能使幼儿感受到接纳、关爱和支持的良好环境，避免单一呆板的言语说教。活动中，我在开始不给孩子们任何提示，让小朋友们尝试交换玩具，互相交往。当幼儿有了一定的成功或失败的体验后，再进行分析和总结，帮助幼儿形成正确的交往经验和交往方法，然后鼓励孩子们用获得的新经验再次尝试，获得成功的体验。教师在活动中始终是孩子们平等的对话者，没有居高临下的说教和批判，通过分析与回应幼儿的需求与疑问，给予幼儿必要的帮助，使得幼儿对同伴交往的认知得以保持、延续、发展和提升。

（3）运用动态评价元素，培养幼儿的内省意识。《纲要》告诉我们，动态评价是在真实的教学情境中进行的，也就是把评价与教学连接在一起。动态评价关注的是幼儿个体能做到的以及借助成人或同伴之间的互动所能实现的潜能成长。因而在活动中我设置了两次动态评价的环节，一是对自我评价的环节，当幼儿初次成功交换到玩具时，就粘贴“笑脸图片”，让幼儿明白原来这样就能交换成功，及时给自己肯定。同时老师也能通过“笑脸图片”的数量意识到幼儿遇到的不同问题。二是对他人评价的环节，面对同伴有礼貌的行为，通过奖励别人“笑脸图片”让同伴明白，这样的行为是大家喜欢的，同时也让自己明白，别人做得好的地方也是自己应该做到的。两次的评价环节都很好地实现了不同的教育目的，促进了幼儿对自己交往行为的自省。他们通过同伴的行为和态度，不断得到反馈，从而使自己积极的社会情感得到了保持、延续、发展和提升。

总之，幼儿的社会学习是一个漫长的积累过程。幼儿的交往、合作、争议、妥协和分享等社会行为和技能主要是幼儿在活动中自己构建的，而不是被迫接受。因而对幼儿进行社会性的培养要在日常生活和游戏情境中展开，“玩具分享日”就是为幼儿搭建的促进幼儿社会化的平台，在这个平台上，幼儿良好的社会性品格得到了持续性的发展。

6. 评析

幼儿社会性方面的学习常需要在具体情境中进行，并在实际生活中进一步运用，从而获得社会性的良好发展。在这个活动中，执教教师充分践行了这个教学理念，为孩子们创设了一个很好的交往体验空间，通过师生之间、生生之间的相互学习、相互评价，让孩子们获得了与他人交往的经验与技能。

同时，该教师在对活动的组织中，充分体现了“心中有目标，眼里有孩子”的教育特点。灵活机智的指导体现了教师是孩子们的学习和作者、观察者、引导者。教师教态亲切、温情，让孩子们们如沐春风。

活动设计符合幼儿的年龄特点和社会性发展的需要，目标明确、层次清晰，尤其是小贴片这个小道具的运用非常巧妙。教学过程流畅自然，体现了“教者有心，学者无意”的教育境界。

(二) 幼儿社会活动“别人的东西我不拿”(中班)①

1. 活动背景

中班的孩子，对自己没有玩过或者没有拥有的东西，充满好奇心，而且很想马上得到，并且，孩子有一种异乎成人的冒险心理，他们心想，我拿了别人的东西，只有自己知道，别人却不知道，这是多刺激和神秘呀！在我班就曾发生过两次小朋友私自从其他小朋友书包里拿东西藏到自己书包里的事情，为此，我准备了本节课，让孩子知道私自拿别人东西是错误的行为，并且，拿了别人东西要勇敢地承认错误，并还给人家。

2. 活动目标

(1) 知道随便拿别人的东西是不好的行为，感受丢东西的小朋友的心情。

(2) 学会勇敢地承认错误，不做撒谎的孩子。

3. 活动重、难点

(1) 重点：知道在没有经过他人允许的情况下，随便拿东西是不好的行为。

(2) 难点：私自拿别人东西要勇敢承认错误并还给人家。

4. 活动准备

(1) 挂图《变形金刚不见了》。

(2) 动画视频《谁做的对?》。

5. 活动过程

(1) 出示挂图，导入情景。

放学时，小朋友们背好书包等待家长接走，可是，班里一个小男生乐乐发出“呜呜…….”的声音，咦？怎么了？发生什么事情了？

(2) 讲述故事，根据故事内容进行提问。

教师出示挂图，讲故事《变形金刚不见了》。

教师：开始时，我们看到乐乐在哭，为什么？

幼儿：因为他书包里妈妈送他的生日礼物变形金刚不见了。

教师：那他的变形金刚去哪里了呢？

幼儿：被琪琪偷偷拿走藏在她的书包里了。

教师：如果在你书包里装着的自己非常喜欢的玩具被别人拿走了，你会怎样？

幼儿：我也会像乐乐一样非常伤心地哭。

幼儿：我以后再也不把自己喜欢的玩具拿到幼儿园和大家一起玩了，万一丢了怎

① 资料来源：邢台市桥西区三环逸夫小学附属幼儿园杨进老师。

么办？

分析：教师通过设置情境，引出与教学目标相呼应的故事内容，并通过层层深入的问题引导幼儿感受故事中“乐乐”的情感体验及难题，有助于幼儿较快进入故事情境，感同身受。

（3）老师引导幼儿自由讨论。

①教师：琪琪这种做法对吗？如果是你想玩乐乐的玩具，你会怎么做？

幼儿：琪琪做得不对，不能偷偷从别人书包里拿东西，小偷才偷偷拿别人的东西呢！

幼儿：琪琪不应该随便翻别人的书包，如果她想玩乐乐的变形金刚，她可以跟乐乐说呀，说不定乐乐还会让她玩一会儿呢！

幼儿：琪琪偷偷拿别人东西不是好孩子，以后都没有人愿意跟她做好朋友了。

②教师：琪琪被老师发现后，是怎么做的？如果是你，你应该怎么做？

幼儿：她跟老师说这是她的变形金刚，她这样就是在说谎，说谎就不是好孩子。

幼儿：她不想把变形金刚还给乐乐，还向老师撒谎。她撒谎就不是诚实的孩子，应该把玩具还给乐乐小朋友。

幼儿：如果是我，会向乐乐和老师道歉，并把变形金刚还给乐乐，还会把自己的玩具带过来跟小朋友一起分享。

分析：在自由讨论中，教师根据幼儿的特点鼓励幼儿积极表达，幼儿们都纷纷发表自己的观点，在分析故事中“琪琪”行为的同时，也能让幼儿学习到遇到类似情况时应该如何去做。个别幼儿在回答中还提到有关询问与分析、撒谎与诚实、做错要道歉等话题，丰富了教学的知识与内容。

（4）教师归纳幼儿的讨论结果，并总结。

教师：以后我们班的小朋友不能随便拿别人的东西，如果看到自己喜欢的物品，要先跟别人商量，经过允许后才能玩。如果拿了别人的东西，要主动承认错误，不能撒谎。

（5）出示动画视频《谁做的对？》，幼儿当小小裁判员，评判视频中小朋友的做法是正确的还是错误的，用手势表示“√”和“×”。

分析：通过观看视频，将讨论的结果在其他情境中得以应用。中班幼儿已经有了初步的是非观，对行为的判断可以通过明显的图片或视频进行引导，从而巩固幼儿的正确认知。

6. 活动延伸

（1）在教室里，教师要告诉小朋友不能随便将幼儿园的玩具带回家，不能随便翻老师桌子上的东西。

（2）如果发现孩子有私自拿他人东西的行为，积极与家长沟通，家园合作，改正孩子不好的行为习惯。

7. 评析

在本次活动中，教师让幼儿置身于故事的情境中去感受和学习不要随便偷拿别人的东西、分辨行为的是非对错，有助于幼儿社会性的发展。目标制订涉及了社会情感、社会认知和社会行为三个方面，比较符合该班幼儿的年龄特点和实际情况。在活动过程中，教师积极调动幼儿的已有经验，根据故事的情境去体验乐乐的情绪情感、分析琪琪的行为对错、理解故事蕴含的社会道理，再通过自由讨论，引导幼儿相互学习，已达到本活动的教学目标。该教师还设置了行为判断的环节，让幼儿根据视频中小朋友的做法来评判谁对谁错，使幼儿获得的新经验得到了运用、巩固和提升。

（三）幼儿社会活动“忙碌的田间生活”（大班）①

1. 活动目标

（1）使幼儿初步感知一年有二十四节气，了解二十四节气最忙的时节“芒种”，进一步增长幼儿对传统文化的了解。

（2）使幼儿感受和体会田间农民们的辛勤劳作，纠正幼儿挑食浪费的毛病，培养幼儿珍惜粮食的品质。

（3）使幼儿了解乡间生活，贴近自然，激发幼儿热爱家乡的情感，懂得感恩生活。

分析：目标制订需要根据幼儿的兴趣和特点，此活动目标和内容的选择并未体现出幼儿的兴趣和需要，而是根据教师的“以为很重要”提出。目标中，教师涉及了认知、情感和行为的三维内容，但从表述上来看，目标语言笼统、过大。如目标 3 可以建议改成：通过参观小菜园和采摘活动，使幼儿体验劳动的辛苦和收获的快乐。

2. 活动难点

识记二十四节气名称。

3. 活动重点

了解二十四节气之一“芒种”的含义。

4. 活动准备

（1）二十四节气歌的视频；

（2）芒种时节农民劳作的图片。

5. 活动过程

（1）播放二十四节气歌，引发幼儿学习兴趣。

教师：在刚才播放的儿歌里，小朋友都听到了什么，看到了什么？

引导幼儿说出“春”、“夏”、“秋”、“冬”四个季节和儿歌里提到“雨”、“露”、“霜”、“雪”等天气状况。

分析：教师在引导过程中，需要积极调动幼儿的原有经验，如说出春夏秋冬四季和雨落霜雪天气状况的名词。在播放儿歌之前，教师需要适当提醒幼儿认真听、认真看。儿歌播放完毕之后，教师通过提问让幼儿积极发言，相互补充，理解儿歌内容和视频画面的联系性，体会二十四节气的意义。

教师小结：为了收获丰硕的粮食和蔬果，农民伯伯要根据不同的天气气候播种、施肥。所以，聪明的农民伯伯把一年四季分成了二十四个节气，根据不同的节气农民伯伯在农田做不同的农活。

---

① 资料来源：邢台市桥西区三环逸夫小学附属幼儿园孔令君老师。

（2）认知“芒种”节气，体会农民田间劳作的辛苦。

①在二十四节气中，第9个节气“芒种”是农民们一年中最忙的时节。

教师：芒种时节天气多变。太阳晒，温度高，又容易刮大风，下大雨。同时，地里的麦子成熟了，农民们要抓紧时间收割、晾晒。如果麦子没有收完，赶上下暴雨、冰雹，地里的麦子就会被淋坏，农民伯伯们也就没有收获了。所以，这个时节，小朋友就会看到很多农民伯伯在烈日下，紧张地收割麦子，之后种下玉米。

②播放讲解幻灯片，体会农民在芒种时节的忙碌与辛苦。

教师小结：“芒种”通过名字和图片，我们可以知道农民们在这个时节忙着种、忙着收。这个时候太阳晒、气温高，非常辛苦。所以小朋友们在吃饭的时候应该节约粮食，不挑食，不浪费。

分析：活动过程中，教师主要采用说教的方式，过多地占用了活动时间，而幼儿相对被动地只是在听，参与活动的程度较低。这也是很多教师开展社会活动时常常犯的错误，过多地说教式讲解，使幼儿容易成为教师思想的“收纳箱”，只收而未发。教师应该重视幼儿的主体性，积极引导幼儿参与到活动中来，使幼儿真正成为学习的主人。

（3）带领幼儿去自种小菜园参观，采摘，体验劳动的不易和收获的乐趣。

6. 活动延伸

根据不同的节气，教师和家长可以带领幼儿去自种小菜园进行种植，施肥，采摘等各种实践活动。激发幼儿参与田间活动的兴趣，加深对二十四节气的认识。

7. 评析

本次活动中，教师以“忙碌的田间生活”为题，为幼儿带来了一次劳动的体验之旅。从认知方面，教幼儿了解二十四节日以及“芒种”这一节气的意义，让幼儿能够感受古代劳动人民的智慧和辛勤劳动的品格；在情感方面，通过观看农民伯伯在田间辛勤劳作的图片，使幼儿感受农民“面朝黄土背朝天”的辛苦，根据天气变化而紧张劳作的紧张氛围以及亲身劳动采摘蔬菜的体验，逐渐产生对农民的疼惜之情；在行为方面，教师通过目标引导使幼儿逐步意识到挑食、浪费行为的不妥，从而加以改正。活动中，运用了视频动画及幻灯片等现代教育技术手段，还有带幼儿亲自体验劳动的环节，可见教师做了不少工夫。但在日后的教学活动中，教师还需要根据幼儿的特点制订目标，在教学过程中真正把“话语权”和“行动权”交还给幼儿，充分发挥幼儿的自主性。

第二节　社会教育主题教学活动的设计与指导

主题活动是幼儿园常用的一种教学组织形式。主题活动是指在一段时间内，教师和幼儿围绕一个核心话题即主题，开展多种活动的过程。[①] 主题活动和领域的集体教学活

① 赵旭莹，周立莉．幼儿园综合主题活动——设计技巧与幼儿秀案例［M］．北京：中国轻工业出版社，2014.

动不同，前者是围绕一个中心话题展开，通过多个关联的活动组成，通常渗透多个领域的目标，注重幼儿获得整体的新经验。社会领域主题教学活动是侧重于社会领域目标，并渗透其他领域目标的一系列联系密切的活动集合。

一、社会教育主题教学活动的设计

（一）主题的确定依据

主题的确定是活动设计的关键。幼儿教师可以从下面三个方面来确定社会领域的主题。

首先，根据儿童社会性发展的年龄阶段重点，即幼儿园的核心社会生活内容来确定主题。如小班幼儿初入幼儿园，面临着生活环境的变化，其学习的重点是入园适应和集体生活的基本行为规则等，可以设计“我的新家”、“我爱上幼儿园”、“一起玩游戏”等主题。中班幼儿更关注友谊的发展，但交往能力有限，其学习的重点是适宜的人际交往策略和同伴群体的形成、体验友谊和解决冲突等，可以设计“我们共同的班集体”、“我们都是好朋友”、“怎么办呢”等主题。大班幼儿社会视野更加开阔，其学习的重点在于体验合作的意义、共同完成任务、掌握必要的社会技能等，可以设计“我是小老师”、“我们一起做”、“我要上小学”等主题。

其次，根据社会环境与文化生活内容来确定主题。为了帮助幼儿了解不同的环境和文化习俗，拓展幼儿的生活视野可以设计此类主题。如有关社区生活的主题（超市、医院、银行、邮局以及名胜古迹、特产、习俗等）；有关节日的主题（春节、端午节、儿童节、中秋节、圣诞节等）；有关国家与文化的主题（国旗、国歌、国徽以及长城、故宫、汉字、红军等）；有关民族文化的主题（汉族、满族、回族、蒙古族、苗族等）。

此外，还可以根据幼儿品格学习的需要来确定主题。“渗透式德育”的倡导使教师逐渐关注幼儿的品格教育。美国品格整合学习模式的提出者特蕾莎认为适宜学前期学习的品格主要包括：尊重、善良、友谊、欣赏差异、忍耐、移情、奉献、合作、基于信念的行动、希望、创造力、爱。这些品格都可以成为教师确定此类主题的依据。教师还可以寻求家长的帮助，共同讨论本班幼儿急需掌握并更重要的品格学习。如主题“奉献爱心”、“环保小卫士”、“我们的希望”等。

（二）主题活动目标的设计

主题的目标主要是描述主题实施的预期结果，将主题教育活动的教育价值表述成具体的目标。设计主题目标时，教师应该考虑上一级的年级目标、模块目标以及幼儿发展的特点等。主题活动的目标应该包含情感态度、能力、知识技能等多方面的发展。教师在进行表述目标时，可以将三类目标的动词表述进行分析。如认识目标的动词有列举、说出、解释、比较、设计、总结等；情感目标的动词有注意、完成、表现、接受、评价、判断等；技能目标的动词有移动、使用、操作等。主题活动的目标设计与集体教学活动目标的设计有共通性，而前者的目标更广泛、更概括。

案例导入

社会领域主题活动“我爱我家乡”（大班）①

主题活动的总目标：①感知自己家乡的美好，并喜爱自己的家乡。②活动中遇到问题能积极想办法协商解决，并能与同伴友好合作。③能共同制订参观活动行程的计划并执行计划。④在宣传家乡美景的过程中敢于大胆、自信地与人沟通和表达。

此主题活动共包含四次区域活动和十次集体教学活动，其中每一活动的活动目标是主题活动总目标的具体化，如下：

活动六“家乡美观景游——观景游小组在行动”

活动目标是：①能体验、欣赏家乡的美景，热爱自己的家乡。②能按照自己的计划进行郊游活动，遇到问题能积极地想办法协商解决和调整计划。③遇到陌生人及突发情况，能勇敢、自信地与之沟通和协商。

【案例分析】

案例中包括主题活动的总目标和某一活动的具体目标，教师在设计主题活动目标时需要注意的是主题活动的总目标是一系列活动目标的概括，而某一活动的具体目标是主题活动总目标的下位目标，是这一活动的具体目标。在目标的表述中可以看出，总目标到活动目标的具体化趋势和一致性趋势。教师确定了主题后，要预设主题活动的总目标，再根据总目标进行分解并与具体活动内容相联系，最终确定某活动的具体目标。

（三）主题活动内容的设计

主题活动的内容要根据主题目标来选择，主要围绕三个层次（认知、情感、行为）的目标来思考与选择适宜的内容。在认知层面，教师需要考虑能使幼儿获得什么认识，在情感层面考虑培养幼儿哪些态度和价值观，在行为层面考虑培养幼儿哪些技能。

以社会领域为主的主题活动也要注意其他领域内容的渗透与平衡。教师在设计系列主题活动时，可以按照整体、联系的要求进行具体内容的设置。主题教学活动应该囊括多个领域目标，具有不同领域的活动内容，以促进幼儿的全面发展（综合性主题活动以社会领域为主）。

---

① 参考于赵旭莹、周立莉主编的《幼儿园综合主题活动——设计技巧与优秀案例》中的北京市海淀区北部新区实验幼儿园丁一、李蒙老师的“我爱我家乡”主题活动设计。

案例导入

社会领域主题活动“绿色银行”（大班）①

主题活动的总目标：①树立环保意识，保护环境，有初步的社会责任感。②能用不同方式大胆表达自己的想法和感受。③能用自己的方法解决活动中的问题。④体验分享、合作、互助的快乐和意义，能够独立解决交往中的问题。

主题活动的内容构成：活动一：有用的垃圾（社会领域）；活动二：认识人民币（科学领域）；活动三：蔬菜展销会（语言领域）；活动四：制作宣传海报、邀请券（艺术领域）；活动五：竞选销售员（语言、健康领域）；活动六：采摘蔬菜（综合）；

【案例分析】

案例中，分析主题活动的总目标可以看出，活动的认知目标包括使幼儿理解什么是垃圾、什么是人民币、为什么要环保等；情感目标包括体验分享、合作、互助的快乐、树立环保意识等；行动目标包括大胆表达自己、独立解决问题等。教师在设计主题活动的一系列具体活动时，逐步展开，层层递进。每个具体活动都包含了这三个层面的目标，但有所侧重，如活动一、二侧重于体现认知目标，活动三、六侧重于体现情感目标，活动四、五侧重于体现行动目标。整个主题活动中整合了社会、科学、语言、艺术和健康五大领域的内容，形成了一个以社会领域目标为主的、其他领域目标兼顾的综合性主题网。活动中，教师将环保和种植有机结合，开展了一系列教育活动。幼儿通过废物利用、变废为宝了解了地球严重污染的事实，同时还让幼儿形成了资源循环利用的意识，培养了幼儿社会交往能力。教师在设计主题活动内容时，需要把握目标指导和领域平衡的原则，根据主题活动的总目标，预设或生成多个切实有效的活动，从整体上促进幼儿的全面发展。

（四）主题活动网络图的设计

主题活动网络图能够较直观地表达主题活动的内容和进程等，教师设计完主题活动的目标和内容，根据预设或生成的活动程序绘制活动网络图。

---

① 参考于赵旭莹、周立莉主编的《幼儿园综合主题活动——设计技巧与优秀案例》中的北京市大兴区第七幼儿园刘思纯老师的“绿色银行”主题活动设计。

如社会领域主题活动“我要上学啦”（大班）的网络图①：

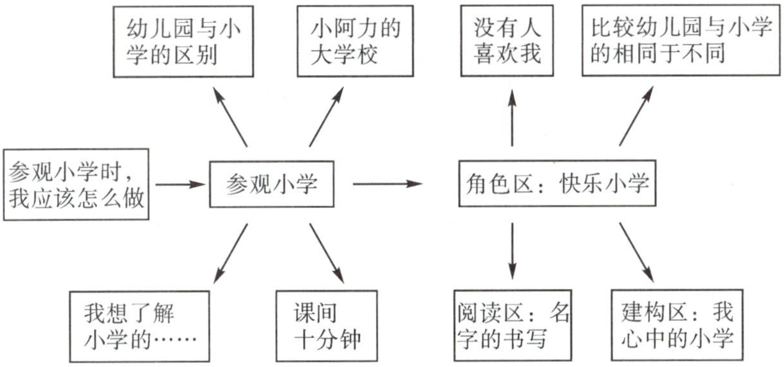

图 5-1　“我要上学啦”主题活动网络图

（五）主题活动环境的设计

主题活动是一段时期内进行的一系列整体性活动，这需要教师预设相符的环境来“隐性”授课。环境是活动设计和实施的要素，是幼儿互动的关键，也是幼儿发展的“第三位”老师。《纲要》和《指南》中均将环境的创设作为重要的教育内容提出。在主题教育活动中，环境的设计就如同“骨架”一样，能够把主题活动涉及的各个方面和一系列活动呈现出来，留下教育的痕迹，给幼儿提供一个回顾已有经验、建构新知的线索和载体。② 除良好的精神环境之外，主题活动物质环境的设计主要包括主题墙的设计、区域环境的设计、教学材料的设计与提供、有关生活环境的设计等。

图 5-2　“我的好朋友”主题墙设计

图 5-3　“娃娃家”区域环境设计

---

① 参考于赵旭莹、周立莉主编的《幼儿园综合主题活动——设计技巧与优秀案例》中的北京市六一幼儿院朱金岭老师的“我要上学啦”主题活动设计。

② 基础教育教学研究课题组. 幼儿园主题教育活动指导［M］. 北京：高等教育出版社，2014.

（六）主题活动方案的写作

一个完整的主题活动方案一般包括主题的由来、主题环境的创设、主题目标、主题网络图或主题活动一览表、系列活动的教案、主题活动的反思等。

主题的由来是指主题设计的理由和意图；环境创设即主题应该配以哪些精神和物质环境，如区域环境及材料的投放等；主题目标是整个主题系列活动的总目标，是主题活动期望幼儿能够获得的相关知识与技能；主题网络图或主题活动一览表能够清晰地显示主题下的系列活动内容；系列活动的教案就是每一次活动的具体设计方案；主题活动的反思是教师在主题活动实施过程中的思考与总结。

二、社会教育主题教学活动的指导

（一）主题要适宜幼儿的发展，符合幼儿的兴趣

幼儿的全面发展是任何教育活动的最终目标。主题活动的实施要遵从于幼儿的发展性，即不仅有助于幼儿当前的发展而且还有助于幼儿长远的可持续的发展。所以，教师在主题活动组织和实施的过程中应该着眼于幼儿的健康发展，快乐成长。主题的实施要适宜幼儿的现有发展水平，并能促进幼儿现有水平的进一步提高，注重幼儿整体性知识和能力的培养。

兴趣是最好的老师。在强烈的兴趣驱动下，幼儿会更有效地学习和成长。教师在主题活动实施时要站在幼儿的角度看问题，关注幼儿的兴趣，及时调动幼儿的积极性，让幼儿在活动中乐于参与、乐于操作、乐于尝试、乐于探求。教师应尽可能地增强活动的兴趣性和趣味性，适当调整或生成兴趣性活动内容，使幼儿“充满激情地享受”于活动之中。

（二）创设主题性环境，营造社会学习的氛围

幼儿的社会学习往往是在潜移默化中完成的，支持性的环境有利于幼儿的社会学习。教师应该在主题活动实施之前就做好物质环境的准备工作，并在活动过程中不断更新环境和材料的内容。当然，教师更应该思考的是支持性学习氛围的营造。教师需要把幼儿自主探索时所需要的自由和幼儿安全活动所受到的限制之间达成一种平衡，使师生共同分享和控制整个学习过程，幼儿拥有相对的自由，每个人都相互信任、相互尊重、愿意交流的学习氛围。此外，教师还可以寻求家长的支持，让家长协助和参与主题活动的实施中来，共同促进幼儿的发展。如实施“尊重”的主题活动，教师应该营造一个相互尊重的学习氛围——幼儿园中每个人都相互尊重，还可以让主题延伸至家庭中，让家长协助在家庭中完成“尊重家人”的主题内容。

（三）注重幼儿的生活经验，关注日常的渗透实践

幼儿的教育离不开幼儿的生活，幼儿的生活是幼儿接受教育的经验前提。主题活动

要以幼儿的生活教育为核心，主题活动的内容和实施源于幼儿生活、贴近幼儿生活，并在幼儿的生活中展开，关注幼儿的生活表现、生活经验以及生活中的问题和问题解决。在实施主题活动中，教师应该注重幼儿生活经验的梳理和积累，通过直观、具体、形象的生活经验的概括帮助幼儿逐步形成主题中社会品质的理解。教师应该是幼儿生活中的榜样，注意自身的社会示范作用，让自己的行动变成促进活动实施的一个推动力。此外，主题活动的目标效果应渗透在幼儿的日常生活中，不断地强化和练习，形成“生活性”的巩固。如教师进行“大家来帮忙”主题时，就可以在一些需要大家互相帮助的生活场景中（搬桌子、拎篮子、扫地、过马路等）强化主题的教育。

（四）活动展开由浅入深，紧密联系主题

主题活动由一系列相关活动组成，这些活动彼此联系，以主题为中心逐层展开。因此，教师要注意每个活动实施的步骤、进程和相互关联。每一活动的实施都要紧密围绕主题目标进行，注意不同活动之间的联系以及前后活动的递进，以引导幼儿由浅入深、由具体到抽象的学习，使内隐的主题教学目标通过一段时间的学习得以达成。教师还应避免主题教学陷入“拼盘式”的“大杂烩”，活动内容零散，内部关联性差等问题，强行拼凑在一起的活动不利于幼儿系统知识技能的掌握和学习。

（五）尊重幼儿个体差异，体现不同层次

即使是同一个年龄阶段，幼儿的发展也具有很大的差异性。在一个主题下的系列活动中，每个幼儿在不同的活动中的表现也存在不同的差异。教师需要根据幼儿的特点、兴趣、需要、水平设计不同的教育活动、活动材料和活动方法，提出不同的教育目标和要求，满足不同幼儿的需要，指导不同的学习速度，尊重幼儿的差异。在活动实施中，教师也应该对幼儿区别对待，因材施教。这要求教师了解每个幼儿的特点，并可以根据幼儿的水平合理分解教学内容的不同层次，提出针对性的教学方法。例如在幼儿独立性培养活动中，幼儿的表现水平高低不同，对独立性能力较强的幼儿，教师可以提出更富于挑战的任务，而对于独立性相对较差的幼儿则要适当降低要求。

（六）全面综合教育，突出幼儿学习品质

社会领域的主题教育也需要教育的多领域整合，即主题活动以社会领域教育目标为主，其他领域教育目标为辅。在主题教学中，教师要注意各领域的相互渗透，通过解决某一问题的方式来促进幼儿整体学习的能力，锻炼幼儿综合运用的能力。《指南》中将“重视幼儿学习品质”作为实施的要点提出，幼儿积极的态度、良好的行为、学习的兴趣、用于探究和创造等学习品质在幼儿社会领域学习中起着非常重要的作用。教师在实施活动时，要杜绝单纯追求知识和技能的学习，而应该突出幼儿学习品质的培养，为幼儿的终身发展服务。

三、社会教育主题教学活动的实例与分析

（一）幼儿园里为我们服务的人（大班）①

1. 主题活动由来

根据对本班幼儿的观察发现，他们能积极参与劳动，但对他人的劳动成果有不珍惜的情况，如：看完的图书乱放；在户外玩的时候，把梧桐果踩碎，弄得地上到处都是毛；在交通基地玩的时候，踢得蘑菇房的墙上到处都是鞋印，乱扔碎纸，等等，还存在对身边的为自己服务的人不理不睬的情况，他们享受着他人劳动的成果，却对劳动者的辛苦没有感受，这正是幼儿有以上行为的原因，针对这些情况，本学期本班开展了“幼儿园里为我们服务的人”主题活动。

主题活动网络图：

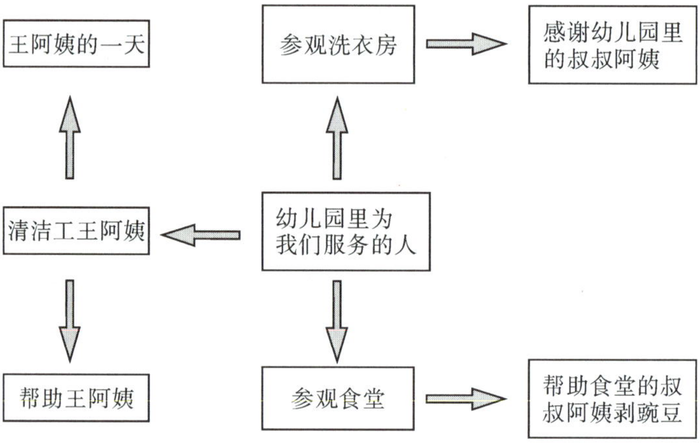

图 5-4 “幼儿园里为我们服务的人”主题活动网络图

2. 主题活动总目标

（1）感受幼儿园里为自己服务的人的辛苦。

（2）在情感体验的基础上，主动关心照顾自己长大的人、为自己服务的人，并尊重他人的劳动。

3. 主题活动中的区域创设

（1）角色区：幸福餐厅

区域目标：

①了解角色服务内容，能够用文明语言友好服务。

---

① 参考于赵旭莹、周立莉主编的《幼儿园综合主题活动——设计技巧与优秀案例》中北京市六一幼儿院姚艳老师“幼儿园里为我们服务的人”主题活动设计。

②能够与同伴协商、分工，友好合作，共同进行游戏。

区域墙饰：角色服务内容墙饰，幼儿友好交往的照片，鼓励内容（突出语言与微笑服务）。

区域材料：灶台、锅、碗、盘子、勺子、各种“食品”、菜单、厨师围裙、帽子、服务员围裙、头巾、收银台。

指导重点：

①引导幼儿用礼貌、文明的语言进行交往：“欢迎光临”、“你好”、“请”、“谢谢”、“再见”等。

②引导服务的幼儿感受为他人服务的快乐，引导“客人”感受小朋友的劳动，尊重为自己服务的人。

（2）角色区：彩虹美发厅

区域目标：

①了解游戏内容，能够正确使用游戏材料为小朋友服务。

②能够用礼貌语言与同伴交往，尊重并感谢同伴的服务。

区域墙饰：发型图片、装饰头发的图片、使用游戏材料的提示照片、幼儿友好交往的照片、鼓励内容（突出语言与微笑服务）。

区域材料：镜子、梳子、各种发卡、皮筋、假发、丝带、发卷、吹风机、塑料游戏“剪刀”、自制发型书、收银台。

指导重点：

①引导幼儿用礼貌、文明的语言进行交往：“欢迎光临”、“你好”、“请”、“谢谢”、“再见”等。

②引导服务的幼儿感受为他人服务的快乐，引导“客人”感受小朋友的劳动，尊重为自己服务的人。

4. 主题活动具体实施

活动（一）：王阿姨的一天

活动目标：通过了解王阿姨日常为小朋友们所付出的劳动，感受王阿姨的辛苦，初步培养幼儿尊重为自己服务的人的情感。

活动准备：认识王阿姨，活动前引导幼儿关注王阿姨为小朋友们付出的劳动及当时的照片，记录纸、笔。

活动过程：

（1）回顾之前看王阿姨为小朋友们劳动的照片。

（2）请幼儿简单谈谈自己的感受。（1）为什么觉得王阿姨好？（2）为什么觉得王阿姨辛苦？

（3）引导幼儿观看王阿姨为小朋友们劳动的录像，知道之前看到的只是王阿姨为小朋友们做得很少的一部分。

（4）请幼儿谈谈自己的感受。①看到王阿姨每天都要为小朋友们做那么多事，你有什么感受？②为什么？③看到王阿姨为小朋友们付出的辛苦，小朋友们可以为王阿姨做什么？教师记录。

(5) 回顾总结幼儿讨论的内容，鼓励幼儿以自己的礼貌及爱护环境的行动感谢王阿姨为小朋友们付出的辛苦劳动。

活动（二）：帮助王阿姨

活动目标：

(1) 引导幼儿体验他人为自己服务时所付出的辛苦。

(2) 培养幼儿关心身边为自己服务的人，并尊重他人的劳动。

活动准备：与清洁工王阿姨共同备课，观察王阿姨的劳动，准备扫帚、簸箕、抹布。

活动过程：

(1) 交通基地劳动体验。

①告诉幼儿清洁工王阿姨生病了还在扫地，激发幼儿打扫交通基地的主动性、积极性。教师："王阿姨病了还想着要为小朋友们把交通基地打扫干净，那么小朋友们应该怎样做才能让生病的王阿姨放心呢？"

②在劳动过程中，感受清洁工王阿姨平时为小朋友们服务时的辛苦。擦墙时，胳膊累；蹲的时间长了，腿疼；扫地时会感觉很呛；弯腰时间长了腰疼等。

(2) 活动总结反馈。

①劳动后，再次加深幼儿的感受，体会清洁工王阿姨劳动的辛苦（一个人要做那么多的清洁工作）。

②引导幼儿讨论除了帮助打扫，还能怎样做以减轻王阿姨的辛苦。引导幼儿尊重他人的劳动。

(3) 除了王阿姨，幼儿园里还有哪些人为我们服务呢？我们又能为他们做什么呢？培养幼儿尊重他人的劳动，关心身边为自己服务的人。

活动（三）：参观洗衣房

活动目标：通过参观洗衣房阿姨的劳动，体验阿姨劳动的辛苦，激发幼儿关心、感谢他人的情感，能尊重他人的劳动。

活动准备：活动前与洗衣房沟通，准备本班换洗的床单。

活动过程：

(1) 带幼儿参观洗衣房，看一看洗衣房的阿姨是怎样把小朋友们的床单洗干净的。引导幼儿观察：有很多床单，每条床单都要仔细检查，有的要用手搓等，感受阿姨的辛苦。

(2) 引导幼儿问阿姨问题，了解阿姨平时的工作：①平时除了床单还要洗什么？（所有班级的床单、枕巾、浴巾等）②每天下班后有什么感觉？（非常累，摸摸阿姨的手）③为什么要这么认真？（为了小朋友们的身体健康）

(3) 引导幼儿想一想有什么话要对阿姨说。

(4) 引导幼儿想一想可以为阿姨做什么。（尽量保持床单、枕巾、浴巾干净）

(5) 帮阿姨晾床单。

(6) 总结活动：平时注意讲卫生，这也是感谢为我们服务的洗衣房阿姨的实际行动。

活动（四）：感谢幼儿园里的叔叔阿姨

活动目标：

（1）在回顾幼儿之前帮助王阿姨及参观洗衣房活动的基础上，了解幼儿园里其他为小朋友们服务的人。

（2）通过了解，引导幼儿尊重幼儿园里为小朋友们服务的人及他们的劳动。

活动准备：帮助王阿姨的活动及参观洗衣房活动的照片，幼儿园里其他为小朋友们服务的人的工作照片，记录纸、笔。

活动过程：

（1）回顾之前的活动：①回顾幼儿帮助王阿姨的活动及参观洗衣房的活动。②结合之前的活动，请幼儿简单谈谈自己的感受。

（2）讨论：幼儿园里为小朋友们服务的人。

①请幼儿思考并说一说幼儿园里还有哪些为小朋友们服务的人，他们是怎样为小朋友们服务的。

②请幼儿观看幼儿园里其他为小朋友们服务的人工作的照片。

③请幼儿说说看完照片后的感受。

通过观看照片，你知道了幼儿园里还有哪些为小朋友们服务的人？他们是怎样为小朋友们服务的？他们为什么要为小朋友们做这些事情？知道了他们为小朋友们付出的辛苦劳动，请谈谈自己的感受。小朋友们可以为他们做什么？

（3）回顾总结幼儿讨论的内容。鼓励幼儿以自己的礼貌、好好学习本领、锻炼身体、爱护环境等行动感谢在幼儿园里为小朋友们服务的人。

活动（五）：参观食堂

活动目标：通过参观食堂的叔叔、阿姨的劳动，感受叔叔、阿姨劳动的辛苦，激发幼儿关心、感谢他人的情感，能尊重他人的劳动。

活动准备：活动前与食堂工作人员沟通，准备幼儿参观择菜、炒菜的工作流程。

活动过程：

（1）带幼儿参观食堂，看一看食堂的叔叔、阿姨是怎样为小朋友们准备饭菜的。

（2）引导幼儿观察：有很多蔬菜、水果，每一颗蔬菜、每一个水果都要仔细清洗，蔬菜要一颗一颗地择，把不能吃的部分择掉。感受叔叔、阿姨的辛苦。

（3）观看食堂的叔叔用大大的铲子在大大的锅里炒菜，感受叔叔的辛苦。

（4）引导幼儿问叔叔、阿姨问题，了解他们平时的工作。①平时除了做饭还做什么事情呢？（买菜、洗碗、消毒）②每天下班后什么感觉？（非常累，摸摸叔叔、阿姨的手）③为什么要这么认真？（为了小朋友们的身体健康）

（5）引导幼儿想一想有什么话要对叔叔、阿姨说。

（6）引导幼儿想一想可以为叔叔、阿姨做什么。（好好吃饭，不剩饭菜，好好保护身体）

（7）总结活动：鼓励幼儿好好吃饭，使身体健康，这也是感谢食堂里为我们服务的叔叔、阿姨的实际行动。

活动（六）：我帮食堂的叔叔、阿姨剥豌豆

活动目标：通过帮助食堂的叔叔、阿姨剥豌豆，引导幼儿体验他人为自己服务时所付出的辛苦，培养幼儿关心身边为自己服务的人并尊重他人的劳动。

活动准备：与食堂的叔叔、阿姨共同备课，准备豌豆及装豌豆的器皿。

活动过程：

（1）帮助食堂的叔叔、阿姨剥豌豆，进行劳动体验。

①通过回顾参观食堂的活动，激发幼儿帮助食堂的叔叔、阿姨剥豌豆的主动性、积极性及认真态度。（我们参观了食堂后，看到叔叔、阿姨们每天为小朋友们做饭、洗碗，这么辛苦，小朋友们可以为他们做什么呢？）

②帮助食堂的叔叔、阿姨剥豌豆。鼓励幼儿主动向食堂的叔叔、阿姨表达想帮忙的意愿。引导幼儿感受剥豌豆时手累的感觉。引导幼儿知道叔叔、阿姨要为全园的小朋友们剥更多的豌豆，他们会更辛苦。弯腰放豌豆，感受时间长了腰会疼。

（2）活动总结反馈。

①剥豌豆后，再次加深幼儿的感受，体会食堂的叔叔、阿姨劳动的辛苦（要为全园的小朋友们做这么多的饭、洗很多的碗）。

②引导幼儿知道叔叔、阿姨虽然很辛苦，但这样能使小朋友们身体健康，叔叔、阿姨心里是高兴的。

（3）询问幼儿帮助叔叔、阿姨后的心情，感受为他人劳动后的快乐。

5. 主题活动反思

根据观察，很多幼儿在幼儿园里见到为自己服务的叔叔、阿姨不理不睬，觉得跟自己没关系。以往毕业班的幼儿在朗诵毕业诗时，提到小灶叔叔、大夫阿姨，语气平平，没有感情，对他人为自己付出的辛苦劳动没有感受。因此，在这场主题活动中，教师先引导幼儿感受幼儿园里为自己服务的人的辛苦，从情感体验入手，培养幼儿关心照顾自己长大的人、身边为自己服务的人并尊重他人的劳动。

在进行活动前，我认真阅读相关文件和书籍，结合本班幼儿的情况，确定了本主题活动的目标。在幼儿园里为幼儿服务的人很多，我抓住其中贴近幼儿生活的任课老师、保育员老师、王阿姨、洗衣房阿姨、大夫阿姨、食堂的叔叔阿姨等几个点，通过观察、看录像、亲身感受等方式，引导幼儿体会他们的辛苦。

在社会性培养的过程中，经常提到情感体验、情感认知、情感行为，情感是行为的动机，情感由体验而来，教师有目的地根据幼儿出现的问题创设情境，可使幼儿在活动中体会、内化应该怎样做。在活动中也体现了一些隐性的教育目标，如：培养分工、合作意识；培养责任感、坚持性；了解生活中常见的劳动工具及其功能和用途，会依据劳动的需要选择和使用多种劳动工具，积累劳动经验，提高劳动技能；增强自我保护意识等。我随机地对幼儿进行了多方面的指导与培养。

社会性培养并不是一次或两次活动就能完成的，而是一个长期的过程，需要我们在日常的生活中有意识地、随机地不断强化，才能使幼儿形成良好的情绪情感以及行为习惯。因此，虽然主题活动结束了，但其中的教育理念还要在以后的活动中继续渗透下去。

6. 评析

“关心尊重他人”是《指南》中明确提出的幼儿社会发展目标之一，针对大班幼儿也提出了“尊重为大家提供服务的人，珍惜他们的劳动成果”的具体目标。尊重是一种态度，教师只有通过活动引导幼儿了解各种服务人员的劳动并感受到劳动的辛苦，才能有效地激发幼儿的情感，引发幼儿尊重的行为。

本主题活动的目标设置符合幼儿的年龄特点和社会发展的目标，并切合幼儿的实际。从幼儿园角度出发，教师选择了幼儿园各个方面为幼儿服务的人，从清洁工王阿姨、洗衣房阿姨再到食堂的叔叔阿姨们，让幼儿了解了幼儿园为自己服务的人有很多，他们的工作都很辛苦。教师引导幼儿通过观察、讨论、体验等手段来理解和感受为他人服务的辛苦和喜悦，激发了幼儿的内心情感，使幼儿尊重为自己服务的人。本活动中，教师更多地利用“生活”场景来教育幼儿，体现了幼儿教育生活化的理念。幼儿的社会性教育不是纯粹说教，而应在生活中体现，自然中彰显。

第三节　社会教育区域教学活动的设计与指导

区域活动或称活动区活动、区角活动，是指教育者以幼儿感兴趣的活动类型为依据，将活动区间相对划分为不同的活动区域，让幼儿按照自己的意愿自由选择活动区，通过材料操作、环境影响以及与教师、同伴互动等进行学习和游戏，从而获得发展的活动。区域活动是幼儿园社会教育的途径之一，注重幼儿的个体差异、环境的作用及教师的支持引导，是主题活动和集体教育活动的补充。如角色游戏区、建构区、美工区、语言区、表演区等，还有“我们的幼儿园”、“娃娃家”、“饲养角”、“超市”、“银行”等主题性活动区，都可以促进幼儿的社会性发展。教师应该重视区域活动环境和材料的创设，让幼儿在自由选择、区域互动中体验快乐、共同成长。

一、社会教育区域教学活动的设计

区域活动的设计与主题活动和集体教育活动不同，教师设计的不是具体的活动，而是活动的环境和材料。教师需要将教育意图转化为区域环境和活动材料的创设上，通过幼儿与环境、材料及活动中的人、事、物的互动来达到预期的教育目标。

（一）区域活动目标的设计

教师在设计区域活动时，应该事先预设区域活动的社会教育目标，并根据教育目标设置相应的区域环境和材料。区域活动的目标设计与主题活动、集体活动目标的设计要求一致。除了适应幼儿的身心特点之外，也要与其上位教育目标相一致，如主题活动中的区域活动，其目标是主题活动总目标的具体化。因为区域活动更多地是幼儿自主选择、自由探索，幼儿在达成这些预期目标的过程中会表现出明显的个体差异，所以针对不同的幼儿，预期的目标也需要在不同程度上进行差别化调整。根据区域活动的特点，其教育目标还强调幼儿的自主性、操作性和探究性等。此外，区域活动的目标极具生成性，幼儿在区域活动中可能会“顺便”达成一系列隐性的社会性教育目标。

知识链接

社会区目标①

一、区域总目标

（1）喜欢并适应群体生活。

（2）遵守基本的行为规范。

（3）具有初步的归属感。

二、各年龄段目标

1. 3~4 岁

（1）对幼儿园的生活好奇，喜欢上幼儿园。

（2）懂得并遵守一日生活中的各项规则。

（3）知道家庭成员与自己的关系，体会到自己是家庭的一员。

（4）认识国旗、知道国歌。

2. 4~5 岁

（1）愿意与家长一起参加社区的一些群体活动。

（2）关心社区生活，养成良好的生活和学习习惯。

（3）知道自己是中国人，奏国歌、升国旗时能自动站好。

（4）知道父母的职业，能体会到父母为养育自己所付出的辛劳。

3. 5~6 岁

（1）对小学生活感到好奇和向往。

（2）了解社会生活中最基本的规则，自觉地遵守一日生活中的各项行为规范。

（3）爱护身边的环境，注意节约资源。

（4）知道自己的民族，知道中国是一个多民族的大家庭，各民族之间要互相尊重，团结友爱。

（二）区域环境的规划

《纲要》指出要为幼儿的探索活动创设宽松的环境，教师应该在区域环境设计时注意为幼儿多提供更多参与和尝试的机会以促进幼儿全面发展。教师应该根据不同年龄幼儿的发展水平和活动需要，合理安排适宜的活动区域，为幼儿创设一个有准备的区域环

① 王微丽. 幼儿园区域活动——环境创设与活动涉及方法［M］. 北京：中国轻工业出版社，2014，202.

境，设计独特的空间布局，从而促进幼儿在良好的区域环境中学习、探索、实践和发展。① 教师应该先考虑班级所有活动区域的总体环境布局，然后再根据情况确定每个具体区域的环境设置。

首先，教师应该根据班级幼儿的年龄特点和具体环境来考虑区域的划分。教师应该根据不同年龄的幼儿特点设置不同侧重的活动区域，如小班更注重生活区、感官区和艺术区等，随着幼儿年龄的增大，逐步设置数学区、语言区、文化区和创意区等。教师需要根据班级的现实条件如班级人数、活动空间等来考虑活动区的数量及位置。在整体规划时，教师应充分利用课室、卧室、地面、桌面、墙面、空中等一切可利用的空间进行设计，遵循区域空间规划的整体与部分结合的原则、开放与围合平衡的原则以及室内室外互补原则。②

其次，针对社会区域，教师应根据长期和近期的社会性发展目标来设置区域的环境，如考虑应该设置哪些区域来完成社会性目标，是否需要单独设立社会区，是否可以将其他领域的区域加以利用渗透社会性教育等。当然，区域的设置并非一成不变，应该根据社会性教育重点、幼儿的兴趣特点及时节的变化而变化，如大班末期的社会教育重点有“认识小学”，教师就可以让幼儿在区域中认识小学、练习上小学的各种技能；中班幼儿对角色扮演充满了兴趣，教师则可以设置“医院”、“银行”、“邮局”、“超市”等角色区；新年即将到来之际，教师可以设置关于新年民俗的区域，还可以在其他区域进行渗透——表演区为迎接新年而排演节目，美工区为迎接新年制作春联、剪纸和灯笼等。

（三）区域材料的设计

材料是区域活动的关键性要素，是开展区域活动的物质前提。在区域活动中，幼儿就是在不断地、主动地操作材料中获取信息，积累经验和发展能力的。教师要提供适宜的材料供幼儿活动，并适当调整、更新。

1. 区域材料的构成

教师在设计区域材料时必须具备区域材料构成的知识。区域材料主要包括主体材料、辅助材料。主体材料是幼儿在区域活动中操作的关键性材料，它是幼儿实现想法、获得经验的主要载体，如“医院”里的白大褂、听诊器、输液器是扮演医生的主要材料。辅助材料可以帮助幼儿更好地操作主体材料，更好地达成教育目标，起着辅助的作用，如放置药品的小柜子、桌子、椅子等。

2. 根据不同年龄投放不同的材料。

小班的幼儿容易关注体积较大、立体、形象的物品，教师在投放时需要在材料的外形上尽可能立体化、直观化，大小适合小班幼儿操作；由于小班幼儿的注意力易分散，材料的颜色不宜太鲜艳，种类不宜太多，控制在三种以内即可；小班幼儿材料的数量控

---

① 王微丽. 幼儿园区域活动——环境创设与活动涉及方法［M］. 北京：中国轻工业出版社，2014，29.

② 王微丽. 幼儿园区域活动——环境创设与活动涉及方法［M］. 北京：中国轻工业出版社，2014，30-32.

制在6个以内较适宜，并突出材料的差异性。

中班幼儿区域活动材料的外形可以多样化，平面几何图形、立体几何图形和不规则框架都可以适当添加；在材料颜色方面可增加鲜明度和种类，以提高幼儿的辨识力；材料的数量可适当增加，材料的差异可逐步减小；教师还可以多提供一些合作性材料，供幼儿进行合作。

大班幼儿活动区域中，教师可适当增加体积更小、种类更丰富、颜色差异更小、数量更多的材料，并提供可吸引幼儿进行自发合作和角色扮演的材料，引发幼儿思考、交流，发展幼儿共同解决问题的能力。

3. 区域材料设计的原则

主要包括安全性原则、生活性原则、动态性原则。

安全性原则是指教师设计区域材料首先要考虑材料的安全性，确保幼儿活动中的安全。教师在投放材料前要认真检查材料的安全性，应避免可能会伤害幼儿的一些材料，如带尖带刺的材料、有毒的材料等。此外，教师要引导幼儿正确使用操作工具，并在操作工具如剪刀、水果刀、叉子上贴上警示标志。

生活性原则是指教师在设计区域材料时，内容要贴近幼儿的生活，是幼儿在生活中能够看到、听到、感受到的。如设计区域“小超市”，各种日常用品（各种零食、洗漱用品）都可以作为材料进行投放。

动态性原则是指教师要根据不断变化的现实情况来调整和更新材料。教师提供了一次材料之后，还要在整个活动过程中跟随教育目标、幼儿的兴趣、幼儿的新经验以及时空的变化来调整和更新材料，以满足幼儿的需要。

案例导入

娃娃买菜（中班）①

通过一段时间对娃娃家的观察，我发现孩子们的游戏主题除了做饭、照顾娃娃、招待客人外，又增加了买菜的小情节。今天，天天和朵朵两个小朋友来到娃娃家发起了买菜的小游戏。天天拿起了锅对当“妈妈”的朵朵说：“我来给你们做饭吧，先炒个鸡蛋西红柿。”说着就忙着选择需要的材料。“哎？怎么没有西红柿?”在一旁的朵朵赶紧说：“那我就去买点菜吧。”说着拎起背包就去买菜了。由于事先没有和幼儿准备相应的游戏材料，所以每当幼儿发起游戏时，他们不是假装到外面走一圈，就是不了了之。我想随着幼儿生活经验的不断丰富，表现的主题也逐渐丰富，教师应适当提供材料，支持幼儿游戏情节的拓展。

① 何艳萍. 幼儿园区域活动的实践与探索［M］. 北京：北京师范大学出版社，2010，26-27.

于是，我与幼儿共同商量："买菜都需要什么？"天天说："当然需要菜了。"乐乐说："还需要钱。""我知道，还需要称菜用的那种东西（称）。"澈澈说。奇奇又说："还需要购物筐，我和妈妈去买菜都用购物筐装菜。"……"那我们到哪里找这些东西呢？"孩子们纷纷献策："咱们可以做一些。""我家的芭比娃娃里就有蔬菜，我可以带来。"……经过共同筹备蔬菜专题材料，娃娃家的爸爸妈妈们可以高高兴兴地去买菜了。

【案例分析】

案例中，教师善于观察孩子们的新经验和新兴趣，并及时捕捉、适时引导，将"买菜"所需的材料添加到区域活动中。教师通过与孩子的交流讨论，让孩子参与到新材料的设计和准备中来，充分调动了幼儿的主动性、参与性。新材料的添加有助于幼儿获得新的经验，促进幼儿的社会性发展。

（四）区域活动规则的建立

区域活动中的规则是幼儿在开展探索活动时必须遵守的常规，教师在设计区域活动时需要事先考虑好活动的规则。合理的区域活动规则是区域活动顺利开展的前提和保障，也是培养幼儿规则意识、自律行为和社会责任感的必要措施。幼儿通过遵守和执行相应规则，逐步理解规则的意义，在集体环境中调整自己的行为，有助于幼儿的社会性发展。

区域活动规则主要包括活动前的选择区域规则、活动中操作材料的规则、活动中幼儿互动的规则等。区域活动的规则贯穿于整个区域活动，在不同的活动环节其规则也不尽相同。教师要根据幼儿的特点制定相应的规则，也可以与幼儿一同商议确定规则。

知识链接

表 5-1 不同年龄阶段幼儿区域活动规则

规则内容	小班	中班	大班
活动选择的规则	在教师的引导下，选自己喜欢的活动，能使用玩具和材料进行游戏或操作	能尝试自主选择自己喜欢玩的活动，掌握玩具和材料的基本玩法，并能尝试创新玩法	能尝试自创活动条件、安排空间场地、自选活动内容、自定主题、积极参加各类活动；能根据需要自选材料、综合运用材料、探索材料的各种玩法

续表

规则内容	小班	中班	大班
材料的使用与维护的规则	注意材料的安全卫生，知道正确使用玩具的方法，爱护玩具，玩什么取什么，玩完后把材料放回原处	注意材料的安全卫生，爱护玩具，小心使用，玩具掉落随时捡起，保持活动区整洁；及时结束活动，玩具按类收放整齐	注意材料的安全卫生，爱护玩具材料，小心使用，不丢弃损毁，及时整理，学习修补。及时结束活动，将材料按要求整理摆放整齐
同伴互动的规则	能与同伴友好游戏，学习恰当地表达个人愿望，活动中使用礼貌用语与同伴互动	使用材料要先来后到，共享玩具和材料，轮流交换，与同伴友好共处，协调行为、合作互动	需要时能自动调整人数，共同商议主题与玩法；学习自行解决问题，处理矛盾，克服困难

（五）区域活动教师角色的设计

区域活动是一种个别化的教学形式，幼儿是主体，教师则是间接引导者。教师需要转变集体教学观念，重新思考自己在区域活动中扮演的角色，明确自己的角色定位，使教师在区域活动中能够更有效地支持和促进幼儿的个性化发展。区域活动中，教师从前台退到了幕后，不再是活动的主导者和引领者，而是尊重幼儿意愿和行为的支持者和推动者。

设计区域活动时，教师应该明确自己的多重角色。教师既是环境的创设者，又是材料的提供者；既是区域活动的设计者，又是活动的组织者；既是活动中幼儿行为的观察者，又是幼儿行为的促进者。教师需要了解每一位幼儿的不同特点，设计有针对性的指导策略，还要密切观察幼儿在区域活动中的言行，帮助他们提高原有水平，开拓新的学习经验和领域。总之，教师在设计区域活动时要重视不同角色的设计，事先考虑好相应的教育指导策略，确保区域活动的有效进行。

（六）不同区域活动中的社会教育及设计

针对社会性发展目标而言，社会区域活动承载着重要的社会教育使命，但其他的区域活动也不可避免地蕴含着社会教育的因素。所以，教师在设计区域活动时，可以利用不同的区域，将社会教育整合、渗透到其他领域的区域教学活动中。

1. 角色区

娃娃家、超市、医院、餐馆、银行、邮局、理发店等都是幼儿园常见的角色区。幼儿可以在角色区中体验模拟生活场景的游戏，扮演各种不同的角色，理解各种人物角色的特点、行为及关系。教师可以在角色区设计有关角色意识、人物关系、交往互动等教育内容的活动，促进幼儿的社会性发展。教师针对不同年龄的幼儿可以突出不同的教育目标，如小班重点在于角色意识和角色行为的养成，中班要训练幼儿的角色关系、协调合作及规则的意识，大班则关注幼儿管理意识、对社会的更深理解、主动性和创造性等方面的培养。

2. 建构区

建构区是幼儿通过建构材料进行创造性表达的重要场所。幼儿在操作材料时，有时独自探索，有时则互助合作，甚至会出现一些冲突及破坏行为。教师可以有针对性地设计共同分享建构材料、一起合作建构、与同伴友好交往、避免冲突、避免破坏别人的建构成果、纠正不良行为等教育内容。对不同年龄段的幼儿也可有所侧重进行指导，如小班更注重幼儿分享、避免冲突和争抢、培养良好行为等内容，中班突出幼儿的合作互助、理解和珍惜他人劳动成果、建立亲密情感等内容，大班可侧重幼儿建构行为的目的性、成就感以及合作、坚持不懈、自信等内容。

3. 语言区

在语言区中，幼儿能够更好地练习听、说、读、写的各项技能，可以练习倾听和表达，进行语言交流，学习很多词汇，提高语言运用技巧等，这对幼儿的社会性发展也起着非常重要的作用。教师可以设计关于倾听对方讲话、大胆表达自己的想法、乐于与同伴言语交流、使用礼貌用语、爱护图书、培养阅读兴趣和习惯等教育内容。教师应该遵循幼儿语言发展的年龄特点，针对小、中、大班的幼儿设计不同难度的教育目标，由浅入深、由简单到丰富，层层递进。如小班幼儿能够认真地倾听长辈讲话，中班幼儿能够用礼貌用语表达自己的想法，大班幼儿可以有礼貌地与他人进行言语交流。

4. 科学区

科学区为幼儿提供了自由探索科学奥秘的各种材料，让幼儿可以在不断尝试和探索中发现问题、解决问题。教师可以通过动植物培养幼儿珍爱动物、热爱环境的情感和行为，也可以通过科学现象的探索培养幼儿大胆尝试、勇于表达、迎难而上、合作互助、自尊、自信、自主等品质。如在科学区教师可以设计不同的材料供幼儿独立、自主进行选择；当幼儿遇到困难时要鼓励幼儿积极思考、不畏困难、向同伴求助、合作完成任务；当幼儿完成科学探索和任务时，要注意幼儿自信心和成就感的培养。

5. 艺术区

幼儿天生就是优秀的艺术家，在艺术区，幼儿可以感受美、表现美和创造美。教师可以在艺术区设计“联欢会”主题，让幼儿在互动中学会按照每个幼儿的特点合理分工、安排节目、管理人员和事务、进行艺术表演等。

案例导入

我们的小乐队（大班）

在音乐区中，孩子们发现了我放在架子上的各种新乐器，他们开始拿起来尝试敲打、弹奏。经过一段时间的探索，他们发现了乐器的演奏方法，并逐渐选择了自己喜欢的乐器。

有一次，几个孩子在音乐区中讨论组建小乐队的事。他们首先推荐了一名乐队指挥，也是乐队的管理者，之后按照自己的兴趣分别选好了乐器。接下来，他们讨论选用的歌曲，然后进行配合练习。我一直观察他们并没有介入。这时，我发现小鼓手情绪不太高，因为乐队指挥把他的演奏忽略了，他只是在乐曲结束的时候才有几个音的演奏。后来，小鼓手申诉了自己的情况，通过商议，大家增加了他的表演时间。最后，他们一起叫来其他老师和同伴当听众，为我们进行演奏。

在他们组建小乐队的过程中，我惊讶于他们的表现，他们就像是小大人一样，不需要帮助，自己完成了乐队组建和演奏的全部任务，而我只是充当了他们成长的见证者。

【案例分析】

案例中，教师是观察者，没有介入幼儿的区域活动，最终见证了幼儿出人意料的能力。幼儿自发组建小乐队的过程中，有交流、有冲突、有配合、有申诉，他们收获的不仅是音乐演奏的技能，还有整个过程中团队互动合作的快乐。

6. 文化区

文化区主要涉及历史文化和地理文化等教育内容，幼儿可以通过历史、地理文化认识人类的进化与发展，自己的家乡、民族和国家，各地的风俗习惯、著名的建筑标志、自然环境等。教师可以设计有关“归属感”的社会教育目标，让幼儿逐步认识和理解家庭、家乡、国家、民族等教育内容。如小班可以设计认识国旗、国歌的区域活动，中班则需要在“奏国歌、升国旗时能自动站好”，大班则侧重于幼儿对国家的情感教育。

二、社会教育区域教学活动的指导

（一）区域活动的实施流程

区域活动的组织与实施分为四个基本的环节，即选区、进区操作、整理材料和分享交流。在不同环节实施过程中，教师的指导策略也应根据环节的不同而不同。

1. 选区

选区是指幼儿根据自己的兴趣、经验、需要，自主选择某一活动区域进行活动的过程。在社会教育目标下，多种区域活动可以同步进行，因为社会区或许不可能容纳班里所有的孩子，而且不同的区域都存在社会性发展价值。当然，教师也可以将社会区作为教育目标的重点予以规定和引导。指导幼儿选区，教师要充分尊重幼儿的自主性，当幼儿出现不会选、不想选、总选一个区或频繁换区时，教师可以进行适宜的指导。

2. 进区操作

幼儿进入选定区域进行材料操作和活动是区域活动的主要环节。根据不同的材料，幼儿按照自己的想法进行探索和操作，有助于幼儿个性化、独立性、探究欲和操作能力等的发展。在此环节，教师应该进行针对性的指导，帮助幼儿解决他们各自不同的问题。如教师可以通过提问、建议、引导不知所措的幼儿明确自己的活动目的，积极参与操作活动；可以与幼儿共同探讨游戏规则，暗示和提醒不守规则的幼儿，使幼儿在理解规则的基础上自觉遵守规则；可以通过鼓励、示范、启发和讨论引导幼儿互助合作、避免和解决冲突、克服和解决困难、发现并解决问题等。

3. 整理材料

操作活动之后，需要对操作过的材料和使用过的环境进行整理、打扫，这不仅有助于培养幼儿的规则意识、爱护材料和环境的行为，还有助于幼儿在劳动中学习劳动技能，体验劳动的快乐，尊重他人的劳动成果。教师需要在此环节指导幼儿理解整理材料的重要性，整理哪些材料、打扫哪些环境、如何整理和打扫、怎样分工与协作等。培养幼儿活动后整理材料的习惯，既能保证区域活动的良性循环开展，也落实了《纲要》中“重视环境整洁和自我管理”的培养目标。

4. 分享交流

分享交流是区域活动结束之后，教师组织幼儿回顾活动过程、讨论分享操作经验以梳理和提升幼儿经验，总结并达成共识的环节。教师可以引导幼儿分享交流各自的操作活动，展开集体或小组间幼儿的自评或互评；通过讨论，对操作过程和结果进一步确认和梳理，引导幼儿发现操作中的问题或困难，一起探讨解决；针对幼儿的社会交往能力、个性品质、遵守规则等进行评价，运用鼓励、表扬的方法强化幼儿的良好行为。

（二）激发幼儿的兴趣，提供充分自由的活动时间

区域活动实施伊始，教师应该关注幼儿的兴趣点，适时激发幼儿参与活动的热情，调动幼儿的积极性和主动性，使幼儿能够自主选择区域、主动操作材料。教师要为幼儿提供充分的时间来考虑选区、考虑自己的活动主题、考虑活动的同伴以及活动的操作方法等。这就需要教师退出“时间的高控制”，还自由的时间给幼儿，选择较长时间段开展区域活动，能让幼儿充分活动，而不要出现幼儿刚刚商量好玩什么就开始收拾的现象。

案例导入

我不想玩（小班）

区域活动开始了，小朋友们陆续去活动，只有娇娇一个人坐在椅子上没有

动。我问："你怎么不去玩呢?""老师，我不想玩。""为什么?"娇娇低着头没说话。我想她是不是不喜欢现在区域里的活动呢?便试着问她："娇娇，你最想玩什么呢?告诉老师好吗?""嗯，我想玩系鞋带的游戏，可以没有鞋子。"……第二天，我帮娇娇找来了有鞋带的鞋子，放在了娃娃家里。娇娇在选游戏的时候，直接搬着小椅子朝鞋子走去，玩起了系鞋带的游戏。

【案例分析】

兴趣是最好的活动动力。案例中，教师没有强迫幼儿选区，而是通过交流了解幼儿的兴趣点，并根据幼儿的兴趣添加了新的操作材料，成功地帮助幼儿参与到区域活动中来。

（三）提供适宜多样的材料，明确活动和游戏的规则

教师根据本班幼儿的特点选择和提供适宜幼儿年龄和需要的材料，并注意材料的多样性、丰富性、层次性，以满足幼儿的差异性需求，促进幼儿个性化的发展。教师要确保每个区域中都拥有基本的、相对稳定的材料以及需要随时更新的材料，并且这些材料要数量充足，够用。在区域活动实施中，出现各种变化而显示材料不足或多余时，教师应该及时调整、更换其他材料，增加材料数量等，以确保活动的有效开展。

区域活动实施中，教师要引导幼儿理解游戏规则并遵守游戏规则。当然，我们要注意规则不是教师一味地提要求，幼儿被迫接受，而是要通过情境设置、协商和讨论等方法，让幼儿参与规则的制定中，体验规则并共同遵守规则。这些规则也可以根据实际情况进行变更。

案例导入

制定新规则（大班）

容量为6人的超市里现在已经有11个人了，大家都想在超市里玩，谁都不愿意离去。怎么办呢?老师将拥挤不堪的超市录了下来，活动之后，通过观看录像和讨论，幼儿们纷纷发言："遵守规则是非常重要的"、"那么挤的超市不好玩"。那么多的小朋友都喜欢在超市玩，还有没有其他的办法呢?孩子们都在努力想出好的办法来。最后，我们修改了规则，制作了超市的购物清单，超市里的顾客需要陆续进入，轮流进入，即最先制订好购物清单的顾客先进入超市购物并保证在下一组顾客进超市之前离开超市，其他顾客按顺序依次制订购物清单后进入超市，整个游戏中在超市中购物的顾客数量都保持在4人以内

并形成循环购物，这样既能保证更多的孩子参与，又能解决拥挤的问题。

【案例分析】

区域活动中的规则不是一成不变的，而是可以根据实际情况进行适当的调整。案例中，在调整新规则时，教师没有直接制定规则，而是提出问题，让幼儿讨论，共同形成新的规则。这样，幼儿有了充分理解规则的机会和遵守规则的动机，成为了区域活动的真正的小主人。

（四）注重幼儿学习的自主性，教师指导的隐蔽性

区域活动的指导要有别于集体教育活动的指导，应该更注重幼儿的自主学习。教师要理解幼儿的差异性，允许幼儿按照自己的速度、兴趣、想法进行自由活动，不过多干预。区域活动中，教师的指导是隐蔽性的，是一种参与式启发，通过提问、讨论、建议等手段引导幼儿自己作出决定、寻求答案。

当然，提倡幼儿自主活动不等于放任幼儿的活动，不行使教师的指导义务，而且教师的指导也不等于不作为或直接告知。当幼儿在操作中遇到困难时，教师如果没有及时发现和指导则可能会使幼儿放弃探索，自信心受挫，教师如果直接帮助幼儿解决困难则剥夺了幼儿进行探索的机会，所以，教师支持性的、间接性的指导才更有助于幼儿完成活动任务。教师适宜的指导能够帮助幼儿获得多方面的发展。

（五）指导幼儿分工、合作、交流，收拾整理区域材料

社会领域的区域活动更应该注重幼儿社会分工、合作行为、人际交往、规则及责任意识的培养。活动实施中，教师可以引导幼儿进行小组活动，每个区域中的幼儿都可以形成一个团体，他们拥有共同的主题和任务。幼儿与同伴共同参与活动，有助于促进他们之间的交流协作、进行有序的社会分工及合作。活动结束之际，教师应该指导幼儿收拾整理好操作材料及区域环境，帮助幼儿形成“玩什么取什么，玩后整理好”的行为习惯，树立规则和责任意识。此外，教师还应重视活动后的交流分享活动，让幼儿互相评价，扩展彼此的视野和经验，提升他们社会认知、情感的水平。

三、社会教育区域教学活动的实例与分析

（一）区域活动“莲花超市”（小、中、大班）①

1. 设计背景

幼儿喜欢跟随家长去超市购物，挑选自己喜欢的玩具、食品，享受购物的乐趣。在

① 王微丽主编.《幼儿园区域活动——环境创设与活动设计方案》[M]. 北京：中国轻工业出版社，2014.

主题谈话中，教师和幼儿反复讨论了超市的作用、超市的设备、超市的商品种类、如何购物等内容，幼儿把自己的购物经历活灵活现的展示出来，有的幼儿说出了自己在购物中遇到的困难，以及对未来超市的大胆设想。于是，在“莲花小镇”主题活动中，出现了一个有趣的“莲花超市”。结合不同年龄的主题探究活动，教师在公共区域设置了“超市”主题环境，并设计了“逛超市”、“各种商品”、“认识职业”等与超市主题相关的系列活动，给全园幼儿提供了一个贴近生活、模拟真实超市的主题活动环境。“超市”中提供了商品陈列架、收银机、小推车、购物篮等超市设备；设立了收银台、服务台、兑奖区，提供了不同面额的模拟钱币；收集了商品包装盒、饮料罐等商品模型。幼儿在宽松自由的游戏氛围中，有的模仿超市工作人员，为顾客服务；有的学做文明的小顾客，按购物提示独立完成购物活动。“超市”活动为幼儿提供了交流交往的环境，能够丰富幼儿的生活经验，使幼儿体验到与人分享、交流的乐趣，发展幼儿的社会交往能力。

2. 环境创设

（1）环境准备：在幼儿园公共室内区域中，创设一个宽松自由、贴近生活的购物环境。

（2）材料准备：摆放物品的柜子、各种各样的商品模型、收银机、小推车、购物篮、钱币、服务台、兑奖区等，家长送来的废旧包装瓶、包装盒等材料。

（3）经验准备：幼儿在生活中有和爸爸、妈妈到超市购物的经验。

3. 各年龄段活动指引

（1）活动一（3~4 岁）

①活动目标：

a. 愿意参与游戏活动，情绪愉快。

b. 感受商品丰富的种类，知道商品的摆放位置，了解购物的简单流程。

c. 提高语言表达能力和动手操作能力。

②活动实施：

第一阶段：参观超市。

a. 引导幼儿认识超市的标牌名称。

b. 教师带领幼儿参观超市，了解超市的区域划分概况。

第二阶段：了解货品。

a. 介绍超市中的货品，重点介绍果蔬区、肉类区、日常用品区等区域，让幼儿知道超市中的商品都是按区域有序整齐摆放的，使幼儿获得相关生活的初步经验。

b. 引导幼儿了解常见商品，说一说货品名称和用途。

第三阶段：小小售货员。

a. 介绍超市里的工作人员，让幼儿初步了解工作人员的工作职责。

b. 教师帮助幼儿分配角色，明确各自的职责。

c. 教师引导幼儿了解游戏规则。

d. 鼓励幼儿积极参与角色游戏，扮演好自己的角色，坚守岗位。

e. 教师以角色的身份加入游戏，观察并给予及时的指导。

f. 重点评析角色扮演、物品归位和整理等情况。

第四阶段：拓展延伸。

购物活动还可以和娃娃家活动相互联系，如爸爸妈妈带着宝宝去超市购物等，丰富游戏内容。

③活动反思。跟随爸爸妈妈去超市购物，是幼儿的生活内容之一，幼儿已经具备相关的生活经验，因此，在游戏中，幼儿能够主动参与、积极互动，达到了预定的活动目标。但3~4岁幼儿，由于年龄小，游戏的规则意识比较欠缺，同伴间的互动相对比较薄弱，没有合作的意识和经验，只关注自己的活动，往往容易发生争抢物品的现象。教师可先引导幼儿参与娃娃家活动，学习正确使用交往语言，增强互动意识，如扮演爸爸、妈妈、宝宝的角色，将特定的角色语言和情节带入到超市的购物活动中；延续游戏的趣味性和情境化特点，如爸爸妈妈带着宝宝去买玩具、图书，带着任务参与超市购物。这样有利于培养幼儿大胆地与他人交流的能力，能够让幼儿体验到成功的喜悦。

（2）活动二（4~5岁）

①活动目标：

a. 在游戏中体验购物的乐趣。

b. 尝试按照购物指引独立购物，做文明小顾客和售货员。

c. 能大胆表达自己的想法，发展社会交往能力。

②活动实施：

第一阶段：商量、计划。

a. 教师引导幼儿商讨、确定超市中的工作人员：导购员、收银员、店长、保安等。

b. 回忆生活经验，熟知各工作人员的工作职责。

第二阶段：角色确定。

a. 幼儿尝试自主分工，明确自己的角色与职责。

b. 幼儿讨论游戏规则，重点引导幼儿确定选购物品时的注意事项：按顺序排队付款，不争不抢、互相谦让等。

c. 教师明确游戏要求：顾客带着任务文明购物，售货员热情礼貌，保持场地有序、干净。

第三阶段：开展游戏。

a. 教师鼓励幼儿主动参与游戏，认真扮演好自己的角色。

b. 售货员分发给客人每人一个狗屋筐，让顾客选购自己喜欢的商品。

c. 教师以角色的身份进入游戏，给予适时的指导，并记录好幼儿的游戏情况。

d. 活动结束时，鼓励幼儿相互交流游戏过程中的感受。

e. 围绕制定的游戏规则进行讲评。

第四阶段：拓展延伸。

增设超市里的货品区域，增加幼儿购物游戏的乐趣。

③活动反思。4~5岁的幼儿有了角色意识，也能按照既定要求履行自己的职责。为了巩固幼儿的角色意识和责任心，进入超市前做好计划和商定工作十分必要，教师可先引导幼儿谈谈进入超市的规则、购买商品时怎样使用礼貌用语，在购物时遇到困难应

该怎样向超市工作人员寻求帮助等。活动过程中，教师可以以角色的身份进入超市参与游戏，留意观察幼儿的表现，在幼儿遇到协调不好的问题时，及时疏导并给予帮助。游戏结束时，教师要带领幼儿收拾整理好超市中的物品。活动结束后，教师要和幼儿一起总结分享购物时的乐趣与遇到的问题，找出解决问题的方法。针对购物活动中幼儿争先恐后的热情，可以建议幼儿分组轮流逛超市，减少不必要的等待，帮助幼儿不断提高游戏的质量。

（3）活动三（5~6 岁）

①活动目标：

a. 在游戏中体验与同伴合作交流的快乐。

b. 按自己的意愿选购商品，按商品价格进行付款，学习使用钱币。

c. 培养独立解决问题的能力。

②活动实施：

第一阶段：莲花超市。

a. 幼儿商议如何进一步丰富货品种类、美化莲花超市的购物环境。

b. 鼓励幼儿自己动手制作琳琅满目的商品，并在超市一角设置销售专柜。

c. 引导幼儿结合已有经验，大胆出主意、想办法，制订“怎样吸引顾客”的促销方案，设计促销海报。

第二阶段：商定角色。

a. 幼儿自主商量、分配游戏角色，如收银员、导购员、营销员、保安、店长、顾客等。

b. 鼓励幼儿邀请家长参与活动，增设游戏角色，丰富游戏情节。

第三阶段：亲子购物乐。

a. 幼儿分成超市工作人员和顾客两组，并由两组的组长组织大家进行分工。

b. 幼儿分别制定各组的游戏规则。

c. 开展多种形式的活动：家长当售货员，幼儿当顾客；幼儿当售货员，家长当顾客等。

d. 游戏中重点引导幼儿学习累计商品价格付款、运用钱币。

e. 结合“娃娃家”、“发廊”、“餐厅”等其他区域游戏，装扮顾客，超市可以进行招揽顾客的活动。

f. 小结过程中，重点引导幼儿回忆购物的过程、问题解决等情况。

第四阶段：拓展延伸。

在组织形式上，可设计多种方案以提高幼儿的兴趣，如以家庭形式组织购物，以团购或个人形式组织购物，超市也可不时地搞减价、促销等活动吸引顾客，穿插积分、代金券的运用，以增加购物游戏的趣味性。

③活动反思：通过多次和父母一起购物的实践活动，以及参与幼儿园超市游戏活动，5~6 岁的幼儿对超市已经非常熟悉，许多幼儿有过独立去超市购买商品的生活经验，因此，在幼儿园的超市游戏中，绝大多数幼儿能够积极参与活动，无论是扮演超市工作人员还是顾客，都能够比较顺利地完成自己的任务，自主参与，自己动脑解决问

题，合作沟通能力不断增强，营造出了热闹而有秩序的超市购物环境。在场景、人员设置中，教师要注意根据超市的场地面积、设定顾客和服务人员数量，扮演收银员的幼儿还需要具备一定的计算能力，扮演导购人员的幼儿要具备良好的语言表达能力，教师可以根据幼儿的特点选定角色，并互相带动，使每个幼儿都有锻炼的机会。

在超市购物这一社会体验活动中，可以充分利用家长资源，家长不仅能给予材料上的支持，还可以积极参与到亲自购物体验活动中来。家长可扮演超市的导购员、售货员、收银员、礼品兑奖员等，和幼儿进行语言交流，完成问货、寻货、选货、购货等活动，带动幼儿成功完成购物活动，和幼儿一起享受购物以及人际交流的乐趣，提高孩子们的自信心。这种实践活动使幼儿获得了有益的社会生活常识和经验，有助于培养幼儿勇于创新和动手实践的能力，发展幼儿的自主性和社会性。

（二）区域活动中教师的指导案例（中班）①

1. 个案描述

陈乐今年转来读中班，是一个内向的男孩子，他平时很少举手回答问题，也不主动参与各类活动，经常独自玩，或者看着别人玩，平时听他说的最多的话就是“我不会”。与家长交流，他妈妈说孩子的个性就是这样，我开始关注他。

2. 3 月份：区域活动的指导记录

区域活动时，陈乐来到手工区，拿起放在那里的一个牙膏盒看了看，又放下了，看着旁边的雯雯用盒子做汽车。一会儿，陈乐站了起来，似乎想离开那里。因为类似的情况已经出现多次，所以我就走过去问他：“陈乐，是不是想做一辆小汽车啊？”

陈乐看看我，说：“我不会。”

“不难的，慢慢试着做，你一定能做出来的。”我鼓励他。

陈乐坐下来，重新拿起那个牙膏盒，在我的鼓励下做起了小汽车。他用硬纸板剪了四个圆，粘在盒子下面当车轮，又用笔在盒子上画上了车窗、车灯，一个小汽车完成了。

“真棒，等会儿我们拿给小朋友们看。”

评议时，我请陈乐介绍自己做的小汽车，陈乐有些兴奋，又有些紧张，将小汽车举起来，却不知道说什么。他用求助的眼光看着我，我带着笑容说：“快告诉大家，你做的是什么，是用什么做的。”

陈乐面对大家，用很轻的声音说：“这是小汽车，我用牙膏盒做的。”我带头鼓起了掌，说：“陈乐做事很有耐心，做得非常认真，做出了这辆小汽车。”小朋友们都跟着鼓掌，陈乐脸红红的回到了座位上。

以后，每次听到陈乐说：“我不会”，我都会说：“还没做，你怎么知道你不会呢？我相信你一定能学会的。”平时注意多给陈乐锻炼的机会，鼓励他大胆地尝试，当他遇到自己不能解决的困难时，给予恰当的帮助，使他最终获得成功。

---

① 管旅华主编.《3~6 岁儿童学习与发展指南——案例式解读》[M]. 上海：华东师范大学出版社，2013.

3. 4月份：家长开放日与家长深谈

这一天是家长开放日，我准备了一个数学活动“有趣的瓢虫”，请家长与自己的孩子一起给瓢虫排队，练习有序排列的方法。

家长们兴致勃勃地与孩子一起玩游戏，我却看到陈乐妈妈正焦急地责备陈乐：“你真笨！这么简单，怎么不会排呢？”陈乐低着头，一句话也不说。我的心一下子沉了下去：陈乐本来就是个自信心不足的孩子，妈妈的责备更加打击了他的自信。

我走到陈乐和他妈妈身边，对陈乐说：“刚才是不是着急了，所以没排对？这次我们慢点，想好了再排，好吗？”

“好的。”陈乐点点头。

“我们先把身上点最少的那只瓢虫找出来。”

“真棒，剩下的这些瓢虫里，哪只身上的点最少？”

……

在我一步步的引导下，陈乐开始重新为瓢虫排队。

过了一会儿，陈乐将瓢虫有序地排好了队。我笑眯眯地说：“陈乐真棒，动了动脑筋，就将瓢虫的队伍排好了。”并奖了他一朵小红花，陈乐和他妈妈都很高兴，我这才松了一口气。

在结束环节的评议活动中，我特意表扬了陈乐，看到陈乐得意却又有点不好意思的样子，她的妈妈笑了。

这件事情过后，我与陈乐的妈妈深入地谈了一次，交流了教育方法，使陈乐的妈妈认识到：平时要鼓励陈乐做些力所能及的事情，培养他独立解决问题的能力，更要肯定他的努力，让他感觉到“我能做，我能行”。

在以后的日子里，我经常向陈乐的妈妈了解孩子在家的情况，根据她的描述介绍一些合适的家庭教育方法。陈乐接受新知识比较慢，我就是先将要学习的内容告诉陈乐的妈妈，让她在家里帮助孩子做一些准备工作，使孩子在园学习时感受到自己也能学得很好，同时将孩子在园学习、生活情况反馈给陈乐的妈妈。

4. 5月份：区域游戏的指导记录

角色游戏时，陈乐又直奔“超市”。我发现最近他一直当超市管理员，几乎就没换过“工作”。于是，我试图引导他换个地方去玩：“陈乐，你很喜欢当超市管理员吗？”

他点点头，说：“超市里有好玩的玩具，小朋友也会到我这里来买东西。”

“别的游戏也很好玩呀。理发店里缺个理发师，你要不要去应聘？”我说。

陈乐摇摇头，还是要当超市管理员。我又建议他到娃娃家去做客，去当出租车司机，但他一直摇头。

孩子对一个游戏感兴趣，并能坚持玩，这是有耐心的表现，但是像陈乐这样对别的游戏看都不看，不利于其全面发展。为什么陈乐这么执著于当超市管理员呢？于是我和陈乐进行了沟通，这才明白：并不是陈乐对其他游戏没有兴趣，而是他对一些新游戏不熟悉，有些孩子嫌他笨拙，不愿意和他一起玩。而超市管理员的工作他已经比较熟悉，只需要整理一下货物，有顾客来买东西，他还可以介绍。所以，不自信的陈乐每次都选择当超市管理员，而不愿意去尝试新事物，因为他在做熟悉的事情时可以找到自信。

明白了陈乐“执著”的原因，我开始寻求对策，我请几个平时乐于助人的孩子，主动邀请陈乐参与到其他游戏中。然后，在游戏分享的时候，我及时肯定和表扬陈乐。通过几次尝试，陈乐对自己有了信心。慢慢地，陈乐愉快地玩起了其他游戏。

5. 6月份：越来越自信的图书管理员

早上，我看到图书区的图书又放得东倒西歪，于是，随手整理起来。这时，一双小手伸过来，也整理起了图书。我回头一看，惊喜地发现原来是陈乐。在我们俩的共同努力下，没多久图书区的图书便排列得整整齐齐了。

晨间谈话时，我说起了这件事，表扬了陈乐。在大家的一致推选下，陈乐光荣地成为了我们班级的图书管理员，负责管理班级的图书，比如小朋友每次阅读结束后，检查图书是否摆放整齐，提醒和帮助同伴整理图书。

获得这一光荣任务的陈乐很快进入了角色，尽职尽责地做着自己的工作。更棒的是，那个不自信的陈乐很少看见了，班级里多了一个能干的图书管理员。陈乐的工作得到了小朋友的认可和赞扬，大家也越来越喜欢和陈乐在一起玩了。

慢慢地，陈乐积极地参加各类活动，主动举手发言，现在他喜欢说的话是“我来试一试吧”，这个内向的小男孩正在一点点地进步。（杨咏梅）

6. 评析

自尊自信对孩子的成长是至关重要的，自尊自信的孩子能积极参与各项活动，勇于面对困难，大胆探索，尝试自己解决问题。而要让孩子成为一个自尊自信的人，成人就要做到尊重、信任孩子，尊重孩子的想法，相信孩子的能力，鼓励孩子根据自己的想法去做事，创造机会让孩子自己去解决问题。在幼儿园，区角游戏在发展孩子自尊、自信方面具有较大的优势，能发展孩子的能力，激发其创造潜力，使孩子体验到成功的喜悦。而成功感是提升自信心的法宝。因此，我们应给予孩子充分的自主活动的机会，并有目的、有计划地加以指导。像上述案例中陈乐这样自信心较弱的孩子，我们可以引导他们积极参与区角活动，并在区角活动中充分发挥自己的能力。还可以帮助他们获得成功，如教他们一些做事的技巧，请同伴带他们一起玩，引导这些幼儿在一点一滴的成功中逐渐获得自信心。

另外，当孩子做事失败时，千万不要指责孩子，用“你真笨”之类的话伤害孩子，不要让孩子感到自己不行，而要让孩子经常看到自己的进步。我们要做的，是用爱呵护孩子的心灵，不让那些伤害孩子自尊心、自信心的语言和行为出现。就像案例中的老师，在觉察到问题后，马上采取了措施，通过帮助陈乐掌握瓢虫排队的方法，使孩子在自己的努力下获得了成功，从而增强自信心。孩子需要成人的鼓励与表扬，同伴的认可。因此，对陈乐这样的孩子，还要使他们感受到同伴对自己的接纳。在上述案例中，教师请陈乐当图书管理员，请乐于助人的孩子带陈乐一起玩，使他感到自己能为他人提供帮助，能被同伴认可、赞扬，于是他的自信心便随之增强。（杨咏梅）

本章小结

本章分为三小节，分别介绍了幼儿社会领域教育中集体教学活动、主题教学活动、区域教学活动的设计与指导方法，并结合实例分析进一步阐释了三类活动的设计与实施。

集体教学活动是幼儿园中最常见的社会教育教学形式之一，它是指规定时间内的单次活动，有具体明确的活动目的、充足的活动准备、结构完整的活动流程。主题教学活动是以某一社会性主题为核心，一系列教学活动组成的在一段时间内开展的活动，它强调主题下多领域的整体性教育。区域活动是以幼儿园的多个区域为载体进行的个别化的教育活动，时常和主题活动相结合开展，它突出幼儿的自主性和差异性，是集体教学活动和主题教学活动的补充。教师需要分清三类活动的联系与不同。

通过本章的学习，幼儿教师要掌握三类活动设计的思路和方法，尝试撰写和改编活动方案，结合实例分析，训练自己的活动设计能力；掌握活动实施中指导的方法与策略，在实际教学中不断摸索总结，锻炼有效指导的技能。

思考题

1. 简述集体教学活动目标设计的依据与要求。
2. 简述集体教学活动过程设计的三个部分。
3. 请参考集体教学活动方案示例，选择你感兴趣的内容，尝试活动方案的设计及写作。
4. 结合你在幼儿园实习的经历，谈一谈你在集体教学活动实施中遇到的问题，说说你是如何处理的。
5. 请你说说应该如何确定社会性教育主题，你会如何绘制主题活动网络。
6. 请查阅相关主题活动方案，尝试分析其目标和活动框架的合理性，对其不合理之处进行修改？
7. 论述主题教学活动中教师指导的要点。
8. 请你回忆你所看到过的幼儿园区域教学活动，谈谈区域活动中社会教育存在哪些问题？举例说明。
9. 如何利用角色区来设计社会教育活动？
10. 说说区域活动规则的重要性，以及规则制定与实施的注意事项。
11. 去幼儿园观察，三类活动的实施情况，并撰写观后感。

推荐阅读

《方案教学的理论与实务》

简楚瑛著，华东师范大学出版社，2005。

儿童在不同的求学阶段应该分别“学些什么”，老师在学校到底“教些什么”

给儿童；师院的老师和实际从事各级学校教学的老师除了关心“教什么”给儿童外，更关心的是“如何教”的问题。本书探讨了“如何教”的部分。书中叙述了方案教学之源流、定义与其他名词的释义，从一些心理学流派的角度去看方案教学的意义，并陈述了主案教学实施时的程序及相关的知识与论点，将教学中老师的角色提出来加以诠释，辅以案例说明，还列举了相关方案。

《幼儿园综合主题活动——设计技巧与优秀案例》

赵旭莹、周立莉主编，中国轻工业出版社，2014。

本书介绍了幼儿园关于综合主题活动的理论和实践的相关知识，以开阔的视野和专业的角度对幼儿园综合主题活动进行了深入浅出、全面系统的研究。“理论篇”系统阐述了综合主题活动的目标与内容、组织与指导、评价与建议等，详细介绍了设计综合主题活动的技巧；“实践篇”按小班、中班、大班的顺序共介绍了21个优秀的综合主题活动方案。

《幼儿园区域活动的实践与探索》

何艳萍主编，北京师范大学出版社，2010。

本书立足于幼儿园园本研究，介绍了幼儿园区域活动的理论研究，并辅以丰富的案例，既能从理论上又能从实践上帮助幼儿教师组织区域活动。全书共五章，分别论述了研究历程、区域环境的创设、区域活动的组织与指导、活动开展的有效支持以及园本课程研究的成果。

拓展训练

1. 请学生撰写活动方案，并开展活动方案评析交流活动，推选优秀的活动方案。

2. 进行模拟课堂训练和实习实训，让学生在实际教学中发现问题、提高能力。

第六章　幼儿人际交往的教育与活动指导

学习目标

1. 本章导读：人是一种社会性动物，孩子们从出生就开始置身于一定的社会环境之中，且从出生开始这种特定的社会环境就开始通过种种途径和方式影响孩子。孩子们也在成长过程中积极适应社会，并逐渐接受该社会的文化习俗、价值观念、道德规范和行为方式。这种社会和孩子相互作用的过程就是孩子的“社会化”过程。社会化是一个长期的连续不断的过程，3~6 岁这个阶段是人生社会化的起始阶段，因而至关重要。

《指南》将幼儿社会领域的学习与发展分为“人际交往”和“社会适应”。在幼儿园中，教师需要创造什么样的条件和环境来引导孩子们学习某种人际交往的能力；我们需要构建怎样的人际交往平台让孩子形成关心、理解、尊重和赞赏他人的人际交往态度；我们又能让孩子们掌握什么样的技能，才能让孩子们学会与人友好相处呢……

本章从《指南》中“人际交往”的目标出发来阐释不同年龄阶段幼儿的教育与指导。

2. 学习重点难点：了解 3~4 岁、4~5 岁、5~6 岁幼儿的生理和行为特点；知道人际交往各个年龄段的教育目标、目标设计建议以及活动指导建议；能够掌握活动的组织与实施技能，通过多种活动发展孩子的人际交往能力。

3. 教学课时：4 课时（建议分组按年龄阶段进行学习和操作、一课时一节）。

幼儿人际交往是指幼儿在生活、游戏、学习中与他人的沟通、交流、互动。主要包括交往态度、交往规则、交往技能以及交往中形成的自我意识、他人意识和相互关系。人际交往教育活动是指教师通过创造一定的情景和条件，引导幼儿学习某种人际交往能力的教育活动。其目的在于通过为幼儿提供交往的机会；构建人际交往的平台，培养幼儿形成关心、理解、尊重和赞赏他人的人际交往态度；学习与掌握人际交往的技能，逐渐学会与人友好相处。

鉴于交往对幼儿发展的重要性，《指南》将人际交往列为社会领域的重要子领域。

在这一领域中，共设置了四个目标：①愿意与人交往；②能与同伴友好相处；③具有自尊、自信、自主的表现；④关心、尊重他人。

知识链接

人际交往的职能

从心理学角度看，人际交往有几个基本功能：交流信息；组织共同活动；形成和发展人与人之间的关系；增进人们之间的相互了解。人际交往的这些职能对幼儿来说更具有特殊的发展意义。

（1）交流信息。幼儿知识的获得（包括社会领域知识的获得）固然来自于自身的经验和感受，但在交往中分享他人的知识也是一个重要的渠道。幼儿在交往中不仅获得来自他人的信息，也将自己的经验贡献给他人，在参与中感受自己的主体性。

（2）组织共同活动。共同活动往往是两个或更多人为了某个共同目标而集合在一起进行的活动。通过人际交往来沟通、协调、联合与合作是共同活动必不可缺的条件。幼儿发展过程中，能够共同游戏是其社会性发展中的重大进步，他意味着幼儿的目标意识、合作意识、沟通能力、自我控制与调节能力等都有了一定程度的发展。同时，通过交往、组织共同游戏或其他活动又会进一步促进幼儿相关能力的发展。

（3）形成和发展人际关系。儿童从出生时起就处于某种人际关系之中，出生之后，随着交往对象的增多，人际关系会变得更加复杂多样起来。一般来说，人际关系越丰富，儿童就越能在宽阔的交往空间中得到更大的发展。但人际关系有着不同的性质，虽然人际关系的优劣并不单纯取决于儿童一方，但人际关系良好的儿童往往表现出积极、乐观、自信的个性特征和更多的亲社会行为，喜欢并善于与人交往，有责任感，有上进心。

（4）增进对自己、对他人的认识。社会交往与幼儿认识他人，认识自己，形成对人对己的态度有着极其密切的关系。在交往过程中，幼儿不仅通过他人的外显行为了解其特点，形成对他人的评价和态度，也通过他人对自己的态度和评价形成自我认识和自我评价。正如社会心理学家所指出的，“自我只存在于一定的他人的相互关系中”（米德），在某种意义上，“自我概念是他人反馈的函数”（库利）。认识他人与认识自己的过程也促进了幼儿社会认知能力。

第一节　愿意与人交往的教育与指导

《纲要》中明确指出：“要培养幼儿乐意与人交往、学习互助、合作分享，教师要引导幼儿参加各种集体活动，体验与教师、同伴共同生活的乐趣，养成对他人、社会亲近合作的态度，学习初步的人际交往技能。”因此，教师要创造一定的情景和条件，培养幼儿人际交往的能力；要为孩子们提供更多的交往机会，构建人际交往的平台；要鼓励幼儿以积极主动的心态逐渐学会与人相处，适应未来社会的发展。

一、3~4 岁幼儿的教育与指导

基于 3~4 岁幼儿的学习与发展的需要，《指南》在“愿意与人交往”这一目标中指出这一年龄段的幼儿能够做到：①愿意和小朋友一起游戏。②愿意和熟悉的长辈一起活动。

（一）3~4 岁幼儿“愿意与人交往”的特点描述

3~4 岁的幼儿已经具备了许多日常生活、游戏和学习活动所必需的生活自理能力，如自己吃饭、自己穿衣穿鞋、自己如厕等，这表明孩子已经能适应集体生活了。3 岁之后的幼儿，交往范围较之前有了很大的扩展，他们开始认同、接纳同伴，但水平较低，起初幼儿往往是自己玩自己的，不太在意同伴间的协作，到 3 岁后期，幼儿与同伴玩的意识逐渐加强，逐步学会和同伴共同分享玩具。3~4 岁幼儿生活活动范围也逐步扩展，他们依恋的对象不再仅仅集中于抚养者，并逐渐具备了最初的认识他人情绪情感的能力，能在一定程度上理解、猜测他人的需要和感受，会出现一些亲社会行为。这一阶段的幼儿，其语言和游戏的能力发展极为迅速。他们能用简单的言语和成人、同伴交往，向别人表达自己的感受和需要，还可以简单叙述生活中发生的事情。

案例导入

案例描述：

（1）晨间活动时，先来的几个小朋友在玩桌面插塑玩具，孩子们在一起有说有笑玩得很高兴。这时，李雨涵小朋友来了，我和孩子打过招呼后，请她自己选择喜欢的玩具，她走到玩玩具的孩子们身边，站了好一会也没有说话，我提醒早来的孩子们邀请李雨涵小朋友一起玩，可是，李雨涵听了小朋友的邀请后却走开了……

（2）户外活动时，我带领小朋友玩滑梯。小朋友三五成群地在滑梯那上上下下，只有李雨涵小朋友一个人无精打采地蹲在滑梯的一边。我悄悄地请我们班的李浩然小朋友去和她一起玩滑梯，李浩然小朋友拉着李雨涵一起走上滑梯，可是不一会儿，李雨涵就又一个人玩了起来……

（3）在区域游戏活动时，我故意请李雨涵和其他小朋友一起进入“娃娃家”活动。我仔细观察，我发现别的小朋友都在愉快地扮演着自己喜欢的角色，只有李雨涵一个人抱着一个娃娃坐在一边。我问其他的小朋友，你们怎么不去和李雨涵还有她的娃娃一起玩呢？孩子们大声说："我们叫她玩，她不理我们！"

【案例分析】

李雨涵小朋友存在的主要问题是不知道怎么和小朋友交往，不会和同伴合作交流。通过家访和对孩子的观察，了解到孩子存在交往问题的原因是：爸爸妈妈比较忙，很少自己带孩子，李雨涵从小和爷爷奶奶在一起，爷爷奶奶很少带孩子出去和别的小朋友玩，这阻碍了孩子与人交往的通道。因为缺少交往的机会，所以孩子不能获得交往的经验，导致孩子根本不知道怎么和同伴交流。

（二）3~4 岁幼儿"愿意与人交往"的目标设计要点

1. 愿意和小朋友一起游戏

目标设计要点：

第一，教师在进行活动设计的时候要充分考虑幼儿交往的主动性。我们要创设多种情境或提供多种游戏，培养幼儿积极主动的交往态度，帮助幼儿学习和掌握人际交往的技巧，激发幼儿的交往的兴趣和愿望。

教师要有效培养幼儿的语言表达能力，让幼儿能更完整更清晰地表达自己，从而能够更加有自信地交往。例如：幼儿能够正确地说出自己的姓名、性别和年龄，学会自我介绍。此外，我们还要帮助幼儿克服胆小和羞怯的心理，鼓励他们主动接触老师和同伴，引导孩子能自己去解决生活中遇到的小问题，培养孩子的交往主动性。

第二，教师在进行活动设计的时候还要突出培养幼儿交往的互动性。这个时期的孩子在伙伴中体验到了完全不同于父母及其他成人之间的人际关系。在同小朋友一起游戏的过程中，他们能够获得更加积极的情感体验，幼儿的交往技能也会得到极大的锻炼。

教师要为幼儿创造同众多伙伴相互接触的机会，使孩子们能够通过活动主动寻找朋友、尽快彼此认识、共同完成任务等。这些活动都能有效地增加幼儿间交往的互动性。如《我们做个好朋友》、《我们一块玩》《请你猜猜我是谁》等游戏活动。此外，我们要在活动中引导幼儿学会表达、学会分享、学会合作、学会帮助，这些行为是幼儿愿意与人交往的前提条件，也是幼儿愿意与人交往的保障。

2. 愿意和熟悉的长辈一起活动

目标设计要点：

第一，为孩子创造一个和谐健康的家庭环境，促进幼儿主动交往的愿望。3~4 岁的幼儿主要的交往经验来自于家庭，父母、亲人的交往方式、习惯深深地影响着孩子们，宽松、民主、温暖的家庭环境能够让幼儿更为积极主动地与人家交往。

第二，充分利用幼儿园交往平台，为幼儿和家长创造亲子互动的机会。教师可以结合幼儿的兴趣和当前教育的需要，邀请家长来到幼儿园参与我们组织的集体教学或游戏活动。家长的参与可以极大提高幼儿活动的积极性，而家长也可以通过幼儿园组织的活动享受美好的亲子时光，促进亲子之间的感情，使幼儿愿意和长辈在一起。

第三，善于利用生活中的小契机，引导幼儿主动与人交往。例如，我们可以抓住客人来访、或者去别人家做客的好时机，主动引导幼儿表达自己的情感和愿望，帮助幼儿学习交往的技巧，培养主动交往的习惯。

案例导入

活动一：我们一起玩。

目标：(1) 尝试运用谦让、轮流合作的方式解决游戏中出现的问题。

(2) 鼓励幼儿与同伴友好相处。学习“你先玩”、“咱们一起玩“等礼貌用语。

活动二：我给爸爸妈妈来化妆。

目标：通过宝宝给爸爸妈妈来化妆这个小小的亲子游戏增进亲子间感情，促进幼儿和长辈间愉快的交往。

活动准备：彩色即时贴的眉毛、红脸蛋以及其他装饰品。

图 6-1 我给妈妈化妆 1

图 6-2 我给妈妈化妆 2

活动三：亲子运动会。

目标：(1) 培养幼儿对体育活动的兴趣，增强幼儿动作的协调性和灵活性。

(2) 在亲子活动中，为幼儿创设一个大胆与人交往的氛围，增进亲子间的交流。

图 6-3　蚂蚁搬豆

图 6-4　袋鼠跳

【案例分析】

小班幼儿的交往经验不足，他们在交往过程中容易出现这样那样的矛盾和冲突。教师在活动设计时要多给幼儿创造交往的机会，让幼儿感受和朋友在一起的快乐，习得简单的交往方法。“我们做个好朋友”、“我们一起玩”都是针对 3~4 岁幼儿的特点，以人际交往为切合点，通过创设一定的游戏情景引导幼儿主动交往的活动。

有心理学家指出：幼儿最初的交往经验就是从父母处习得，因此，我们要多为幼儿创造和父母交流的机会，引导家长和孩子愉快的交往。“我给爸爸妈妈来化妆”、“亲子运动会”等活动让家长和幼儿在轻松、愉快的气氛中体验了亲子游戏的快乐，促进亲子间的交往

（三）3~4 岁幼儿“愿意与人交往”的教育指导策略

1. 积极创造各种环境，帮助幼儿尽快适应幼儿园生活

3~4 岁的幼儿刚刚离开家庭，进入幼儿园。他们从一个自己熟悉的环境来到一个相对陌生的环境中，难免有一种不安全感，极易产生分离焦虑。教师应以父母般的爱心和态度对待他们，及时提供各种帮助，让其尽快习惯并喜欢上幼儿园的集体生活，愿意和老师小朋友一起生活和游戏。

2. 有效利用一日生活的各个环节，有意识地引导幼儿与人交往的愿望，掌握交往的基本技能

教师要关注幼儿在园的每个环节，关注幼儿的行为，充分挖掘教育机会，使一日活动成为一个真正的教育整体。在一日生活中，教师也要为幼儿树立交往的榜样，有意识地引导幼儿与人交往的愿望，掌握交往的基本技能。例如：早晨来园时请小朋友互相介绍自己，尽快让孩子们熟悉起来；在游戏中引导幼儿学习简单的互助、合作和分享；在一日生活的各个环节中引导幼儿体验到爸爸妈妈、长辈、老师对自己的爱和关心，培养

幼儿爱家庭、爱父母长辈、爱老师和小朋友的情感。只有这样，才能让孩子愿意与人交往，并在交往中体验快乐。

3. 充分利用幼儿园的集体环境扩大幼儿的交往天地，促进同伴之间的交往

3~4 岁的孩子语言和游戏的能力发展极为迅速，而幼儿园小伙伴众多，他们年龄不同，性格各异，这为小朋友之间的交往提供了更为有利的环境。教师应充分利用幼儿园这个孩子的小社会对幼儿进行人际关系的教育。例如礼貌、助人、分享、安慰以及合作等行为；帮助孩子形成良好的性格，勇于表达、有同情心、自信等。这些良好品质的形成都有助于促进幼儿的交往能力的发展。

4. 开展丰富多彩的亲子活动，促进亲子交往

幼儿园可以组织一些有趣的亲子活动，例如："六一"、"三八"妇女节、元旦等一些节日中，将父母请到幼儿园参加活动；可以组织幼儿和家长一起外出参观游玩；还可以组织家长来园参加亲子运动会、手工制作等；还可以请家长和幼儿一起参与各种演出。这些活动的开展能有效地拉近家长和幼儿之间的关系，促进亲子之间的交往。

活动示例

活动名称：我们做个好朋友

活动目标：

(1) 使幼儿相互认识，能够正确地说出自己的姓名、性别和年龄，学会自我介绍。

(2) 激发幼儿参与"交朋友"这一游戏的愿望，体验交朋友的乐趣。

活动准备：

准备 3、4 根 2 米左右的红绳（毛线、纸条均可）。

活动过程：

(1) 请 6 名或者 8 名小朋友和老师一起玩牵红绳找朋友的游戏。

(2) 老师用手攥住几根红绳的中间，请每个小朋友拉住一个绳头。当老师松手的时候，拉住同一根绳子的两个小朋友成为好朋友。

(3) 好朋友之间相互做个自我介绍。幼儿能够正确地说出自己的姓名、性别和年龄，然后握握手，互相抱一下，以示友好。

(4) 游戏可重复进行，直到所有的小朋友都找到好朋友。

(5) 老师还可以为幼儿提供一个共同游戏的机会，如同孩子们一起玩滚皮球、钻呼啦圈等等游戏。

【示例评析】

游戏是幼儿园的基本活动。这个活动设计能够让幼儿通过游戏的形式学会最初的简单交往。孩子们在游戏中能够主动亲近老师和同伴，并通过语言进行

简单的自我认知和自我介绍，这些都能让孩子在愉快的气氛中培养友好的感情和增加共同活动的兴趣，促进幼儿间的主动交往。

二、4~5 岁幼儿的教育与指导

在“愿意与人交往”这一目标中提出 4~5 岁年龄段的幼儿能够做到：①愿意和小朋友一起游戏，有经常一起玩的小伙伴。②喜欢和长辈交谈，有事愿意告诉长辈。

（一）4~5 岁幼儿“愿意与人交往”的特点描述

4~5 岁左右的幼儿与小班幼儿相比，有其显著的年龄特征，他们好动但还缺少技巧，特别爱游戏而问题不少，非常喜欢模仿，并且模仿出色；语言学习能力大大提高，语言开始变得丰富，喜欢与家人及同伴交谈，有过于自信、难应付的倾向。但对于事物的尝试很热衷，只要教师细心地加以指导，就可以培养他的主动性和独立性。幼儿喜欢和同伴一起玩，对大人的依赖性减少，不喜欢受到过多的干涉和帮助。这个年龄是幼儿同伴意识开始萌芽的阶段。他们在活动中逐渐学会了交往，会与同伴共同分享快乐，还获得了领导同伴和服从同伴的经验；此时他们有了嫉妒心，能感受到强烈的愤怒和挫折；有时，他们还喜欢炫耀自己所拥有的东西。在集体生活中，他们会逐步了解和学习与人合作的方式。

（二）4~5 岁幼儿“愿意与人交往”的目标设计要点

1. 愿意和小朋友一起游戏，有经常一起玩的小伙伴

目标设计要点：

第一，教师在活动中引导幼儿寻找朋友，一起游戏和学习，鼓励幼儿能主动和小伙伴交流。教师要在日常生活和活动中引导幼儿们经常在一起活动，并且在活动中引导幼儿发现自己喜欢的朋友，能和喜欢的同伴一起游戏并感受游戏的快乐。

第二，教师在活动中要引导幼儿正确交往。如小伙伴之间能够合作完成任务；能够有礼貌地与人交流，注意倾听别人交谈，不插嘴；自觉遵守并提醒同伴共同遵守游戏规则；看到同伴发生冲突能劝解，同伴无意过错能谅解；愿意把自己喜欢的玩具、食物与同伴共享；同伴遇到困难愿意给予帮助等。

2. 喜欢和长辈交谈，有事愿意告诉长辈

目标设计要点：

第一，创造和长辈在一起的交往机会，体验和长辈在一起的快乐。教师要多为幼儿创造和长辈交往的机会，如利用“三八”妇女节、劳动节、端午节、重阳节等节日邀请长辈来园参加主题活动；另外，很多爷爷奶奶退休在家，平时我们可以邀请他们走进我们的幼儿园，来当“爷爷奶奶助教”，把他们的知识和经验带给孩子们，让孩子在与

长辈地交流中体验和长辈在一起的快乐，促进长辈和幼儿间的互动。

第二，在幼儿园和家庭中给幼儿创造表达的机会，鼓励幼儿大胆、独立地表达自己的想法和意见。教师要创设适合幼儿的、让幼儿敢于表达的环境。在幼儿园中，教师要为幼儿创设一个想说、敢说、能够表达的环境，逐渐丰富幼儿的词汇，让幼儿能够清晰正确地表达自己的想法。另外，教师也要引导家长在家中为幼儿创设一个宽松的语言环境，提供更多和孩子在一起的交往机会，让幼儿能够爱说、有机会说，让幼儿乐于表达自己的看法、想法和真实的情感。如每天有固定的亲子时间，一起谈谈话、看看书、玩会儿玩具、做做游戏等。

案例导入

活动一：我的好朋友。

目标：(1) 通过谈话，鼓励幼儿能用完整的语言在集体面前介绍自己的好朋友。(好朋友的基本外貌、喜欢的原因)

(2) 加深幼儿对好朋友的感知，乐意结交更多的朋友。

活动二：找朋友。

目标：(1) 通过调查，让幼儿了解自己和朋友的喜好。

(2) 幼儿能够和自己喜欢的朋友一起游戏。

活动三：爷爷奶奶到我家。

目标：(1) 通过情境表演“爷爷奶奶到我家”，让幼儿感受爷爷奶奶对小朋友的爱。

(2) 鼓励幼儿用完整、清晰的语言表达对爷爷奶奶的感情。

(3) 通过绘画的形式表现我和爷爷奶奶在一起的情景，表达对爷爷奶奶的爱。

【案例分析】

随着年龄的增长，4~5 岁的幼儿有了更多的交往需要，他们更喜欢和同伴在一起，感受和分享同伴在一起的快乐和喜悦。这个年龄段的孩子已经有了“好朋友”的初步经验，因此，教师可以抓住幼儿与朋友、同伴间的交往，用多种形式加深幼儿对“好朋友”的感知，让幼儿感受朋友的重要性和朋友间交往的乐趣，并在交往过程中让幼儿学习交往的方法。另外，我们还可以设计一些与长辈在一起的活动，促进幼儿与长辈间的交往。

(三) 4~5 岁幼儿“愿意与人交往”的教育指导策略

1. 为幼儿创造积极的交友环境，让幼儿在相互认知的过程中感受交往的快乐

这个年龄段的小朋友喜欢交朋友，而且在和朋友的交往过程中对自我的认知已经有

了初步的发展，他们不仅对自己能够做出最初最简单的评价，而且能够粗浅地评价别的小伙伴。作为教师，我们应该抓住孩子认知的关键期，在日常生活和集体活动中为幼儿创造丰富地交往环境，引导幼儿感受与同伴交往过程中带给自己的快乐，增加愉快地交往体验。例如，教师可以充分利用游戏活动、区域活动、集体教育活动、日常生活环节等鼓励幼儿积极主动地交往。

2. 鼓励幼儿在与长辈或者同伴的交往过程中大胆表达

幼儿在与长辈或者同伴积极地交往过程中，能够认识、熟悉、了解游戏伙伴，并且在活动和游戏过程中学习协调与伙伴之间的关系，与同伴共同分享快乐；在和长辈、朋友、同伴相处的过程中，幼儿会产生积极表达情绪情感的愿望，教师要为幼儿营造一个宽松的表达环境，要孩子们能够在轻松、平等、快乐的氛围中自由地表达意见、建议和感受。只有这样，幼儿才会心情愉快，乐于交往。

3. 教师要善于利用正面的事例或者良好的榜样的力量来潜移默化地影响孩子，鼓励幼儿正确交往

有的幼儿由于性格或者成长环境的影响，他们往往不能主动与人交往，而且也不易结交朋友，在日常生活和集体活动中，教师要注意观察幼儿的表现，向幼儿提供良好的行为榜样或者引导，让小朋友喜欢和同伴交往，喜欢和成人交往，形成正确的交往习惯。

活动示例

活动名称：我的好朋友

活动目标：

(1) 通过谈话，鼓励幼儿用完整的语言在集体面前介绍自己的好朋友。(好朋友的基本外貌、喜欢的原因)

(2) 通过游戏的形式，加深幼儿对好朋友的感知，鼓励幼儿结交更多的朋友。

活动准备：

(1) 课前与幼儿个别交谈，了解他们的好朋友是谁。

(2) 绘画纸，水彩笔、油画棒。

活动过程：

(1) 请小朋友一起表演歌曲《拉拉勾》，引出好朋友的主题。

(2) 谈话活动：我的好朋友。

①教师：每个人都有自己的好朋友，你的好朋友是谁？他长什么样子，平时喜欢做什么事情，你为什么喜欢他呢？

引导幼儿围绕“我的好朋友”这一话题，说一说自己的好朋友长什么样子，平时爱穿什么衣服、喜欢玩什么，自己为什么喜欢和他做朋友等。启发幼儿说出具体的事例，鼓励幼儿用完整的语言进行描述。

例如：我的好朋友是蒋雨佳，她有一双大大的眼睛，最喜欢穿白色的连衣裙，像一个漂亮的小公主。我们俩都喜欢玩滑梯，我们俩经常一起玩。

②教师：好朋友在一起能够带给我们更多的快乐，所以小朋友要多多结交朋友，这样快乐就能够越来越多，我们也会变得越来越开心。怎样才能结交新朋友呢？

引导幼儿讨论结交新朋友的方法，如：主动表达：“你好，我想和你做朋友，可以吗？”；通过游戏主动结交新朋友；通过拉手、微笑、点头等手势，表情或者动作表达自己的意愿，结交新朋友。

（3）游戏《找朋友》。通过《找朋友》的游戏，让幼儿在轻松愉快的气氛中感受和朋友在一起的快乐，结交新的朋友。

【示例评析】

中班的幼儿已经有了关于“好朋友”的直接经验，为了能让幼儿更好的感知好朋友带来的快乐，特设计了这个活动。此活动贴近幼儿的生活，通过谈话活动，为幼儿创造了乐于表达的机会，幼儿在这个环节中都很乐于参与并讲述；并且能在交流的过程中习得结交新朋友的经验。《找朋友》的游戏为幼儿的主动交往提供了良好的机会，让幼儿能在轻松愉快的氛围中，提高技能，丰富经验，获得发展。

三、5~6 岁幼儿的教育与指导

在“愿意与人交往”这一目标中提出 5~6 岁的幼儿能够做到：①有自己的好朋友，也喜欢结交新朋友。②有问题愿意向别人请教。③有高兴的或有趣的事愿意与大家分享。

（一）5~6 岁幼儿“愿意与人交往”的特点描述

5~6 岁幼儿的词汇量迅速增加，语言表达能力明显提高。他们能够较好地用语言和同伴、成人进行沟通和交流，能自信地表达自己的观点和主张。5~6 岁幼儿的社会交往范围更加扩大，多数孩子有相对稳定的爱好和朋友。在相互交往中，他们会选择自己喜欢的玩伴，也能与三五个小朋友一起开展合作性游戏。幼儿交往的主动性增强，能够主动通过语言、游戏等方式结交新的朋友。当他们遇到问题时，还可以主动寻求成人或同伴的帮助。幼儿的合作意识增强，他们逐渐明白公平的原则和需要服从集体约定的意见，也能向其他伙伴介绍、解释游戏规则。

（二）5~6岁幼儿“愿意与人交往”的目标设计要点

1. 有自己的好朋友，也喜欢结交新朋友

目标设计要点：

第一，结合幼儿的兴趣和爱好，让幼儿在各种游戏和有益的活动中自信、快乐地交往。教师要根据幼儿的兴趣爱好，多为他们创造同伴交往的机会。如一起玩喜欢的玩具和游戏、一起合作完成一件作品、一起完成一项任务、相互帮忙完成比较困难的事情等。这样的活动不仅能培养幼儿与同伴交流、协商、讨论、合作的意识，还能使幼儿学习交往的方法，体验交往的快乐。

第二，幼儿乐于接受新环境和新事物，能主动结交新朋友。幼儿在自己熟悉的环境中比较开放，容易形成主动交往的意愿。但是，当幼儿面对新的环境时，往往会表现出胆怯、封闭的状态。教师要利用幼儿园和社会的环境，引导幼儿多接触不同年龄、不同性格的人，鼓励幼儿积极主动交往。如带领幼儿到别的班级去做客，寻找新朋友；鼓励幼儿接触不同的环境：让爸爸妈妈带孩子去同事、亲戚家做客；到户外和小朋友游戏等，这些都能锻炼幼儿适应环境的能力。而交往范围的扩大又能让幼儿不断认识新朋友。

2. 有问题愿意向别人请教

目标设计要点：

第一，给幼儿创造宽松自主的环境，鼓励幼儿主动与人交往。教师要在活动中为幼儿创设一个宽松的环境，让幼儿在与他人的交往过程中感受到自由自主的氛围。只有这样，幼儿才愿意主动表达自己的看法和意见，遇到问题才会和同伴主动探讨和请教。

第二，利用多种形式发展幼儿的语言表达能力、概括能力以及分析事物的能力，培养幼儿主动思考的品质。良好的语言表达能力可以让幼儿更加主动地和别人交流和分享，能够更加自信地表达自己的观点和主张。这个年龄段的幼儿语言表达能力明显提高，在幼儿的活动中，教师更加应该培养幼儿的概括能来和分析事物的能力，这有助于幼儿更好地分析问题和解决问题，也能让幼儿在和别人的交流中更加主动。

3. 有高兴的或有趣的事愿意与大家分享

目标设计要点：

第一，鼓励幼儿间的合作，培养幼儿积极的交往方式，学会分享和交流。教师要充分利用集体活动和日常生活中的活动帮助幼儿建立良好的同伴关系。例如，在集体活动中鼓励幼儿一起学习和游戏、一起合作完成任务等；在生活中，我们要尽量利用一些自然发生的情景，帮助幼儿寻找游戏伙伴，鼓励幼儿多结交新朋友，鼓励幼儿间的合作和交流。幼儿间这种积极的交往会让幼儿乐于表达，乐于分享。

第二，给幼儿创造分享的机会。如分享喜欢的玩具，图书；分享故事、笑话等。幼儿有许多自己喜欢的东西和玩伴，他们非常愿意把自己喜欢的人或者物品介绍给别人。教师可以充分利用集体这个大环境，为幼儿提供分享和表达的机会。例如，我们可以开展“我喜欢的玩具”、“读书俱乐部”、“跳蚤小市场”等活动，让孩子们把自己喜欢的玩具和图书带到幼儿园，大家一起游戏、分享、交换。玩具和图书可以成为孩子们交往的媒介，而在真实的情境中建立起来的交往的环境和契机，更加有助于培养孩子乐于交往的积极情感。

案例导入

活动一：我是快乐的小娃娃。

目标：(1) 请小朋友用自己的方式表现自己的快乐。

(2) 体验关心别人自己也会感到快乐的情感。

活动二：好朋友握握手。

目标：(1) 在活动中让幼儿感受有朋友的快乐。

(2) 培养幼儿的语言表达能力，培养幼儿间合作的能力。

(3) 学会用正确的方法处理朋友间的问题和冲突。

活动三：爸爸妈妈辛苦了。

目标：(1) 幼儿能用比较清晰地语言，讲述自己感受最深的事情。

(2) 运用各种方式表达小朋友对你爸爸妈妈的爱。

图 6-5　亲亲我的好妈妈

图 6-6　妈妈，我来喂你吃饭！

【案例分析】

大班幼儿已经有了一定的交往能力，他们也愿意与人交往。但是在幼儿的交往过程中，幼儿往往因为不会交流和表达而出现各种各样的问题。因此，教师可以从幼儿的感受和自身经验出发设计一些活动，让幼儿在活动中感受朋友在一起的快乐，并且引导幼儿在活动中学会正确的表达、尝试在活动中学习合作与分享、体验交往的快乐，促进幼儿间的主动交往的发展。

（三）5~6 岁幼儿“愿意与人交往”的教育指导策略

1. 密切结合幼儿的生活实际，为孩子们提供获得真情实感的情境和实际锻炼的机会交往能力是在与他人的接触中形成的，如果没有这样的机会，孩子们的交往能力很难发展。因此，教师要多为孩子们创造与同伴交往的机会。首先，应充分利用幼儿园的大环境增加幼儿间的交往。另外，教师还可以带领幼儿走出幼儿园，走进社会，让孩子们了解社区、社会的生活；还可以带孩子们走进学校，了解小学生的生活。这些活动都能结合幼儿的生活实际，让孩子们在生活中获取相应经验，大胆与人交往。而这些在真实的情境中建立起来的交往环境和契机，更加有助于培养孩子乐于交往的积极情感。

2. 让幼儿在交往合作中有愉快的体验是培养幼儿愿意与人交往的关键

首先，要让幼儿感觉到与人交往是一件有趣的事。教师要激发幼儿与人交往的欲望，帮助幼儿克服不良的心理，大胆与同伴交往。在幼儿活动中，老师需要更多地注意积极的社会行为，注意通过每次活动，让幼儿充分感受与同伴交往带来的乐趣和精神满足，从而激发幼儿进一步合作的内在动机，使合作行为更加稳定、自觉化。

3. 通过游戏活动增加幼儿的交往行为方式，培养幼儿交往的兴趣

该阶段的幼儿有了合作意识，在交往中，他们会选择自己喜欢的玩伴，也能与三五个小朋友一起开展合作性游戏。结构游戏、角色游戏等创造性游戏具有群体性，幼儿通过共同活动，把最感兴趣的事情反映出来，从中学会共处，学会合作。教师可以通过“幸福一家亲”、“小超市”、“小医院”或者是“快乐小舞台”等区域游戏让幼儿扮演不同角色。使他们不但能掌握社会行为规范，逐渐摆脱“自我中心”意识，而且能学习不同角色间的交往方式，如“孩子”与“长辈”的交往、“医生”与“病人”的交往、“营业员”与“顾客”的交往等，孩子们你来我往，幼儿间的交往的行为方式增加了、交往的经验丰富了，这无疑更增添了幼儿交往的兴趣。

4. 家园同步，为幼儿创设温馨和谐的家庭环境，强化幼儿的交往能力

作为教师，要通过家长会、家园联系册或者 QQ 群、微信平台等一些交流形式，向家长介绍培养幼儿社会交往的重要性、各个阶段的教育内容以及家长应配合的工作，让家长认识到其对幼儿社会交往能力的影响。另外，引导家长形成平等和谐的家庭关系，不溺爱孩子，不压制孩子，这样才能让孩子形成稳定的交往心理。父母要多抽时间跟幼儿交流，尽可能多地带孩子接触外界，带幼儿参加各种活动，与幼儿交朋友，为幼儿提供各种与人交往的机会。如外出时，在家长的关注下，引导孩子同生人交谈；节日期间，家长可以带孩子去户外游戏玩耍，鼓励孩子主动和周围的小朋友合作游戏；外出吃饭时，鼓励孩子和服务员、客人交流；主动带孩子到朋友家做客；定期邀请小朋友来家中游戏等。

活动示例

活动名称：跳蚤市场

活动目标：

（1）愿意将自己的旧物品与同伴分享、交换，体验买卖的乐趣。

(2) 在自由买卖的过程中学会协商，能与同伴礼貌交往。

(3) 能合理规划自己的钱物。

活动准备：

(1) 和家长一起收集自己需要交换的旧物，商讨物品价钱。大家一起布置“跳蚤市场”

(2) 自制商品价签、从家里带来需要进行买卖的钱。

(3) 活动前请家长带幼儿进行购物体验，懂得买卖时可以讨价还价。

活动过程：

(1) 请幼儿相互参观带来的物品，并且请幼儿讲一讲这件物品的意义。

(2) 讨论：举办“跳蚤市场”的意义。让幼儿知道爱惜物品，有效利用资源。

(3) 讨论活动中需要注意的事项：大家要诚信交易、交易过程要文明礼貌、交易时要轻声说话、不乱扔垃圾。

(4) 布置市场，幼儿开始自由交易。(教师要注意观察，随时给孩子们提供帮助，鼓励胆小的幼儿参与到活动中。)

(5) 活动结束后，引导幼儿交流自己的感受。(你今天买到了什么东西？用了多少钱？你的心情怎样？)

图 6-7　摆好商品

图 6-8　叫卖

图 6-9　热闹的市场

图 6-10　交流与分享

【示例评析】

现在的孩子们每个人都拥有许多的玩具，而有的玩具已经被束之高阁或者冷落在一边许久了。而玩具是小朋友之间交往的重要媒介，孩子们可以通过对玩具的交换、分享，更好地促进幼儿各方面能力的发展。因此我们在大班开展了《跳蚤市场》活动。在这次活动中，小朋友们培养了公平、诚信的意识；锻炼了语言表达能力、交往能力；树立了节俭环保的意识；孩子们卖的是“旧物”，换来的是“成长”。

第二节　能与同伴友好相处的教育与指导

同伴交往指的是同伴之间通过接触而产生的相互影响的过程。同伴关系不仅是人际关系的主要组成部分，而且它在儿童社会化和身心全面健康发展过程中起着极其重要的作用。

对幼儿来说，进入幼儿园后他们开始试探着与同伴平等交往，同伴交往逐渐成为幼儿在社会生活中最主要的活动。而能够与同伴友好相处，适应集体生活是他们成长过程中很重要的一个环节。陈鹤琴认为：孩子需要良好的小朋友来作伙伴，与他们交流相处，以获得友谊，解除孤独、活泼身心，这是成人代替不了的。

一、3~4 岁幼儿的教育与指导

《指南》在 3~4 岁“能与同伴友好相处”这一目标中指出这一年龄段的幼儿能够做到：①想加入同伴的游戏时，能友好地提出请求。②在成人指导下，不争抢、不独霸玩具。③与同伴发生冲突时，能听从成人的劝解。

（一）3~4 岁幼儿“能与同伴友好相处”的特点描述

3~4 岁的幼儿与同伴一起游戏的意识加强，逐渐习惯于自发地和小朋友共同游戏，逐步学会和同伴共同分享玩具，体验不同于父母及其他成人之间的人际关系。这时的幼儿移情能力有了很大的发展，他们开始关心周围其他的小朋友，也产生了同情心。例如看见生病的同伴会表示同情，也会在成人的引导下，做出安慰、关心、帮助别人的行为。他们有着与同伴友好相处的愿望，但却往往缺乏一定的相处技能。他们的行为具有强烈的情绪性，易受外界事物和自己情绪的支配，自制力差，易冲动，自我中心化强，对成人及熟悉的人仍有依恋情感。他们具有初步的规则意识和行为规范，喜欢用语言、动作与人交往，也会出现一些交往障碍或行为问题。

案例导入

案例描述：

（1）区域活动时，建构区里忽然传来王一森小朋友大声的哭喊声：这是我的，你给我！我赶紧跑过去，只见郭瑞泽小朋友攥着一块积木的一头，正使劲地从王一森手里往外拽。我轻轻地问郭瑞泽："为什么要和森森抢玩具，旁边不是还有许多积木吗？"郭瑞泽大声说："我就想要这块大积木！"

（2）为了锻炼孩子们小手的灵活性，巧手的付嘉琪小朋友的奶奶给孩子们做了许多漂亮的"布艺玩具"，有练习系扣子的大鱼、向日葵、小桃树；还有练习系带子的小鞋子，小娃娃、小衣服等。我慢慢把这些新的玩具投放到日常生活区，孩子们可喜欢了。郭瑞泽每天都是第一个来幼儿园，就是为了给他喜欢的"大鱼"穿衣服，他总是一片一片地把"大鱼"的鱼鳞系到"大鱼"的身上（鱼鳞上有扣眼）。可是今天郭瑞泽来晚了，他来的时候梓萌小朋友正在玩"大鱼"，他走过去，一句话也没说，从梓萌的手里抢过"大鱼"就跑，梓萌气哭了。

（3）加餐时，小宇的饼干不小心掉到了地上。于是我对其他正在吃饼干的孩子们说："小宇的饼干脏了，不能吃了，谁能把自己的饼干分一些给小宇？"我特意看了看郭瑞泽，只见他把饼干用双手捂住了。我轻轻地走过去对他说："郭瑞泽大哥哥，你可以分一些饼干给小宇妹妹吗？你看，小宇妹妹一个饼干都没有了。"郭瑞泽看了看小宇，想了一会儿，拿出了两块饼干推到小宇面前，我赶紧表扬他："郭瑞泽小朋友可真棒，可以把自己的饼干让给妹妹！真是一个大哥哥！"小宇也拿起饼干，高兴地抱了抱郭瑞泽。我发现，郭瑞泽也特别高兴！

【案例分析】

"自我中心"是幼儿思维的一个显著特征。在幼儿日常生活和游戏过程中，我们经常发现孩子们会出现争抢玩具的现象。郭瑞泽小朋友是一个活泼好动的孩子，他在和小朋友的交往中缺乏基本的技巧，不会沟通；自我意识较强，自己喜欢的东西就想据为己有，不会谦让；其实，通过观察，老师发现他也想和小朋友好好相处，但是不知道方法。因此，教师抓住日常生活中的一个小小细节，帮助郭瑞泽小朋友学会了分享，这使得他获得了老师和同伴的赞扬，这无疑强化了郭瑞泽小朋友的利他行为，使他获得愉快的情感体验，这对他今后与同伴的交往起到了良好的促进作用。

（二）3~4 岁幼儿“能与同伴友好相处”的目标设计要点

1. 想加入同伴的游戏时，能友好地提出请求

目标设计要点：

第一，教给幼儿与人交往的简单技巧，引导幼儿有礼貌地与人交往。在幼儿与人的交往过程中，只有言行有礼貌的人才会受到大家的欢迎，也能获得同伴的喜爱，从而得到更多的朋友。因此，教师要教给幼儿一些与人交往的简单技巧。如主动问好，有礼貌地打招呼、学会用商量的口气和别人交流，运用微笑、请求表示邀请，根据对方的反应进行行为调整等。

第二，创设交往情景，教给幼儿正确的交往方式，引导幼儿尝试解决交往困境。幼儿在交往过程中经常发生想和别人玩，但是不敢表达，或者不经别人允许强行加入别人的游戏中，造成冲突和矛盾的现象。因此，教师要注意引导幼儿学习正确的交往方式，运到问题可以独立思考，尝试解决问题的方法。如当幼儿不知怎样加入同伴游戏，或提出请求不被接受时，建议他拿出玩具邀请大家一起玩；或者扮成某个角色加入同伴的游戏，游戏中，幼儿以愉快的心情，兴趣盎然地再现着现实生活，对老师的启发、诱导很容易接受。

2. 在成人指导下，不争抢、不独霸玩具

目标设计要点：

第一，帮助幼儿克服“自我为中心”的现象，引导幼儿站在别人的立场上考虑问题，与同伴平等交往。自我中心化强的幼儿大多爱捣乱、爱逞能、攻击性强，这些极不利于幼儿间的正确交往。教师要根据幼儿在生活和游戏活动中经常发生的事件，针对幼儿交往中最易产生的主要矛盾和问题，设计组织一些教学活动，确立明确的目标，让孩子们明白什么是对的、什么是错的、应该怎么做、还有什么更好的方法等，通过活动帮助幼儿克服“自我中心”，让幼儿能够感受别人的立场和情绪，与同伴平等交往。

第二，塑造幼儿的良好性格，与同伴友好交往。幼儿的性格不尽相同，有的幼儿乐于和别人交流，有的幼儿胆小羞怯，不愿主动与人交往。一个活泼开朗、乐于与人相处的孩子容易受到同伴的欢迎和成人的喜爱，也更容易适应新的环境。所以，教师要培养孩子活泼好动，善于言谈，敢于自我表现，心胸宽广，富有同情心、自信等良好的性格，让孩子能更好地在与别人的交往中获得关注，并且能够与人友好地交往。

第三，在日常生活和教育活动中，引导幼儿初步学习友好、分享、交流和合作的交往技能，鼓励幼儿能遵守一定的规则。幼儿最常见的学习方式是模仿，教师还可以在生活和活动中注意观察幼儿的表现，及时鼓励幼儿正确的交往行为，树立交往的榜样，引导幼儿在交往中学习交往的技巧。

3. 与同伴发生冲突时，能听从成人的劝解

目标设计要点：

第一，指导幼儿尝试用协商、交换、轮流玩、合作等方式解决冲突。由于幼儿的交往经验不足，交往能力较弱，他们在交往过程中肯定会出现很多问题和冲突。而这个阶段的幼儿对成人比较依恋，他们愿意听从成人的指导。因此，教师在活动目标的制订中

要立足对幼儿基本交往技巧的培养，指导幼儿尝试用协商、交换、轮流、合作等方式解决冲突，让幼儿学会正确的交往。

第二，利用移情训练的方法，引导幼儿去感受和思考，听从成人的劝导，化解交往中出现的小矛盾或者小纠纷。3~4 岁的幼儿虽然语言表达不够完整、清晰，但他们渴望和别人交谈，喜欢听从别人的意见和建议。因此，教师可以利用情境教学、角色扮演等多种形式和方法，培养幼儿的移情能力。具有良好移情能力的幼儿能够更好地捕捉他人的情绪，理解他人的想法，顺利地与他人建立融洽的关系。

案例导入

活动一：请你等一等。

目标：(1) 让幼儿知道有些玩具一次只能一人玩，大家轮流玩才快乐。

(2) 培养幼儿肯于轮流等待的意识。

活动二：朋友树。

目标：(1) 通过图片，引导幼儿愿意为别人做事情的愿望。

(2) 鼓励幼儿多交朋友，并教给幼儿一些交朋友的方法。

活动三：这该怎么办?

目标：(1) 教育幼儿遇到问题可以向老师和同伴请教。

(2) 培养幼儿正确的交往方式。

【案例分析】

3~4 岁的孩子已经有了强烈的交往欲望，在与同伴的交往中他们会把自己真实的个性表露出来，通过不断的交往取得同伴间的信任。主题活动——“好朋友一起玩”，主要目的是激发与同伴交往的愿望，体验与同伴游戏的快乐。在这样的活动中我们能够正确的引导幼儿同伴间的交往，让幼儿学习一些基本的交往技巧，学会与同伴友好相处。

（三）3~4 岁幼儿“能与同伴友好相处”的教育指导策略

1. 要多给幼儿创设交往的机会，激发幼儿交往的欲望

幼儿的交往能力是在和他人的接触中逐渐形成和发展的，如果没有这样的机会，孩子们的交往能力就很难发展。因此，教师要多给孩子们创造交往的条件，让孩子们在实际活动中激发与同伴交往的愿望、学习交往的技巧、感受同伴交往的快乐。

2. 为幼儿创造一个宽松、自由的同伴交往环境，教给幼儿交往的基本技巧，引导幼儿积极主动的交往

宽松、自由的同伴交往环境就是能让幼儿自由、自主活动的环境。在这样的活动中，孩子们能根据自己的兴趣和需要自主选择活动内容，并且在活动中能够根据自己的

愿望和想法与同伴自主交往。在这个过程中，孩子们不仅可以学习和交流，分享和合作，还能学习简单的解决问题的方法。这不仅能带给幼儿极大的快乐，更能促进幼儿的主动交往。

3. 利用3~4岁孩子善于模仿的特点，充分发挥榜样的作用，引导幼儿与同伴友好相处

首先，由于小班幼儿知识经验少，注意力容易分散，因此，我们可以选择一些幼儿感兴趣的，易于理解的故事作为媒介，通过故事中的人和事教给幼儿友好的交往态度。其次，教师、父母要时时处处注意自己的言行，为幼儿树立正确交往的示范。例如对人有礼貌、尊重关爱每一个孩子、能够倾听孩子的想法、积极参与孩子的活动等。这些都能引导幼儿主动与人交往。

4. 注重幼儿良好个性的养成，关注幼儿的情绪情感，鼓励幼儿积极主动与同伴交往

现在的家庭中，很多家长对孩子娇宠溺爱，可能会造成孩子不良的个性特点，一是孩子“自我为中心”的倾向严重，二是孩子孤僻、怯懦、胆小，这都不利于孩子与同伴的正常交往。因此，我们要注重幼儿良好个性的养成，并在幼儿的成长过程中关注幼儿情绪情感的体验，学会替别人着想，让孩子成为受欢迎的人。

活动示例

活动名称：我们一起玩

活动目标：

（1）小朋友一起玩玩具，在玩的过程中体验同伴交往的快乐。

（2）培养幼儿与伙伴分享快乐的情感。

活动准备：

（1）经验准备：活动前和幼儿进行一次谈话，谈谈自己家里有什么玩具，最喜欢的玩具是什么。

（2）请每位小朋友从家里带一件自己心爱的玩具来幼儿园。将小朋友们带来的玩具布置成一个大展台。

活动过程：

（1）参观我们的玩具。教师用赞赏的语气向幼儿介绍小朋友们带来的各种玩具。然后请小朋友们自己上台来介绍自己带来的玩具。玩具的名称是什么，有什么好玩的地方，自己为什么最喜欢这件玩具。

（2）请小朋友依次到玩具展台前选择自己喜欢的玩具。挑选时要清楚表达自己的要求。

(3) 幼儿在一起玩玩具的过程中，教师要提醒小朋友谦让。如果大家都喜欢一件玩具，那么可以引导幼儿轮流玩，或者是小朋友一起玩。对只玩自己带来的玩具的小朋友，可以提醒他给玩具找个新朋友。

(4) 活动结束后，请幼儿把玩具放到原来的位置上。引导幼儿说一说和小伙伴一起玩玩具的快乐感受，小朋友之间要相互感谢。并教育幼儿要爱护玩具。

活动延伸：

(1) 可以把玩具展览会放到区角活动中，让幼儿在感兴趣的玩玩具中与更多的幼儿交往。

(2) 给幼儿提供一起玩的机会，在日常活动中引导幼儿一起玩的兴趣。

【示例评析】

我们知道玩具是小朋友最熟悉和喜爱的东西，也是幼儿共同的爱好，在玩具的吸引下，幼儿间必然能主动交往，而在玩玩具、分享玩具的过程中，体验了与同伴一起游戏的快乐，幼儿之间的陌生感逐渐消失了，对同伴更加熟悉与喜爱，交往的愿望就更加强烈起来了。而且在玩的过程中，教师可以教给幼儿学会礼让、合作、轮流玩等好的交往技能。引导孩子和同伴友好相处。

图 6-11 户外活动一起玩

图 6-12　我们一起玩玩具

二、4~5 岁幼儿的教育与指导

在“能与同伴友好相处”这一目标中提出 4~5 岁年龄段的幼儿能够做到：①会运用介绍自己、交换玩具等简单技巧加入同伴游戏。②对大家都喜欢的东西能分享。③与同伴发生冲突时，能在他人帮助下和平解决。④活动时愿意接受同伴的意见和建议。⑤不欺负弱小。

（一）4~5 岁幼儿“能与同伴友好相处”的特点描述

4~5 岁幼儿的同伴间的交流增多。同伴关系比三岁时更加友善，幼儿能主动与同伴建立关系，并且能不断尝试与不同的伙伴建立关系。幼儿对同伴已有了明显的喜恶，逐步形成比较稳定的朋友关系。他们的情绪更加稳定，开始学着控制情绪，能听从成人的要求。同伴之间发生争执时，有时也能控制自己的情绪和行为。

这个时期的幼儿具有初步的规则意识。在集体生活中，幼儿开始表现出自信，知道排队、依次取放玩具。与人相处时，表现得更有礼貌，主动使用礼貌用语，喜欢表扬，不喜欢批评。幼儿的冲突性质发生了变化，往往与自尊相关，如幼儿不喜欢同伴批评自己，不喜欢被有意和当众欺负，不再像小班幼儿那样，拒绝同伴是因为对方不满足自己对物质的需要，冲突的特点从“以物为中心”转化为“以人为中心”。

（二）4~5 岁幼儿“能与同伴友好相处”的目标设计要点

1. 会运用介绍自己、交换玩具等简单技巧加入同伴游戏

目标设计要点：

第一，尝试利用玩具、图书等媒介鼓励幼儿大胆与同伴交往。每个幼儿都有自己喜欢的玩具和图书，幼儿视它们为最亲密的朋友。在幼儿与同伴交往的过程中，教师可利用这些媒介开展活动，让幼儿向朋友推荐自己喜爱的物品，介绍图书的内容、玩具的玩法等；还可以利用这些媒介引导幼儿主动与同伴交往，一起游戏。

第二，善于抓住教育契机，在幼儿生活中开展同伴间的交流与游戏活动，学习基本的交流技巧。在幼儿园活动中，教师要善于抓住教育契机，适时地帮助幼儿学习简单的交往技巧。如怎样介绍自己、怎样有礼貌地与人交往等。引导幼儿主动、友好地与同伴交往，并给予积极的鼓励，培养幼儿喜爱同伴的情感，体验交朋友的乐趣。

2. 对大家都喜欢的东西能轮流分享

目标设计要点：

第一，培养幼儿谦让的良好品质。学会谦让，可以让幼儿在与别人在某种共同喜欢或需要的物品、角色、空间、等方面发生冲突时，能够主动满足或先满足他人的意愿。这可以让幼儿在与人的交往中获得更多的朋友，也能获得更多的交往机会，体验到同伴间交往的快乐。

第二，培养幼儿耐心等待，积极协商的良好行为习惯，学会分享。对于大家都喜欢的东西，有的幼儿肯谦让，但是有的幼儿往往恃强凌弱，不肯谦让。因此，老师应该在公平合理的原则下，引导幼儿学会等待、学习积极地交流方式——协商、轮流、分享。

3. 与同伴发生冲突时，能在他人帮助下和平解决

目标设计要点：

第一，懂得朋友的重要性，学习一些简单的交往技巧。4~5 岁的幼儿较之前更喜欢与同伴交往。教师要在活动中让幼儿体验到有朋友的快乐，提高幼儿交往的技巧；在与同伴的交往中学会调整自己的行为，互相关心，互相帮助；遇到问题能协商解决，必要时能寻求成人的帮助。

第二，培养幼儿初步的辨别是非的能力，在成人帮助下，能正确处理与同伴之间的矛盾。4~5 岁的幼儿已经有了初步的分析问题和解决问题的能力。教师要善于利用正面的事例或良好的榜样来引导、影响幼儿，让他们知道怎么样做是对的，怎么样做是错的；引导幼儿正确处理同伴之间的矛盾，喜欢和同伴交往，形成正确的交往习惯。

4. 活动时愿意接受同伴的意见和建议

目标设计要点：

第一，引导幼儿友好地交往，并在交往中形成友好的同伴关系。孩子们在交往过程中已经能根据自己的喜好来选择游戏伙伴，并且能够在交往中逐渐形成稳定的朋友关系。交往中，幼儿往往愿意服从自己喜欢的同伴的领导，也更注重同伴的意见和建议。因此，教师要注意引导幼儿间友好的交往，让幼儿懂得只有虚心接受别人的意见或建议，才能获得朋友的喜爱和尊重；如果自己有缺点和错误，面对朋友要坦诚，不要隐瞒，争取获得朋友的原谅和帮助。

第二，引导幼儿正确评价自己和他人的优点，互相学习，共同进步。教师要帮助幼儿以积极的态度认识自己、了解自己，增强幼儿的自信心，还要引导幼儿关注朋友的优点，用欣赏的眼光主动发现别人的长处。幼儿只有正确地认知自己和他人，才能更好地接受自己和他人，从而形成良好的交往互动，接受同伴的意见和建议。

第三，培养幼儿大胆与同伴交流自己的想法和愿望，遇到问题，能寻求最佳的解决方案。活泼、大胆、善于表达的幼儿总会受到大家的关注，而胆小、不善言谈的幼儿往往容易被老师和同伴忽略。因此，教师要在活动中引导幼儿积极参与活动，为每个幼儿提供在集体活动中发言的机会并耐心倾听；教师要及时发现孩子的内心需求，在孩子有意愿而又怯于表达的时候善于捕捉机会，鼓励幼儿大胆地表达自己的想法和愿望；在孩子遇到问题或者困难时，引导幼儿进行讨论，允许幼儿提问、争辩，让幼儿都能根据自己想法发表意见和建议，并引导幼儿在积极地交流过程中寻找最佳的解决方案。

5. 不欺负弱小

目标设计要点：

第一，培养幼儿宽容、友善的良好品质。幼儿在交往中可能会出现你争我夺、互不相让的行为，甚至出现什么东西都要占为己有，不达目的就撒泼耍赖，欺负弱小等现象。这严重阻碍了幼儿间的交往。因此，教师要引导幼儿懂得宽容，养成与人为善的良好品行。这不仅体现了我们中华民族的传统美德，还能让幼儿感受相互关心，团结友爱的精神，更能让幼儿在交往中体验到真诚的言行带来的快乐，与同伴友好相处、平等交往。

第二，通过活动，让幼儿懂得不欺负弱小，相互合作的重要性。对于幼儿来说，他们在游戏、学习、生活中都离不开同伴间的合作。孩子们在交往过程中通过主动配合、分工合作、协商解决问题、协调关系等活动，才能保证游戏和活动的顺利进行。而任何恃强凌弱的行为都会破坏幼儿间的合作，让幼儿失去朋友和伙伴。因此，教师要注意引导幼儿间正确的交往与合作，让他们在合作中分享快乐，获得满足，让幼儿养成良好的合作习惯。

案例导入

活动一：好东西要分享。

目标：(1) 引导幼儿体会与他人分享的快乐。

(2) 培养幼儿与他人友好相处的能力。

(3) 引导幼儿理解朋友之间好东西要分享的道理，学习分享的经验。

活动二：我有好办法。

目标：(1) 知道与人交往的过程中，要对人友好。

(2) 与同伴发生矛盾时，能用适宜的方法解决冲突。

(3) 让幼儿感受关心别人，帮助别人解决困难是件快乐的事。

活动三：商量妙处多。

目标：(1) 懂得商量的重要性。能大胆与同伴交流自己的想法和愿望。

(2) 遇到问题能吸取他人的意见，寻求最佳的解决方案。

【案例分析】

4~5 岁幼儿在人际交往方面有了很大的进步，他们能向同伴展示积极的交往行为，在和伙伴的交往中也能有效地调整自己的行为。所以教师要善于利用幼儿在同伴关系中的特点，来确定幼儿愿意与人交往的教育目标。让幼儿在集体活动和日常生活中学习交往的技能，体验交往的快乐，和尝试与同伴间的共享与合作。并且在同伴交往中学会接人待物的方法和解决问题的技巧。

图 6-13　我们是好朋友

图 6-14　“我来了，咱们一起玩”

(三) 4~5 岁幼儿“能与同伴友好相处”的教育指导策略

1. 利用一日生活的各个环节发展幼儿的语言交流能力，鼓励幼儿大胆与同伴交往

《幼儿园教育指导纲要（试行）》要求“创造一个自由宽松的语言交往环境，支持、鼓励、吸引、幼儿与教师、同伴或其他人交谈。”而良好的语言交流能力又是幼儿

交往的关键。因此，教师要善于抓住一日生活的各个环节，创造利于幼儿交流的环境。如利用晨间活动引导幼儿和同伴一起玩自带的玩具、图书。孩子们想跟同伴分享自己喜欢的东西的欲望很强烈，他们能与同伴在玩的过程中一起讨论玩法或者分享图书的内容。在这样的活动中，幼儿能自由自主地与同伴交流，获得愉快的交往体验，引发幼儿交往合作的主动性，促进幼儿大胆地与同伴交往。

2. 有效利用集体活动，交给幼儿正确的交往方法、交流技巧以及正确解决同伴间矛盾与冲突的方法

幼儿园教育指导《纲要》指出："引导幼儿参加各种集体活动，体验与教师、同伴等共同生活的乐趣，帮助他们正确认识自己和他人，养成对他人、社会亲近、合作的态度，学习初步的人际交往技能。"因此，教师可以根据这一年龄段幼儿在交往能力方面的培养目标，有效利用谈话、故事、角色表演等集体活动培养幼儿积极的交往行为、有效控制自己的情绪，让幼儿学习以平和的心态与同伴交往、学会容纳不同的见解、能够原谅同伴的缺点、学会欣赏别人、可以想办法正确解决矛盾和冲突等。

3. 培养幼儿良好的品格行为，引导幼儿与同伴友好相处、平等交往

幼儿诸如自尊心太强而内心太脆弱、任性、自私、争强好胜等不良的品格会阻碍同伴间的正确交往。因此，教师要规范幼儿的行为，帮助幼儿养成健康向上、自信勇敢、宽容大度、友善互助等良好个性品质，以促进幼儿与同伴的友好相处。

4. 重视幼儿的游戏活动，在游戏中培养幼儿友好相处的能力

4~5 岁的幼儿常常是一群孩子一起玩，很少自己单独玩。他们在游戏中相互配合、相互影响、相互模仿，为孩子的交往创造了良好的条件。游戏活动不仅可以培养幼儿的合作精神和交往能力，而且也能让幼儿习得交往的规则，并运用这些规则来规范自己的行为，懂得友好、协商、克制、谦让。

5. 注重家园合作，促进幼儿同伴交往

家长的言行对幼儿有非常重要的影响。家长平时的人际交往积极主动，对小朋友的同伴交往给予充分的肯定，将有助于幼儿同伴交往能力的发展，提高幼儿园教育效果；反之，则会阻碍幼儿同伴交往能力的发展。因此，家园合作是促进幼儿同伴交往能力发展的重要保证。教师可以通过家长会、家园联系册、家教宣传窗等形式协商家长了解和熟悉幼儿园培养幼儿同伴交往能力的目标和要求，将这项能力的培养延伸到家庭教育中，使幼儿园教育和家庭教育形成合力。

活动示例

活动名称：我有好办法

活动目标：

（1）知道与人交往过程中要对人友好。

(2) 与同伴发生矛盾时，能用适宜的方式解决冲突。

活动准备：

(1) 教师提前邀请其他班级小朋友拍摄一视频片段（可模拟拍摄两个小朋友争抢玩具图书）

(2) 提前拍摄一些日常生活中幼儿之间发生不同矛盾的照片（小朋友推人的照片、不小心把水弄到别人身上的照片。）

活动过程：

(1) 观看视频："今天老师给小朋友带来了一段视频，我们一起来看看到底发生了什么事情？

观看后请幼儿讨论：视频中的两个小朋友发生了什么？如果你遇到这种情况你会怎么做？（引导幼儿联系生活实际讨论解决问题的办法。）

小结：小朋友在幼儿园每天都会遇到各种事情，也会和小朋友发生矛盾，这时候不要急，更不能发脾气，要静下心来想一想该怎么办，要学会用正确的方法来进行处理。

(2) 说说自己的事：在生活中，你有没有和小朋友发生过矛盾或者不愉快，你是用什么好办法解决的？

引导幼儿了解当我们和朋友因为一些事情发生矛盾时，如果是自己错了，要真诚道歉，如果是对方错了，要学会原谅；如果有小朋友不遵守规则，要善意提醒告诉他正确的方法，不能用粗暴的方式，这样不利于解决问题。

(3) 我来想个好办法：出示幼儿发生矛盾的照片（小朋友推人的照片、不小心把水弄到别人身上的照片），请幼儿想办法帮忙解决问题。鼓励幼儿积极动脑筋想办法，用适宜的方法来解决问题。

活动延伸：

(1) 在日常生活中随时关注幼儿的行为，逐步引导他们学会自己解决问题，提高与人交往的能力。

(2) 提醒家长在孩子遇到困难和问题的时候，鼓励孩子自己解决，不要包办代替。

图 6-15 别抠我的耳朵

图 6-16 你怎么抢我的玩具？

【示例评析】

中班的小朋友在与同伴交往的过程中经常会发生矛盾和冲突，作为教师，我们不能过多包办解决幼儿之间的问题，而要引导幼儿积极想办法，正确解决冲突，我们要相信孩子们的能力。“我有好办法”通过教师有意识地设置冲突的情景，让幼儿观看并讨论，可以有效地促使幼儿自我反思、自我判断。通过活动，幼儿还可以习得交往的一些技巧：如何倾听别人谈话、如何向别人道谢和道歉、如何向别人提出要求、如何表达自己的愿望等，这些都能促使幼儿与人友好交往。

三、5~6 岁幼儿的教育与指导

在“能与同伴友好相处”这一目标中提出 5~6 岁年龄段的幼儿能够做到：①能想办法吸引同伴和自己一起游戏。②活动时能与同伴分工合作，遇到困难能一起克服。③与同伴发生冲突时能自己协商解决。④知道别人的想法有时和自己不一样，能倾听和接受别人的意见，不能接受时会说明理由。⑤不欺负别人，也不允许别人欺负自己。

（一）5~6 幼儿“能与同伴友好相处”的特点描述

5~6 岁幼儿在与成人和同伴的交谈中，以自我为中心的表达逐步减少，能根据他人的言语调整谈话的内容。这时期幼儿的同伴关系处于形成期，其同伴交往具有群体性和稳定性的特点。多数的孩子有相对稳定的爱好和朋友，同时开始出现了自发的小团体，有较强的团体意识和归属感。5 岁以后，幼儿的自我评价从依从性评价向独立性评价发展。当别人的评价与自己的感觉不一样的时候，会表示反对和进行争辩。幼儿自我控制能力增强，能初步控制自己的外部表现；规则意识增强，能逐步遵守集体制定的行为准则；合作意识增强，能与小组或几个同伴共同游戏和完成某些任务；自律意识增强，在劳动中表现出一定的责任感和坚持性；表现欲望增强，会用多种方式表达自己的想法。

（二）5~6 岁幼儿“能与同伴友好相处”的目标设计要点

1. 能想办法吸引同伴和自己一起游戏

目标设计要点：

第一，引导幼儿懂得正确表达的重要性和必要性。日常生活中的一些小事往往因为幼儿不会表达而产生意见或冲突，所以，教师要通过活动让幼儿体会正确表达的必要性和重要性。例如学会用商量的口吻与人说话；在无意伤害别人时说声“对不起”；能主动向别人问好，要用眼神注意对方，并学会微笑；参加同伴活动或邀请同伴时，要有礼貌地打招呼，然后加入伙伴当中并同他们交谈；要乐于助人，成为受欢迎的人的等；另外，教师和家长也要时刻注意自己的言行，对幼儿进行良好行为的引导，成为幼儿的榜样，有效提高幼儿的交往能力。

第二，指导幼儿关注仪表，提高其受欢迎的程度。干净整洁的外表会给人一个良好的印象，使对方产生亲近感，反之，如果幼儿没有良好的生活习惯，穿着不够整洁，则会遭到同伴的排斥。所以，教师要引导幼儿注重自己的外在形象，养成良好的卫生习惯，让自己成为更受欢迎的人。

第三，开展丰富多彩的活动，拓宽幼儿交往的渠道。如我们可以请幼儿把心爱的玩具带到幼儿园，与小朋友一起分享；可以组织幼儿开展角色表演等游戏活动；还可以开展各种竞赛活动。这些有针对性的集体活动，都能吸引同伴一起游戏，共同交往。

2. 活动时能与同伴分工合作，遇到困难能一起克服

目标设计要点：

第一，引导幼儿共同完成某一任务，让幼儿体验到合作的快乐以及克服困难后的骄傲。教师可适当选择一些活动让幼儿共同参与或者分组进行，使幼儿体验到同伴多样的兴趣、情感、智慧和集体协作的力量。如集体画《美丽的春天》，孩子们在一起画、剪、折、贴，合作的快乐一直延续到作品完成。欣赏作品时，合作的情感体验、自信心、自豪感油然而起；在科学实验活动“物体的沉浮”中，幼儿分组操作，自己想办法来改变物体的沉浮状态。孩子们开动脑筋，一起想办法，当他们通过共同努力把浮在水面的物体沉入水底，把沉在水底的物体漂浮水面的时候，脸上写满了克服困难后的骄傲。

第二，重视幼儿共同的游戏和活动，在共同游戏和活动中体验分工、合作的重要。幼儿之间的交往开始于共同的游戏和活动。幼儿在说、笑、打、闹中相互熟悉，获得交往经验。当他们遇到困难时，能积极地和同伴交流，共同想办法来解决问题、战胜困难。这些具体的合作情景，不仅能帮助幼儿逐渐习得交往合作的方法，也使幼儿体会了合作的重要性。

3. 与同伴发生冲突时能自己协商解决

目标设计要点：

第一，利用谈话、故事、诗歌等文学作品让孩子理解合作的重要性，知道遇到问题要协商解决。如《三只蝴蝶》可以让幼儿知道怎样和人相处并成为朋友；《霸道的小熊》可以让幼儿直观生动地理解是非对错。这对幼儿学习解决问题的方法可以起到事半功倍的作用。

第二，帮助幼儿理解规则的重要性，鼓励和引导幼儿自己解决问题。幼儿在交往中发生冲突是很正常的，成人不应过度干涉，而要让幼儿自己发现问题和解决问题。孩子们通过争论、评价以及七嘴八舌的讨论可以学会交往的新技能、解决问题的新方法、交往的规则等。教师要帮助幼儿逐渐养成遵守规则的好习惯，利用规则来规范自己的行为，在出现矛盾或者冲突时知道利用规则解决问题，让活动继续下去。

第三，利用榜样的力量来影响幼儿。教师要时刻注意幼儿交往过程中的表现，看到幼儿交往中出现的好的协商解决的事例的时候，可以有目的地引导幼儿分享经验、相互模仿，相互学习。通过经常性的引导和启发，让孩子们学会自己解决矛盾，学会与同伴

友好相处。

4. 知道别人的想法有时和自己不一样，能倾听和接受别人的意见，不能接受时会说明理由

目标设计要点：

第一，尊重别人，学会倾听和表达。教育幼儿知道每个人都是独特的个体，对待事物每个人都有自己独特的看法和意见。当大家意见不一致的时候，要能够倾听别人的意见，并且学会运用恰当的方式表达自己的情感、想法和要求。

第二，让幼儿学会正确评价自己和他人。引导幼儿正确的自我认识和自我评价，发现自己的长处、形成自我概念、树立自信心；引导幼儿尝试评价他人，同时聆听他人对自己的评价、他人对他人的评价。在聆听、碰撞和协商中，幼儿会对自己有更合理、更全面的认识，从而达到接受别人，不能接受会主动说明理由的目的。

第三，让幼儿积极思考和表达。幼儿应该有自己的见解，而非人云亦云，其前提就是对人、对事的积极思考。教师应该多创设不同的情境或问题鼓励幼儿积极思考，引导他们大胆表达想法和理由，对幼儿的每个想法给予恰当的反馈。

5. 不欺负别人，也不允许别人欺负自己

目标设计要点：

第一，培养幼儿与同伴友好相处，平等交往的意识。教师要帮助幼儿克服“自我中心”的倾向，让幼儿知道任性、霸道、处处只考虑自己而不顾别人的做法是不受欢迎的。告诉幼儿同伴之间没有优劣、高低之分，每个人都是平等的，不能欺负别人也不能允许别人欺负自己。

第二，对那些不善于交往或者被动交往的幼儿要给予关注和正确的引导。在幼儿的交往过程中，受孩子成长环境和性格的影响，一些孩子总在交往中占主导地位，他们往往比较强势；而一些幼儿则比较被动，容易被欺负，被忽略。因此，教师要及时关注幼儿在同伴交往活动中的表现，针对不同类型的幼儿进行分层次的帮助和正确的引导。

第三，帮助幼儿正确表达自己的情绪，面对别人的“欺负”要学会反抗，也要学会请求同伴或者成人的帮助。当孩子在遇到别人欺负时，一味强调忍让，会让孩子滋生怯懦的心理，遇事会一味的退让，无法塑造坚强的性格。因而，教师要教会幼儿正确表达自己的情绪（委屈、生气、愤怒），学会适度的反抗和寻求帮助。

案例导入

活动一：喜欢和你在一起。

目标：(1) 学会和伙伴交往的正确方法，并且乐意表达自己的想法。

(2) 在游戏过程中探索与同伴合作的方法，使幼儿喜欢合作，有一定的集体意识。

活动二：我们一起编图书。

目标：(1) 幼儿分工合作编图书，体验合作成功的快乐。

(2) 培养幼儿的合作意识以及在合作过程中克服困难后的自豪。

活动三：合作力量大。

目标：(1) 初步理解合作的意义，知道生活中处处有合作。

(2) 遇到困难能共同探索解决问题的方法，尝试协商、分工。

(3) 体验合作的快乐，知道合作力量大。

【案例分析】

教师在这些活动设计中从幼儿的交往实际出发，帮助幼儿解脱自我中心的状态，增强了对幼儿情感的支持，促进幼儿社会认知的发展和亲社会行为、社会交往能力的发展。并且在活动过程中，根据循序渐进的原则，有目的、有计划、有组织地进行教学活动，促进幼儿主动进行人际交往。并对幼儿主动的交往行为给予积极的鼓励，以激发幼儿同伴交往的愿望，使幼儿体验受到他人交往的愉悦，逐渐懂得关心和帮助他人也可以给自身带来快乐，进而学会更好的交往技巧。

图 6-17　教学活动中的合作

图 6-18　区角活动中的合作

（三）5~6 岁幼儿“能与同伴友好相处”的教育指导策略

1. 培养幼儿良好的交往态度和行为，让幼儿能与同伴愉快交往

5~6 岁的幼儿在交往过程中特别关注对方的态度和反应。在幼儿与同伴的交往中，一个性格开朗、积极主动、仪态得体的人一定会受到同伴的欢迎。得体的仪态能让幼儿更自信、良好的交往态度和行为能让幼儿在交往中更加积极主动、更加谦虚包容，这些都能促进幼儿间愉快地交往。

2. 注视幼儿良好个性品质的养成，在与人交往中能够与同伴平等交往，分工合作、克服困难等

不良个性品质的养成会阻碍幼儿之间的交往，也会导致幼儿遭到其他同伴的疏远和孤立。教师要利用多种教育活动，注重幼儿良好个性的养成，使幼儿能平等与同伴交

往，并且在交往过程中能够有效分工与合作，想办法克服活动中的困难，体验交往的快乐。

3. 发挥教师的主导作用，让幼儿成为活动的主体，帮助幼儿学习正确的与人交往的技巧

教师应选择、组织适合幼儿身心发展规律的活动，充分发挥教师的主导作用，为幼儿创设与教育相适应的环境，抓住一切教育时机，利用身边的人和事，设身处地引导和帮助幼儿学习正确的交往技巧。如他人在玩时，如果你想玩，应当与人商量，征得他人的同意；与小伙伴一起玩时，如果自己的观点与他人不一致，应该协商解决，或按理论处，或轮流，或较量后妥协；与小伙伴一起做事时，如果自己的意见受到大家的一致反对，则应该作出退让，以免使活动中断。哪怕自己的意见是正确的，也应在活动结束后，平静地和大家谈；游戏过程中，如果与小伙伴发生矛盾，应该心平气和地讲道理而不能讲难听的话，更不能使用武力；看到别的小伙伴之间发生冲突时，应该上前去劝解，帮他们分辨是非，而不能与谁关系好就帮谁，更不能不分青红皂白，帮好朋友“打抱不平”等。

4. 正确对待幼儿交往冲突，帮助幼儿学习解决问题的方法，让幼儿在交往中体验到愉悦和快乐

幼儿间发生冲突时，教师不要急于介入和干预，而应多方关注，放手让幼儿协商解决。由于幼儿年龄小，解决和处理问题的方法有一定的局限性，当幼儿不能很好解决矛盾和冲突时，教师要以平等的身份适时介入，帮助幼儿正确对待冲突，习得解决问题的方法。如让幼儿互换角色，体验一下别人的感受；提出问题，引导幼儿寻找解决问题的最佳方法；根据具体的情景，引导幼儿体验别人的感受，知道正确的处理方法。

活动示例

活动名称：微笑

活动目标：

(1) 懂的微笑能给人带来快乐，知道关心他人。

(2) 培养幼儿的语言表达能力，以及与人交往协调的能力。

活动准备：

(1) 4 个图形娃娃的头饰。

(2) 课件：《各行各业图片》各种图片若干。

(3) 录音机、磁带：《歌声与微笑》。

活动过程：

(1) 请戴头饰的小朋友出来，吸引幼儿的注意力。

①教师：小朋友们，老师今天请了表情娃娃来做客，我们请它们做自我介绍。并和你最喜欢的表情娃娃玩。

②幼儿自由选择表情娃娃玩。

③教师提问：哪个表情娃娃最受欢迎啊？

④请另外的几个娃娃变魔术，也变成微笑娃娃，这些表情娃娃都变成了微笑娃娃，你们现在的心情怎样啊？让我们一起来学学微笑娃娃吧！

（2）讲述你平时所看到过的微笑，并说出微笑的重要性。

①教师：你们刚才都已经说了自己喜欢微笑的表情，那么你们还在什么地方见过谁的微笑呢？说说当时的情况。

②幼儿自由阐述生活中所见过的微笑。教师根据幼儿讲述的内容，出示相应的课件。A. 师生互问好时的微笑　B. 服务行业的微笑　C. 医院里的医生、护士的微笑　D. 餐饮业服务员的微笑……

③教师："是啊，生活中到处都可以看到人们在微笑的生活着。小朋友看看这些图片，图片上的人为什么会微笑呢？教师出示相关的图片，让幼儿说一说他们微笑的原因。

④请小朋友说说自己的心情。

⑤师生互动，音乐《幸福拍手歌》，小朋友跟着老师做相应的动作。

⑥教师小结。讲述微笑的重要性：它是我们人与人之间的一种尊重，体现了我们相互友善的态度。

⑦拓展幼儿思维，讲述我们怎么帮助他们？教师出示图片（贫困山区孩子、地震的图片、战争带来的灾难的图片等），让幼儿发现这些人的脸上没有微笑，那我们可以怎么帮助他们？

请幼儿讨论。

肯定幼儿的爱心：你们的想法能让别人幸福和快乐，你们都是有爱心的好孩子！

（3）师生共舞，音乐《歌声与微笑》，结束本次活动。

【示例评析】

微笑是我们每个人都有的表情，在孩子们的交往中，都需要对别人微笑，因为微笑也是对别人的一种尊重的表示。在这个活动的设计中，运用了多种教学手段，让孩子们通过动手的操作、语言的表达等来进行活动。并运用了课件、图片等形式让幼儿进一步的了解微笑无处不在，同时也让幼儿感觉到微笑的重要性，使他们在以后的生活中用微笑来对待每件事。

（资料来源：http://www.qulaoshi.com/daban/shehui/1428/）

第三节 自尊、自信、自主的教育与指导

一、3~4 岁幼儿的教育与指导

《指南》在 3~4 岁幼儿“具有自尊、自信、自主的表现”这一目标中指出，3~4 岁的幼儿能够做到：①能根据自己的兴趣选择游戏或其他活动。②为自己的好行为或活动成果感到高兴。③自己能做的事情，愿意自己做。④喜欢承担一些小任务。

（一）3~4 岁幼儿“自尊、自信、自主表现”的特点描述

3~4 岁的幼儿已具备了一定的动作要领，能够独立做事并愿意独立完成各项事务，能够在短时间内延缓自己要求，能够自我调控自己的动作和行为。他们对自己独立做事获得满足感，产生了自尊的萌芽。这时的幼儿处于羞愧感的萌芽状态，当幼儿做错事受到批评时，会害羞、难为情。他们开始具有初步的规则意识和行为规范，喜欢用语言、动作与人交往，逐渐习惯于自发地和同伴共同游戏，能对别人表示出同情和关心，有时也会出现一些交往障碍或行为问题。

案例导入

案例描述：

（1）今天午休起床的时候，其他的小朋友都已经穿好外套和鞋子进入了活动室，只有滕飞小朋友坐在自己的小床上不动。我走过去轻轻地说：“宝贝，快起床了！”他还是一动不动地看着我，但是表情却像是要哭的样子。我伸手摸了一下他的小床，原来午休时他不小心尿床了，我赶紧抱过滕飞：“呀，太热了，滕飞一定是出了好多‘汗’，你瞧，小床都被‘汗’浸湿了！”滕飞委屈地趴在我的肩上哭了，“老师，‘汗’把小床弄湿了，不是我尿的……”

（2）在请小朋友们玩桌面玩具前，我发现好多插塑玩具都混在了一起，这肯定是孩子们玩完后没有好好整理玩具的结果。我灵机一动，对孩子们说：“老师刚才发现很多玩具都没在自己的‘家’里面，它们很不高兴，你们能帮它们找到自己的家吗？孩子们热情高涨，不一会就把玩具分类整理好了……

【案例分析】

3~4 岁的孩子虽小，但也和成人一样有自己的隐私、有自尊心，不想被别人嘲笑。案例（1）中的小朋友就是这样，作为教师，我们要站在孩子角

度，要关注幼儿的感受，一个善意的“谎言“，既保护了孩子的自尊心，又能让幼儿感受到老师满满的爱。

另外，这个年龄段的幼儿愿意表现自己，而且能够在老师的帮助下完成力所能及的事情，因此，教师要抓住机会，尽量放手让幼儿自己的事情自己做。案例（2）中，幼儿在老师的鼓励下不仅很好地完成了玩具的整理工作，而且在工作的过程中建立了自信。

（二）3~4 岁幼儿“具有自尊、自信、自主的表现”的目标设计要点

1. 能根据自己的兴趣选择游戏或其他活动

目标设计要点：

第一，为幼儿提供丰富的活动和游戏环境，让幼儿可以自主选择。《纲要》强调，在幼儿园一日生活里，创设宽松、自由、丰富的活动环境，尊重幼儿的兴趣和需要，让幼儿自主选择、自主发展。因此，教师要根据幼儿兴趣创设可供幼儿自主选择的活动和游戏环境，让幼儿能够获得愉快的情绪体验。

第二，根据幼儿的需要及时调整活动内容和游戏材料，满足幼儿自主游戏的愿望。在幼儿的活动和游戏过程中，每个幼儿都是在与环境、材料的有效互动中，通过大胆探索、充分表达，从而获得各种经验的。而每一个幼儿具有不同的经验和能力，因而不同幼儿对游戏内容和游戏材料的需求也不相同，教师要根据幼儿的需要不断变化和丰富内容和材料，使幼儿的活动和游戏能够顺利进行。

2. 为自己的好行为或活动成果感到高兴

目标设计要点：

第一，为幼儿提供表现和表达的机会，让幼儿获得成功的体验。幼儿在游戏中需要感受成功，而成功的体验来自于成人及同伴的认同和赞扬，这些都要通过表达、表现来完成。教师要及时关注幼儿的表现，对幼儿的优点和进步多多给予鼓励和肯定，提高幼儿活动中的自信心，对那些不善于表现和表达的幼儿更要给予恰当的帮助和引导，利用多种形式帮助幼儿关注自己的优点，建立自信心。

第二，采用评价的方法，引导幼儿评价自己的行为和他人的行为，提高幼儿的辨别能力。

这一年龄段的幼儿不会独立评价，主要依从教师或其他成人的评价。教师要及时帮助幼儿从情绪、能力、兴趣等多种角度全面看待、评价自己，促进幼儿对自己的理解和认识，发展幼儿良好的自我意识；让幼儿在活动中强化正确、积极的行为方式，找到自己的弱点和不足，知道怎样避免和改正。教师还可以通过幼儿之间的评价，让幼儿相互学习，相互模仿。

3. 自己能做的事情，愿意自己做

目标设计要点：

第一，知道自己的事情应该自己做，培养幼儿有初步的独立意识。首先，要帮助家长克服对幼儿一切包办代替的做法，培养幼儿的独立精神和自理能力，鼓励幼儿自己的事情自己做。其次，教师要积极正确引导幼儿，让幼儿树立“我能行”的良好意识，并运用积极的评价来鼓励幼儿自己的事情自己做。

第二，培养幼儿具备初步的生活自理能力，学会自我服务的有关技能。小班幼儿年龄小，教师要有计划、有目的地细致培养，如独立进餐、主动如厕、独立穿脱衣物、及时整理玩具等行为习惯。教师要从最基本的小事抓起，从简单到复杂，循序渐进地提出要求并进行引导，给孩子提供充分的学习和练习的机会，使孩子尽早学会自我服务。

4. 喜欢承担一些小任务

目标设计要点：

第一，引导幼儿参加力所能及的劳动，让幼儿理解劳动的意义，并能看到劳动成果，体验到劳动的快乐。教师要将幼儿的劳动与学习、生活、游戏结合起来，使劳动变得生动有趣，让幼儿在愉快的劳动体验中产生劳动光荣的意识，产生主动承担一些小任务的愿望。

第二，教给幼儿一些必要的劳动技能，教育幼儿愿意为集体、为他人做力所能及的事。教师要利用每一个生活环节，培养幼儿的生活自理能力，并且在活动中教给幼儿必要的劳动技能，使幼儿能够自信、自主地劳动。当幼儿的能力被老师和同伴认可的时候，他们会感到自豪，会产生主动承担为集体、为他人服务的愿望。

案例导入

活动一：我是能干的好宝宝。

目标：(1) 大胆说出自己能干的事，萌发幼儿的自豪感。

(2) 学会做一些力所能及的事。

活动二：自己的事情自己做。

目标：(1) 加强独立、自理意识，知道自己的事情应该自己做。

(2) 具备初步的生活自理能力学会自我服务的有关技能。

活动三：我是老师小帮手。

目标：(1) 尝试在老师的指导下做一些力所能及的事情，体验帮助别人的快乐。

(2) 引导幼儿体会老师和家人对自己的关爱，愿意通过自己的努力回报大家。

【案例分析】

活动中，孩子们不仅能在活动中大胆尝试各种活动，还能通过参与激发幼儿自己的事情自己做的愿望，培养幼儿的自理能力和动手能力。“我是能干的宝宝”活动，从幼儿的自身的感受和经验出发，让幼儿说一说、学一学、做一做，激励幼儿独立做事的自豪感；“小帮手”活动，让幼儿体验了帮助别人的快乐。这个主题活动从幼儿对自我的认知出发，一步步帮助幼儿增强活动的主动性和独立性，并且引发幼儿对周围人和事的关注。

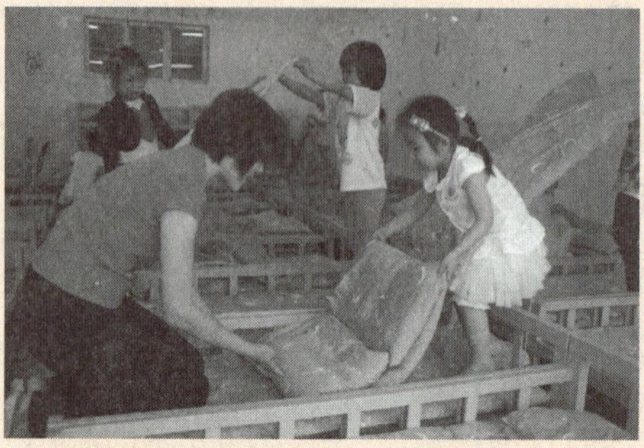

图 6-19　我要自己叠被子

（三）3~4 岁幼儿“具有自尊、自信、自主的表现”的教育指导策略

1. 创设生活化、个性化的环境，让幼儿自主选择

3~4 岁的幼儿生活经验很少，他们的动手能力和自理能力都很差，所以孩子们主动选择活动和游戏的信心不足。因此，教师可以选择从丰富幼儿自身经验出发，选择幼儿一日生活中的各个环节，从来园、如厕、进餐、游戏入手，让幼儿能够根据自己的兴趣和需要自主选择和计划活动；在这样的环境中，教师还应让幼儿感到自己是自由的，不是受限制的，幼儿的天性受到尊重，个性得到充分自由的发展，这样幼儿才会有更高的活动积极性。

2. 为幼儿提供表现自己长处的机会，以获得成功的感受

《纲要》中指出：“要为每一位幼儿提供表现自己长处和获得成功的机会，增强其自尊心和自信心。”教师要根据幼儿的年龄特点为幼儿安排适合其最大限度能力要求的活动，使幼儿经过努力才能成功，获得成就感和精神愉悦感。活动过于简单，不能激起幼儿的努力，会使他对活动冷淡，失去兴趣。难度过高的活动，会阻碍幼儿的尝试，甚至使幼儿经历失败，产生挫败感，丧失信心。另外，根据每个幼儿的能力水平应提出不同层次的要求，让幼儿在自己的能力范围内获得成功的体验，这样幼儿的自尊心才得到满足，自信心才能得到提升。

3. 教会幼儿正确评价自己，提高幼儿的自我评价能力

教师在幼儿的活动中要保护幼儿的自尊心，多表扬、少批评，使幼儿获得积极的信息，保护和养成幼儿的自尊和自信；教师还要善于发现幼儿的优点和长处，全面了解幼儿，及时给予鼓励和肯定，让幼儿从老师的赞赏、夸奖中体验到成功的喜悦，树立自信心。

4. 培养幼儿独立的性格

这个阶段的幼儿还会有依赖成人、承受力差、独立性差等特点，所以，教师要及时关注幼儿的独立性格的培养。小班幼儿是有能力也有兴趣进行许多简单劳动的，教师应放手让幼儿自己去做事，多给幼儿自由尝试的机会，鼓励幼儿自己探索、自己发现、自己协商。教师要帮助幼儿逐渐认识到自己的力量，从而树立独立行为的自信心。

活动示例

活动名称：自己的事情自己做

活动目标：

(1) 通过讨论，培养幼儿的独立意识，知道自己的事情自己做。

(2) 鼓励幼儿自己的事情自己做，建立自信。

活动准备：

(1) 儿童上衣（纽扣式）、裤子、鞋（系带式）若干。

(2) 玩具、图书若干。

活动过程：

(1) 讨论：我能做的事情。

教师：小朋友们长大了，可以做许许多多的事情，今天请小朋友来告诉大家，你能做哪些事情？“

幼儿自由发言，讲述自己能做的事情。(自己吃饭、喝水、自己穿脱衣服和鞋子、自己整理玩具等)

(2) 穿脱衣服、鞋子比赛。

教师：“小朋友们能自己穿脱衣服和鞋子，那我们今天就来比一比，看看谁能做的好！“

根据幼儿的能力进行分组比赛，引导幼儿按正确的方法穿脱衣服和鞋子，鼓励做得好的幼儿，帮助能力差的幼儿，在活动中关注每一个幼儿的表现，帮助幼儿树立“我能行“的自信。

(3) 整理玩具和图书。

教师：小朋友们真能干，你们都学会了自己的事情自己做，你们看，我们教室里有许多玩具找不到自己的‘家‘了，很多图书也都放得乱七八糟，你们能把他们整理好吗？

指导幼儿自己动手整理玩具和图书，建立自信心。

(4) 活动延伸：引导幼儿不仅在幼儿园要自己的事情自己做，在家也要自己的事情自己做。

【示例评析】

通过幼儿在幼儿园一段时间的学习和生活，孩子们已经建立了初步的“自己的事情自己做”的意识，而且幼儿也学习了一定的自我服务的技能，为了更好地培养幼儿的独立意识，特设计了此活动。这个活动不仅关注幼儿已有的经验，还为幼儿创造了良好的表现的机会，而且关注到了不同层次的幼儿，让幼儿都能在自己的基础上有所进步。而且，活动最后还把幼儿的自我服务范围扩展到了班级，这无疑更加增强了幼儿独立做事的自信心。

二、4~5 岁幼儿的教育与指导

“具有自尊、自信、自主的表现”这一目标提出，4~5 岁年龄段的幼儿能够做到：①能按自己的想法进行游戏或其他活动。②知道自己的优点和长处，并对自己感到满意。③自己的事情尽量自己做，不喜欢依赖别人。④敢于尝试有一定难度的活动和任务。

（一）4~5 岁幼儿“自尊、自信、自主表现”的特点描述

4~5 岁的幼儿开始比较清楚地意识到自己的认识活动、语言、情感和行为，并开始知道怎样去注意、观察、记忆和思维。他们热衷于对事物的尝试和探索，教师可以有效培养幼儿的主动性和独立性。这时期幼儿的自控力有了很好的发展，幼儿能够尝试用言语调控自己的行为并逐步延长行为时间，也开始学着控制自己的情绪。他们能对自己和他人进行简单的评价，自我评价一般比较笼统、简单，较多只从某一个方面来评价自己。对事物开始有了自己的想法，并且能够根据自己的意愿进行简单的表达。幼儿开始表现出自信，他们较前一阶段的幼儿有了更强的独立性，喜欢自己做事情，也愿意完成有一定难度的任务。

（二）4~5 岁幼儿“具有自尊、自信、自主的表现”的目标设计要点

1. 能按自己的想法进行游戏或其他活动

目标设计要点：

第一，尊重幼儿的想法，鼓励幼儿大胆表达自己的想法。在幼儿参与的活动中，教师要首先征求他们的意见，尽量满足幼儿表达的愿望，认真倾听他们的想法，接受幼儿的合理要求。其次要给幼儿提供必要的条件，支持幼儿按照自己的想法做事，帮助他们实现自己的想法。

第二，鼓励幼儿按照自己的想法去做，充分发挥幼儿的观察力、想象力和判断能力。教师要做到尽量放手让幼儿自己做事，鼓励幼儿自主决定，独立活动。即使幼儿做得不够好，也应该鼓励并给予相应的指导，让幼儿在做事的过程中树立自尊和自信。此

外，要充分发挥幼儿的主观能动性和创造性，在相同的活动中，鼓励幼儿通过不同的途径、多种多样的方法、创编多样的形式来完成。凡是幼儿想到的，自己创造的，教师都应该给予鼓励和表扬，让幼儿在活动中更自信，更快乐。

2. 知道自己的优点和长处，对自己感到满意

目标设计要点：

第一，帮助幼儿认识自我、了解自我、正确自我评价。这阶段的幼儿已经对自我形成了某种看法，但是这些看法往往会受到周围成人或者伙伴的影响，如当幼儿听老师说自己是听话的孩子时，幼儿就觉得自己很乖；当旁边的小朋友说自己不漂亮时，幼儿就会认为自己是不受欢迎的孩子。一直受到周围人肯定的、积极评价的幼儿往往会对自己产生一种满意感和自信感；而经常受到别人否定的、消极评价的幼儿容易产生自卑感与孤独感。因此，教师要通过有针对性的活动，让幼儿认识到自己与他人既有相同之处，又有独特之处。这样，幼儿在认识、了解自己的同时，也修正了对自己认识的偏差，发现自己的优点和长处，为自己感到高兴和骄傲，从而形成积极的自我意识，建立自信。

第二，引导幼儿正确评价别人，能够尊重、关爱、接受、帮助别人。一些自我认知良好的幼儿能够积极关注自己身上的优点，从而在活动中更加自信，成为活动中的主导者；而一些性格懦弱的幼儿往往不善于表达自己，对自己的认知往往受他人的影响，从而形成胆小、自卑等不良的心理状态，因此，我们要引导幼儿尊重、关爱同伴，并且愿意接纳、帮助同伴一起成长，这样幼儿之间才能形成彼此关心、相互友爱的关系，使缺乏自信的幼儿能够感受到自己的优点；而在活动中稍显强势的幼儿也能学会正确评价他人，发现别人的优点并虚心向他人学习，摆脱自我中心。

3. 自己的事情尽量自己做，不喜欢依赖别人

目标设计要点：

第一，在日常生活中鼓励幼儿自己的事情自己做，提高幼儿自我服务的能力。4~5岁的幼儿已经学会了基本的生活能力。盥洗、进餐、喝水、午睡等环节占据了幼儿一日生活中的很多时间，教师要善于抓住每一个契机，鼓励幼儿自己的事情自己做，让幼儿在实践过程中找到自己做事情的快乐，真正让幼儿学会自己的事情自己做，提高自我服务的能力。

第二，教给幼儿一些新的生活技能，乐于尝试新活动，愿意完成力所能及的事。这个阶段的幼儿不仅具有良好的自我服务的能力，而且他们还愿意去尝试和学习新的生活和劳动技能。因此，教师一方面要通过活动巩固幼儿原有的生活能力，还要教给幼儿新的技能。如准备餐具、收拾环境、整理玩具图书、照顾自然角等。在这些工作中，幼儿不仅能提高独立生活和做事的能力，还能增强幼儿参与劳动的自豪感。

第三，开展‘值日生’活动。通过“值日生”活动来培养孩子为他人服务的意识、任务意识和完成任务的能力。幼儿做值日生的过程中，不仅能学习劳动技能，还能学会正确看待自己和同伴，学会合作、养成做事认真的好习惯，并在劳动中体验自信和快乐。

4. 敢于尝试有一定难度的活动和任务

目标设计要点：

第一，为幼儿创设丰富的活动环境和材料，鼓励幼儿自主活动，主动学习。丰富的活动环境和材料可以为幼儿创造许多自由选择的机会，幼儿在与环境和材料的互动过程中可以利用自己原有的生活经验，不断实践、探索，产生新的学习、创造的体验。在这个过程中，幼儿的独立性和主动性都能得到极大的发展，幼儿独立思考，自己解决问题的能力也会得到锻炼。

第二，培养幼儿不畏困难、勇于克服困难的品质。教师要鼓励幼儿尝试有一定难度的任务，并注意调整难度，让他感受经过努力获得的成就感。在幼儿参与的活动中，教师一定要把握好“度”。如果我们为幼儿设置的任务太多太难，幼儿就会望而生畏，就会产生对抗情绪或者干脆就放弃了。我们为幼儿设置的任务必须要适度，即有一定的难度，但是幼儿通过自己的努力可以克服，而且通过自己的努力，幼儿可以感受到成功的喜悦和快乐。

案例导入

活动一：不一样的我。

目标：(1) 通过比较发现自己和小伙伴不同，知道自己是独一无二的。

(2) 能在教师的引导下大胆介绍自己的外貌特征和爱好。

(3) 引导幼儿学会欣赏自己，为自己与别人的不同感到高兴。

活动二：困难我不怕。

目标：(1) 知道生活中随时都有可能遇到困难。

(2) 运到困难时时知道想办法，尝试克服困难。

(3) 体验战胜困难的乐趣，激发战胜困难的勇气。

活动三：小小值日生。

目标：(1) 了解值日生的任务及要求，学做值日生。

(2) 乐意为班级服务，体验大家一起做事情的乐趣。

【案例分析】

这些活动的设计切合了4~5岁幼儿的年龄特点，从帮助幼儿建立对自己的正确自我认识出发，对自己做出简单正确的评价，让幼儿接纳自己、喜欢自己，从而产生自尊和自信。并且引导幼儿从最基本的生活自我服务技能开始，鼓励幼儿自己的事情自己做，培养幼儿良好的独立性，这为幼儿在今后的生活中遇到困难、解决困难奠定了良好的基础，幼儿的坚持性得到了良好的培养。总之，教师要善于抓住生活中的教育契机，从培养幼儿良好的自我意识、独立品质以及克服困难的勇气出发，保护幼儿的自尊、自信、自主的表现。

图 6-20 在体育活动中培养幼儿的自信

（三）4~5 岁幼儿“具有自尊、自信、自主的表现”的教育指导策略

1. 关注幼儿自我意识的培养，帮助幼儿正确评价自己

教师要关注幼儿自我意识的发展。我们可以利用一日生活的各个环节，从一些小事做起，来培养幼儿的自我认知、自我体验、自我控制能力；也可以组织专门的活动，根据幼儿的具体情况，针对不同的幼儿有计划、有目的地发展幼儿的自我意识，让幼儿通过正确的自我认知来加强自我意识，增强自信心。幼儿还可以通过自我认知来了解和认知同伴，并对同伴的行为做出评价，这种对他人的认知可以促进幼儿之间的交往，并且在交往的过程中学会尊重、学会分享。

2. 关注幼儿独立性的发展，从小培养幼儿的自理能力和自己独立解决问题的能力

4~5 岁的幼儿热衷于对事物的尝试和探索，他们不仅愿意自己的事情自己做，还能在教师的引导下关注周围的人和事，并且愿意为他人服务，因此，教师首先要为孩子提供自己做力所能及的事的机会，培养幼儿独立做事的习惯和能力；其次，还要引导幼儿学习新的技能，尝试为别人和集体服务，在这个过程中不仅能激发幼儿自己做事的愿望，更能增强幼儿的自信心和自豪感。此外，我们还要创设多种活动，及时鼓励、激发幼儿独立自主的活动兴趣，在活动中培养幼儿解决问题和独立处理问题的能力。这些都能让幼儿更好、更自信、更快乐地生活。

3. 多途径培养幼儿的坚持性和面对困难、克服困难的勇气

坚持性是指不怕挫折、失败，能克服困难坚持达到目的的意志品质。因此，教师要通过多种活动来培养幼儿的坚持性。如教师可以通过日常的“小小值日生”工作，来长期培养幼儿自我服务和为他人服务的意识，这些工作能更好地培养幼儿细致、耐心、坚持的优良习惯；教师还可以通过体育活动来培养幼儿面对困难、克服困难的勇气。如老师带领幼儿玩“我是小勇士”这个游戏，孩子们要跳过障碍，爬过“草地”，翻过“小山”，最后到达终点。在这个过程中，当孩子们克服困难，战胜自己时，他们不仅能体会胜利的喜悦，更能树立信心，培养良好的意志品质；教师还可以利用诗歌故事中榜样的力量来教育和帮助幼儿树立做事始终如一的坚持性；还可以让幼儿来照顾我们的自然角里的花草和小动物等，来培养幼儿的坚持性。教师要始终关注幼儿的经验、兴趣、学习方式和发展水平所表现出来的个体差异，有目的、有计划地对幼儿进行分层指导，让每一个幼儿都能在原有的水平上得到提高，遇到问题知道动脑筋想办法，让每一个孩子都能获得成功的体验，让幼儿的坚持性获得良好的发展。

活动示例

活动名称：优点大展览

活动目标：

(1) 初步学会评价自己与同伴的行为，能找出自己和同伴身上的优点。

(2) 懂得学习他人身上优点的重要性。

活动准备：

(1)“优点展示板”一块。

(2) 彩色纸条和笔若干。

活动过程：

(1)“夸夸我自己”。引导幼儿说出自己有哪些优点是别人喜欢的？（例如：爱帮助别人、喜欢整洁、自己的事情能够自己做等等。）做了哪些事情得到了别人的表扬。（帮妈妈做家务妈妈表扬了、帮老师拿东西老师夸奖了、帮小朋友做事情小朋友表示感谢了……）

小结：每一个小朋友身上都有很多的优点，值得其他人学习。

(2)“我帮朋友找优点”。出示“优点展示板”。

教师“我们知道自己有很多优点，那你身边的小朋友身上有什么优点，你发现了吗？让我们一起来找一找朋友身上有哪些优点，一块记录下来吧！

引导幼儿正确评价自己的同伴和朋友，在评价时，教师用彩色纸条把小朋友们说出的优点记录下来，贴到“优点展示板“上。在幼儿评价的过程中，对于幼儿之间的评价，教师要采用适当的语言，给予幼儿提示：例如，爱帮助

人是一个特别好的优点，希望小朋友都这样做，做个热心的好孩子；这一段时间，壮壮小朋友推人、打人的次数少了，这就是进步，希望壮壮越来越棒，做个和小朋友友好相处的好孩子。

(3) 分组讨论：在幼儿学会对别人做出简单的评价后，可以让幼儿分别讨论，分别评价同伴的优点，并让孩子们用绘画的形式把同伴的优点记录在彩色的纸条上，贴到“优点展示板“上。

(4) “看看我们的优点”。引导幼儿自由观看“优点展示板”。请幼儿说一说自己的好朋友是谁，他有哪些优点，自己应该向他学习什么。

小结：其实我们每一个人身上都有优点，只要相互学习彼此身上的优点，就会取得更多的进步。

活动延伸：老师和家长联合，在平时注意观察幼儿，及时发现孩子的闪光点，并对孩子的正确行为及时进行鼓励，帮助孩子树立自信。

【示例评析】

为了让幼儿更好地认识自己和了解他人，特别设计了此活动。在活动中通过幼儿积极大胆地表述自己的优点，从而让幼儿学会肯定自己；在幼儿帮助朋友找优点的环节，幼儿可以从一些小事出发，发现别人身上的优点，从而学会欣赏他人。此活动不仅发展了幼儿的认知能力和评价他人的能力，而且鼓励幼儿相互学习对方的优点，从而不断完善自己，帮助幼儿树立了良好的自信心。

三、5~6 岁幼儿的教育与指导

在“具有自尊、自信、自主的表现”这一目标中提出 5~6 岁年龄段的幼儿能够做到：①能主动发起活动或在活动中出主意、想办法。②做了好事或取得了成功后还想做得更好。③自己的事情自己做，不会的愿意学。④主动承担任务，遇到困难能够坚持而不轻易求助。⑤与别人的看法不同时，敢于坚持自己的意见并说出理由。

（一）5~6 岁幼儿“自尊、自信、自主表现”的特点描述

5~6 岁的幼儿能较好地用语言与同伴、成人进行交流沟通，能自信地表达自己的观点和主张。他们的求知欲和探索欲更加强烈，喜欢动脑筋和富有创造性的活动。他们的自律意识增强，在劳动中表现出一定的责任感和坚持性。幼儿的自我评价基本上都表现为对自己外部行为的评价。幼儿的自尊有一个较大的发展，自尊心强的幼儿往往对自己的评价比较积极，相反缺乏自尊心的幼儿往往会自暴自弃。幼儿的自理能力和劳动能力明显提高，在家里会扫地、擦桌子、整理自己的用品，在幼儿园能做一些力所能及的种植、喂养、值日生劳动等。学前后期的儿童已经能将劳动和游戏分开，对劳动持认真的态度，关心劳动结果，也能初步理解一些劳动的社会意义，在劳动中表现出一定的责

任感。

（二）5~6 岁幼儿“具有自尊、自信、自主的表现”的目标设计要点

1. 能主动发起活动或在活动中出主意、想办法

目标设计要点：

第一，充分利用日常活动和区域活动，让幼儿在与同伴和材料的互动中激发幼儿的合作和创造精神。教师要引导幼儿在日常生活中根据自己的需要和兴趣，主动出主意、想办法，在实践中积累好的经验和方法，培养孩子积极的态度和主动的精神。

区域活动本身具有自由、自选、独立、协作的优势。孩子们能根据自己的兴趣和需要自主选择活动和材料、主动选择玩伴，这能极大地激发幼儿活动的主动性和创造性；另外，在区域活动中，幼儿还能按照自己的想法、方式去探究、学习和发展，幼儿能够真实地、自然地呈现学习、交往状态，这更容易使幼儿主动发起活动，使每个幼儿都能轻松地参与其中。

第二，充分发挥教师的主导作用，在教学活动中主动为幼儿设置一些情景，鼓励幼儿积极地在活动中出主意、想办法。教师要尽可能设置一些有探索性的问题情境，引导幼儿从多角度、多层次、多途径思考问题、解决问题；鼓励幼儿主动探索问题的多种答案，寻找与别人不一样的方法。活动中，教师通过语言、动作、神态、环境激发幼儿探索的兴趣，达到真正意义上的自我发现、自由探索、自我发展的目的。

2. 做了好事或取得了成功后还想做得更好

目标设计要点：

第一，关注每一个幼儿的表现，及时发现孩子的“闪光点”，鼓励孩子做得更好。每个孩子都有自己的特点和长处，好的老师能全面地了解幼儿，发现每一个幼儿的“闪光点”，并及时给予幼儿关注和鼓励。不能以别人的长处来比孩子的短处，更不应该以此否定孩子。要让幼儿能感知自己的优点，让同伴能感知自己的长处和进步，激发幼儿活动的兴趣，提高幼儿活动的自信心。

第二，要在生活和活动过程中多给幼儿提供获得成功的机会。教师要多为幼儿提供一些能够展示自己才能的机会，如做力所能及的事，帮助幼儿经常体验到成功的喜悦，尽量避免失败；在生活和活动中对幼儿提出的要求要适合孩子的能力和水平，是幼儿经过努力可以达到的，这也能极大地激发孩子的自信心，要把自己的事做得更好。

3. 自己的事情自己做，不会的愿意学。

目标设计要点：

第一，引导幼儿自己的事情自己做。幼儿园的一日生活中蕴含着丰富的教育资源，教师要在日常生活中，抓住教育契机，多教给孩子一些事，让孩子独立完成。如幼儿自己整理玩具、收拾餐具、自己穿脱衣服、自己记住老师交给的任务等，让幼儿明白自己的事情自己负责。幼儿每做完一项事情，教师都要及时肯定孩子的成绩和不足，鼓励幼儿愿意自己的事情自己做，不会的事情愿意学。在日常生活的小事的积累中，培养幼儿不依赖他人，对自己负责的态度。

第二，在日常生活和活动中鼓励幼儿主动学习。5~6 岁的幼儿已经积累了一定的

生活经验，他们渴望像大人一样工作、生活、学习，参加各种实践活动，希望什么事情都要自己亲自试一试，想自己去摸一摸，动一动，他们希望摆脱成人的帮助，亲身去体验一下自己想要的生活。而且，这个阶段的幼儿各方面的能力都有所增强，幼儿和老师、同伴之间的情感也正处于一种平等、尊重、合作的阶段，幼儿更容易接受老师和同伴的建议和指导，学习积极性也会非常高，因此，教师要在日常生活和活动中创造更多的学习机会，引导幼儿积极主动的学习。

4. 主动承担任务，遇到困难能够坚持而不轻易求助

目标设计要点：

第一，创造多种活动情景培养幼儿活动的主动性。教师要多为孩子创设与同伴交往的机会，使他们学会如何友好相处，如何合作，从而更好地在同伴中保持自己的地位。幼儿之间也会发生一些小矛盾、出现一些小问题，如意见不一致，服从与被服从的关系等，这些交往过程中的小挫折也能够帮助幼儿更好地克服困难、解决问题。此外，教师要积极把握活动中的多种情景，经常性鼓励、表扬幼儿，引导幼儿主动探索、参与活动的兴趣，从而提高幼儿活动的主动性。因为只有主动性强的孩子才能更好适应周围环境，更好和同伴相处、更好想办法解决活动中遇到的问题；在各种活动中才能更加不惧困难，能坚持不懈，这些更能养成幼儿未来主动学习的良好习惯。

第二，教师要在活动中培养幼儿的坚持性，鼓励幼儿遇到困难和挫折，在成人的鼓励下勇于再尝试。孩子在活动中难免会遇到困难和挫折，教师首先要及时观察孩子的活动，肯定孩子的努力，让幼儿看到自己的能力，从而有信心面对困难，坚持始终，克服困难完成任务。其次要给幼儿提供适时的帮助，让幼儿更好克服困难、解决问题。在活动中如果教师看到孩子在克服困难的过程中几经努力也没有成功的时候，就要给幼儿提供一些具体的帮助。

5. 与别人的看法不同时，敢于坚持自己的意见并说出理由

目标设计要点：

第一，创设宽松和谐、平等尊重的交往氛围，让幼儿敢说、想说。幼儿在和同伴与成人的交往过程中，只有在宽松、和谐的环境中，幼儿才会在心理上轻松、安全，才会有表现、表达自己的欲望和机会，才会真正做到敢说、想说。另外，教师要为幼儿创造平等尊重的氛围，老师要平等对待每一个孩子，尊重孩子的意愿和想法，更要尊重幼儿的人格，保护孩子的自尊，让幼儿有信心参与到活动当中去。在这种平等尊重的环境中，幼儿才能大胆发表自己的意见，不怕说错，做错。

第二，要培养幼儿良好的语言表达能力，让幼儿能够清晰准确地表达自己的观点。教师要为幼儿创设一个宽松的语言环境，培养幼儿良好的语言习惯，激发幼儿表达的欲望，让幼儿敢说、想说、有机会说，发展幼儿良好的语言表达能力。另外，教师还要善于倾听，多听听孩子们的想法，增加幼儿自主表达自己想法和意见的机会，调动幼儿说话的积极性。通过活动，引导幼儿能够从各个角度去认识事物，描述事物，丰富幼儿的语言表达方式，让幼儿能够清晰准确地表达自己的观点。

案例导入

活动一：这该怎么办？

目标：(1) 利用区域活动中孩子们遇到的各种困难案例，请幼儿出主意、想办法、

(2) 鼓励幼儿的创造性思维的发展，主动探索解决问题的方法，寻找多种答案。

活动二：爱心小天使。

目标：(1) 引导幼儿关注身边弱小群体，萌发主动帮助他人的爱心。

(2) 能用恰当的方式帮助他人，体验帮助他人的快乐。

(3) 激励幼儿愿意做好事的愿望。

活动三：真正的想法。

目标：(1) 理解故事内容，懂得向朋友表达自己真正的想法才会避免误会，即使好心做了错事也要道歉等道理。

(2) 能与同伴合作表演故事，体会说出真正的想法，与同伴和睦相处的愉快心情。

【案例分析】

日常生活中的各种活动是向幼儿进行教育的重要途径，幼儿是在与成人、同伴之间的共同生活、交往、探索、游戏等过程中学习的。5~6岁幼儿的自我认识、评价、自我管理的能力都有很大的提高，教师应为幼儿提供人际间相互交往和共同活动的机会和条件，并加以指导。所以教师可以选择幼儿生活中发生或经历的事情作为学习内容，关注幼儿的表现和内心的成长过程，在宽松和谐、平等尊重的氛围中，培养幼儿的自尊、自信，让幼儿能够自主选择。在上面的活动设计中，教师大部分都是选取了一日生活中的某个环节或者幼儿经历的事情，为幼儿创设了一个接纳、关爱和支持的良好环境，促进了幼儿自尊、自信的发展。

图 6-21　做好值日生

图 6-22　搭纸箱比赛

（三）5~6岁幼儿“具有自尊、自信、自主的表现”的教育指导策略

1. 密切结合幼儿实际生活，培养幼儿的主动性和自信心

社会领域的学习具有潜移默化的特点，幼儿社会态度和社会情感的培养应渗透在多种活动和一日生活的各个环节之中。教师要创设能使幼儿感受到接纳、关爱和支持的良好环境，为幼儿提供获得真情实感和实际锻炼的机会，让幼儿去感受、去体验，从而激发幼儿参与活动的兴趣，培养幼儿参与活动的积极性和主动性，避免单一呆板的言语说教。在这个过程中，幼儿是活动的主体，教师要为幼儿提供表达自己情感、愿望、与人交往、关心、同情别人的机会，激发幼儿强烈的自主发展的欲望，支持幼儿按自己的想法做事，放手让幼儿自己的事情自己做，并鼓励幼儿尝试有一定难度的任务，让幼儿在实际操作中增强自尊心和自信心。

2. 关注幼儿的感受，保护幼儿的自尊心

教师要平等对待每一个幼儿，关注每一个幼儿内心的感受，多表扬，少批评。幼儿年龄小，容易受暗示，有时教师的一个微笑、一个肯定、一种赞赏的目光、一句赞美的话，甚至是轻轻的抚摸，都会对幼儿产生鼓励作用。反之，使幼儿获得消极的信息则不利于幼儿自尊和自信的养成。另外，教师要善于发现幼儿的优点和长处，帮助幼儿克服自身的弱点或自卑，给予幼儿更多关怀和鼓励，注重个别教育，让幼儿从成人的赏识、夸奖中体验到成功的喜悦，激发幼儿的自信。

3. 建立良好的师幼关系，让幼儿在心理上有安全感，可以更轻松更主动地参与活动

在理解、尊重、宽容、合作的气氛中，幼儿才会在心理上轻松、安全，才会有表现、表达自己的欲望和机会，才能建立其自信心。因此，建立良好的师幼关系，让幼儿在心理上有安全感，能够帮助幼儿主动参与各项社会活动。首先要为幼儿创造健康、丰富的物质环境和宽松、和谐的精神环境，让幼儿能够愉快参与活动。其次，教师还要善于倾听幼儿的想法、需要、问题和建议，给幼儿提供适时的帮助和指导，让幼儿能够主动参与活动。此外，教师还要为幼儿提供充分的时间和机会，引导鼓励幼儿和教师、同伴进行平等自由地交往。在交往中过程中，教师要以幼儿为活动的主体，做幼儿发展的支持者、帮助者和指导者。

活动示例

活动名称：漂亮的家

活动目标：

（1）让幼儿初步了解集体的概念，知道自己的事就是大家的事。

（2）激发幼儿乐意为集体做事的情感。

(3) 学习基本的劳动技能，培养爱劳动的好习惯。

活动准备：

(1) 多媒体课件《漂亮的家》、幼儿日常生活中劳动的照片。

(2) 劳动的工具：抹布、笤帚、簸箕等劳动工具。

活动过程：

(1) 请幼儿一起演唱歌曲《幼儿园是我家》。

幼儿园是我们的第二个家，小朋友应该怎样对待我们的这个家呢？(幼儿按照自己的想法自由表达)

(2) 请幼儿观看多媒体课件《漂亮的家》。

通过故事让幼儿知道集体的事就是大家的事，只有大家一块维护，每个人都贡献一份自己的力量，才能让我们的家变得更漂亮、更美好。

(3) 出示小朋友们劳动的图片。

引导幼儿观察照片上的小朋友在做什么，他们为什么要为班里做这些事情？你能为咱们的班级做哪些事情？激发幼儿为集体服务的愿望。

小结：我们班就是我们的第二个家，只要大家都为班级做一点小事，我们的班级就会变得更漂亮。

(4) 我是劳动小能手。

①引导幼儿仔细观察我们的教室环境，让幼儿说一说怎样做才能让我们的班级变得更整洁、更漂亮！

娃娃家很乱需要收拾一下、建构区的玩具扔了一地，小朋友可以收拾整齐、自然角的花需要浇水了、小椅子可以擦得更干净、图书也需要整理……(这些情景老师可以提前设置)

②分组劳动：给幼儿提供必需的工具，请幼儿分工合作按照自己的想法行动起来。

擦桌子、整体图书、清洗玩具、收拾区角、浇花等。

(5) 我们的家真漂亮。劳动后请幼儿仔细观察经过自己努力后教室的变化，让幼儿感受劳动的喜悦和自豪。

小结：孩子们都干得很好，你们看：桌椅更干净了，图书更整齐了，玩具洗过澡了，小花喝过水了，活动区也变得整洁了，小朋友们通过自己的努力，让我们的教室变得更干净，更整洁、更漂亮了，你们都是劳动小能手啊！

活动延伸：及时和家长交流和沟通，请家长也给幼儿提供一些简单的家务劳动，让幼儿知道自己是家中的一员，也要承担照顾好家庭的责任，激发幼儿劳动的积极性和主动性。

【示例评析】

5~6 岁的幼儿已经具备了一些劳动的技能，而且，他们也具有初步的关心他人，关心集体的意识，为了加强幼儿的自我服务能力和积极为集体服务的责任感，特设计了此活动。首先歌曲的导入让幼儿明确了“幼儿园像我家”的概念，故事“漂亮的家”，能让幼儿清楚地意识到通过自己的努力可以让我们的“家”变得更美丽。而通过图片的观察能直接让幼儿感知我们能为“家”做哪些事情；最后，老师创设了“我是劳动小能手”活动，幼儿亲自为班级服务，幼儿能感受到劳动带给班级的变化，从而感受到劳动的快乐和自豪。这次活动从幼儿的感受出发，引导幼儿亲自实践，更好地培养了幼儿的基本劳动技能和爱劳动的好习惯。

第四节　关心尊重他人的教育与指导

一、3~4 岁幼儿的教育与指导

《指南》在 3~4 岁幼儿“关心尊重他人”这一目标中指出，3~4 岁的幼儿能够做到：①长辈讲话的时候能认真听，并能听从长辈的要求。②身边的人生病或不开心时表示同情。③在提醒下能做到不打扰别人。

（一）3~4 岁幼儿“关心尊重他人”的特点描述

3~4 岁的幼儿情绪情感具有外露性、易感性和不稳定性，他们的情感没有丝毫的掩饰和虚假，喜欢的人寸步不离，不喜欢的人不愿亲近，情绪容易受周围人的感染和影响。自我控制能力较差，容易冲动，行为易受情绪的影响。幼儿移情能力有了很大的发展，他们开始能站在他人的立场上感受情景。如看见生病的同伴会表示同情，也会在成人的引导下，做出安慰、关心、帮助别人的行为。这阶段的幼儿能用简单的言语和成人、同伴交往，向别人表达自己的感受和需要，还可以简单叙述生活中发生的事情。3~4 岁的幼儿不善于控制自己的注意力，不能认真倾听别人的讲话，有时会随意打断别人的讲话，爱插嘴。

案例导入

案例描述：

（1）早晨来园的时候，离老远就听到了帅帅的哭闹声，我赶快迎了出去。只见帅帅奶奶使劲地抱着又哭又闹的帅帅，帅帅在奶奶身上扭来扭去，还不时用小手使劲地拍打着奶奶。我赶快抱过帅帅问道："这是怎么了？帅帅打奶奶可不是好孩子！"奶奶无奈地告诉我，原来今天帅帅妈上班早，来不及送孩子，只好让奶奶送，可是帅帅不乐意，所以又哭又闹！

(2) 午餐的时候，白露小朋友不小心把菜撒了一桌子，还有一些菜叶弄到了白露的裤子上，她低头看着自己的小碗有点不知所措。这时，旁边的小宇指着白露大声说道："你真笨，天天撒饭！"白露听了小宇的话，委屈地哭起来。

(3) 下午孩子们在区域里活动，我仔细观察着孩子的一举一动。只见建构区里四个男孩子正用大积木尝试着建造一座大"高楼"，忽然，王宇一转身，不小心撞到了旁边的健健，健健大声地哭了起来。王宇赶快抱了抱健健，着急地说："对不起，我不是故意的，你别哭了好吗？"旁边的另外两个男孩子也忙着安慰健健：别哭了，健健，给你这个大积木……"

【案例分析】

3~4 岁的幼儿长期处在父母、长辈、亲朋好友的关爱之中，使幼儿从小具有优越感和特殊感。案例（1）中的帅帅小朋友就是这样，他不能体会成人或长辈的心情，一切以"自我为中心"。而案例（2）中的小宇不能站在其他小朋友的角度，感受别人的难过和委屈，缺乏关爱他人的感情。这时期的幼儿移情能力有了很大的发展，他们也善于模仿同伴的行为，案例（3）中的小朋友所表现出来的关心和安慰行为，很好地说明，只要善于引导，幼儿都能学会"关爱自己，关心尊重他人"。

（二）3~4 岁幼儿"关心尊重他人"的目标设计要点

1. 长辈讲话时能认真听，并能听从长辈的要求

目标设计要点：

第一，培养幼儿良好的倾听能力，掌握与人交流的技巧。"认真倾听"的能力并不是与生俱来的，而是需要我们的耐心、多种方式地培养和训练。只有懂得倾听、善于倾听的人，才能真正理解语言的内容、语言的形式和语言的运用方式，才能真正掌握与人交流的技巧。因此，教师要利用多种活动和形式培养幼儿善于倾听的能力，让幼儿既乐于表达又善于倾听。

第二，能够听懂成人指令性的语言，并按指令行动。教师要帮助幼儿理解指令、协助幼儿执行以达到听从指令的目的。在活动中，教师要从幼儿的兴趣出发，抓住教育契机，多进行感情沟通，引起幼儿的注意力，以有效地促进幼儿依指令行动的习惯。另外，为了让幼儿更好地执行，教师发出的指令要准确、清晰，便于幼儿理解，并根据幼儿的反应给予必要的辅助和强化，这也能增强幼儿按指令行动的习惯。

第三，让幼儿体验和感受父母、长辈、老师对自己的爱、关心和照顾，愿意听长辈的话。教师要在日常生活和活动中引导幼儿观察家人和老师为自己所做的一切，使幼儿

感知和体验在自己的成长过程中，父母、长辈、老师所给予的关爱和教育，从而形成尊重长辈的良好品格。教师还可以利用多种教育媒介，让幼儿在轻松愉快的氛围中学会表达；也可以通过日常生活和活动中的具体事例，培养幼儿正确的行为方式，使幼儿能恰当地表达对父母、老师、长辈的关心和尊重，愿意听长辈的话。

2. 身边的人生病或不开心时表示同情

目标设计要点：

第一，引导幼儿关心周围的人和事，愿意为他人做力所能及的事情。教师要关注幼儿身边发生的一些小事，引导幼儿从一些小事中感知周围的人的感受和需要，激发幼儿关心他人的情感，如小朋友摔倒了需要别人扶起来，小伙伴生病了需要朋友的安慰等，情感是可以感染的，通过这些发生在幼儿身边的事例，能够引起幼儿情感上的共鸣，可以激发幼儿关心他人的情感，并且产生为他人做些力所能及的工作的愿望。

第二，培养幼儿的移情能力，引导幼儿用简单的语言、动作、表情表达自己的情感。3~4 岁的幼儿年龄小，他们往往不知道如何表达对别人的关心和帮助别人的愿望。因此，教师要言传身教，潜移默化地教给幼儿表达的方式和方法，如一句关心的话、一个微笑、一个拥抱等。教师还要关注幼儿的表现，当幼儿出现关心他人的行为时要及时给予肯定、表扬和鼓励，强化幼儿关心他人的行为，让幼儿做得更好。

3. 在提醒下能做到不打扰别人

目标设计要点：

第一，培养幼儿讲文明、懂礼貌的好习惯。讲文明、懂礼貌的核心内容是有爱心、会关心和尊敬他人。3~4 岁幼儿正处于一生中的敏感期，注重对幼儿进行文明礼貌教育和文明礼貌习惯的培养对这一阶段的幼儿显得尤为关键。如礼貌用语的使用，“你好”、“请”、“谢谢”、“对不起”等；文明的举止习惯，认真听别人讲话，不随意插嘴，有序排队，不拥挤、爱护玩具不乱扔，说话动作要轻，不打扰别人等。

第二，帮助幼儿能适当的控制自己的情绪。3~4 岁的幼儿还不能很好运用语言和表情来表达自己的情绪，控制能力较弱，对外界的刺激不能做出合理的反应，遇到不如意的事容易闷闷不乐或者放声大哭，而一旦幼儿兴奋，又容易激动，甚至大喊大叫。因此，教师要帮助幼儿学习用适当的方式表达情绪，说出自己的感受和想法，我们可以运用角色换位和情感体验等方法来引导幼儿，让幼儿能了解别人的感受，能够站在对方的立场上考虑问题、处理问题、懂得尊重的乐趣，积极表达自己的情绪和感受。

案例导入

活动一：我的家人。

目标：(1) 感受全家人在一起的幸福，增进对家庭成员的了解。

(2) 初步表达自己对家人的喜爱之情。

活动二：我生病的时候。

目标：(1) 引导幼儿感知家人对自己的关爱。

(2) 增进幼儿对家人的感激之情。

活动三：有礼貌的小客人。

目标：(1) 教给幼儿基本的做客礼节：不随便翻别人东西、不在主人家大吵大闹等。

(2) 引导幼儿大方地与人交往。

【案例分析】

家对于3~4岁的幼儿来说是最熟悉、最温暖的地方，他们在家庭中能够体验到家人浓浓的亲情和关爱。因此，教师可以选择和幼儿生活息息相关的事情，更好地让幼儿感知和体验家人对自己的关爱，进而学会表达自己的爱，帮助幼儿在情感上逐渐独立起来。教师也可以根据幼儿的生活经验和感受创设一些特定的情景，来丰富幼儿的感知，帮助幼儿学会正确的情感表达方式，养成良好的行为习惯。

（三）3~4岁幼儿“关心尊重他人”的教育指导策略

1. 关注幼儿的生活，将“关心尊重他人”的活动渗透于日常生活和教育活动之中

教师要从幼儿的一日生活出发，为幼儿创设适宜的环境，关注幼儿的感受和体验、丰富幼儿的生活经验，让幼儿知道父母、老师、长辈对自己的关心，应该尊重他们；学习考虑他人的感受和需要，愿意帮助他人等等，让幼儿在活动中将最真实的情感表现出来，从幼儿的生活经验和认知角度出发，让幼儿获得感同身受的情感体验，教给幼儿用正确的语言和良好的行为方式表达出来，帮助幼儿建立良好的品质和习惯。

2. 通过示范、榜样和精心设计的教育活动，让幼儿学会积极正确的表达爱的方式

3~4岁幼儿主要以模仿学习为主，尤其喜欢模仿他们喜欢的、尊敬的人的言行。在幼儿园，老师是幼儿最喜欢和尊敬的人，老师应该时刻注意自己的言行，时时、处处、事事要给幼儿做出好的示范，真正起到表率作用，为幼儿树立明确、具体、典型的学习榜样，鼓励幼儿模仿与学习良好的行为与习惯。另外，3~4岁的幼儿仅凭感性的认识和经验还不足以让幼儿形成良好的习惯，因此教师要时刻关注日常生活和活动中幼儿的表现，坚持正面教育的原则，多提供一些正面积极健康的范例，使幼儿良好的、正面的、友善的情感得到强化并巩固，让幼儿真正知道该怎样去做！

3. 家园合作，共同关爱幼儿，帮助幼儿养成“关心尊重他人“的良好品格

要想让幼儿真正养成良好的行为习惯，家园配合十分关键，这凸显了教育的一致性和一贯性。因此，教师应该取得家长的支持和配合，让家长约束自己的行为举止，以身作则，成为幼儿的榜样；另外，在家中多为幼儿创设接人待物的机会，如家里来了客人让幼儿学习简单的招待礼仪，外出时请幼儿观察大人的交往，让幼儿在真实自然的环境中体验和学习，巩固幼儿良好习惯的养成。

活动示例

活动名称：礼貌待人好开心

活动目标：

(1) 知道打扰别人做事不好。

(2) 遇到重要的或紧急的事时，能够礼貌“打扰”。

活动准备：

情景表演三个。

活动过程：

(1) 教师介绍情节发生的背景引起幼儿参与活动的兴趣。

内容：自从上次，小猴挨了妈妈的批评，又得到小朋友的帮助，礼貌多了，可是他又碰到了新问题，这回他该怎么办呢？请小朋友出主意。

(2) 观看情境一：猴妈和兔妈正在谈话。这时电话响了，小猴接听后知道是找妈妈的，怎么办呢？妈妈说不让打扰她，该不该传电话呢？

讨论：①是否该打扰大人谈话？

②怎样打扰有礼貌？

(3) 观看情境二：猴妈正在睡觉，查煤气的来了，小猴该不该叫醒妈妈？

讨论：该不该叫醒妈妈，怎样叫醒有礼貌？

(4) 观看情境三：老师正低头替小朋友准备教具，小猴有些肚子痛。

讨论：小猴该不该在老师最忙的时候去找老师说话？有重要的事怎样说才有礼貌？

(5) 小结上述情况，让幼儿懂得在有紧急和重要的事需要打扰别人时，要用礼貌方式打扰，不要引起别人的反感。

(6) 学话句式：“对不起，打扰您了，我有重要事说。”鼓励幼儿在生活中运用。

（资料来源：http://www.doc88.com/p-202225619133.html）

【示例评析】

小班幼儿在与别人交往时不太会使用礼貌用语，他们也不能主动分析事情的轻重缓急，不知道怎样表达自己的需要。根据小班幼儿喜欢在情景中学习、喜欢模仿等特点，此活动采用源于生活的情景表演，利用发生在小猴和妈妈生活中的典型场景，积极引导幼儿体验、感悟、辨析、评价，使幼儿产生学习使用礼貌用语的愿望。使幼儿从表演环境中体会礼貌在生活中的好处和方便，从小培养幼儿懂礼貌、讲礼貌的良好行为。

二、4~5岁幼儿的教育与指导

《指南》在4~5岁幼儿“关心尊重他人”这一目标中指出，4~5岁的幼儿能够做到：①会用礼貌的方式向长辈表达自己的要求和想法。②能注意到别人的情绪，并有关心体贴的表现。③知道父母的职业，能体会到父母为养育自己所付出的辛劳。

（一）4~5岁幼儿“关心尊重他人”的特点描述

4~5岁幼儿的情绪趋于主动性、稳定性和内隐性，在成人的提醒下逐渐学会控制自己的情绪。他们对情绪的自我调节能力逐渐加强。幼儿逐渐能用口头语言、面部表情和肢体动作来表达内心丰富的情绪情感。幼儿已具有较强的移情能力，能将自己置身于他人的处境，并能够设身处地为他人着想，接受他人的情感。他们的语言表达能力有了较大的发展，能用更多的词语描述自己和别人的情绪体验，也能用自己的语言去安抚别人或影响别人的行为。他们还能够运用社会规范初步评价自己的行为，还能在成人的帮助下调控自己的行为，自制力开始形成，有初步的责任感、道德感。能关心他人的情感反应，关心同伴。

（二）4~5岁幼儿“关心尊重他人”的目标设计要点

1. 会用礼貌的方式向长辈表达自己的要求和想法

目标设计要点：

第一，结合生活中的情景交给幼儿一些必要的交流礼节，培养幼儿成为一个有礼貌的人。

中国是礼仪之邦，我们要从小培养幼儿良好的礼仪习惯，促进幼儿良好个性和道德品质的发展。教师要结合日常生活中的各种情景，教给幼儿人际交往的一些必要礼节，懂得尊重长辈，礼貌待人，正确交往。如见了长辈要问好、得到长辈的照顾要知道感谢，知道帮助、照顾、尊敬长辈等。礼貌贵在真诚，教育孩子成为有礼貌、有教养的人可以让幼儿生活得更幸福。

第二，教给幼儿正确的表达方式，从小养成礼貌待人、尊重长辈的好习惯。要想让幼儿从小养成礼貌待人、尊重长辈的好习惯，教师还要教给幼儿正确的表达方式。首先要丰富幼儿的词汇，帮助幼儿能够运用语言正确表达自己的想法；教师还要引导幼儿区分说话的场合，不大声喧哗，养成轻声说话的好习惯；我们还要帮助幼儿学会倾听，学习尊重他人，引导幼儿在不同的情景中使用适当的语言和说话的态度。

2. 能注意到别人的情绪，并有关心体贴的表现

目标设计要点：

第一，帮助幼儿养成关爱他人的良好行为习惯。4~5岁的幼儿已经能设身处地为他人着想，接受他人的情感。教师要引导幼儿有同情心，学会关心自己、关心家人、关心身边的每一个人。这种关爱他人的行为能让幼儿觉察体验别人的心情，能让幼儿站在别人的位置与角度考虑问题，感受别人的欢乐、痛苦、烦恼以及失望。这些积极的情绪

状态和行为习惯的养成离不开教师的引导和教育，同样也离不开家庭的熏陶。教师要遵循一贯性、一致性、渗透性的原则，加强对幼儿日常生活中的教育和开展丰富多彩的家园活动，关注幼儿一言一行，善于发现幼儿关爱他人的表现，及时鼓励和肯定，让幼儿从情感上体验到关心帮助他人的乐趣。

第二，引导幼儿在帮助别人时，要了解他人的需求。幼儿理解他人的能力有限，所以，教师要积极鼓励孩子们在交往中学会善于表达自己的意愿，主动让别人了解自己的想法和做法；在同伴遇到问题或者困难时学会用询问、商量、观察、等方法去了解同伴的意愿和行为。如引导幼儿在别人需要帮助时主动询问："我可以帮你吗？"、"你需要帮忙吗？"等等，要为幼儿树立正确的行为榜样。我们一方面要鼓励幼儿去关心帮助他人，一方面也要让幼儿懂得在关心别人时首先要得到别人的允许，了解他人的需求，防止幼儿好心帮倒忙的结果。

3. 知道父母的职业，能体会到父母为养育自己所付出的辛劳

目标设计要点：

第一，可以利用主题活动帮助幼儿了解自己的父母家人。

家是幼儿最熟悉的地方，是幼儿最为重要、最为亲近的生活环境。爸爸妈妈和家人是幼儿最亲近的人，是给幼儿最多体验的人。因此，教师可以在中班开展"我爱爸爸妈妈"、"我爱我家"、"亲亲一家人"等相关活动，运用多种方式让幼儿收集身边的人的信息，了解自己爸爸妈妈（年龄、职业、爱好）、感受家庭的温暖、体会父母的辛苦，从而产生尊敬父母、感恩父母、回报父母的情感，活动过程中要关注幼儿的情感体验，真正激发幼儿对"家"的爱、对爸爸妈妈的爱。

第二，关注幼儿熟悉的人的职业特点，用适宜的方式表达对他们的尊敬。

4~5岁的幼儿对一些职业已经有了一定的了解，但他们的社会经验比较少，还是不太了解各种职业的特点以及与人们生活的关系，更不理解劳动的艰辛。所以，教师可以引导幼儿关注熟悉的人、身边经常接触的人的职业特点，如爸爸妈妈是做什么的，白天工作的有哪些人、夜晚工作的有哪些人等，让幼儿初步感知生活中有各行各业的人在劳动，他们的劳动让我们的生活变得更美好，鼓励幼儿用适宜的方式表达对他们的尊敬。

案例导入

活动一：我的家人。

目标：(1) 鼓励幼儿讲述自己家人，增加幼儿对爸爸妈妈的了解。

(2) 感受爸爸妈妈对自己的爱。

活动二：爷爷奶奶喜欢我。

目标：(1) 知道爷爷奶奶对自己的爱。

(2) 能用自己的方式表达对爷爷奶奶的爱和尊重。

活动三：我是爸妈小帮手。

目标：(1) 感知爸爸妈妈的辛苦，愿意帮助爸爸妈妈做力所能及的事情。

(2) 知道自己是家庭中的一员，愿意为家庭服务，体验劳动的乐趣。

【案例分析】

家是幼儿最熟悉的地方，培养幼儿的爱心就应该从幼儿身边最亲近的家人开始，逐步扩展到共同生活中的其他人。主题活动《我爱我家》能让幼儿更好了解自己的每一个家庭成员，了解自己的家；更加关注自己周围的人和事，体会和感受家人和长辈对自己无微不至的关爱和付出的辛劳；也更能让幼儿在情感上产生共鸣，从而学会礼貌待人的习惯，产生尊敬长辈、愿意体谅和关爱他人的情感。逐步形成与他人共处的良好态度，促进幼儿社会交往能力的发展。

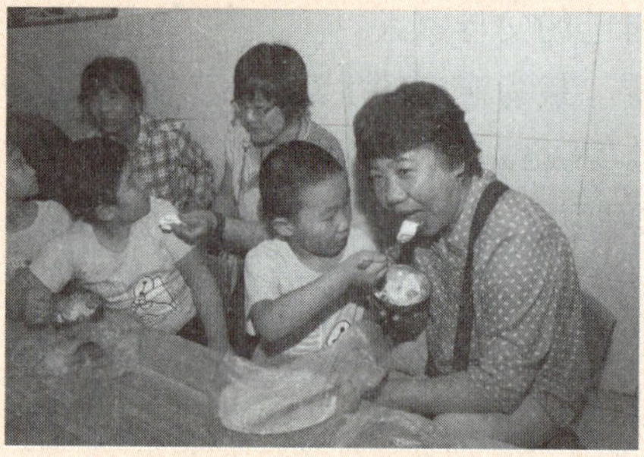

图 6-23　我喂奶奶吃沙拉

图 6-24　妈妈教我做披萨

（三）4~5 岁幼儿“关心尊重他人”的教育指导策略

1. 从幼儿的个人生活和经验出发，引导幼儿感知父母长辈对自己的爱和关心，在日常生活中学会“关心和尊重”

现在社会中，幼儿在家中拥有来自于父母长辈无限的爱与关怀，造成许多幼儿只知道接受而不懂回报。在幼儿园的集体生活中，幼儿在与人的交往中会出现缺少“关心尊重他人”的责任心。因此，在幼儿“关心尊重他人”的活动中，教师可以从幼儿身边最亲近的家人开始，引导幼儿感知家人的爱和付出，学习用自己力所能及的方式去关爱自己的父母家人；再逐渐将这种体验和感知扩展到共同生活中的其他人中，在日常生活活动中，让幼儿学会感恩、知道回报、学会表达、善于理解，激发幼儿关爱他人的情感，学会“关心和尊重”。

2. 培养幼儿养成良好的行为习惯，逐渐帮助幼儿形成礼貌待人、关心同伴、尊敬长辈的好习惯

4~5 岁的幼儿已经具有较强的移情能力，他们能在成人的提醒下逐渐控制自己的

行为。因此，教师要为幼儿提供丰富多彩的活动，创造与人交往的机会，利用多种方法，为幼儿提供良好的文明交往经验，让幼儿在实际交往过程中习得礼貌待人、关心同伴、尊敬长辈的好习惯。例如：来园离园时要主动和老师打招呼；参加活动时要认真听讲、遵守规则；知道照顾弱小的同伴；朋友生病了或者遇到困难了会表示安慰等。幼儿只有懂得了与人交往的必要的礼仪行为，才能养成良好的行为习惯。

3. 利用多种教学形式和情景，让幼儿感知人们的劳动，尊重人们的劳动

我们的生活离不开许许多多的人的劳动，幼儿身边就有许多熟悉的人从事着警察、医生、售货员、清洁工等普通而平凡的工作。但是幼儿对职业的认知还很模糊，他们还不能深刻理解这些普通的工作和我们生活的密切关系。因此，教师可以引导幼儿认识和了解身边最熟悉的人的职业特点，进而让幼儿理解劳动者的勤劳付出带给我们的方便和美好。4~5 岁的幼儿好模仿、可塑性强，他们容易接受来自于外界的各种信息，教师可以利用谈话、故事、游戏、模仿、绘画等形式，创造多种情境，让幼儿感知人们的工作内容、工作环境和工作特点，体验他们的辛劳，萌发尊敬和感激之情。

活动示例

活动名称：爸爸本领大

活动目标：

(1) 了解社会有不同的行业，知道一部分行业的职业特点。

(2) 理解爸爸工作的辛苦，乐意大胆表达对爸爸的爱。

活动准备：

(1) 活动前请幼儿观察自己爸爸的日常生活，了解爸爸的职业。

(2) 请三名不同职业的幼儿爸爸（穿着工作服）来班级做客。(司机、医生、交警)

活动过程：

(1) 说说我的爸爸。“我们每个人都有爸爸，每个小朋友的爸爸都有自己的特点。今天请小朋友们说说自己的爸爸是什么样子的？他是做什么工作的？”(请幼儿围绕爸爸自由交谈)

(2) 听听爸爸的故事。“今天，我们请来了三位爸爸，请你猜猜他们的职业？

教师请出家长，请孩子们猜猜他们的职业。请三位爸爸向幼儿介绍自己的工作，并耐心解答小朋友们提出的问题。

(3) 我爱我的好爸爸。引导幼儿讨论：“听了爸爸的介绍，你们觉得他们的工作辛苦不辛苦？”(请小朋友相互说一说自己的感受和想法。

“我们能为爸爸做哪些事情来表达对他的爱！”(请小朋友和周围的小朋友

商量一下，并引导幼儿大胆表达出来！）

（4）小结：我们还可以抱抱、亲亲爸爸、给爸爸倒杯水、给他捶捶背、大声告诉爸爸：我爱爸爸，爸爸辛苦了！

延伸活动：

（1）引导幼儿和爸爸妈妈一起完成爸爸调查表：爸爸的本领、爸爸还会干什么、爸爸的衣服、爸爸的习惯、爸爸和我等。

（2）开展“我和爸爸在一起“活动。提醒爸爸经常陪孩子做游戏、讲故事，增进亲子感情。

图 6-25　交警爸爸进课堂

图 6-26　医生爸爸进课堂

【示例评析】

现代社会，一些爸爸比较专注于自己的事业而忽略了和孩子在一起的时间。造成孩子不了解爸爸。其实，在家庭交往中，相对于把更多时间放在照料孩子身上的妈妈而言，爸爸如果成为孩子的交往伙伴，更能丰富孩子的交往经验和技巧，让孩子在与同伴的交往中更主动、更自信。因此，幼儿园开展的“爸爸进课堂活动”，能让幼儿在活动中更深入地了解爸爸、喜爱爸爸，幼儿能更好地感知爸爸职业的特点、工作的内容，从而体验他们的辛苦。通过老师的引导让幼儿为爸爸做力所能及的事情，表达对爸爸的爱和尊敬。这些积极的亲子互动，能更好地促进幼儿与成人的交往，更好地让幼儿感知成人的劳动，尊重成人的劳动。

三、5~6 岁幼儿的教育与指导

《指南》在 5~6 岁幼儿“关心尊重他人”这一目标中指出这阶段的幼儿能够做到：①能有礼貌地与人交往。②能关注别人的情绪和需要，并能给予力所能及的帮助。③尊重为大家提供服务的人，珍惜他们的劳动成果。④接纳、尊重与自己的生活方式或习惯不同的人。

（一）5~6 幼儿“关心尊重他人”的特点描述

5~6 岁幼儿情绪的稳定性和有意性进一步增强，产生了一些比较稳定的情感，并且有了一定的控制能力，他们不仅能用语言来调节自己的情绪，还能使用语言、图画、音乐、舞蹈等来表达自己的各种情绪情感。幼儿开始具有良好的自制力，对成人友善的批评也能接受，但是有时需要适当的提示。他们希望引起他人的注意，渴望与同伴建立较为稳定的友谊关系，他们喜欢和同伴一起游戏，开始懂得关心同伴；他们已经开始学习管理自己的表情，他们在不同的对象面前有着不同的情绪表达。5~6 岁幼儿晚期已经具有比较明显的对别的幼儿、父母、老师的爱以及自尊感和荣誉感，能进一步理解自己的义务和履行义务的意义和必要性。

（二）5~6 岁幼儿“关心尊重他人”的目标设计要点

1. 能有礼貌的与人交往

目标设计要点：

第一，培养幼儿在主动交往的过程中使用正确的交往语言，与人文明交往。教师要引导幼儿在主动交往的过程中学会文明语言。如学会使用礼貌用语：你好、谢谢、不客气；学会和伙伴协商的语言：我看看可以吗？你看这样行吗？咱们一起玩好不好？学会使用抱歉的语言：真是对不起、请你原谅我好吗？这些正确的交往语言能让幼儿在交往中更好地获得他人的喜爱和肯定，促进幼儿间的友好交往。

第二，在幼儿的交往中要学会互助友爱、相互尊重，与人平等交往。在幼儿的交往过程中会出现很多小问题、小矛盾。教师要教给幼儿积极、正确、友好的交往方式和方法，引导幼儿学会交往的态度、表情、动作，减少矛盾和冲突，使幼儿间的交往更融洽、更和谐。引导幼儿学会尊重、学会分享、学会合作，不断提高幼儿的交往能力。

2. 能关注别人的情绪和需要，并能给予力所能及的帮助

目标设计要点：

第一，引导幼儿关注自己的情绪和需要，培养幼儿自我调节、自我控制的能力。5~6 岁幼儿有能力识别自己的情绪，他们已经能够用语言或者其他形式来表达自己的情绪。教师要在日常生活和教育活动中关注幼儿情绪的变化、倾听幼儿的心声、理解幼儿的感受、教给幼儿一些情绪表达的方法。帮助幼儿学会控制和调整自己情绪，减少冲动和焦虑，形成良好的心理状态。

第二，从关注自己逐步过渡到关注他人的情绪和需要，并给予力所能及的帮助。只有引导幼儿学会爱自己，才能使幼儿学会爱他人。教师要结合实际情境，提醒幼儿注意别人的情绪、关注别人的需求、关注特殊的人的需要，给予力所能及的帮助。

3. 尊重为大家提供服务的人，珍惜他们的劳动成果

目标设计要点：

第一，为幼儿创造接触社会的机会，感知不同的职业特点，感受人们的劳动和付

出，懂得尊重别人的劳动。社会实践活动是幼儿非常喜欢的活动。教师可以带领幼儿走进社区或者社会服务机构，创设多种机会，让幼儿有接触和了解不同职业的劳动者的机会，并让幼儿真正参与到他们的劳动中去，做力所能及的工作，感受人们的劳动。幼儿只有真正通过自己感知和参与劳动的体验，才能懂得劳动成果的珍贵，从而懂得尊重别人的劳动、尊重付出劳动的人。

第二，帮助幼儿了解各种职业的人带给我们的便利和服务，从而懂得尊重他们的劳动，珍惜他们的劳动成果。教师也可以组织多种多样的活动，并且在活动中帮助幼儿体会不同的职业、机构能给大家提供不同的服务，能够给人们带来不同的好处，这些劳动者的辛苦付出能让我们的生活变得更加方便和美好。这些直接的感受可以帮助幼儿更好地理解人们的劳动，更加珍惜人们的劳动成果。

4. 接纳、尊重与自己的生活方式或习惯不同的人

目标设计要点：

第一，让幼儿了解每个人都有不同的爱好和习惯，引导幼儿要相互尊重。每个幼儿都是不同的个体，孩子们的成长环境和性格各不相同，所以孩子有着不同的兴趣、爱好和习惯。我们生活在集体的环境中，每个人都应该以包容和接纳的态度接受对方的不同。每个人身上也有不同的优点和特长，我们要引导幼儿本着相互学习，取长补短的态度学会欣赏对方。

第二，帮助幼儿感知文化的多样性和差异性，引导幼儿尊重民族习惯和文化。世界是个“大家庭”，不同的民族，不同的国家有着不相同的文化和风俗。教师要在教学活动中突出文化的多样性和差异性，引导幼儿在互动中感受不同民族、不同国家的文化和风俗，在比较中感知和接受不同的风俗习惯和文化背景，让幼儿从小以博大的胸怀接纳不同的文化之间的差异，彼此珍惜。

案例导入

活动一：关心朋友故事多。

目标：(1) 体验生病小朋友的情绪、情感。

(2) 学习用各种方式关心、帮助生病的小朋友。

(3) 发展幼儿的思维能力、口语表达能力和动手操作能力。

活动二：各行各业。

目标：(1) 知道几种常见的行业名称和工作性质，了解各行各业与我们生活的密切关系。

(2) 通过讨论、交流等活动培养幼儿良好的语言表达能力和良好的交往能力。

(3) 通过创设情景，让幼儿体验劳动的乐趣，懂得爱惜各行各业的劳动成果，激发幼儿热爱劳动者的情感。

活动三：我们不一样。

目标：(1) 知道世界上各种各样的人，每个人是不一样的。

(2) 发现自己和别人不一样的地方，知道每个人都有自己的爱好、兴趣和特长。

【案例分析】

幼儿是在不断成长的，在幼儿的交往过程中，随着幼儿交往经验和技能的提高，幼儿会变得更加积极主动。上面这些活动设计以幼儿为主体，从幼儿的生活实际出发，关注幼儿的实际交往，引导幼儿关注自己身边的人，学会有礼貌地与人交往，体会别人的情绪，尊重别人的劳动，接纳不同的人和事。

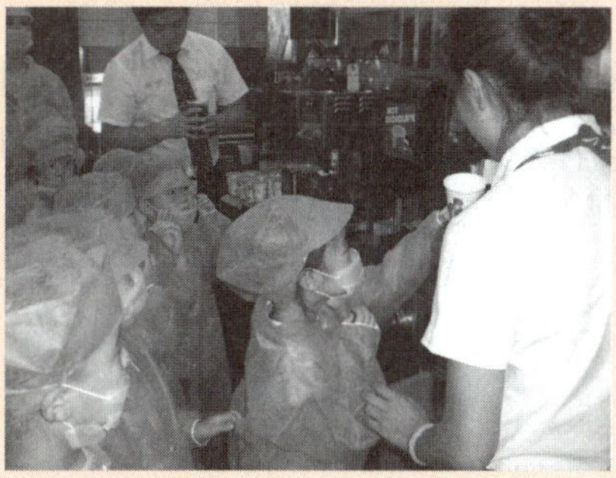

图 6-27　参观——走进麦当劳

图 6-28　采摘——走进青县司马庄

(三) 5~6 岁幼儿“关心尊重他人”的教育指导策略

1. 引导幼儿在真实的生活情境中学习礼貌地与人交往

5~6 岁幼儿的交往能力较之前有所增强，他们不仅注意自己的活动，而且还关注同伴的活动。因此，教师要注意在幼儿的生活交往中尊重幼儿的意愿和选择，引导幼儿相互学习、愉快地与人交往，并在交往过程中习得交往的礼仪和良好行为；教师也要为幼儿创造交往的机会，让幼儿能够把习得的礼仪有效运用到实际中去，把自己感受、体验变成自己的经验，慢慢养成良好的交往习惯，有礼貌地与人交往。

2. 引导幼儿观察、体验、感受自己和别人的情感，并在实际的行为练习中知道如何帮助他人

情绪情感的教育不是一蹴而就的，需要教师有目的、有意识地组织各类教育教学活动，引导幼儿观察、体验和感受。如运用故事、诗歌等文学作品来吸引幼儿、感染幼儿，使其得到情感上的体验；利用主题活动、节日活动、社区活动等来帮助幼儿感知别人的情绪，了解他人的需要；汲取日常生活中的事件，引发幼儿的关心。总之，要让幼儿真正在活动中感受需要关注的人的情绪和情感，真正引发幼儿情感上的共鸣，适时引导幼儿给予适当的关心和帮助。

3. 引导幼儿认识和熟悉各行各业的职业特点，感受他们的服务，懂得尊重别人的劳动

5~6 岁幼儿交往的范围不断扩大，他们接触到各行各业的人，幼儿对各种职业充满了好奇，也对一些职业充满着向往。我们要利用各种机会和活动，有效利用家长、社区等资源，可以采用请进来（请家长志愿者到幼儿园和幼儿互动）、走出去（让幼儿去超市、社区体验生活），让幼儿走近这些普通的劳动者，真正了解他们的工作状态，体验他们劳动的辛苦，开阔幼儿的视野、丰富幼儿的生活经验，帮助幼儿深刻理解劳动者和我们的关系，培养幼儿对劳动者的热爱和对劳动成果的尊重。

4. 引导幼儿用平等、接纳和尊重的态度对待差异

每个幼儿都有自己独特的地方，每个幼儿的独特性中蕴含着他独特的成长方式，同时也与他的家庭环境息息相关。5~6 岁的幼儿，他们的年龄特点决定了他们更加具有自主性，思想上越来越独立，他们往往更加关注自己的想法而忽略同伴的感受。因此教师要利用多种活动，引导幼儿了解每个人都不相同，在交往中大家要取长补短，相互学习。教师可以利用民间游戏、传统节日等，适当向幼儿介绍我国主要民族和世界其他国家和民族的文化，帮助幼儿感知文化的多样性和差异性，理解人们之间是平等的，应该互相尊重，友好相处，引导幼儿用平等、接纳、尊重的态度来对待差异。

活动示例

活动名称：《心情预报》

活动目标：

（1）通过看看、想想、议议、编编心情预报，帮助幼儿理解和体验别人的情绪感。

（2）发展幼儿的想象力和创造力，培养幼儿的互爱、互助意识。

活动准备：

大电视一台；猴子玩具一只；背景图一幅；小鸟、小兔、绵羊、松鼠、梅花鹿、小鸭动物图片各一；猴子、大象、青蛙、刺猬的心情图各一幅。

活动过程：

（1）与幼儿谈天气，引发幼儿兴趣，提出主题。

教师："孩子们你们看今天的天气怎样？那明天呢？我们怎样才能知道明天的天气情况呢？"（引导幼儿说出看天气预报）。

教师："电视台的天气预报是怎么播报的，谁能来模仿一下？"（鼓励幼儿大胆模仿，教师针对幼儿的情况给予肯定。）

教师："我们一起来听一听电视台的阿姨是怎样播报天气预报的，好吗？"

(请配班老师播报天气预报：各位观众，大家好！现在播送天气预报，今天白天晴转多云，有时小雨，北风3到4级，天气预报播送完毕，谢谢大家收看，再见！)

提问：刚才的天气预报播报了哪几种天气情况？你还知道哪些天气情况？(幼儿边说教师边出示天气图示)

小结：天气情况真是千奇百怪，通过天气预报我们就能预知明天的天气情况了，给我们的生活带来了很大方便。

(2) 通过听听、想想、说说心情预报，帮助幼儿理解他人情绪。

教师："森林电视台不仅有天气预报，还有心情预报呢！我们一起来听听吧！"

请配班教师播报心情预报：各位观众，大家好！我是森林电视台的主持人机灵，现在播报心情预报，今天森林里大部分小动物心情晴天，只有狮子心情雨天，并伴有八级脾气。心情预报播送完毕，谢谢大家收看，再见！

提问：刚才的心情预报是怎样播报的？主持人先说了什么，又说了什么，最后说了什么？

小结：对了，主持人先问大家好，并和大家打招呼，然后介绍小动物的心情，最后有礼貌地和大家说再见。

提问：那心情预报说狮子今天的心情怎样？为什么说狮子的心情是雨天？说明它的心情怎样？那还可以用哪些天气情况来表示？心情好呢，可以用哪些天气情况来表示？

小结：小朋友说得真好，想出这么多可以表示心情的天气，老师希望我们小朋友每天的心情都是大太阳，好吗？可是今天狮子的心情是雨天，可能因为什么事呢？(引导、鼓励幼儿大胆想象，完整表述)

(3) 通过让幼儿议议心情预报，引导他们充分发挥想象力、创造力、培养互爱、互助的情感。

教师："到底因为什么事让狮子的心情是雨天呢？我们一起来看看吧！"教师出示背景图及狮子生病的图片。

提问：生病了，会是怎样的感觉啊？(帮助、引导幼儿体验他人情感，可以说出自己生病时的感受。) 森林里的小动物听了这个预报后，会怎样做呢？(引导幼儿充分发挥想象力和创造力，激发幼儿的互爱互助情感。)

教师出示小动物来看望狮子的图片：

教师："小动物听到狮子生病了的消息后，急急忙忙地来到狮子家，看到它孤孤单单地躺在床上真难受，看，小鸟、小兔子给狮子唱歌；小松鼠、小绵羊给狮子跳舞；梅花鹿、小鸭子给狮子送来了礼物。你们说这时狮子的心情会不会发生变化？"

小结：狮子看到有这么多朋友来看望它，关心它，很高兴，头也不疼了，身体也不难受了，心情就慢慢变成晴天了。

(4) 学说心情预报，体验成功的快乐。

教师："心情预报真是太好了，老师这还有几位小动物，请你仔细观察一下，看看它们的心情怎样，可以用哪些天气情况来表示？"

教师："现在老师也请你来当回主持人，预报一下你喜欢的小动物的心情吧！赶紧和你的小伙伴先说说吧！"

请个别幼儿到电视机前做心情预报，体验小动物的心情。

(5) 画心情、说心情。请幼儿将自己现在的心情或者喜欢的心情画出来，并说说自己在什么情况下会有这样的心情。

【示例评析】

情感教育无论是在幼儿的日常生活教育中还是集体教育活动中，越来越受到老师和家长的重视。《心情预报》的活动设计从幼儿对天气预报能够帮助人们感知天气的变化这种直接经验入手，帮助幼儿理解、体验别人的情绪情感，引导幼儿感知自己情绪的变化。而故事作为一种幼儿喜爱的文学形式，巧妙的构思和生动的情节能使幼儿很快融入到故事当中。总之，本次活动将天气和心情结合起来，巧妙地将幼儿感受别人情绪与天气预报联系起来，达到了培养幼儿想象力、创造力以及互爱、互助情感的目的。

本章小结

幼儿人际交往是指幼儿在生活、游戏、学习中与他人的沟通、交流、互动。主要包括交往态度、交往规则、交往技能以及交往中形成的自我意识、他人意识和相互关系。

在幼儿园中，教师需要创造一定的条件和环境来引导孩子们学习某种人际交往的能力；更需要构建幼儿需要的人际交往平台，让孩子形成关心、理解、尊重和赞赏他人的人际交往态度；教师还需要在日常生活和教育活动中教给幼儿一定的技能，让孩子们学会与人友好相处！

本章分别从《指南》中人际交往的四个目标①愿意与人交往，②能与同伴友好相处，③具有自尊、自信、自主的表现，④关心尊重他人这四个方面阐述了每个年龄段的相应的心理和行为特点、目标设计要点及活动设计与指导，这可以帮助新入职的教师分析和了解幼儿的行为，顺利开展幼儿人际交往的教育教学活动。

思考题

1. 幼儿人际交往包括哪些方面？
2. 《指南》在人际交往领域中设立了哪四个目标？

3. 5~6岁幼儿在“愿意与人交往”这一目标中的活动设计与指导应注意哪些方面?

4. 针对各年龄段的心理和行为特征，结合“能与同伴友好相处”的目标设计要点，请你有针对性地设计一些教育活动。

5. 为什么4~5岁幼儿“具有自尊、自信、自主的表现”的活动设计与指导中要关注幼儿“自我意识”、“独立性”和“坚持性”的培养?

6. 请你结合“关心尊重他人”的教育活动与指导，设计一个“能有礼貌地与人交往”的教学活动。

推荐阅读

《3~6岁儿童学习与发展指南》解读

李季湄，冯晓霞主编，人民教育出版社，2013.

本书以贯彻落实《指南》为契机，旨在推进学前教育科学发展。全书分为两部分：第一部分，怎样理解《3~6岁儿童学习与发展指南》，各位专家从概述、健康领域、语言领域、社会领域、科学领域、艺术领域几个部分的领域要点做出了详细的解读。第二部分，怎样实施《3~6岁儿童学习与发展指南》，分别从如何利用《指南》观察和了解幼儿、怎样把《指南》的实施融入一日生活中、如何通过活动区来实施指南以及如何在集体活动中使用《指南》，这为教师深入理解《指南》和实施《指南》指明了方向。

《学前儿童社会教育与活动指导》

张明红编著，华东师范大学出版社，2014.

本书旨在帮助学生了解有关社会与社会教育的一般理论，建立科学的社会教育理念，掌握学前儿童社会教育的目标、内容、方法，培养以渗透的、整合的观念开展幼儿园社会教育活动的能力。

《幼儿园集体教学活动设计方法与实例》

俞春晓著，中国轻工业出版社，2012.

这是一本给幼儿教师看的书，作者按照幼儿园集体教学活动的流程运用大量的案例和图片介绍了集体教学活动的目标制订、内容选择、环境创设、环节安排、策略选用以及反思与评价的设计技巧，紧贴幼儿园集体教学活动的实践，具有极强的实践指导价值。

拓展训练

1. 请学生关注幼儿人际交往中幼儿与教师的交往、幼儿与父母的交往、幼儿与同伴的交往，并分析影响幼儿与之交往的因素有哪些?

2. 请学生自由结组，分别设计一个幼儿人际交往的教案。

(1) 请说明活动目标的设计理由和整个活动的重难点分析。

(2) 请各组间交流活动设计方案，分别讨论优缺点并根据讨论结果对自己本组的活动方案进行修改。

第七章　幼儿社会适应的教育与活动指导

学习目标

1. 本章导读：幼儿社会性发展是多种教育因素综合作用的结果，是社会认知、社会情感及社会行为技能培养的有机结合。只有在真实的社会生活中幼儿才能更好地认识社会、了解社会、熟悉社会、理解社会，科学地改变自己适应环境或者改变环境适应自己。

由于幼儿年龄发展的特殊性，其社会适应能力也呈现出其独特的特点，理解了幼儿社会适应能力的特点能够帮助幼儿教师更好开展适应的社会性教育。社会适应能力的培养是一种十分特殊的学习，具有潜移默化、循序渐进的特点，它渗透在多种和一日生活的各个环节之中。

《指南》中指出社会适应是幼儿社会学习的主要内容，也是其社会发展的基本途径，幼儿在参与社会活动的过程中适应社会的能力不断提高。在幼儿园中，教师需要创造什么样的条件和环境来培养幼儿社会适应能力呢？我们需要构建什么样的活动平台来提高幼儿的社交能力、处事能力。

2. 学习重点难点：了解3~4岁、4~5岁、5~6岁幼儿的生理和行为特点，知道社会适应能力在各年龄段的教育目标以及教育建议，能够通过多种活动发展孩子的社会适应能力。

3. 教学课时：3课时（建议分组按年龄阶段进行学习和操作、一课时一节）。

社会适应是指个体在与社会环境相互作用中，不断学习或修正各种行为和生活方式，最终达到与社会环境保持和谐与平衡的过程，是个体逐步接受所在社会群体的生活方式、行为规范和价值观的过程，也是人为了在社会中更好生存而进行的心理上、生理上以及行为上的各种适应性的改变，与社会达到和谐状态的一种执行适应能力。

社会适应教育活动是指教师通过创造良好的环境，引导幼儿学习处事能力的教育活动。其目的在于通过教师为幼儿组织的活动或者游戏中提高理解、接纳、尊重、懂得关心他人或事物，提升认知，改变社会行为，逐渐适应社会生活

鉴于社会适应性对幼儿发展的重要性，《指南》将社会适应列为社会领域的重要子

领域。在这一领域中，共设置了三个目标：①喜欢并适应群体生活，②遵守基本的行为规范，③具有初步的归属感。

知识链接

社会适应性的意义

社会适应，即幼儿与社会环境建立起和谐关系的过程，对幼儿的学习与发展具有重要意义。

（1）适应不同的社会群体或组织的生活是儿童社会化的重要途径。幼儿成长过程中往往会加入不同的社会群体。不同的社会群体有着不同的组织结构特点、不同的社会规则，赋予其成员不同的社会角色和不同的角色期待。幼儿从家庭走进幼儿园，从幼儿园走进小学，所以经历的不仅是生活空间的转换，更是生活方式、角色身份、人际关系、行为准则等诸多方面的变化。例如，家庭和学校有许多根本性的不同，家庭的血缘、亲情和相互依存关系是其他任何社会组织机构所不具有的，幼儿在家庭中的角色和家庭对儿童的要求与其他社会组织、机构的要求也会有所不同。在某些独生子女家庭中，儿童可能是“小太阳”，但到了学校，“小太阳”就会变成和其他儿童一样的“小星星”，不可能再像在家里一样一切以他为中心。这就要求儿童必须从心理到行为有所转变，以适应新的社会群体。儿童只有认识并理解这种变化，主动变换角色，调节行为，才能与新群体建立起和谐关系。因此，每一次社会环境的改变对儿童都是一次挑战，也都提供了更多的学习与发展的机会。

（2）在社会适应过程中培养起来的适应能力是儿童生存发展所需要的基本能力。社会适应能力是一种综合能力，包括社会情感的判断能力，对自己在群体、人际关系中的角色的认知能力，对群体规则的理解和接受能力，对自己行为的控制和调节能力，以及融入新人际关系时所需要的交往能力，等等。这些能力在一定意义上可以说是儿童的基本社会生活能力。在信息化时代的今天，这种能力就显得更为重要。因为当今社会一个最突出的特点就是变化迅速：知识迅速产生又迅速老化，由此带来行业频繁变更，人员不停流动，人际关系不断建立又不断改变……这种情况对人的社会适应能力要求越来越高。而积极主动适应环境，“以不断增强的自主性、判断力和个人责任感来行动”是健康个性的重要表现。因此，从小培养儿童的社会适应能力无疑是在为其快乐生活和健康成长奠定基础。

（3）在社会适应过程中形成归属感是儿童的精神需要。所谓“归属感”是指个体认同所在的群体并感觉自己也被群体认可和接纳而产生的一种隶属于这个群体、与这个群体休戚相关的感觉。美国著名心理学家马斯洛提出“需要层次理论”将“归属与爱的需要”列为人的重要心理需要，这是一种精神需要，一种对“心灵家园”的渴望。

研究发现，一个人对某个群体（家庭、班级、学校、家乡、祖国等）的归属感会影响他对这个群体的亲疏度和对群体规则的接受度。一般而言，归属感强的人往往具有主人翁意识和责任感，能自觉接受和遵守群体规则，会自动将个人与群体联系在一起，为自己作为群体的一员感到自豪并愿与之共荣共辱。一个人如果没有可归属的群体，就会觉得没有依靠，孤独，缺乏心理安全感。

幼儿的归属感往往来自他们对群体生活的直接感受和体验。家庭是幼儿最早接触的社会群体，父母对幼儿无微不至的照顾会使他们对家庭产生一种归属感；进入幼儿园后，如果这个新群体能像家庭一样带给幼儿温暖、关爱、尊重、支持和鼓励，他就会对这个群体产生归属感；而幼儿对社会（家乡、祖国等）的最初看法和感受主要来自于父母和其他亲近的成人，如果成人能够用积极的态度看待社会，为自己是其中的一员感到满意，那么幼儿就会形成同样的态度并由此产生对家乡和祖国的归属感。

（资料来源：李季湄，冯晓霞．3~6 岁儿童学习与发展指南——解读［M］．北京：人民教育出版社，2013.）

第一节　喜欢并适应群体生活的教育与指导

《指南》中明确指出：“经常和幼儿一起参加一些群体性的活动，让幼儿体会群体活动的乐趣。如参加亲戚、朋友和同事间的聚会以及适合幼儿参加的社区活动等，支持幼儿和不同群体的同伴一起游戏，丰富其群体活动的经验。”因此，教师要为幼儿创设温暖、关爱、平等的集体生活环境，让幼儿感受集体生活的温馨、快乐。搭建积极健康的群体平台，让幼儿在和同伴交往的过程中，学习如何看待自己、对待他人，不断发展适应社会生活的能力。

一、3~4 岁幼儿的教育与指导

结合 3~4 岁幼儿的心理特点和发展需求，《指南》在“喜欢并适应群体生活”这一目标中提出幼儿能够做到：①对群体活动有兴趣。②对幼儿园的生活好奇，喜欢上幼儿园。

（一）3~4 岁幼儿“喜欢和适应群体生活”的特点描述

3~4 岁幼儿具有突出的聚群心理，他们喜欢结交伙伴，渴望融入公共人群，与他人友好往来，喜欢和小朋友一起玩玩具、做游戏，并在交往的过程中通过模仿来掌握生活经验。如看见别的小朋友玩球，他就扔掉手里的汽车去玩球；看到别的小朋友跑，他就在后边追；看到别的小朋友笑，他也会莫名其妙地哈哈大笑起来。幼儿的语言和游戏能力发展极为迅速。他们变得特别爱说话，即使一个人玩的时候也会自言自语地边说边玩，跟小朋友或大人在一起时，话就更多。当然，他们的情绪很不稳定，具有强烈的依恋情感，舍不得离开照料他的亲人。遇到不高兴的事情就会大哭大闹；他们与小伙伴的关系也还很不稳定，有时会把自己的东西和小朋友分享，有时又会因为抢夺玩具而争斗。他们以自我为中心，只做自己想做的事，对自己感兴趣的活动积极性很高，对有意义但自己不感兴趣的活动，则不那么愿意参加。

案例导入

3 岁幼儿要入幼儿园了，虽然他们知道应该来幼儿园，但情感上却舍不得离开他依恋的亲人，表现出哭闹、拉着家人的手不放等新生入园分离焦虑现象。

案例描述：

(1) 许航小朋友每天来园是边哭啼边自言自语："回家！回家！我不来这个破幼儿园，我要回家！"见老师笑着伸手去抱他，他马上转身紧紧地搂住妈妈的脖子，哭声更大了：妈妈，快回家，我不喜欢这儿……"哭得声嘶力竭，不忍入目。

(2) 张艺萱奶奶为了让孩子适应幼儿园生活，在半年前就对孩子进行了生活能力的培养，并经常带孩子到公共场合去参加集体活动。送孩子来园时奶奶还在和孩子交流着："宝宝，看这个幼儿园多好啊，老师这么漂亮，还有这么多的小朋友，一会儿老师带你们去玩大滑梯……"当我抱过张艺萱时，她真的没有哭。可是自从奶奶走她就不停地要求"去大便"。

(3) 上午 9:00，孩子们的哭闹声暂时停止了，他们有的依偎在老师的怀里，有的静静地坐在角落里，有的在玩着玩具……突然李良宇哭了起来："给妈妈打电话，给妈妈打电话"，其他孩子马上跟着哭起来，纷纷要求"给妈妈打电话"。

【案例分析】

3~4 岁的幼儿离开家庭，进入幼儿园，一切都发生了变化。这时，老师就要用妈妈般的爱去温暖他们，帮助他们，让孩子们获得安全感和信赖感，乐于和教师亲近。老师还要善于观察孩子，及时了解孩子的个性特点，进行恰当的个别引导。另外，小朋友的吸引力和影响力也很大，老师要引导适应能力强的孩子和分离焦虑严重的孩子交朋友，让他们在共同的游戏和活动中感受快乐。当孩子的适应能力有些提高时，老师要有针对性地及时给予表扬，让他感觉到老师对他的关注，产生"老师很喜欢我"的情感，并建立"我真棒！"的自信心。教师要从孩子的生活能力上帮助他，情感上温暖他，行为上欣赏他，让幼儿感觉到轻松、安全、温馨、快乐，这样他们就会从陌生到熟悉，从拒绝到接受，喜欢并适应幼儿园的群体生活了。

入园之初，有的家长因为对幼儿园老师不了解，缺乏信任，担心自己的孩子在幼儿园受委屈，也会产生分离焦虑。孩子入园哭，家长也哭，和孩子分离时，家长舍不得松开抱着孩子的手；把孩子交给老师后还是不放心，寻找各种机会多看孩子一眼，这也影响着孩子的情绪。因此，教师在幼儿入园之前要进行家访，让家长正确认识幼儿的入园分离焦虑现象。孩子入园后，教师要将孩子的在园生活以图文并茂的形式告诉家长，让家长看到老师对孩子的关爱、照顾，感知到孩子的成长，这样家长就会开始信任老师，配合老师共同做好缓解幼儿分离焦虑的工作。

（二）3~4 岁幼儿“喜欢并适应群体生活”的目标设计要点

1. 对群体活动有兴趣

目标设计要点：

第一，充分考虑幼儿参与群体活动的主动性，创设的群体活动一定要能引起幼儿的兴趣，激发幼儿自动参与活动的愿望。教师可以创设有安全感和温馨感的群体环境，让幼儿心情放松地进入到这个群体环境中来，在群体活动中教师要充分利用教具的教育价值。此外，对一些内向胆怯的幼儿，教师可以陪伴在他的身边、保护他、鼓励他。或者利用同伴的吸引力和感染力，让其他小朋友带领他一起参加活动。

第二，注重幼儿的能力特点，根据幼儿的心理和行为特点设计游戏。这样，孩子在参与群体活动的过程中，情绪会比较轻松，能较好地完成活动，获得成功感，在活动过程中能树立自信心。教师要引导幼儿掌握活动的玩法，让幼儿在教师的指导下顺利完成。另外，教师还要引导幼儿用语言表达活动中的感受、完成活动时的自豪感，其他小朋友没有完成活动要鼓励，为他加油；对完成活动时小朋友要表扬，一起分享活动带来的快乐。

2. 对幼儿园的生活好奇，喜欢上幼儿园

目标设计要点：

第一，为孩子提供充满童话色彩的幼儿园环境和卡通、安全的大型玩具。3~4 岁的幼儿好奇心很强，新鲜的事物对他们充满了诱惑。幼儿园的建筑特色和各种大型玩具都是家庭所不能够拥有的，只有在幼儿园才能享受这么漂亮的环境和综合功能的大玩具。此外，在幼儿园会有许多朋友，他们可以按自己的意愿自由选择玩伴，满足幼儿渴望和小伙伴一起游戏的愿望，生活的范围扩大了，收获的快乐也更多了。

第二，教师在设计教育活动中要充满游戏性，满足幼儿“爱玩”的特点。幼儿园教师可以利用小组、集体游戏的形式帮助幼儿参与活动，还可以在幼儿一日生活中创设多个富于游戏的情境，让幼儿在幼儿园中快乐玩耍。

第三，教师还可以考虑家长的社会资源作用，将各种职业的家长请进幼儿园组织丰富多彩的社会活动，这种活动既能激发幼儿对社会活动的兴趣，也增加了孩子对家长的敬畏和自豪感。

案例导入

活动一：我的幼儿园。

目标：(1) 认识幼儿园的各种建筑、绿化及好玩的玩具。

(2) 知道幼儿园是小朋友游戏、生活和学习的地方。

(3) 喜欢幼儿园，高高兴兴上幼儿园。

活动二：马路上的安全。

目标：(1) 让幼儿了解几种交通标志和交通安全知识。

(2) 培养幼儿的交通安全意识，增强自我保护能力。

图 7-1　交警爸爸进班级 1

图 7-2　交警爸爸进班级 2

【案例分析】

3~4 岁的幼儿离开自己的家庭刚刚进入幼儿园，对幼儿园的环境比较陌生，容易产生分离焦虑，教师组织幼儿开展《我的幼儿园》活动，带领幼儿熟悉幼儿园的建筑布局、班级的位置、公共设施、大型玩具等，让幼儿在大型玩具上快乐地活动，使幼儿了解环境、熟悉环境，在与环境的互动中感受幼儿园的快乐生活。利用家长资源开展丰富多样的社会活动，既能拓宽幼儿的视野，提高社会认知，又能满足幼儿的好奇心，喜欢幼儿园群体生活。

（三）3~4 岁幼儿“喜欢并适应群体生活”的教育指导策略

1. 创设具有安全性、趣味性、教育性、参与性的幼儿园环境

(1) 创设良好的精神环境让幼儿安心。3~4 岁的孩子刚进入幼儿园，从一个熟悉的环境到一个相对陌生的环境会存在因没有安全感而产生的负面情感，极易产生分离焦虑。教师应关注幼儿的情感需求给予孩子亲人般的情感温暖，让孩子找到安全感，信任老师，乐于接近老师；教师还要关注幼儿的生活，在生活细节上及时提供各种帮助。如

帮助如厕有困难的幼儿脱裤子、提裤子，帮助不会系扣子的幼儿系扣子等，减轻幼儿因自理能力差造成的心理压力，对老师产生好感，从而将对亲人的依恋转移到对老师的依恋。

（2）创设适合幼儿年龄特点的物质环境，激发幼儿参与群体活动的兴趣。对于小班的孩子来说，无意注意是占主要地位的，他们喜欢做自己感兴趣的事情，喜欢鲜艳明快的色彩，喜欢小动物。教师就要针对幼儿的这些心理和行为特点，为幼儿创设色彩鲜艳充满童趣的环境，让幼儿对环境感兴趣，愿意主动地参与到这种环境中来。

2. 组织丰富有趣的户外活动，让幼儿感受群体活动的快乐

陈鹤琴先生曾说过："小孩子是喜欢野外生活的。"好玩、爱模仿是幼儿的天性，尤其是小班的幼儿，他们对丰富新颖的活动很感兴趣，特别是能与同伴共同参与的活动对他们的吸引力更大。满足幼儿喜欢户外活动的需求，组织小班幼儿滑滑梯、玩迷宫、跳圈等，幼儿会心情愉悦地参与活动，在自由玩耍过程中既发展了身体动作的协调性又感受到集体活动的乐趣。

3. 充分利用家长资源，开展形式多样的教学活动

《纲要》指出："家庭是幼儿园重要的合作伙伴，应本着尊重、平等、合作的原则，争取家长的理解、支持和主动参与"。每位家长从事不同的行业，具有不同的经历和特长，家长的专业知识和技能可以满足孩子的好奇心，拓宽孩子的视野，丰富他们的社会认知。既可以使幼儿对家长产生敬仰之情，也有利于激发幼儿参加幼儿园集体活动的兴趣。

活动示例

活动名称：生日快乐

活动目标：

（1）唱生日歌、送祝福，感受和小朋友一起过生日的快乐。

（2）分享甜甜的蛋糕，激发了他们参与活动的积极性。

活动准备：

蛋糕、生日蜡烛、餐盘等。

活动过程：

（1）教师出示生日蛋糕，告诉小朋友今天是董馨远的生日，我们要和他一起过生日，激发幼儿参与活动的兴趣。

（2）教师请小寿星董馨远邀请好朋友们入座。

（3）教师请小朋友来说一说，应该怎样给董馨远过生日。

（4）师生一起为董馨远唱生日歌，说祝福，分享蛋糕。

（5）师生一起为董馨远制作生日礼物——手指印画。

图 7-3 祝你生日快乐！

【示例评析】

过生日是幼儿在日常生活中经常遇到、比较熟悉的活动，而且是他们很感兴趣、愿意参加的活动，这个活动的设计能够让幼儿通过点生日蜡烛、许愿、分享、祝福等环节感知生活、再现生活。吃蛋糕环节是幼儿最感兴趣的时刻，尝到了美味，享受到了分享快乐的乐趣。印制手印画送生日祝福环节，送的真诚，收的满意。一个班级过生日活动增进了师幼和小朋友之间的情感，体会了群体生活的美好和快乐。

二、4~5 岁幼儿的教育与指导

结合 4~5 岁幼儿的心理特点和发展需求，《指南》在“喜欢并适应群体生活”这一目标中提出幼儿能够做到：①愿意并主动参加集体活动。②愿意与家长一起参加社区的一些群体活动。

（一）4~5 岁幼儿“喜欢并适应群体生活”的特点描述

与 3~4 岁幼儿相比，4~5 岁幼儿的心理和生理发展迅速。最显著的特点就是活泼好动。幼儿的判断能力也有了初步的萌芽，能发现生活中的美好事物，能用对与错来约束自己的行为。他们产生了初步的责任意识，爱帮助他人、乐于为集体做事，并在活动过程中体验到自己的价值。4~5 岁幼儿的语言能力发展很快，能清晰地讲话，能独立地讲故事或者叙述生活中的事情，喜欢与同伴或家长交谈，喜欢被夸赞。他们的好奇心很强，对新奇的事物感兴趣，能在观察中发现事物之间的关系、变化，并乐于分享自己的发现，尝试通过人与事物的相互作用，探究解决具体问题的办法，在活动中体验成功，树立自信心。

（二）4~5 岁幼儿“喜欢并适应群体生活”的目标设计要点

1. 愿意并主动参加群体活动

目标设计要点：

第一，教师要考虑幼儿参与集体活动的主动性，为幼儿提供可以协商合作的活动氛围，是促进幼儿参加集体活动的重要手段。户外锻炼、表演游戏、角色游戏以及各种活动区的游戏，都能为幼儿的这一发展需要提供帮助。

第二，教师要了解幼儿的发展兴趣和需求，拓宽幼儿的活动空间，创设宽松、安全的探究环境，引导幼儿发现问题，并能大胆表达自己的想法。

第三，在活动中，感受成功，树立自信心。教师在设计活动时还要根据幼儿的操作能力的发展，为他们准备多层次的可操作美工材料，激发幼儿参与活动的主动性及创作欲望。当幼儿完成作品或有作品雏形时要加以表扬，进一步激发他们的想象力和创作力。对于发展能力较弱，不敢动手操作的幼儿，教师要对其降低要求或适当加以引导和帮助，鼓励和带动其参与活动，在活动中提高他们的动手操作能力，完成操作活动，树立自信心。

2. 愿意与家长一起参加社区的一些群体活动

目标设计要点：

第一，教师要经常和幼儿一起参加一些群体性活动，家长也要带幼儿参加亲戚、朋友和同事间的聚会，支持幼儿和不同群体的同伴一起游戏，丰富其群体活动经验。

第二，教师在设计活动时要充分利用幼儿责任心的价值，根据幼儿的能力水平分配力所能及的劳动任务，通过让孩子参加劳动，让他承担属于自己的责任，并在完成任务的过程中感受自我存在的价值，体验完成任务的自豪感。对于孩子自发付出的行为应给予表扬，让孩子以有责任心为荣。

第三，教师在设计社会活动时要不断发现幼儿的探索点，发现幼儿的好奇心，拓宽幼儿的活动范围，带领幼儿走出幼儿园到社区开展一系列的社区活动，了解社区机构，了解它们与人们的关系，简单知道它们的用途。如：医院是看病的，学校是上学的等。知道社区是大家的生活场。要爱护社区的一些基本设施，维护社区的环境。

案例导入

活动一：我真能干。

目标：(1) 完成一些力所能及的劳动任务，在劳动中体验自我价值，愿意为班集体服务。

(2) 通过劳动养成良好的生活和行为习惯，增强幼儿责任意识。

活动二：快乐的郊游。

目标：(1) 让幼儿感受参加集体聚会活动的快乐心情，学习和他人交往，增进集体情感。

(2) 让幼儿欣赏大自然的美，了解季节特征。

【案例分析】

4~5岁幼儿，参与活动的积极性很高，愿意自己的事情自己做，爱帮助他人、乐于为集体做事，并在活动过程中体验到自己的价值。教师可以在一日生活中开展《值日生》、《劳动日》等等多种形式的劳动活动，让幼儿承担为班级服务的任务，使幼儿在活动过程中，感知自己对班级的价值，并体验和同伴合作共同完成任务的快乐。家长利用假期组织亲子群体游，带领幼儿走进大自然，让幼儿体验群体活动的快乐。

(三) 4~5岁幼儿“喜欢并适应群体生活”的教育指导策略

1. 在一日生活中，帮助幼儿养成良好的群体行为习惯

教师要利用一日生活的各个环节，让幼儿感受到自己是班级中的一员，是独一无二的、喜欢自己，愿意表现自己，用自己的特长为大家服务。知道自己的生活、学习都和班级、老师及同伴联系在一起，在班级这个群体中，大家要关心自己的同伴，帮助有困难的小朋友，照顾班级的动植物，爱护班级桌椅等，增强他们的责任感，并养成良好的群体行为习惯。

2. 创设多样的合作游戏，让幼儿感受群体配合的重要性

教育家乔姆斯基认为：“环境可以产生激发效应和塑造效应”，作为一名幼儿教师，要善于利用、创设良好的游戏环境，培养幼儿的群体合作意识。如音乐游戏《套圈》、体育游戏“两人三足”、“接力跑”、“拔河比赛” 等。在参与的活动中，让幼儿懂得只有大家互相配合，才能够很好地完成活动，感知群体合作的重要性，并在这种合作的群体游戏中感受成功带来的乐趣。

3. 利用家长资源，组织亲子社会群体活动

通过亲子群体间的活动，开拓了儿童的生活领域，丰富了社会实践认知；在活动中，通过大家的互相关照，增进家庭之间的情感；在与小朋友分享、玩耍的过程中，感受群体活动的快乐。通过家长的实践引导，幼儿懂得了保护环境和绿化，爱护花草树木，不要乱丢垃圾、清理好环境卫生等，有利于幼儿良好的行为习惯的养成。

活动示例

活动名称：环保小卫士

活动目标：

(1) 能大胆说出环境受污染的来源，认识其危害，感受自然环境与我们

生活的关系。

（2）增强幼儿的环保意识和责任意识，争当家园小主人。

活动准备：

（1）经验准备：有初步的环保知识，并与家长探讨过有关的话题。

（2）环境污染课件。

（3）一次性手套人手一份　垃圾袋　标语牌等

活动过程：

1. 初步了解污染对生活的危害

（1）出示河水受污染的图片，让幼儿观察，提出问题：你在这些图片中发现了什么？为什么会出现这种现象？

（2）你还知道哪些环节污染现象。

（3）找出我们周围生活中的污染。

（4）说一说这些污染对生活的危害。

2. 讨论：怎样保护环境

（1）我们的环境受到了这么多的污染，那么有什么办法可以保护它呢？（结合各种污染，引导幼儿说出自己见过和想到的环保方法。

（2）我们小朋友在生活中应该怎么做呢？

3. 争当环保小卫士

（1）师幼共同制作环保宣传展牌，到幼儿园所在小区做宣传，发动大家一起来环保。

（2）教师带领幼儿到小区去清理垃圾，美化环境。

图 7-4　我是环保小卫士 1

图 7-5　我是环保小卫士 2

【示例评析】

在幼儿的学习中，体验是主要的学习特点，幼儿只有亲身参与实践各种活动，才能体验到自己对集体的作用 ，并实现自我价值感。在本次活动的过程中，教师根据中班幼儿喜爱小动物的心理特点引出活动内容，激发了幼儿要爱护环境，抢救小动物的欲望。接下来，教师通过观看课件让幼儿了解更多的环境污染现象，再请幼儿找出周围生活中的污染现象，将社会问题逐步接近幼儿的生活。最后，让幼儿讨论“怎样来保护我们的环境?”并尊重幼儿的建议，争当环保小卫士，一起来治理生活污染，保护生活环境。通过这个实践活动，使幼儿体验了为小区环境服务的意义，实现了自己的价值，增进了主人翁意识。

三、5~6 岁幼儿的教育与指导

根据 5~6 岁幼儿的认知发展，《指南》在“喜欢和适应群体生活”目标中支持这一年龄段的目标为：①在群体活动中积极、快乐。②对小学生活有好奇和向往。

（一）5~6 岁幼儿“喜欢并适应群体生活”的特点描述

5~6 岁是幼儿园大班的年龄，这个时期儿童心理活动的概括性和有意性的表现更为明显。他们的情感的稳定性和有意性增长，大多数儿童在班上有了相对稳定的好朋友。责任感比较强，爱关心照顾比自己小的小朋友，愿意为他人、为集体做事。玩角色游戏时，对角色的兴趣比对物体的兴趣浓厚，出现了一个主要角色和几个有关的社会角色的关系，游戏中发生争执的情况减少。他们能系统地叙述生活中的见闻，能生动有感情地描述事物。乐于参加各种活动，并在活动中会用多种方式表达自己的想法，如在美工活动中会用多种工具进行绘画创作，在音乐活动中会通过歌舞、乐器、语言等方式表达自己对音乐的理解。已能将劳动与游戏分开，非常喜欢劳动，关心劳动结果，在劳动中表现出一定的责任感。

（二）5~6 岁“喜欢并适应群体活动”的目标设计要点

1. 在群体活动中积极、快乐

目标设计要点：

第一，让幼儿在群体活动中获得成功感，树立自信心。教师要根据幼儿喜欢劳动，关注劳动结果的心理特点，为幼儿分配适当的劳动任务，让幼儿感觉“老师信任我”，并在完成任务的过程中获得成就感，在老师及同伴的赞扬声中感知自己是班级中重要的一员。此外，5~6 岁幼儿动作灵活，教师要创设具有挑战性的游戏，让他们在愉快、自然的游戏氛围中挑战自我，满足自我，树立自信心。

第二，要创设一个幼儿能大胆表现自我的群体环境。大班幼儿爱说、会说，教师就要为幼儿创设丰富的语言运用情境，如快乐故事会、小剧场等，通过多种途径和方式引导幼儿大胆表达，使他们想说、爱说、敢说，并在表演过程中感受快乐，增加社会认知。

第三，大班的幼儿表现欲强烈，教师要在一日生活及活动中提供幼儿展示自己特长的机会，如餐前请某一小朋友为大家讲故事；请一个或几个小朋友表演唱；请识字能力强的幼儿读书读报等，在这些活动中让幼儿感觉到自己的与众不同，使他们获得参与活动的乐趣。

2. 对小学生活有好奇和向往

目标设计要点：

第一，明确幼儿园与小学的区别，做好衔接工作。

首先，幼儿园的孩子是在老师的照顾下成长的，而小学则是相对独立的生活，孩子必须有生活自理的能力，自己学会照顾自己，自己系鞋带、穿衣服、上厕所等。所以，老师就要注重 5~6 岁幼儿自理能力和良好的生活学习习惯。其次，小学的主要任务是传授知识，小学也有很多学生守则、学校规章制度，孩子需要自己学会集中注意力，学会自控。所以，大班教师就要充分利用大班幼儿爱学习的心理特点，增加学习时间，减少游戏活动时间，丰富学习内容，在学习过程中建立学习规则、遵守规则，培养良好的学习习惯。另外，小学的一节课是 40 分钟，幼儿园的活动时间比较短，为了做好大班幼儿的幼小衔接，教师在设计幼儿活动时要调整幼儿的生活作息时间，将活动时间设为 30 分钟，让幼儿逐步适应小学的生活节奏。

第二，让幼儿学会正确认识自己，增强自信心。教师请幼儿对比自己小时候的衣物和照片及一些幼小时期的趣事，感知自己长大了，掌握了很多本领，增强幼儿的自信心。

第三，家园配合，激发幼儿对小学的美好向往。

首先，大班的幼儿已经有向往小学，想当一名小学生的愿望，家长在这个时候要特别留意孩子的心理状态，积极鼓励孩子上小学，时常以鼓励的口语激发他们对小学生活的向往之情，例如家长可以这样说："宝宝真棒，宝宝长大了要上小学了！"让孩子对于即将成为一名小学生充满期待，也感到光荣和自豪。其次，教师要调整活动室的布局，将集中围坐式的环境改变为分割式区域性环境，让幼儿在幼儿园里感受到小学班级式教学环境，促进幼儿身心的发展。另外，教师要组织幼儿到小学去参观小学生生活，让孩子提前感受和熟悉小学的校园和氛围，进一步激发他们上学的欲望。

案例导入

活动一：大一班趣味运动会。

目标：(1) 展示大班幼儿的走、跑、钻、爬、跳、平衡等运动技能。

(2) 感受集体活动的快乐，培养幼儿自主参加活动的情感。

活动二：我长大了。

目标：(1) 通过对自己不同时期的照片比较，感受自己的成长与变化，进一步认识自己、了解自我。

(2) 区别自己和别人的不同，敢于大胆评价自我，正确看待自我，增强自信心。

【案例分析】

大班幼儿动作发展迅速，走、跑、跳等运动技能很强，想说、爱说、敢说，愿意参加集体活动，更乐于挑战自我，战胜自我，感受成功的乐趣。在活动《我长大》中，教师让幼儿观看自己不同生长时期的衣服感知自己长高了、长大了；又在观看不同时期的照片及童年趣事，谈话中让幼儿感知自己的成长与变化，认识到自己现在已经长大了，掌握了很多本领，增强了自信心。在活动《趣味运动会》中，幼儿充分展示了自己的综合运动技能，并在活动中锻炼了坚强的意志，感知参与活动的乐趣及完成任务的自豪感。

（三）5~6 岁幼儿“喜欢并适应群体生活”的教育指导策略

1. 教师要借助幼儿生活的各个环节，对幼儿进行独立性的培养

具有较强独立性的幼儿，会有更多机会探索周围世界、环境作用，并在主动活动中获得知识和技能，发展思维能力和解决问题的能力。因此，教师要通过一系列的活动培养幼儿的独立性，让幼儿通过参加活动，来发展自己的独立性。

2. 通过多种形式的活动设计，让幼儿在自我评价中发展自信心

幼儿期已经开始与成人、同伴交往，通过简单的实践活动，认识自己、了解自己，能够把自己的行为能力和别人的行为能力做比较，学习简单评价自己和同伴的行为。所以，教师要设计多种形式的评价活动，如“说说我自己，我今天的表现……”等，让幼儿在这些评价活动中获得“自我价值感”，增强了幼儿的自信心，进而喜欢并适应群体生活。

3. 做好幼儿园大班的幼小衔接工作

(1) 增进大班幼儿对小学的了解，教师要建立和健全幼儿园与小学的联系，带领幼儿参观小学，使幼儿了解小学生的一般情况，让幼儿参加小学生的某些活动，同小学生联欢，举办作品交流展览，以引起幼儿的入学兴趣，激发他们想做小学生的愿望。

(2) 调整幼儿园的生活作息制度，延长幼儿活动时间；丰富幼儿的学习内容，满足大班幼儿爱学习的心理需求，养成良好的学习习惯；在一日活动中要有意识地培养幼儿的社会适应性，增强幼儿参与活动的主动性和坚持性，能够独立、认真、细致地完成任务。有目的地培养幼儿的任务意识及规则意识，培养幼儿的入学积极态度。

活动示例

活动名称：我们要毕业了

活动目标：

（1）回忆幼儿园的快乐生活，感恩教师。

（2）懂得我长大了，萌发要去上小学的美好愿望。

活动准备：

（1）经验准备：幼儿已有参观小学的经验。

（2）物质准备：幼儿成长PPT，毕业诗。

活动过程：

（1）教师谈话引出活动内容。

（2）回忆幼儿园生活，感受快乐，激发感恩情感。

①观看教师用三年来幼儿在园活动照片制作的幻灯片，让幼儿在观看过程中感知自己在教师的引导下从哭哭闹闹的小宝宝，慢慢地长大了，适应了幼儿园的群体生活，学到了知识，掌握了技能……

②说一说自己在幼儿园的快乐生活，体验同伴间的友谊和师幼间的依依不舍情感。

（3）憧憬小学生活。

①说一说你熟悉的哥哥姐姐的小学是怎样的？他们每天都要干什么？

②幼儿猜想："我的小学什么样？"萌发幼儿想上小学的愿望。

（4）学习《毕业诗》。

（5）师生合影留念。

图7-6　我们毕业了

【示例评析】

经过三年的幼儿园生活，孩子们从一个哭哭闹闹、玩具满地扔还要发脾气的小娃娃，成长为会唱歌、跳舞、画画、讲故事，还懂得许多道理的学龄前儿童。当孩子们表述三年来的成长时，内心充满快乐和自豪，言谈话语间流露着对老师的感谢之情。憧憬着自己就要成为一名小学生："再过几天，我就要进小学，做一个一年级的小学生，坐在明亮的教室里，读书写字，多么神气……"充满了对小学生活的向往与期盼。三年的幼儿园生活，三年的师幼亲情，让幼儿深深地爱上了幼儿园；三年的成长让孩子们体验到自己的价值……在感受群体生活的快乐的同时对小学生活充满了美好的向往。

第二节　遵守基本的行为规范的教育与指导

幼儿期是萌生规则意识和形成初步规则的重要时期。《纲要》指出：要在共同的生活和活动中，帮助幼儿理解行为规则的必要性，学习遵守规则；对幼儿进行规则意识的培养，帮助他们形成规则意识，也是培养健全人格、适应社会需要的人才的必要环节。

一、3~4岁幼儿的教育与指导

《指南》在"遵守基本的行为规范"这一目标中提出3~4岁的幼儿应该做到：①在提醒下，能遵守游戏和公共场所的规则。②知道不经允许不能拿别人的东西，借别人的东西要归还。③在成人提醒下，爱护玩具和其他物品。

（一）3~4岁幼儿"遵守基本的行为规范"的特点描述

这一阶段的幼儿能基本表达自己的意愿和要求，并能听懂并理解他人的要求和指令，开始喜欢结识和接纳伙伴，喜欢与同伴玩耍，喜欢参与群体生活，但很少会与他人结伴做事。不能很好地控制自己的情绪，常常会因为一些小事儿哭闹起来。很容易受外界环境的影响和周围人情绪的感染。思维带有直觉行动性，凭着自己的感觉和行动，去认识事物、认识世界，积累知识经验。幼儿还处于以自我为中心的阶段，规则对他们来说不具备任何的约束力。对成人提出的要求会无条件地顺从，但是并不理解道德规则的意义。

案例导入

刚入园的小朋友，彼此之间还不熟悉，没有集体生活的经验，还没有学会和同伴交往的行为方式，所以，在玩玩具的时候往往会出现争抢、乱扔，玩后不会收拾整理玩具的现象。

行为1：在玩彩色拼插玩具时，孙健翔看到旁边的刘星辰小朋友手里有一个红色的玩具，立刻伸出手去就抢，刘星辰被抢走了玩具时很生气，放下手里的玩具就来跟孙健翔抢玩具

行为2：在孩子们分组玩玩具时，经常会出现玩了一会儿，就把玩具扔到地上到处都是的情况，当玩具掉到地上，很多的孩子不会主动把它捡起来。

行为3：孩子们在收玩具的时候，往往不会根据玩具的种类进行分类整理，而是统统把玩具很混乱地放在一起。

【案例分析】

幼儿在家庭中都是自己个人活动，玩具更是个人的私有物，想玩什么就能得到满足，玩过之后，又往往是家长来收拾玩具；而来到了幼儿园后，孩子还没有集体生活的经验，在社会交往中缺乏合适的交往技能，当自己的意愿没有得到满足的时候，不能以合适的方式向别人提出要求，因此就出现了争抢的现象。另外，在家庭中，孩子的很多事情都被家长包办代替，很多孩子没有自己整理玩具的意识，在玩的过程中也往往是随意乱丢乱放。

（二）3~4岁幼儿的“遵守基本的行为规范”的目标设计要点

1. 在提醒下，能遵守游戏和公共场所的规则

目标设计要点：

第一，在一日生活中创设积极的学习环境，让幼儿通过模仿学会正确的行为。3~4岁的幼儿记忆是形象的、直观的，他们只对印象深刻的事物有记忆，因此，幼儿行为习惯的养成，不能只是教师的口头命令，而是引导幼儿观察周围环境中伙伴的行为，通过模仿来纠正自己的行为，从而学习和巩固良好行为习惯的形成。同时，在日常生活中，教师还要注意观察幼儿的行为，当幼儿的行为符合行为规则时，教师要及时表扬和鼓励，发现不良行为及时制止和纠正。

第二，在游戏中，通过体验的学习方式，引导幼儿认识、理解和遵守规则。

（1）我们要让幼儿了解日常生活中的基本的行为规则。目标的设立要符合孩子的年龄特点，与幼儿的生活息息相关，如：洗手喝水要排队等候，回答问题要举手，玩完玩具要放回原来的地方等。由于幼儿年纪小，自制能力差，对幼儿行为习惯的养成不能急于求成。孩子行为习惯的养成，是一个循序渐进的过程，我们要耐心等待孩子的成

长；在此过程中，要允许孩子犯错，要给孩子改正的时间。

（2）在集体活动中，让幼儿体验有序的环境带来的愉悦情绪。教师可以让幼儿观看短片（一个是杂乱的无秩序的活动场面，另一个是安静的有序的活动场面），通过两个短片的场景对比，让幼儿说一说“你喜欢在哪一个的教室？”“你玩玩具的时候应该怎样做？”让幼儿体验规则的重要性，从而进一步建立规则意识。

（3）规则确立之后，要有坚持性。教师在一个或几个集体教育活动中，幼儿学习到了好的行为习惯，但是3~4岁幼儿的迁移性还很差，在日常生活中还会出现不良的行为习惯。因此，我们的教育不是终结在某个教育活动的结束，而是要把它落实到幼儿的日常生活和活动中；这样，才能达到我们预设的目标。

2. 知道不经允许不能拿别人的东西，借别人的东西要归还

目标设计要点：

第一，在孩子的游戏和活动中，要教给孩子正确的交往方式。幼儿从家庭进入幼儿园，也就开始了具有社会性的活动。由于受年龄特点的制约和心理发展水平的限制，还难以形成自觉调节行为的能力，作为教师，就要教给幼儿必要的交往技能，如：玩玩具或游戏时，会等待、会轮流、会谦让等。

第二，树立明确的对错观念，培养孩子明辨是非的能力。由于幼儿年龄小，明辨是非的能力差，作为教师，首先要让幼儿分辨清楚哪些物品是自己的，哪些物品是别人的；其次，让幼儿知道别人的东西自己再喜欢，也不能拿，不经允许拿别人的东西是不对的；最后，可以借别人的东西，但是玩完后一定要归还。这样，逐渐使幼儿建立正确的是非观。

3. 在成人提醒下，爱护玩具和其他物品

目标设计要点：

第一，知道爱护玩具的表现是，玩完玩具要收拾好，放回原处；不争抢、乱扔玩具；要轻拿轻放玩具。3~4岁的幼儿对周围的一切事物都具有浓厚的兴趣，在他们的眼中接触的周围的对象都是有生命的。针对孩子的这一生理特点，教师可以通过创设情境，以故事讲述的形式，把故事中的角色——玩具等形象赋予生命，让幼儿在心里产生共鸣，从而达到教育幼儿爱护玩具的目的。

第二，知道取放物品时，不发出大的碰撞声；看图书时要保持安静，会一页一页地轻轻翻阅，看完后放回原处。这一阶段的幼儿，已经能够听懂并理解语意。因此，教师在日常生活和教育活动中，仔细观察幼儿的行为，通过生动形象、朗朗上口的儿歌，如：《小椅子，我爱你》、《小人书，不要哭》等帮助幼儿学习搬椅子、看书的正确的方法，同时教育幼儿也要爱护身边的其他物品。

案例导入

活动一：送玩具回家。

目标：（1）通过观察，让幼儿建立玩具与标记的对应关系。

(2) 通过游戏，让幼儿了解玩具应该放在什么地方，玩后应收拾好放回原处。

(3) 教育幼儿爱护玩具。

活动二：这是谁的东西。

目标：能区分自己的或别人的东西，不是自己的东西不拿、不要，拾到别人的东西想办法归还。

活动三：我不乱扔东西。

目标：教育幼儿懂得要注意保持环境的整洁、卫生，养成不乱扔东西的习惯。

图 7-7　我们一起收拾玩具

图 7-8　秩序井然的娃娃家

【案例分析】

3~4 岁的幼儿能够遵守简单的行为规则，但幼儿情绪不稳定，很容易受情绪的影响，教师在设计教学活动时，可通过创设情境、倾听故事、观看视频、情境提问等形式，让幼儿进行讨论，鼓励幼儿大胆说出自己的想法，对好的行为习惯要加以肯定和赞扬，对观念不正确的幼儿要及时进行指导。可以为幼儿设计《送玩具回家》、《帮玩具找家》等活动，通过幼儿的动手操作，反复实践、练习，理解和体验规则，使幼儿的良好行为习惯得到形成和巩固，从而逐渐养成良好的行为习惯。

（三）3~4 岁幼儿“遵守基本的行为规范”的教育指导策略

第一，创设良好的、积极的环境，利用环境影响幼儿的行为。

（1）为幼儿创设良好的物质环境。丰富多样的物质环境能够满足幼儿自由自主的活动需求，幼儿的需求得到了满足，从而幼儿之间的矛盾和争执就会大大避免，这对于喜欢模仿的幼儿来说尤为重要。同时，在幼儿自由自主的活动中，就会接纳、维持和遵守基本的行为规范。

（2）为幼儿创设良好的心理环境。教师为幼儿创设宽容和接纳的教育环境，有助于幼儿良好的自我意识和个性的发育，而良好的自我意识和个性，又鼓励他们积极主动和充满自信地与外界交往，教师和幼儿之间的这种互动，除个别需要严格遵守和加以维护的规则外，在某种程度上应适当协商和灵活变通。

第二，树立榜样，通过榜样的力量影响幼儿。心理学有关研究证实，通过榜样示范，学习者的态度、行为方式、动机和技能都能得到有效改善或提高。当在幼儿活动中出现违反规则的时候，教师的说教会显得很苍白无力，根据幼儿爱模仿的年龄特点，通过肯定榜样的行为，为幼儿建立良好行为规范的行为标准，引导幼儿向榜样学习，从而使幼儿提高行为意识，逐渐形成良好的基本行为规范。

第三，结合幼儿的生活实际，把规则贯彻在幼儿一日生活当中。

陶行知先生指出“生活即教育”。生活教育就是在生活中受教育，教育在种种生活中进行。幼儿的基本行为规范是社会性教育，它不可以脱离生活进行；因此，教育要贴近幼儿的生活。将教育融入到幼儿的一日生活当中，还要做好以下两点：一是把握现实生活中的教育时机，注意观察幼儿的生活细节，在一日生活中要认真观察幼儿的行为，做到发现问题及时纠正引导。通过教育改变行为，从而改造生活。二是坚持长期一贯的教育。在教育的过程中，规则的教育往往不是立竿见影的就见到成效，所以，就需要我们日复一日地不断重复。因此，教师要有进行长期教育的规划和一贯坚持的准备，这样，借助于日常生活的长期的不断重复，日积月累就会形成基本行为规范。

第四，家园教育的和谐统一。在家庭教育中，家长在对子女良好规则行为上往往忽视与宽容，在规则教育上以说教为主，家长的规则教育目的性模糊，这就需要教师通过召开家长会、家访、个别交流等方式，积极向家长宣传教育理念，指导家长的教育行为，提升家长的教育水平，认可幼儿园的教育，使家园教育保持一致，只有在大家的共同培养下，才能有助于幼儿良好的行为规则的形成。

活动示例

活动名称：小兔采蘑菇

活动目标：

（1）通过尝试和体验，初步懂得人多时要排队。

（2）学会在集体生活中与同伴友好相处。

活动准备：

（1）“小河”、平衡木。

（2）布置场地：由两条长绳组成的小河，平衡木为小桥。

（3）小兔头饰、大篮子，录音机。

活动过程：

（1）准备活动。今天天气真好，兔宝宝们和妈妈一起出去锻炼锻炼身体吧！（为幼儿戴好小兔头饰，将幼儿带到操场，听音乐锻炼身体）

（2）幼儿尝试去树林里采蘑菇。

①为幼儿创设情境，教师边讲解边示范游戏的玩法。树林里的蘑菇长大了，兔宝宝们帮妈妈把蘑菇采回来好不好？我们要跨过一条小河，经过一座独木桥，才能到达树林，采到蘑菇后要经过独木桥，跨过小河，走回来。

②幼儿采蘑菇，教师注意观察。

③幼儿讨论：刚才采蘑菇的时候发生了什么事？应该怎么办？

④教师小结：刚才去采蘑菇的时候，大家挤在了一起，有的小朋友还掉到了小河里，只有一个一个排好队，才能又快又有序地到达终点。

（3）再次去采蘑菇。

①请几名幼儿示范。

②集体排好队后，去采蘑菇。

③你觉得哪种方法玩好？为什么？

（4）放松活动，活动结束。

图 7-9　一个接着一个走

图 7-10　排好队、不要挤

【示例评析】

小班的幼儿刚刚来到幼儿园，还不适应集体生活，在孩子们的活动中，常常会出现拥挤、插队、推搡同伴等现象，针对幼儿的这种现象，设计了教学活动《小兔采蘑菇》。

在活动过程中，以游戏的形式开展活动，调动了幼儿参与的积极性，让幼儿来扮演"小兔子"，增加了对游戏的兴趣。通过在"采蘑菇"时出现的拥挤现象，让幼儿动脑筋自己想办法解决，在幼儿的亲身体验和行动的过程中，使幼儿认识到排队的好处。

本次活动以幼儿扮演角色，通过幼儿主动参与、体验来学习，更符合 3~4

岁幼儿的认知特点，这样，既有利于发展幼儿的口语表达能力，又有利于教育幼儿养成遵守规则的好习惯。

二、4~5 岁幼儿的教育与指导

4~5 岁的幼儿“遵守基本的行为规范”的目标应该做到：①感受规则的意义，并能基本遵守规则。②不私自拿不属于自己的东西。③知道说谎是不对的。④知道接受了的任务要努力完成。⑤在提醒下，能节约粮食、水电等。

（一）4~5 岁幼儿的“遵守基本的行为规范”的特点描述

4~5 岁的幼儿有意意识开始发展，与小朋友的交往中行为更稳定，具有一定的行为控制力；有意意识的开始发展，使他们在集体活动中的有意行为增加了，注意力也加强了，集中精力从事活动的时间也延长了，能够完成成人交给的简单的力所能及的任务，对自己所承担的任务幼儿出现了最初的责任感。已经开始学着控制自己的情绪，但对自己特别感兴趣的事和物仍不能控制自己的情绪，遇到不顺心时往往会大发脾气。

在游戏活动中，幼儿的规则意识开始了萌芽，懂得了洗手喝水要排队，玩游戏要依次进行等，但是非观念还很模糊，没有独立明辨是非的能力。活泼好动的特点在幼儿中期表现尤为突出。喜欢与同伴一起游戏，能够自己组织游戏，分工游戏角色，在游戏中能共同分享游戏的快乐，由于游戏中的规则还没很好地建立，游戏中常常会发生冲突。

（二）4~5 岁幼儿的“遵守基本的行为规范”的目标设计要点

1. 感受规则的意义，并能基本遵守规则

目标设计要点：

第一，要明确提出正确的道德行为，形成道德认识。孩子的可塑性很强，而且爱模仿，这就需要教师给予正确的引导和启发教育。因此，教师在制订教学目标的时候，目标要具体明确，要有针对性。如什么是应该做的，什么是不能做的。认识到行为规则的意义，幼儿才能更好地去遵守行为规则。

第二，注重在活动中培养幼儿的道德判断能力和解决问题的能力。4~5 岁的幼儿正处在规则意识逐渐形成的关键期，活动受情绪的影响，还没有明确的是非观念，常常出现在游戏中忘记遵守规则的情况。教师要为幼儿创设适宜的、多样的学习环境，运用多种教学方式，在活动中让幼儿去感受、去思维、去体验，强化幼儿的行为规则意识，形成良好的行为习惯，进而自觉遵守游戏规则。

2. 不私自拿不属于自己的东西

目标设计要点：

第一，使幼儿能准确地分辨自己的物品和他人的物品，有初步的分辨能力。采用集中教育的方式，在众多的物品中，让幼儿找出属于自己的物品，同时也能根据物品的明显特征分辨出同伴的物品。

第二，为幼儿建立他人观念，培养自我控制能力。在活动中，通过听、看、读等感官进行教育，采用直观具体的方法，加深幼儿对事物的认识，建立良好的道德情感，养成良好的道德习惯。

3. 知道说谎是不对的

目标设计要点：

第一，让孩子知道犯了错只要改正还是好孩子，帮助幼儿从小养成诚实守信的品德。4~5 岁的幼儿认知能力和思维发展的能力发育尚未健全，分辨不清事物的真伪，常会把现象与现实相混淆，也会说出一些不切实际的话。教师要蹲下身来与幼儿沟通，了解说谎背后的真实原因和幼儿说谎心理，分析幼儿的说谎行为。还要根据幼儿的特点，为幼儿营造他们需要的环境，通过正确的途径诚实地表达自己的目的，满足心理需要，减少说谎的现象。

第二，表扬、鼓励幼儿的诚实表现，帮助他们建立自信心并勇于承担责任。说谎是幼儿心理发育不成熟的表现，成人对待幼儿的说谎现象，不要轻易地用道德准则来教育幼儿。在幼儿做错事后，教师要用适当的语气缓解孩子的紧张情绪，就事论事给孩子讲解一些简单的道理，真正认识到说谎是错误的。

在活动中，教师还可以通过《诚实的列宁》、《狼来了》、《长鼻子》等故事，帮助幼儿认识到说谎的危害，教育孩子做一个诚实的人。对孩子的诚实表现及时表扬和鼓励，对于错误要勇于承担，孩子敢于承认错误也是一种诚实的表现，这时，教师要根据情况对幼儿进行适当的鼓励，帮助幼儿树立自信，从而养成诚实的好习惯。

4. 知道接受了的任务要努力完成

目标设计要点：

第一，从幼儿的日常生活入手，有意识地引导幼儿由自我服务发展为为他人服务。4~5 岁的幼儿由于思维的概括性和心理活动的有意性的发展，使他们有了接受劳动任务的能力。让幼儿在家庭和幼儿园从事力所能及的劳动，不仅可以丰富他们的知识，还能锻炼他们的技能。

第二，鼓励幼儿不怕困难，勇于探索，培养他们的责任感和意志力。在幼儿的劳动中，教师要激发幼儿的劳动热情。当遇到困难时，教师不要包办代替，鼓励幼儿勇敢面对困难，积极想办法去解决困难。在幼儿解决困难的过程中，增强了幼儿抗挫折的能力，提高了责任意识，锻炼了幼儿的意志力。

5. 在提醒下，能节约粮食、水电等

目标设计要点：

第一，让幼儿了解成人劳动的辛苦，并能尊重成人的劳动成果。如我们可以通过观看劳动场景、学习古诗《悯农》等形式，了解农民伯伯劳作的艰辛以及小麦的生长、成熟，最后变成白白的面粉的过程，让幼儿感受到粮食来之不易，从而引导幼儿不挑食，不浪费，要爱惜粮食。同时，进一步让幼儿了解周围一些成人的劳动，如清洁工、警察、炊事员等，教育幼儿要懂得尊重别人的劳动和劳动成果。

第二，教育幼儿知道勤俭节约，初步培养幼儿的节约意识。勤俭节约是我们中华民族的传统美德，因此，要从小就对孩子进行传统美德的教育。从爱惜粮食，到节约水电，再到节约使用我们日常生活中的物品，如纸张、铅笔、作业本等，对孩子进行节约教育，不但要从我们的幼儿园生活中做起，还要与家庭教育相结合，用成人的行动来影响幼儿，达到教育的良好效果。

案例导入

活动一：我会排队。

目标：(1) 能遵守排队规则，体验排队的好处。

(2) 引导幼儿讨论排队中经常出现的问题和解决的方法。

活动二：我会叠衣服。

目标：(1) 培养幼儿学会自己的事情自己做，增强幼儿的劳动观念。

(2) 引导幼儿学会互相帮助。

活动三：拾到东西怎么办。

目标：(1) 通过活动使幼儿知道拾到东西应该还给失主，并了解找到失主的方法。

(2) 引导幼儿体验丢失东西的着急心情，和找到失主后的愉悦心情。

图 7-11　一日生活中喝水环节、洗手环节的行为规则

【案例分析】

在设计教育活动时，充分利用幼儿好奇心强、好模仿、可塑性强的特点，对他们进行遵守日常生活中的规则如：排队、等待等的教育。幼儿规则的养成不是教师空洞的口头强制，而是幼儿在活动中的亲身体验和反复的强化练习，因此，在活动中，要充分考虑目标是否贴合幼儿的生活实际和是否有操作性。

在明辨是非这一目标的教学设计时，采取用看图片、讲故事等形式，根据幼儿易受暗示的特点，利用图片、故事等里的形象，引导幼儿分析、讨论、辨别正确的道德行为，为幼儿树立正确的知识，从小培养孩子健康的道德观念。

此外，教师还要充分利用幼儿园这个大集体，通过集体活动、分组活动、个体操作等形式，让幼儿直接动手做，这样，才能取得良好的教学效果。

（三）4~5 岁幼儿“遵守基本的行为规范”的教育指导策略

1. 结合实际，体验规则的必要性，引导幼儿自己讨论制定规则

《纲要》中指出：教师要在共同的生活和活动中，以多种方式引导幼儿认识、体验并理解基本的社会行为规则，学习自律和尊重他人。因此，幼儿园班级中的生活游戏规则，不能脱离幼儿的生活实际，要贴近幼儿生活，由教师和幼儿共同协商讨论来制定，在幼儿遵守规则的前提下，使他们的活动有最大限度的自由，以保障游戏的顺利开展。

2. 创设丰富、多样的教育环境，巩固和强化幼儿遵守规则

丰富的物质环境能够充分支持幼儿的自由自主的活动，使幼儿的各种需求得到满足，这样就避免了幼儿间的争执。良好的环境，能够影响幼儿的活动方式，通过幼儿的活动方式间接影响幼儿的社会性行为，从而促进幼儿良好的自我意识和个性的发育，使他们能更积极主动和充满自信地与外界交往。

3. 营造具有暗示性的环境，提醒幼儿遵守游戏的规则

“环境是可以说话的”，经过良好设计的环境可以起到暗示的作用，如在进区处，用插图标、佩戴手环或胸卡、粘贴小脚丫等形式，来控制进区的人数；利用图画绘制幼儿理解的规则，张贴在明显的区角内，提醒幼儿；或用操作材料的数量，限制活动的人数；利用小标志暗示物品的摆放位置。幼儿在这样的环境中，不断重复练习，就会使幼儿潜移默化地养成遵守游戏规则的习惯。

活动示例

活动名称：我们爱劳动

活动目标：

（1）积极参与整理教室的活动，体验与大家一起劳动的快乐。

（2）能帮助家人、同伴做一些力所能及的事情。

（3）模仿并学习成人整理教室。

活动准备：

（1）录制好的视频两个（一个是活动后没有整理的教室，另一个是成人整理教室的工作）。

（2）小块抹布、喷壶、水盆等

活动过程：

（1）观看视频，引出活动的主题。

①提问：视频中教室的样子，你们喜欢吗？为什么？应该怎样做？

②幼儿自由讨论，教师了解幼儿的想法并简单记录。

③教师归纳幼儿的想法。如：教室里杂乱的样子大家都不喜欢，我们应该把东西整理好，这样教室里就整齐了。

（2）组织幼儿观看第二个视频，引导幼儿仔细观察成人都做了哪些事情？都是怎样做的？请幼儿自由讨论，并请3~4位幼儿来发言。

（3）为幼儿发放劳动所需物品，让幼儿自由选择自己的工作内容进行劳动。教师观察幼儿的劳动情况，并及时给予指导。

（4）展开劳动后的谈话。引导幼儿回到家里也要做力所能及的事情。

①今天，在幼儿园里大家一起干了什么？你学会了什么？最高兴的是什么？

②幼儿结伴交流，教师巡回倾听。

图 7-12　要把小椅子擦干净

图 7-13　我来把书摆整齐

图 7-14　给植物浇水

图 7-15　一起做值日

【示例评析】

4~5 岁的幼儿有意性增强了，能够完成一些力所能及的事情，本次活动以谈话的形式，引出幼儿要劳动的心理需求，在讨论、观察、模仿成人劳动的基础上，让幼儿学习和掌握劳动的简单技能，从而体验劳动的快乐。

这一时期的幼儿已经有了初步的责任感，因此，我们在让孩子进行劳动时，不仅仅是做事情，还要告诉孩子把自己选择的劳动努力去完成，在孩子遇到困难时，引导幼儿想办法去克服，养成做事有始有终的好习惯。作为教师，我们可以在班级中设立值日生制度，明确值日生的工作内容，把具体劳动内容落实到每一个孩子身上，调动孩子完成自己的劳动任务的积极性，树立孩子的自信心。

三、5~6 岁幼儿的教育与指导

5~6 岁幼儿“遵守基本的行为规范”的目标为：①理解规则的意义，能与同伴协商制定游戏和活动规则。②爱惜物品，用别人的东西时也知道爱护。③做了错事敢于承认，不说谎。④能认真负责地完成自己所接受的任务。⑤爱护身边的环境，注意节约资源。

（一）5~6 岁幼儿“遵守基本的行为规范”的特点描述

随着年龄的增长和生理心理的各方面发展，5~6 岁幼儿有意行为增多，可以有意地控制和调节自己的活动。开始出现相对稳定的兴趣，如爱玩积木、爱玩足球、爱画画等，而且大多数幼儿在班上有了自己相对稳定的好朋友，开始能够有意识地控制自己的情感的外部表现，如摔疼了能忍住不哭等。活动更有目的和计划性。这一阶段的幼儿更喜欢和小伙伴一起玩规则性强的游戏，在游戏中幼儿的合作意识开始发展，并逐渐明白公平的原则和服从集体的约定。大班幼儿规则意识逐步形成。开始学着控制自己的行为，遵守集体的一些共同规则，但这一时期的幼儿还没达到自律，还会表现出以自我为中心，因此还有赖于成人的指导。

（二）5~6 岁幼儿的“遵守基本的行为规范”的目标设计要点

1. 理解规则的意义，能与同伴协商制定游戏和活动的规则

目标设计要点：

第一，在游戏中发现规则的重要性，使幼儿产生自觉遵守规则的积极情感。5~6 岁的幼儿能够遵守简单的日常生活和活动中的规则，但他们的遵守是建立在他律的基础上。随着幼儿辨别、分析、思考和探索能力的不断提高，大班的幼儿已经认识到，规则与班级中的每个人息息相关，只有人人遵守规则，才能使生活、活动更安全、更有序，从而萌发幼儿自觉遵守规则的意识。

第二，幼儿与同伴协商制定游戏的规则，使幼儿成为规则的主人。首先，利用谈话的方法，使制定的目标更具指导性。在活动中，通过教师递进式的提问，让幼儿讨论，自由发表自己的意见，然后，教师与幼儿反复讨论、协商、达成一致。这样，在教师的带领下制定目标，减少了幼儿的盲目性，为幼儿自己独力制定目标打下基础。其次，规则的制定不是一成不变的，随着规则在游戏活动中的实施，还要不断进行修改、补充和完善，让规则更合理。最后，制定的规则要简洁明确，易于幼儿记忆。在制定规则时，可以让幼儿运用绘画或简单图示的形式，把规则用图标或符号代替，使规则更形象、更直观。由幼儿自己制定的规则，更有利于幼儿理解和接受，在执行的过程中，还可以使幼儿相互监督，有利于幼儿良好行为规范的形成。

2. 爱惜物品，用别人的东西时也知道爱护

目标设计要点：

第一，教育幼儿爱惜自己及身边的物品，不浪费、不破坏，养成爱护物品的好品德。教师要从教育幼儿爱惜自己的物品开始，如：玩具、图书等，知道这些物品是自己的好伙伴，能给我们带来快乐。在幼儿园，要爱护集体的物品，如小桌子、小椅子等，知道物品是大家的，不是个人的，知道这些物品在我们生活中的重要性，不要损坏公物，别人破坏公物要制止。教师还可以与幼儿一起修补图书和玩具，培养幼儿爱惜物品的好品德。

第二，强化爱护公物的行为，养成爱护公物的好习惯。5~6 岁的幼儿已经能区分自己和他人的物品，由于孩子爱探索的特点，在游戏时，有的孩子会出现拆卸等行为，而孩子自己并不知道这样就会破坏物品。因此，作为教师，要及时对幼儿进行引导和教育，在生活和活动中，对幼儿好的行为要及时发现，及时表扬，不断强化幼儿的好习惯，从小培养幼儿爱护公物的良好品德。

3. 做了错事敢于承认，不说谎

目标设计要点：

第一，教师要了解幼儿的心理发展特点，尊重孩子的心理需求。5~6 岁的幼儿正好处在思维和智力无意性、不稳定性向有意性、稳定性过渡的阶段，幼儿的说谎行为开始带有有意性。作为教师，要全面了解事情的经过，针对孩子不同的说谎行为，分析其说谎原因，采取相应积极有效的教育和引导，为幼儿树立正确的道德判断标准。

第二，教给孩子掌握交往的技能，加强对孩子交往能力和交往技巧的培养，保护好孩子的自尊心。语言和思维能力在这个阶段已经发展成熟，幼儿的道德感进一步丰富、分化和复杂，具有深刻性和稳定性。在游戏活动中，可以让孩子自己来处理同伴间的矛盾和纷争，学会同伴间的交往方式。掌握与人交往的一些技能，同时，对于犯了错又不承认的幼儿，教师要小心处理，避免对孩子的自尊心的伤害。

第三，鼓励诚实的行为，培养幼儿的责任感。在幼儿的成长过程中，由于幼儿年龄的局限难免会犯错，作为教师，要告诉幼儿，犯错误是正常的，只要能改正还是好孩子。对于敢于承认错误的幼儿，教师要及时肯定和表扬他敢于承认的行为，让孩子认识到犯错并不可怕，重要的是我们对待错误的态度。

4. 能认真负责地完成自己所接受的任务

目标设计要点：

第一，理解任务的含义，明确任务的内容，尝试用自己的方式记录不同任务的内容。这一阶段的幼儿有了完成任务和完成情况的情感体验，教师在为幼儿布置任务时，要考虑到幼儿的自身能力，以及在完成任务的过程中，幼儿的自身价值是否得到肯定和认可。由于幼儿在完成任务的过程中稳定性较差，可以让幼儿通过绘画的方式来记录任务的内容，能够帮助幼儿明确任务，从而坚持完成。

第二，学习基本的劳动技能，培养幼儿独立自主的能力。5~6 岁的幼儿面临进入小学，开始小学的学习，这就需要教师全面做好幼小衔接的工作。其中，让孩子学会自我管理，学会整理自己的学习用具和书包，自己记忆学习内容和作业等，只有孩子具备了独立行为，才能使孩子顺利地进入小学学习。

第三，强化任务的意识，激发幼儿按时完成任务的主动性。教师可以设计《一分钟有多长》、《课间十分钟》等教学活动，让孩子自己记录这一时间段内都能做哪些事情？自己想做什么事？还有哪些事没做？为什么？在孩子的实际生活中体验、形成时间的概念，还可以让孩子记录自己来园的时间或记录完成任务的时间等，增强孩子的时间感，把时间与任务相结合，从而让孩子学会按时完成任务。

5. 爱护身边的环境，注意节约资源

目标设计要点：

第一，了解环境对我们的重要性，激发保护环境的意识。对孩子进行环保教育也是幼儿园重要的教育内容之一，为此，教师可以通过带领幼儿去郊游、采摘、逛公园、动物园等活动，使幼儿认识到人类的生活、生存与大自然息息相关，增进幼儿热爱大自然、保护大自然的情感；同时在班级设立的自然角中，让幼儿自己种植、施肥、浇水，观察植物的生长变化，教育他们热爱、关心周围的植物和环境。此外，教师还可以通过观看环保主题课件；创设环保主题教育活动《保护自然环境》、《我爱大自然》等形式，对幼儿进行环保教育，增强幼儿的环保意识。

第二，收集废旧材料，通过幼儿的动手操作变废为宝，发展幼儿的想象力，体验成功的快乐。在集体教育活动中，让幼儿知道在生活中有很多的物品，是可以回收进行再次利用的，组织幼儿收集生活中的废旧材料，通过幼儿的观察、想象、游戏和制作，让幼儿发现废旧材料不但经济实惠，取材方便，环保，还给我们的生活带来无限乐趣。

第三，养成良好的节能环保的习惯，培养幼儿的环保意识。结合幼儿的生活实际，养成随手关灯，节约用水、不乱扔垃圾、不在公共场所大声喧哗等好习惯，并能监督自己身边的人的行为，有环保意识。

案例导入

活动一：我的规则我做主。

目标：(1) 初步尝试通过集体讨论制定符合不同场所的规则。

(2) 懂得遵守规则的重要性，能想出大家都能最遵守规则的好办法。

活动二：奶奶高兴了。

目标：(1) 让幼儿懂得做了错事要勇敢地承认，不推给别人。

(2) 遇事情能清楚表达自己的看法，做个诚实的孩子。

活动三：我为集体做件事。

目标：(1) 知道集体的事就是大家的事，乐意为集体做点事，激发爱集体的情感。

(2) 学习基本的劳动技能，培养爱劳动的好习惯。

活动四：生活中的浪费。

目标：(1) 使幼儿知道我们生活环境的好坏与家庭、个人息息相关，懂得环境保护要从我们每个人做起。

(2) 发现生活中的一些资源的再利用，知道节约资源避免浪费，树立环保意识。

图 7-16　我们的约定

图 7-17　遵守我们的约定

【案例分析】

5~6 岁的幼儿，他们在游戏活动中主动性、自主性表现得更强；因此，在设计教学活动时，教师要引导幼儿发现问题、积极开展讨论并想出解决的办法，加强幼儿在活动中的参与性。这时，教师可以为幼儿创设更多的主题教育活动，把教育活动渗透到语言、艺术、科学等五大领域之中，让幼儿通过多种方式，丰富生活经验，达到教育目标。

（三）5~6 岁幼儿“遵守基本的行为规范”的教育指导策略

1. 为幼儿准备丰富多样的规则性强的环境，通过多途径多方法，树立规则意识，培养幼儿自觉遵守规则

这个时期的幼儿更喜欢参加规则性强的活动，由于幼儿的自主意识增强，活动中幼

儿能够独立处理与同伴间的冲突，他们的争执、协商、达成共识，使游戏得以顺利地开展，让幼儿体验到成功的快乐。

2. 设立规则要明确可操作性强，才能调动幼儿自觉遵守规则的主动性

在游戏中，幼儿是规则的遵守者和执行者，不考虑幼儿的实际需要制定出的规则会使幼儿的活动处处受到约束，因此，引导幼儿自己制定游戏规则，在游戏中不断修改、完善，这样的规则才是幼儿能理解的、科学的、合理的，才能使规则内化、遵守。

3. 培养幼儿的责任感和坚持性，更易使幼儿遵守规则

“责任”一词在《汉语大字典》中有以下几个含义：一是使人担当起某种职务和职责；二是分内应做的事；三是做不好分内应做的事而应该承担的职责。这一时期是培养幼儿责任意识的重要时期，把握教育的时机，对幼儿的良好行为进行鼓励和表扬，强化幼儿的言行，有助于幼儿责任心的培养，从而使幼儿养成对事认真负责的态度。

活动示例

活动名称：大丰收

活动目标：

（1）通过画面，了解秋天是农作物成熟的季节，感受丰收的喜悦。

（2）体验农民劳动的艰辛，培养幼儿尊重农民的劳动成果。

（3）懂得爱惜粮食，进一步强化节约粮食的意识。

活动准备：

（1）教学挂图。

（2）农民伯伯田间劳动的录像。（春天播种、施肥、浇水；夏天顶着烈日劳作；秋天收割）

活动过程：

（1）谈话引出话题。

教师：秋天到了，秋天还是个大丰收的季节，你都知道果园里有哪些果子成熟了吗？

①幼儿自由交流，分享平时的经验。

②教师小结：秋天，许多水果成熟了，有苹果、橘子、鸭梨、橙子等，所以我们能够在这个季节吃到很多新鲜的水果；还有许多的庄稼也成熟了，如谷子、玉米和豆类等。

（2）让幼儿观察图片，了解农民伯伯在秋天里的工作。

①出示教学挂图，请幼儿认真观察，并用完整地语言描述图片的内容。

提示：图上都有谁？他们在什么时候正在做些什么事情？请幼儿逐一讲述。

②教师小结：原来，农民伯伯在天气很热的时候，还要去收果子，而且他

们收果子是要经过很多过程的，这样果子才能保存得很完整。有了农民伯伯，我们才能吃到这么多的水果。

③出示农民伯伯收获的图片，请幼儿观察，用完整的语言描述出来。

请幼儿自由发言、讨论。

3. 教师介绍农民伯伯的工作，培养幼儿尊重农民伯伯的情感。

①请幼儿说一说自己还了解农民伯伯的哪些工作。

②观看农民伯伯田间劳动的录像，请幼儿体验农民伯伯劳动的艰辛，并用语言描述出来。

③教师小结：农民伯伯每天很早就要起床，下地干活了，他们要播种，给庄稼浇水、施肥、除虫、除草，等到庄稼成熟的时候，还要收割，然后一袋一袋地包扎好，就变成了我们吃的粮食了。

（4）引导幼儿大胆表达自己对农民伯伯的情感，进一步教育幼儿要爱惜粮食。

①请幼儿自由表达：你觉得农民伯伯辛苦吗？你对他们的劳动有什么想法？

②组织幼儿集体讨论：粮食是怎样来的？我们应该怎样爱惜粮食？看到浪费粮食的行为，你应该怎样做？

③教师小结：我们要尊重农民伯伯的劳动，爱惜粮食，每天吃饭都要吃干净，不剩饭，做一个爱惜粮食的好孩子。

【示例评析】

5~6岁的幼儿有了明辨是非的能力，道德情感也进一步丰富。本次活动通过观看图片和录像，了解农民伯伯劳动的艰辛，知道了粮食来之不易；在引导幼儿主动参与讨论的过程中，让幼儿从自己的生活中发现自己身边的浪费，结合自己的生活说出爱惜粮食的具体做法，并能主动纠正其他人的浪费行为，从而在行动中落实爱惜粮食的行为。在这一主题教育活动中，还可以利用古诗、观看农民伯伯的劳动、参加农民伯伯的劳动等活动进一步加深活动主题，体验劳作的辛苦，从而使孩子的认识更加深刻。

第三节　具有初步的社会归属感的教育与指导

一、3~4岁幼儿的教育与指导

结合3~4岁幼儿的心理特点和发展需求，《指南》在“具有初步的归属感”这一目标中提出：①知道和自己一起生活的家庭成员及与自己的关系，体会到自己是家庭的一员。②能感受到家庭生活的温暖，爱父母，亲近与信赖长辈。③能说出自己家所在街道、小区（乡镇、村）的名称。④认识国旗，知道国歌。

（一）3~4 岁幼儿“具有初步的归属感”的特点描述

3~4 岁的幼儿从家庭走向幼儿园，其归属感主要体现在从对家人、家庭的依恋上逐渐扩展到对幼儿园集体的情感上。3 岁的幼儿在家庭中获得必要的安全感、亲切感，对主要抚养者产生依恋情感，将自己看成是家里的一分子，把家人和家庭作为自己安慰的对象。3~4 岁的幼儿在幼儿园集体生活中逐步形成对幼儿园和集体的归属感，表现出喜欢上幼儿园，喜欢自己所在的班级，喜欢参与集体活动，关心班级和小组的荣誉，当被老师和同伴接纳和认可的时候会感到高兴。他们也会通过家庭教育和幼儿园教育逐步了解和知道自己居住的环境、建筑和名称，能够意识并知道自己是中国人，能认识国旗，会跟唱国歌。当然，对于刚入园的幼儿来讲，教师应该帮助幼儿尽快适应幼儿园生活，获得对班集体的归属感。

案例导入

案例描述：

（1）每年的九月份都是幼儿园老师、家长和幼儿最纠结的时候，3 岁的幼儿离开家庭来到幼儿园，因为陌生而产生恐惧不安的情绪，严重影响着他们的身心健康。

单鸿盛小朋友，聪明、内向、生活自理能力特别强，来园后哭闹严重。老师走进他时抵抗情绪很高，不让老师摸他的手。过了一会儿，看到别的小朋友有的让老师抱着、有的围在老师的身边，他也小心翼翼地向老师这边慢慢靠拢，当发现老师关注他时，他马上停止脚步、低下头。在接下来的观察中，我发现单鸿盛生活自理能力特别强，爱干净、整洁。于是，我就利用早点名时间开展了夸宝宝的活动，着重夸了“会自己穿脱鞋袜，能自己独立上厕所……很棒的单鸿盛。”他听到后，悄悄地笑了。随后，我又和他商量：“午睡时，你可以帮助老师把小朋友们的鞋子摆好吗?”“好!”他爽快地答应了，并且摆得整整齐齐，很自豪地看着他摆好的鞋子，当我为此而赞扬他时，他很开心，并同意了我的拥抱和亲吻。离园时，他见到妈妈的第一句话就是：“妈妈，老师最喜欢我了！我明天来幼儿园不哭了。”

（2）在音乐游戏“碰一碰”中，孩子们按照音乐自由结组互相碰着身体的各个部位，快乐地交换朋友碰来碰去。可是，性格内向的馨竹却一个人孤独地坐在墙边的小椅子上，一动不动。我见状马上走过去，拉着她的手，请她和大家一起玩，可她还是不愿意。怎么办呢？我看了看馨竹又看了看玩得正高兴的孩子们，当歌曲唱到“找一个朋友碰一碰，找一个朋友碰一碰”时，我马上带领班级内最受欢迎的绿绿小朋友一起跑到馨竹身边和她抱一抱、笑一笑，然后再按照歌词触碰身体的其他部位。孩子们也模仿我们的动作，相互拥抱后再碰一碰。慢慢地，馨竹的脸上终于有了笑容，在老师和同伴的邀请下，和小朋友们一起游戏起来。

【案例分析】

对3~4岁的孩子来说，“你很棒”这句话对他们很重要，这个年龄段的孩子非常敏感，他会从成人的话语中听出“××喜欢我。”更重要的是如我们用欣赏的眼光看待孩子，相信孩子的能力，提供孩子动手的机会，这就是鼓励孩子的最好的办法。当老师发现了他自理能力强，爱清洁、讲卫生等优点时，他感觉到了老师的关注，内心拥有了温馨和对老师的亲近；单鸿盛是一个勤劳但羞涩的小男孩，有为大家做事的想法但又不敢说出来，当老师和他商量为小朋友整理鞋子时，他感觉到了对他的尊重或 信任，激发了他为大家服务的热情；当他的工作完成后教师的赞扬又让他感觉到自己存在的价值，得到极大的鼓舞，觉得老师“赏识他，最喜欢他”。

小班的孩子以自我为中心，只做自己感兴趣的事，教师要尊重幼儿，等待幼儿，利用小伙伴的吸引力去感染她，给她亲情的拥抱，让她感知老师和同伴对她的喜爱，引导她参与到集体活动中来。

亲切地对待幼儿，关心幼儿，让他感到长辈是可亲、可近、可信赖的，幼儿园是温暖的。可以让幼儿感到舒适，逐步放松心情，舒缓紧张心情，增加安全感。伴随着老师的拥抱、亲吻和赏识，让孩子感觉到老师的关爱，逐渐摆脱离开家庭生活产生的分离焦虑，建立了在集体生活中的安全感和价值，逐步建立起对班级这个“新家”的归属感，不仅是从外在的不哭不闹的表现上适应了幼儿园，而且真正地从心里开始接纳并喜欢幼儿园的集体生活。

（二）3~4岁幼儿“具有初步的归属感”的目标设计要点

1. 知道自己一起生活的家庭成员及与自己的关系，体会到自己是家庭的一员

目标设计要点：

第一，让幼儿了解自己的家庭结构，知道家庭成员之间的关系。教师可以请每位幼儿带一张《全家福》的照片来园，为全体小朋友介绍自己的家人，家里有几口人。他们分别是谁？还可以请幼儿观看家庭活动视频，让幼儿说一说，视频中都有谁，全家人一起去干什么？和家人在一起时的心情是怎样的？教师还可以与幼儿共同创设《我的家》的主题环境。

第二，通过多种形式的活动让幼儿了解家庭成员姓名及与自己的关系、他们的工

作、家庭成员对自己的关爱，自己是家庭的一员。首先，在开展活动之前，教师要争取家长的配合，在家庭交流中告诉幼儿父母及家人的姓名和工作。并录制家人工作的视频。接下来，教师要组织幼儿观看家庭视频，让幼儿介绍家人，让同伴了解家人对自己的照顾关爱；介绍家人的工作，为家人的工作自豪。此外，还可以创设爱心环境，在班级设立“爸爸妈妈一级棒”，布置“我爱爸爸妈妈”图片展等。

2. 能感受到家庭生活的温暖，爱父母，亲近与信赖长辈

目标设计要点：

第一，创造良好的家庭环境，让幼儿感知家庭温暖。家庭是孩子生命的温床与摇篮，家长要为幼儿创设温馨和睦的家庭环境，让幼儿在充满爱的家庭中幸福生活。让幼儿在成长的过程中感受家人的亲情与温暖。

第二，在交流中让幼儿感知关爱，学会关爱。爱是要说出来的，教师应帮助家长在日常生活中将自己对孩子的爱告诉孩子，让孩子了解长辈的关心、爱护，增进幼儿对长辈的亲近与信赖，并激发幼儿爱长辈的情感；让幼儿知道要尊敬长辈，对长辈有礼貌。教师可利用每天接送孩子的时间引导孩子用“您好”、“再见”等礼貌用语和长辈打招呼；还要教育幼儿孝敬长辈，有好吃的东西要先让长辈吃；要学习帮助家人做家务等。

第三，创设多种形式的活动，让幼儿在体验中感受家庭生活。教师可以请家长和幼儿一起制作“我的成长足迹”，通过制作过程让幼儿了解家长抚养自己长大的辛苦，萌发对家人的感恩之心。教师还可以创设“娃娃家”之类的角色游戏活动，让幼儿在“娃娃家”里做照顾家人的孩子，培养幼儿的爱心。

3. 能说出自己家所在的街道、小区（乡镇、村）的名称

目标设计要点：

第一，教师要与家长配合，增强幼儿对自己家庭的认知。家长在日常交流中，要告诉孩子自己家庭的地址，知道家庭所在城市、小区的名称，自己家住在×号楼×单元×号，并能清楚表达自己对家庭的热爱情感。

第二，家园配合，加强幼儿对家庭地址的认知。活动前，请家长为自己的家拍摄照片，和幼儿一起策划设计家庭明信片，以图文并茂的形式展示自己的家庭。在班级活动中，请幼儿根据自己的明信片，介绍自己的家庭住址。活动结束后，教师带领幼儿一起布置《请到我家来做客》的主题墙，让幼儿了解班级内小朋友的家庭所在街道、小区的名称。

4. 认识国旗，知道国歌

目标设计要点：

第一，幼儿园一日生活中的各个环节、各种活动都蕴含着教育的价值，教师要善于把握每一个细节，将归属感教育渗透于幼儿的生活中，让幼儿在活动中增长认知，培养社会情感。

第二，在幼儿的学习中，实践是主要的学习方式，教师要鼓励幼儿参与到班级的各项活动中，体验集体活动的乐趣，从而萌发集体意识，产生归属感。

案例导入

活动一：我的家。

目标：(1) 知道自己今天成员及与自己的关系，体会自己是家庭的一员。

(2) 增进家人之间的了解，感受彼此的快乐。

活动二：爱祖国。

目标：(1) 知道我们生长在中国，培养幼儿爱祖国的情感。

(2) 知道动植物的生长与环境的关系 。

【案例分析】

家庭是孩子成长的第一个社会，家人对孩子无私的爱让孩子温暖幸福地成长，家人之间的互助互爱，和睦相处潜移默化影响着幼儿的行为。教师通过组织开展“我的好妈妈”、“我的家”、“好娃娃”等一系列关于“家”的活动，让幼儿在活动中进一步感知家的温暖，家人的疼爱，家人为自己付出的辛苦，增进了幼儿对家人、祖辈的亲近感和信赖感，也激发了幼儿爱家人，帮助家人的美好情感。

（三）3~4 岁幼儿“具有初步的归属感”的教育指导策略

1. 创建良好的家庭环境，让幼儿感知来自家庭的爱

家长要为幼儿创设温馨的充满爱的及和谐的家庭关系，让幼儿体验到家人之间的互相关心和爱戴。父母要多陪伴孩子，关注孩子的身心成长需求，经常和孩子进行亲情交流，让孩子感知家庭的爱并学会去爱，并对孩子的爱的行为加以赞扬和鼓励。

2. 教师要关爱幼儿，让幼儿乐于亲近老师

教师要对幼儿有爱心，让幼儿感觉到老师和班级的温馨氛围，要关心了解每一个幼儿，争取每天与每一名幼儿拥抱，或者单独说一两句话，让每个幼儿内心都感觉到“老师对我最好”。让他们产生安全感和信任感，就会萌发小班幼儿初步的班级归属意识。如在早来园时教师的一个拥抱，离园时与同伴的一个亲吻，都能激起幼儿对班级的归属感。

3. 教师要欣赏幼儿，让幼儿获得满足感

无条件接纳每个幼儿，赞赏孩子，用多种方式表达对孩子的爱意，赞许的眼光、微笑的面容、亲切的点头，语音、语调和措词以及身体语言等，让幼儿时时感知到老师关爱和赞赏，获得情感满足，感觉到“大家喜欢我”，并尝试着去爱家人、爱老师、爱同伴。

4. 利用节日开展主题活动，对幼儿进行爱心行为的培养

因为爱的活动必须在生活中延续，让爱成为习惯。教师要利用节日的教育契机，开

展情感教育，如三八妇女节开展《我爱我的好妈妈》，母亲节的《我给妈妈做礼物》，父亲节的《我的爸爸本领大》，教师节组织的《我的老师像妈妈》等，在这些节日活动中培养幼儿的爱心。

活动示例

活动名称：我喜欢你

活动目标：

（1）认识班级老师和小朋友，体验“我喜欢你”的美好情感。

（2）增加了解，感受班级温馨氛围，萌发爱。

活动准备：

（1）经验准备：幼儿已从家庭中知道了“老师”。

（2）物质准备：毛绒玩具小猫、卡通动物姓名帖等。

活动过程：

（1）教师出示一张毛绒玩具小猫，引起幼儿兴趣。

老师模仿小猫，“你们知道我是谁吗？你们真棒！你们能学学我是怎么叫的吗？你们喜欢我吗？亲亲我。我也喜欢你们，想抱抱你们好吗？”小猫去拥抱小朋友。

（2）大家交流自己的名字，互相认识。

①我特别喜欢你们，我想和你们做朋友，你们喜欢我吗？告诉我你们的名字好吗？

②幼儿说出自己的名字，小猫说：“××我喜欢你”，幼儿说：“小猫我喜欢你”。

③老师们说出自己的名字，师幼互相认识，拉拉手，尝试抱一抱，说出“我喜欢你”

（3）出示姓名贴，填写姓名

①请幼儿选出自己喜欢的卡通动物，填写幼儿姓名、老师姓名

②将姓名帖贴在胸前，大家跟着音乐玩《找朋友》的游戏。

【示例评析】

幼儿刚入园时，他们接触的第一个人就是老师，老师的一言一行会对孩子产生非常重要的影响，所以，老师要让孩子在老师的笑容中感受到喜欢，从老师的亲切问候中感受到关注，在老师的爱抚和拥抱中，感受到接纳和安全，感受到老师的爱。小班幼儿刚刚来到幼儿园，陌生、不安，甚至恐惧，排斥老师；老师也很难在第一天就能准确说出小朋友的名字；喜爱小动物是幼儿的天性，在本次活动中教师利用小猫作为教育媒介，充分激发了幼儿参与活动的兴

趣，小猫和幼儿的交流亲切、自然。然后，在夸一夸、拉一拉、抱一抱等交流中让他们感到老师是可亲、可近、可信赖的，幼儿园是安全、温暖的，让幼儿安心。幼儿就会认可老师、认可幼儿园生活，萌发归属感。

二、4~5 岁幼儿的教育与指导

结合 4~5 岁幼儿的心理特点和发展需求，《指南》在“具有初步的归属感”这一目标中提出：①喜欢自己所在的幼儿园和班级，积极参加集体活动。②能说出自己家所在地的省、市、县（区）名称，知道当地有代表性的物产或景色。③知道自己是中国人。④奏国歌、升国旗时能自动站好。

（一）4~5 岁幼儿“具有初步的归属感”的特点描述

4~5 岁幼儿随着生活范围和交往经验的增多，对周围生活也更加熟悉了，社会认知能力明显提高，懂得更多的社会规则、行为规范，能关心他人的情感反应，推断他人的处境并作出相应的抚慰或者帮助，表现出最初步的关心、同情、友好、助人、合作等亲社会行为。4 岁幼儿能接受成人向他提出的要求，乐于完成成人交给的一些任务，具有了初步的责任感。他们早已经熟悉了幼儿园的生活，并逐步有了对班集体的归属感，他们知道自己的班级较其他班级是独一无二的，里面有熟悉的老师和熟悉的同伴。通过文化教育和社会生活的影响，他们已经认识到自己家乡的一些特点，知道自己是中国人，识别特征明显的外国人。在进行升旗仪式时，能够遵守仪式规则，保持站立姿势。

（二）4~5 岁幼儿“具有初步的归属感”的目标设计要点

1. 喜欢自己所在的幼儿园和班级，积极参加集体活动

目标设计要点：

第一，创设良好的班级环境，培养幼儿的相互接纳意识。首先，增加体验生活的机会，在实践活动中引导幼儿正确认识自己、同伴及周围的人的特点，发现他人的优点，接纳同伴的不足，乐于为集体服务，能感受到大家快乐自己也快乐的社会情感，在幼儿的自我价值中培养社会归属感。其次，教师要创设“好朋友”墙饰，粘贴小朋友之间团结友爱、互相帮助或一起快乐游戏的照片、图片等，图书区投放反映朋友之间相互关心、相互爱护的图书，体验互相关爱的快乐。

第二，教师还要根据中班幼儿活跃的语言发展能力，组织幼儿开展多种形式的想说、敢说、爱说的活动，如“快乐故事会”“小剧场”等，让他们在活动中充分展示自己的语言能力，大胆表现自己。

2. 能说出自己家所在地的省、市、县（区）名称，知道当地有代表性的物产或景观

目标设计要点：

第一，利用多种教育资源，让幼儿了解自己的家乡。可以带领幼儿游览自己所在的城市、乡村，观看家乡的建筑、设施；走进大自然，品尝家乡的土特产；一起观看有关的电视节目或画报等，了解家乡的特产。还可以在日常收发信件和礼物时，进一步认识自己的家所在地的省、市、县（区）名称。

第二，布置“可爱的家乡”的主人墙饰和展台，介绍自己的家乡。教师和幼儿一起收集有关家乡的风景图片、名胜古迹图片、喜闻乐见艺术形式等图片和地方特产，在活动室布置“可爱的家乡”的主题墙和展台，请幼儿当小导游，介绍自己家乡的小吃、特产、著名风景及家乡名人，培养幼儿爱家乡的美好情感。

3. 知道自己是中国人

目标设计要点：

第一，在观察中，了解中国人的面貌特点。首先，教师请幼儿观察自己、同伴、老师及家人的面貌特征，知道我们都是黑眼睛、黑头发、黄皮肤的人。其次，幼儿通过观看挂图和电脑图片，发现我们和外国人在居住的环境、面貌特征和饮食习惯等方面有很大的差异。

第二，创设主题环境，在与环境互动中萌发中国人的自豪感。教师发动家长共同收集中华民族的代表性图片，布置班级主题墙。让幼儿了解我们国家历史悠久，地大物博。具有悠久的民族传统和丰富多彩的文化形式，我们说汉语、写汉字，吃中餐，我们的国家是中华人民共和国，为自己是一名中国人而自豪。

4. 奏国歌、升国旗时能主动站好

目标设计要点：

第一，增强国旗意识，加深对祖国的认识。让幼儿了解一些有关国家的常识，认识国旗、国歌，知道国旗、国歌是国家的象征，尊敬和爱护她们；知道在升国旗、奏国歌时要站好、向国旗敬礼。

第二，开展升国旗活动，激发幼儿积极向上的情感。开展升国旗活动是幼儿园进行爱国教育的有效途径，也是幼儿非常乐意参与的一项集体活动。在升国旗的活动中，教师可以利用各种具体、形象、生动的教育手段，对幼儿进行爱祖国、爱家乡的教育，使他们从这些具体的事例中领会祖国的可爱之处，引起他们在情感上的共鸣，从而使他们在心里产生爱国主义情感的萌芽。

案例示例

活动一：大家一起玩更快乐。

目标：(1) 在唱唱、看看、说说、玩玩中体验大家在一起玩的乐趣。

(2) 正确认识自己与朋友的言行，发现同伴的优点。

(3) 增进爱同伴的情感，乐于参加班级集体活动。

活动二：我的家乡在河北。

目标：(1) 了解一些河北省的名胜古迹及土特产。

(2) 知道名胜古迹和特产是家乡的骄傲，激发幼儿热爱家乡的情感。

活动三：我是中国人。

目标：(1) 了解中国人的外貌特点，知道自己是中国人。

(2) 初步激发幼儿做个中国人的自豪感。

活动四：国旗红红的哩。

目标：(1) 进一步理解国旗、国歌的含义，知道国旗、国歌都是祖国的象征。

(2) 知道升国旗、奏国歌时应肃立，行注目礼。

(3) 尊敬国旗，萌发热爱祖国的良好情感。

图 7-18　我向国旗敬礼

【案例分析】

教师在设计教学活动时，组织幼儿开展“夸一夸”等活动，正确认识自己与朋友的言行，发现同伴的优点，增进爱同伴的情感，喜欢自己所在的班级。在《大家一起玩更快乐》中体验大家在一起玩的乐趣，积极参加班级的活动。升国旗活动是对幼儿进行爱国主义教育的一个生动、具体的教育途径，在活动中幼儿了解了国旗、国歌的象征意义，当国歌响起、国旗飘扬的那一刻，幼儿深深体会到那与众不同的心动和激情，他们都不由自主地挺胸抬头、目视国旗和解放军叔叔一起敬礼……脸上写满凝重与自豪。通过升国旗仪式，幼儿增强了对国旗、国歌的认知，激发了积极向上的爱国情感。

(三) 4~5 岁幼儿“具有初步的归属感”的教育指导策略

1. 让幼儿在实践生活中感受班级生活的快乐，激发幼儿参与班级活动的积极性体验是幼儿的主要学习特点，幼儿只有亲身参与实践各种活动，才能体验到自己是班级中独特的一员，自己能为班级作出贡献，老师和同伴喜欢自己，自己在班级中生活是快乐的。因此，教师要充分利用幼儿园和班级中的各种活动，鼓励每一名幼儿积极主动参与，并能在活动中实现自我价值感。

2. 利用榜样的作用，培养幼儿积极的社会情感

模仿是幼儿社会经验获得的重要方式，教师和家长是幼儿社会学习的重要影响源，家长和教师的一言一行都会直接或者间接地影响幼儿，构成他们学习的榜样，因此家长和教师要用积极的态度来看待社会，为自己是一名中国人而自豪，为家乡的变化而欣喜，并乐于和他人一起分享这种美好情感，幼儿就会形成同样的态度并由此产生对家乡和祖国的归属感。

3. 采用多种形式，让幼儿多维度感知社会生活的美

如教师和家长经常引导幼儿关注周围生活中的变化，感知这些变化给我们的生活带来的便利和快乐；在日常生活中了解自己的家乡；利用假期带孩子去旅游，观看祖国的大好山河，欣赏名胜古迹，知道我们国家历史悠久，地大物博，具有悠久的民族传统和丰富多彩的文化形式，我们说汉语、写汉字、吃中餐……我们的国家是中华人民共和国，为自己是一名中国人而自豪。

活动示例

活动名称：小小故事表演家

活动目标：

(1) 能积极参与活动，有情感地表演故事《小狮子找尾巴》。

(2) 感受故事给大家带来的快乐，为能给大家带来快乐而自豪。

活动准备：

(1) 物质准备：小动物头饰、狮子的尾巴。

(2) 经验准备：之前已经了解了故事内容，能按故事中的语言复述故事。

活动过程：

(1) 教师组织幼儿开展“夸夸你、我、他”的谈话活动，请幼儿来说一说自己、同伴或者老师的优点。

(2) 教师出示小猫，提出小猫想听故事的愿望，请小朋友来帮助。

(3) 请幼儿讨论：讲什么故事？演员表演故事时要注意什么？观众欣赏故事时要注意什么？

经幼儿讨论得出：讲小朋友们最喜欢的故事《小狮子找尾巴》，由表演能力最强的几个小朋友当演员来扮演故事中的角色；表演故事时要把故事中每个小动物的特点表演好，还要配合其他小动物；欣赏故事的小观众要安静。

(4) 故事表演《小狮子找尾巴》。

(5) 一起分享故事带来的快乐，大家一致称赞他们是“小小故事表演家”

图 7-19 小狮子找尾巴 1

图 7-20 小狮子找尾巴 2

【示例评析】

发现美好和展现美好是每个人都无比快乐的。教师在设计活动时，首先组织幼儿开展“夸夸你、我、他”活动，通过夸奖自己、同伴、老师，使大家感受到自己被同伴接纳和认可，找到了自己的存在价值，获得了自信。接下来，教师又提出请大家满足小猫想听故事的心愿，激发了幼儿的爱心和参与活动的兴趣。教师请幼儿讨论：表演什么故事？表演故事应注意什么？欣赏故事时应注意什么时？幼儿感受到被关注、被信任，自己成为了主人，更进一步激发了幼儿参与活动的主体意识和自主行为。他们自己制定活动规则、遵守活动规则，从而进一步建立了班级归属感。在整个活动过程中，演得愉悦、看得开心。当小演员们看到观众的笑脸时感受到了自己的价值，也因为能给大家带来快乐而欣喜。

三、5~6 岁幼儿的教育与指导

在“具有初步的归属感”这一目标中提出 5~6 岁幼儿能够做到：①愿意为班级做事，为集体的成绩感到高兴。②能感受家乡的发展变化并为此感到高兴。③知道自己的民族，知道中国是一个多民族的大家庭，各民族之间要互相尊重，团结友爱。④知道国家一些重大成就，爱祖国，为自己是中国人感到自豪。

（一）5~6 岁幼儿“具有初步的归属感”的特点描述

5~6 岁幼儿的观察理解能力增强，求知欲和好奇心盛，爱说、好动，有意志要求和独立性，不再满足于追随、服从，有了自己的想法和主见，喜欢自由活动和具有挑战性的游戏。渴望参加成人活动，盼望自己快点长大。幼儿园大班，小组活动的形式会越来越多地出现，这是一种锻炼孩子团队行为的活动形式，他们在自己的小团队中进行各种活动，对违反了规则的儿童常常会“群起而攻之”。这一年龄幼儿的归属感主要是对集体的归属感和对国家民族的归属感，如愿意承担集体的责任和义务，积极参加集体活动，为集体的荣誉竭尽全力、加油呐喊，在意竞赛的成绩和自己是否被老师和同伴肯定和接纳，喜欢听老师和家长介绍社会热点新闻、家乡的变化以及祖国取得的伟大成就，知道汉族和主要少数民族的风俗习惯和民族文化。

（二）5~6 岁幼儿“具有初步的归属感”的目标设计要点

1. 愿意为班级做事，为集体的成绩感到高兴

目标设计要点：

第一，在实践活动中，激发幼儿的班级责任感。教师要真诚爱护和关心幼儿，与他们建立良好的师幼关系；在日常生活和活动中，尊重他们的喜好、特长，满足他们合理的愿望；调动幼儿的兴趣，鼓励幼儿大胆参与班级实践活动，并在活动中获得成就感，感知自己的价值，激发班级责任感的形成。

第二，创建良好的班级环境，培养幼儿的主动意识。教师要根据大班幼儿的心理发展特点，创设一个平等、宽松、民主的班级氛围，培养幼儿的独立自主个性，给孩子一个畅所欲言的自由环境，让孩子们敢于说出自己的想法，始终处于积极进取的状态，发展他们的主动性意识。

第三，尊重幼儿，萌发主人翁意识。教师应遵循幼儿为主体，教师为主导的原则，尝试把班级生活中的问题交给幼儿，让他们自己协商、讨论，并在教师的引导下自己解决问题，激发他们愿意为班级做事，为集体的成绩感到高兴的主人翁意识。

2. 能感受家乡的发展变化并为此感到高兴

目标设计要点：

第一，通过多元文化，让幼儿了解家乡的发展变化。首先，教师或家长带领幼儿参观规划馆、博物馆、图书馆、书店、体育馆、广场、商城等场所，对幼儿进行多元文化的教育，让幼儿了解家乡的历史和现在，引导幼儿感受祖国历史的丰富与优秀，感受家乡旧貌换新颜的大发展，并因家乡的变化和美好生活而自豪，激发幼儿爱家乡、爱祖国的情感和态度。其次，教师可以在语言区投放反映家乡变化以及风景区的画册、传统故事书等有关家乡的阅读物，供孩子阅读。在美工区提供家乡的工艺品供孩子观赏和制作。

第二，在社会实际活动中，感知家乡生活的美好。教师要指导幼儿参加家乡的重大节日活动，知道节日的名称、时间、意义和习俗，一起讨论设计节日的庆祝方式，如端午节、中秋节、元宵节等。在活动中感受热烈的节日气氛，体验美好的情感。

3. 知道自己的民族，知道中国是一个多民族的大家庭，各民族之间要互相尊重，团结友爱

目标设计要点：

第一，多领域渗透，培养幼儿的民族情感。教师要充分利用教育资源，让孩子认识

祖国的名胜古迹，了解我们祖国是一个地大物博、多民族的国家，每一个民族都有自己的宗教信仰和传统习俗。将这些内容渗透到社会、语言、艺术等各个领域，由浅入深，循序渐进地培养幼儿热爱周围环境，热爱家乡，热爱祖国的意识。

第二，开展多种形式的民族活动，增进幼儿对多民族文化的了解。

首先，通过照片或视频让幼儿欣赏我国不同民族的服装、工艺品、美丽风光、歌曲、舞蹈，让幼儿了解我国各民族丰富多彩的文化特点，让幼儿感受民族生活的美，激发他们热爱多民族生活的美好情感。其次，开展丰富多彩的民族艺术活动，学习一些民族歌曲、民族舞蹈，如：歌曲《娃哈哈》、舞蹈《挤奶舞》，在活动中感受民族音乐的旋律特点和舞蹈的动作特色。开展民族体育游戏，如汉族的踩高跷，蒙古族的摔跤、撞拐，朝鲜族的荡秋千等，让幼儿在游戏过程中，体验民族游戏的方法和乐趣。

第三，创设与中华民族文化墙，展示各民族代表物的图片、建筑、民族名人等，如：藏族的布达拉宫、傣族的孔雀舞、新疆的阿凡提和小毛驴等。让幼儿在与环境对话中，丰富民族认知，感受祖国多民族的美好生活。

4. 知道国家一些重大成就，爱祖国，为自己是中国人感到自豪

目标设计要点：

第一，了解中国的重大成就，为自己是一名中国人而自豪。教师可以开展“我是中国人，我自豪”活动，知道我国历史上的创造。如“四大发明”、“纺织”、“铸造”、“中医”、“万里长城”等，感受我国劳动人民的智慧和勤劳，增加幼儿对伟大祖国的敬仰之情，激发幼儿从小学本领，长大为祖国争光的爱国情感。

第二，举办故事会，听一听、讲一讲中国古代、现代的历史英雄的故事，了解他们是如何热爱祖国，为自己的祖国做出伟大贡献的，如民族英雄故事图书、抗日小英雄传、革命英雄故事等，萌发幼儿尊重英雄，敬仰英雄，向英雄学习，长大报效祖国的爱国热情。

第三，在创设节日活动中，激发幼儿的爱国情感。利用丰富多彩的节日活动，纪念我国的一些重大成就，如国庆节，让幼儿用自己喜欢的方式来表达自己的祝贺和期盼，在活动中幼儿不仅可以展示自己各方面的学习成果，增强自信心，更可以增长社会知识，获得团结、合作的社会技能，体验热爱、尊重等社会情感，从而萌发社会归属感。

案例导入

活动一：我的六一我做主。

目标：(1) 展示幼儿的才能，让他们度过一个快乐的六一。

(2) 充分发挥幼儿的自主个性，让他们做自己班级的主人。

活动二：我和老师比童年。

目标：(1) 体验自己和老师童年时代生活的变化与差异，感受今天生活的幸福与美好。

(2) 懂得要好好学本领，为家乡美好的明天而努力。

活动三：民族大家庭。

目标：(1) 知道我国是一个多民族的国家，每个民族都有自己的风俗习惯和信仰。

(2) 培养幼儿热爱少数民族的情感，进行爱国主义教育。

活动四：了不起的中国人。

目标：(1) 知道中国有许多世界上独一无二的东西。

(2) 了解一些中国杰出的人物和独特的文化。

(3) 为自己是中国人而自豪。

图 7-21　美丽的西藏

图 7-22　民族大团结环境墙

【案例分析】

大班幼儿思维敏捷，语言表达能力很强，能唱爱跳喜欢表演，参加集体活动的自主性很高。愿意做自己生活的小主人，希望成人尊重他们，给他们创造表现自己能力的舞台。在《我的六一我做主》活动中，老师充分相信他们，和他们共同商议班级大型活动，把选择权、自主权、决定权交给他们，这更激发了他们的兴趣。发挥了他们的想象力、创造力，很好地完成了任务，在整个活动中幼儿积极、主动、快乐。

在活动《我和老师比童年》中，幼儿通过对比自己和老师童年生活的差异，让幼儿感受了家乡的日新月异的变化，为家乡的变化而自豪，也激发了从小学好本领，长大为建设家乡做贡献的情感。

《民族大家庭》和《了不起的中国人》，让幼儿了解了中国的伟大成就和中国的多民族文化，感受到多民族生活的美好，进一步激发了幼儿热爱多民族国家，为自己是一名中国人而自豪的美好情感。

(三) 5~6 岁幼儿“具有初步的归属感”的教育指导策略

1. 教师要创造积极和谐的班级环境，让幼儿喜欢自己的班级首先，在幼儿园一日生活中，教师要鼓励幼儿正确认识自己，知道自己对同伴、对班级的重要性，满足幼儿被认可、被赞赏的心理需求，体验自己的价值，树立自信心；其次，教师要引导幼儿发现他人的优点并能用适当的语言表达出来，知道每一个小朋友对班级都是有价值的，并树立向别人学习的积极情感。另外，教师还要根据幼儿的发展能力的实际水平，为他们创设适宜展示自己能力的机会或活动，使每一个孩子都能找到存在感，在集体中找到自己的价值。

2. 使每一个幼儿都乐于参与园级大型活动，萌发幼儿集体意识，找到归属感

教师要充分利用大班幼儿参与活动的积极主动性，尊重、信任他们，将选择权、决定权交给幼儿，让他们感觉到自己是班级的主人，要为班级的事出主意、想办法，激发他们参与班级活动的热情，发挥他们的想象力和创造力。教师负责做好各项活动的各种支持工作，对幼儿活动中的具体表现加以鼓励，增加幼儿的自信心。

3. 创设主题活动，激发幼儿浓厚的爱国情感

实践活动是改造和探索现实世界的客观物质活动。著名教育家陈鹤琴先生指出：主张把大自然、大社会作为出发点，使儿童在与自然的直接接触中，在亲身实践中获取经验和知识。我们要创设一系列的实践活动，开展“伟大的祖国——名胜古迹图片展”、“我去过的地方图片展”、“我的家乡图片展”等，发动家长收集有关“喜闻乐见的民间艺术”图片布置幼儿园楼廊环境。利用这种多领域整合的主题式活动，让幼儿了解中国悠久的历史，壮丽的山河以及丰富多彩的文化艺术形式等，使幼儿在与环境的互动中萌发爱家乡，爱社会，爱祖国的美好情感。

活动示例

活动名称：我为祖国妈妈过生日

活动目标：

(1) 知道10月1日是中华人民共和国成立的日子，感受人们欢庆国庆节的喜悦心情。

(2) 表达自己对祖国妈妈的祝福，为自己是中国人而自豪。

活动准备：

(1) 经验准备：之前有过生日的经验，国庆节来临之际大街上、马路上、幼儿园等周围生活环境的变化。

(2) 物质准备：师幼共同收集欢庆国庆的图文资料，如：国庆阅兵视频、天安门欢庆国庆的文艺演出；绘画用纸、彩笔、彩纸、剪刀、胶棒等。

活动过程：

(1) 了解国庆节的来历。

①知道自己的生日，教师出示以往幼儿过生日的照片，引出生日的话题。

请幼儿说一说自己的生日是哪一天，怎么过生日的，喜欢过生日吗？

②了解新中国的生日，你们都记得×年×月×天是自己的生日，那你们知道10月1日是谁的生日吗？

教师解说：1949年10月1日，我们伟大领袖毛泽东爷爷在北京天安门城楼上庄严地宣布：中华人民共和国成立了！从那一天起，一个新的中国诞生了，从此人们过上了好日子，再也不受坏人的欺负了。10月1日就成为中华人民共和国的生日了，每到这一天，全国人民就会用各种形式来庆祝祖国妈妈的生日。

(2) 播放以往欢庆国庆节的视频资料，让幼儿了解国庆节期间人们的喜悦心情及宏伟壮观的庆祝场面。激发幼儿的民族自豪感与对祖国的热爱之情。

(3) 表达自己对祖国妈妈的祝福。

①祖国妈妈要过生日了，你要送给祖国妈妈什么样的祝福呢？

②幼儿可以自己单独，也可以和朋友一起为祖国妈妈唱一首歌、跳一支舞或者说一些祝福的话。

③全体幼儿选择自己喜欢的材料为祖国妈妈制作一件生日礼物，表达自己真诚祝福。

(4) 欣赏歌曲《中国，鲜红的太阳永不落》。

【示例评析】

在本次活动过程中，教师首先从幼儿自己过生日、收礼物、得祝福等幼儿感兴趣的生活情景导入活动，易于调动幼儿的积极性，使幼儿主动参与到教育活动中来；在接下来的环节中通过观看开国大典视频，了解国庆节的来历，以及人们在国庆节的喜悦心情；观看以往的国庆活动，感受人们对祖国妈妈的无比热爱和美好祝福。最后一个环节请幼儿用自己喜欢的方式为祖国妈妈庆祝生日，让幼儿在活动中体验自己庆祝国庆节的喜悦与自豪之情，培养幼儿对祖国的热爱。

本章小结

幼儿社会适应教育是个体在与社会环境相互作用中，不断学习或修正各种行为和生活方式，最终达到幼儿与社会环境建立起和谐关系的过程，对幼儿的学习与发展具有重要意义。

在幼儿园这个浓缩的社会中，老师要创造积极和谐的环境，让幼儿觉得安全、温馨、快乐，喜欢并适应群体生活；需要搭建自主、公正的平台让幼儿理解、接纳，从而遵守基本的行为规范；创设多样的实践活动，在实践体验中提升幼儿的社会意识，养成良好的社会行为习惯，从而产生初步的归属感。

本章主要围绕着“喜欢并适应群体生活”、“遵守基本的行为规则”、“具有初步的归属感”这三个基本目标，阐述了幼儿期每个年龄段与之相适应的心理及行为发展特点，目标设计要点和活动设计与指导。明确指出了教师应该如何做以及要达到怎样的目标，增强了新入职教师理论联系实际能力的培养，为他们掌握幼儿社会性发展与教育规律以及设计、实施幼儿园社会教育活动提供了指导。

思考题

1. 简述幼儿社会适应教育的目标。
2. 请结合实际，谈一谈如何让幼儿喜欢并适应群体生活。
3. 4~5 岁幼儿“感受规则的意义，并能基本遵守规则”的目标要点是什么？
4. 请你根据幼儿“具有初步归属感”教育目标，设计一个教育活动。

推荐阅读

《幼儿园社会教育活动设计与指导》

刘吉祥，刘志宏，杨莉君，湖南大学出版社，2014

根据《3~6 岁儿童学习与发展指南》中社会领域的两个子领域——人际交往和社会适应中的一些具体目标和内容，梳理出儿童学习与发展的五个核心经验，即自我意识、人际交往能力、亲社会行为、社会认知和归属感。从而围绕这五个核心经验逐个进行幼儿发展和教育活动设计的阐述，同时增加了丰富翔实的幼儿园社会教育活动案例和资料拓展，增加了内容的实践性和可看性，增强读者理论联系实际能力的培养，便于读者掌握幼儿社会性发展与教育规律以及设计、实施幼儿园社会教育活动的能力。

《美国幼儿教育活动大百科——社会》

［美］凯西香奈儿，中国青年出版社，2015

《美国幼儿教育活动大百科——社会》既体现了美国先进的多元化幼教理念，内容又紧扣我国《3~6 岁儿童学习与发展指南》中健康、语言、社会、科学、艺术五大领域要求，帮助幼儿教师全面开展主题活动教学，是帮助幼儿教师进行社会教育的优秀参考书。书中的活动操作简单，材料简易，能全方位促进幼儿社会方面的发展。

拓展训练

1. 举例说明在对幼儿进行爱的教育过程中所获得的成功或失败的经验。

2. 请学生关注社会领域的关键词，如“喜欢”、“规则”等，以小组为单位创编社会题材的情景剧。

第八章　幼儿问题行为及指导

学习目标

本章导读：幼儿在成长的过程中，不断地学习各种各样的行为。哪些行为是可以被人们所接受的，哪些行为不能被人们所接受呢？幼儿社会行为主要有亲社会行为和问题行为。本章就是对幼儿问题行为进行讨论和分析。

教师对幼儿行为做出的反应对幼儿的社会性学习很重要。教师对幼儿的行为如何反应不但影响幼儿当下的行为，也会对儿童以后的发展产生影响。因此，当幼儿表现出问题行为时，教师对指导策略的选择不但关系到幼儿当下的行为表现，还会对他们的社会化过程产生持续的影响。本章列出了幼儿问题行为的表现特征及成因，有助于教师准确理解幼儿的问题行为。同时还列出了常见的幼儿问题行为及指导策略，这些策略不是作为改变幼儿问题行为的固定公式，而是作为一个指南，旨在帮助教师认真思考幼儿为什么会出现这样的行为，然后把这种思考作为处理幼儿问题行为的起点。

2. 教学重难点：了解幼儿常见的问题行为，理解幼儿问题行为的影响因素；掌握幼儿问题行为的指导方法。

3. 教学课时：3 课时。

第一节　幼儿问题行为的表现特征及成因

“有的孩子动不动就会打其他小朋友；有的孩子总是独自坐在角落里，不愿意和小朋友一起玩；有的孩子上课时总是走来走去，不愿意坐在座位上听老师讲课；有的孩子走路走不稳，总是有跌倒的感觉；有的孩子 4 岁了还不会穿衣服，上手工课笨手笨脚……”

幼儿在成长过程中确实会出现一些令人头疼的行为，给家庭、学校、他人带来很多麻烦，这些问题处理不当，也会影响幼儿的健康成长，甚至会影响幼儿的一生。因此，作为家长和幼儿教师有必要了解幼儿的问题行为及其背后的成因，正确引导幼儿，帮助幼儿健康成长。

一、幼儿问题行为的内涵与特征

（一）问题行为

问题行为是指任何一种引起麻烦的（妨碍儿童身心健康发展和智能发展，干扰集体发挥有效作用）偏离行为。可分为“品德性问题”、“性格问题”、“情绪问题”和“社交不成熟”等类型。

美国教育界一般认为问题行为包括以下几个方面：学校学习存在问题、人际关系不好、不合适的行为和情感、泛化的抑郁和痛苦、与学习恐惧有关的躯体症状。英国把问题行为分成 A 行为（antisocial behavior 即违纪行为）和 N 行为（neurotic behavior 即神经症性行为）两类。A 行为包括：经常破坏自己或别人的东西、经常不听管教、时常说谎、欺负别的孩子、偷东西。N 行为包括：肚子疼和呕吐、经常烦恼、对许多事都烦、害怕新事物和新环境、睡眠障碍等。

（二）问题行为与问题儿童

问题行为和问题儿童在心理学上是两个不同的术语。

问题儿童是指生理、心理发展异常和品德行为上有严重缺陷的儿童。问题儿童的症状表现为：①性格发展偏离或具有一定神经质表现和神经症行为；②带有恶意的甚至是反社会的行为。如果不及时治疗，或者成为精神病儿童，或者形成怪僻性格。

问题行为是幼儿发展过程中的一种常见现象，主要表现为攻击、反抗、违纪、越轨、焦虑、抑郁、孤僻、退缩以及各种身体不适等方面。这些问题行为一般是暂时的，在不良的环境和教育下影响形成的，随着孩子的成长，经过正确的引导，也是可以逐步矫正的。

当幼儿偶尔出现问题行为时，家长和教师不能武断地把他们当做问题儿童。

（三）幼儿问题行为的内涵

幼儿问题行为是指幼儿在发展过程中，会妨碍幼儿个性良性发展、妨碍幼儿智能正常发展，或给家庭、学校、社会带来麻烦的行为。问题行为的主体是一般幼儿，它的影响是不良的。幼儿问题行为一般是由于生理机能失调、环境适应不良或心理冲突等导致的行为表现的不适应。从其严重程度来看，第一层次为不良行为习惯；第二层次为社会适应不良；第三层次为反社会行为。

儿童在成长的不同阶段，由于生理、心理发展的水平、需求及目标等各有差异，因此每一阶段中问题行为的表现也大相径庭。据统计，影响中国学前儿童（3~6 岁）身心健康发展的几大问题行为主要包括：注意力不集中，容易分心、多动、难以完成任务；违拗性严重（不听指令、与家长或老师对着干）；过分依恋人，缠人；孤僻，难与同伴交往；过分好强，受不了一点批评和挫折；每天痴迷于电视、游戏机达数小时。

（四）幼儿问题行为的一般特征

幼儿偶尔表现出来的、轻微的、对学习和生活影响不大的行为不属于问题行为，只有那些在幼儿行为中经常出现的、比较稳定的、扰乱性较大的、需要耐心和长期教育的行为，才属于问题行为。幼儿问题行为的一般特征：

第一，行为不足：指社会所要求和人们所期望的行为很少发生或从不发生。

第二，行为过度：是指某一类或某一种行为发生的次数太多或者持续时间过长，反应过于强烈。

第三，不适当行为：指期望的行为在不适宜的时间、地点、情境中出现，在适宜的条件下却不发生。

一般来说，判断幼儿的行为是否正常可以参照以下标准：幼儿特殊行为的表现程度；幼儿特殊行为出现的频率及持续的时间；幼儿的心理表现与年龄特征是否相符合；幼儿的行为反应是否与周围环境相适应。

二、幼儿常见的问题行为及成因

了解幼儿问题行为的主要表现及影响因素，有利于我们及早采取预防与矫正措施，促进儿童身心健康地成长。幼儿常见的问题行为有：攻击性行为、捣乱行为、破坏性行为、情绪及依赖行为、社会交往和幼儿园活动中的问题行为。

（一）攻击性行为

攻击行为是一种导致他人身体或情感受伤害的行为，可能是身体上的攻击（如拍、抓、掐、踢、吐、咬），也可能是言语上的攻击（如威胁、侵略、羞辱、闲话、攻击、辱骂、欺负），也可能是侵犯别人权利的行为（如抢走别人的东西）。

有研究者采用自然观察法对幼儿园小、中、大班 270 名幼儿攻击行为的起因、类型及其年龄差异进行了考察。根据对幼儿攻击行为的观察记录，该研究把幼儿攻击的起因分为 8 种类型：①获取他人的物品（玩具、食物、图片等）；②保护自己的物品；③争夺空间（座位、活动场所等）；④帮助好朋友或受人指使；⑤游戏或其他活动的纠纷；⑥他人违反纪律和行为规则（游戏规则、幼儿园的行为规则）；⑦无故挑衅、欺负他人；⑧报复还击（在受到他人的伤害、干扰后对他人进行攻击）。统计结果显示，幼儿攻击行为的起因次数间存在显著差异，各类起因次数由高到低排列依次为：还击报复、保护自己的物品、无故挑衅欺负他人、游戏活动产生纷争、违反纪律和行为规则、获取他人物品、空间争夺、帮助朋友或受人指使。

心理学研究发现，以下因素可能导致儿童的攻击行为：

（1）基本需要未得到满足。婴儿出生后的最初几个星期只有一个目的——满足基本需要，如果他感到饱了、清爽和安全，那么他就会觉得，周围的世界是井井有条的；如果他饿了、尿布湿了或者被成人冷落、受到威胁，他们就会感到不安。如果父母对婴幼儿的气恼、大哭给予爱抚、安慰并满足儿童的基本需要，那么儿童对世界的信任感也得到加强。如果幼儿长期得不到关注，会因此产生对他人的怀疑和敌意。

（2）挫折感。在孩子生活中，可能使孩子产生受挫感的原因，除了一些偶然发生的不愉快事情外，主要是父母或他人给予的拒绝所造成的。儿童对挫折的反应有各种各样的方式，如回避、哭泣、寻求他人安慰等。攻击行为是其中之一。

（3）消极事件。挫折并不一定直接导致攻击，它只为攻击行为的实际发生创造了一种唤醒状态或准备状态。可能引起攻击行为的消极事件还有受到他人的身体攻击、言语威胁、侮辱以及物品的剥夺。

（4）预期的“奖励”。儿童具有认识能力，能够预料到通过攻击手段可能达到的结果，因此，儿童有时会为达到某些理想的结果而发动攻击（如夺取他人的物品、在同伴中取得地位）。在生活中，有哪些因素强化了儿童的行为呢？这包括通过攻击行为得到了自己的物品和胜利感、受害者的痛苦和气愤的表现、孩子的消极抵抗使父母感到失望、叫别人的绰号引起别人的气恼、他人对自己的各种形式的关注和受到惩罚等。因此，幼儿教师和家长在教育孩子时，一定要事先了解儿童的需要，防止适得其反，强化了孩子的不良行为。

（5）榜样模仿。幼儿常常把自己的老师和父母作为榜样，成人的行为潜移默化地影响着儿童的行为。父母往往认为勤劳、自信、大方和勇气等是来自家庭的影响，但他们不愿意承认孩子的攻击行为是因为自己的影响或教育。事实上，心理学家的研究表明，模仿父母或他人的不良行为是导致孩子攻击行为的重要原因。

（6）教养态度及方式——不恰当的惩罚。恰当的惩罚通常会使孩子产生对攻击行为的焦虑，从而有助于抑制儿童攻击行为的发生。但是不恰当的惩罚不但达不到这个效果，反而会起到增加儿童攻击行为的消极作用。这是因为某些惩罚手段本身就具有攻击行为榜样的性质，儿童会模仿大人用惩罚自己的手段来对待同伴。有研究发现，一个因打架而受到家长严惩的儿童，在家里表现十分好，但是一出家门就不同了。当孩子出现攻击行为时，父母用生硬的拒绝和严厉的惩罚往往会适得其反。

（7）电视。电视节目与儿童攻击行为之间关系的研究表明，电视节目的内容对孩子行为有很大影响。如今，暴力场面、争斗屠杀行为在所有电视和录制节目中有很多，这些节目势必会在孩子的头脑中形成敌视一切的观念。通过暴力行为，自己执行司法成为多数电视中“英雄”的选择，尊重他人、宽释、以非武力的方式解决冲突得不到提倡。在一些纪实报道中，媒体试图通过真实报道来教育或提醒观众，但谁又能知道儿童到底从中学到了什么呢？

（二）捣乱行为

国外有人对6岁儿童在课堂中的行为进行了观察，界定了“捣乱行为”的操作性定义：捣乱行为包含9种，分别是粗鲁行为、跪、侵犯别人、扰乱别人、说话、叫嚷、噪声、转方向、做其他事。粗鲁行为主要表现有离开位子、站起来、走动、跑动、跳绳、摇动椅子；跪主要表现跪在椅子上、坐在脚上、横躺在课桌上；侵犯别人包括投掷、推、撞、拧、拍、戳及用东西打其他同学；扰乱别人表现在抢夺他人东西、破坏其他同伴所有物；说话主要体现在和其他同伴讲话、喊叫老师、唱歌；叫嚷包括哭闹、尖叫、咳嗽、吹口哨；噪声包含发出咯咯声、撕纸、鼓掌、敲击书桌；转方向是把头和身子转向其他同学、向别人显示东西；还有，做其他事体现在玩弄东西、解自己鞋带等。①

幼儿捣乱行为出现的原因有：

（1）忽视幼儿的心理需求。教师在了解幼儿情况、设计活动时，往往注重对幼儿的知识、能力方面的了解、培养，忽视了对幼儿心理需要，致使一些幼儿在活动中得不到心理上的满足，从而一些幼儿就会产生捣乱的行为。①活动内容单一、枯燥，对幼儿没有足够的吸引力，没有多方位的交流，无法引起幼儿在情感上的共鸣，使幼儿的交往、被关注等需求得不到满足；②一日活动的各个环节之间安排不紧凑，有时让幼儿闲坐等待的时间较长，幼儿无事可做，难免“胡闹”；③对幼儿的好奇好动的心理不能正确理解，对幼儿过多约束，使幼儿产生逆反心理；④对幼儿的批评指责过多，刺伤了孩子的自尊心，导致孩子与教师对立起来。教师设计的活动、游戏枯燥、呆板，与幼儿交流缺少变化，不能满足幼儿多方位交流的需要，教师缺乏热情，所选内容对幼儿没有足够的吸引力，幼儿就会“另辟蹊径”。

（2）受其身心发展水平的影响。幼儿生理上、心理上有许多不成熟的地方。从幼儿生理发育特点看，幼儿大脑皮层尚未成熟，兴奋过程大于抑制过程，大脑对各器官动作的控制能力还很差，因此，幼儿常会做出些意想不到的事情。从幼儿心理发展特点看，3~4 岁幼儿正处于人生“第一反抗期”，随着自我意识和各种能力的进一步发展，幼儿有了自己的想法和兴趣，自尊心和独立意识逐渐增强，对成人的做法和要求有了不同的想法，乃至对成人不再百依百顺，出现反抗行为，也好似情理之中的事情。

（三）破坏性行为

破坏行为指的是孩子在懂得自己的行为是错误的同时，仍做出损坏环境和他人的事情，如撕毁图书、损坏玩具、把东西丢进垃圾桶冲走、破坏他人的作品等。

幼儿园教师要认真分析幼儿心理，了解破坏行为产生的原因，正确看待破坏行为。一般来说，产生破坏行为的原因有以下几种：

（1）由敌对情绪引起的报复。有的孩子经常受到欺侮和讥笑，自己又缺乏说理、辩解的能力，便采取偷偷摸摸地搞一些破坏性行为来报复。

（2）由不愉快情绪引起的发泄。有的孩子好生气，总感到心烦意乱，容易把这种情绪发泄到周围事物上，如摔门、敲桌椅、乱丢东西等。当孩子受到挫折而极度烦恼时，也可能通过破坏性行为来发泄怒气。

（3）由嫉妒心引起。当幼儿看到他人某些东西比自己强，自己当时却无法拥有或胜过时，所产生的一种不安、烦恼、痛苦、怨恨并企图破坏他人优越状况的复杂情感。这种嫉妒是幼儿将自己与别的小朋友作比较而产生的消极情感体验。

（4）由好奇心产生的探索行为。有的孩子在碰到自己感兴趣的事物，总是有一万

---

① 由显斌，左彩云. 学前教育研究方法［M］. 北京：高等教育出版社，2010，p83.

个“为什么”出现，而出现“为什么”时，就想动手去探索。

（四）情绪及依赖行为

情绪及依赖行为包括哭泣、发脾气、撅嘴、儿语、吮吸手指、尿裤子、黏人、寻求关注、哼哼唧唧等因情绪原因引起的问题行为。哭泣，是指儿童为了获得教师的关注，抽泣、呜咽等类似的行为。发脾气，是指儿童在面对某件让他不高兴的事情时出现的一系列的激烈的行为反应，包括躺在地上、踢腿、捶拳头、哭闹、喊叫等。撅嘴，是指儿童为了表达自己不愿意遵从安排而出现的一些身体反应，如撅嘴巴、皱眉头等。儿语，是指儿童用低于他们实际语言能力的方式说话，包括使用不完整的句子、使用单个词语、发出“咯咯”或“咕咕”的声音、错误地发音，或遗漏某个音节。吮吸手指，是指儿童经常把拇指或其他手指放进嘴里吮吸的行为。尿裤子，是指儿童不去厕所小便，而是尿到自己裤子里的行为，而且这种行为是频繁而有规律地出现的。黏人，是指儿童靠近教师的所有行为，包括走动跟着教师、拥抱教师、抓住教师的胳膊，或拉着教师的衣服。寻求关注，是指儿童任何过度频繁的和不必要的、以语言的或者非语言的方式向某位教师寻求注意的行为。哼哼唧唧，是指儿童不用正常的语调，而是使用一种抱怨式的，通常是鼻音音调来说话的一种语言交流方式。

情绪及依赖行为产生的原因主要是照顾过度和心理忽视。

（1）照顾过度。父母对孩子生活的各个方面往往照顾过度，事事包办，处处代替，使孩子从小养成“衣来伸手，饭来张口”的习惯。一旦离开了父母，没有了父母的悉心照顾，他就会不知所措。

（2）心理忽视。一般来说，孩子在情感上依赖妈妈。当孩子的这种正常心理需求被父母有意或无意地忽视或者粗暴地予以拒绝时，他从正常依赖向独立发展的过程就会受到影响，独立性不能建立，而过度依赖随之出现。

（五）社会交往和幼儿园活动中的问题行为

社会交往和幼儿园活动中的问题行为主要包括不参与活动、不参加社会性游戏、因害羞不参加集体活动、只玩某一个或某一类玩具、很少参加大肌肉活动、很少玩假装游戏、不爱说话、不能集中注意力等行为。

不参与活动是指儿童没有建设性地、没能积极地参与幼儿园各项活动的行为，不参与包括站着四处张望、不操作教室中的任何活动材料、不参与集体活动以及教师要求他们参加时，他们予以拒绝。

不参加社会性游戏是指儿童独自一个人进行的、不涉及其他儿童的任何行为，如独自一个人玩、独自一个人坐着或者站着、寻求教师的注意力或者只和教师说话。而社会性游戏包括与其他小朋友玩同样的游戏或者同样的材料，与其他小朋友交流、分享以及其他的通过语言或者非语吉的方式与同伴进行互动。

因害羞而不参加集体活动，是指儿童因害羞而不参加任何集体活动的行为，包括唱歌、跳舞、玩游戏、讨论、回答问题以及其他一些行为。

只玩某一个或者某一类玩具，是指儿童很少参加教室里的各种活动的行为。我们通常期望的行为是，这名儿童在幼儿园里每天至少参加 5 种类型的活动。

很少参加大肌肉活动，是指儿童不愿意使用大肌肉运动器械的行为，如滑梯、秋千和攀爬架等。经常参加大肌肉活动，是指儿童可以自由、自信地在器械上攀爬、旋转或者滑动，其活动的频率是每次活动期间至少有 5 次。

很少参与假装游戏，是指儿童因为不愿意在游戏情境中扮演某一个角色，而很少玩假装游戏的行为。参与假装游戏活动则意味着儿童愿意参与假装游戏，愿意在其中扮演某一角色。不爱说话，是指儿童拒绝或者不愿意提问或者回答问题，或者不像其他处于同一发展水平的儿童那样运用语言进行交流的行为。

不能集中注意力，是指某个儿童参与活动的时间要少于处于同一发展水平的其他儿童。其行为表现可以描述为：不能静静地坐着，不能集中注意力于正在做的事情，参加某项活动时注意力容易分散和在完成各项任务时经常遇到困难。

幼儿社会交往和幼儿园活动中的问题行为产生的原因主要是：

（1）先天性的原因。先天性原因包括先天体弱多病、身体状况不佳、性格内向，这类儿童生来适应能力就差，对新环境感到特别拘谨，不愿意与人接触，平时也不爱活动，缺乏好奇心及对新鲜事物的兴趣，若是想让他们勉强适应，则适应过程艰难而缓慢。

（2）家庭教养方式不得当。有些父母对孩子过分严厉，对孩子的心理需求漠不关心，拒绝、限制多，期望要求高，家庭气氛紧张；有的父母对孩子过分溺爱，对独生子女过度保护与放纵，满足他们一切（哪怕是很不合理的）要求，包办一切生活事务，使孩子养成唯我独尊的性格，依赖性强，独立性与生活自理能力差，不能承受一点委屈和挫折，不被同伴接受，在人际交往中屡屡失败。

（3）缺乏同伴联系。孩子成长的环境限制了孩子与同伴的交往，不管是出于保护孩子的安全，怕他们受别人的欺负，还是别的原因而限制孩子各种活动和与同龄孩子交往，都不能使孩子的独立生活能力、社交能力、与他人相处的技巧得到锻炼和发展，会使孩子失去学习如何与他人相处的机会，一旦进入陌生环境和集体生活，就会一筹莫展，难以适应，无所适从。

三、幼儿问题行为的影响因素

（一）幼儿因素

1. 发育因素

幼儿问题行为与幼儿成熟度有关。遗传、脑损伤、怀孕期及围产期受损、新生儿缺氧，婴幼儿期的中枢神经系统感染、中毒、外伤及重度营养不良等均可导致幼儿神经系统特别是脑的发育迟缓或异常，是构成日后幼儿问题行为的危险因素，其中，母孕期有害因素和新生儿疾病是幼儿行为问题最重要的生物学危险因素。

2. 气质特点

婴儿气质类型可分为温顺型、难育型和启动缓慢型，后两种气质特点易使幼儿发生多种行为问题。气质是保护和脆弱因素，难育型气质是脆弱因素，婴儿期难育型气质可影响幼儿以后的行为，而积极的气质特点和良好的亲子关系，可以减弱应激对幼儿行为的不良作用。有研究证明，婴幼儿的某些气质特点影响幼儿的心理活动和行为，影响幼儿的同伴关系并可持续到成年。有行为问题的幼儿一般在集体中都处于不受欢迎、受到拒绝或忽略的地位，遭受拒绝的幼儿最易产生攻击和破坏行为，而被忽略的幼儿在各个方面的积极性都较低。

知识链接

脸部是孩子情绪的晴雨表

这是一个西方教育界广为流传的故事：

苏格拉底是古希腊著名的教育家，他非常重视对孩子性情的研究。他认为，某一时刻孩子的表情很有趣，可以反映孩子当时的心理状态，很可能有违孩子的常态。有一个故事很有趣。

有一天苏格拉底在街上闲逛，遇到一个男孩子向母亲哭着要买一个玩具，孩子哭得很厉害，母亲却很固执，仿佛孩子越哭她越不给孩子买。有很多人围着这对母子，都劝母亲给孩子把玩具买了吧。

苏格拉底也被孩子越来越大的哭声吸引了过来。他边摸孩子的头边对母亲说：“你们为什么要僵在这里呢?”

母亲说：“这个孩子平时并不是这样，很听话，从来不哭，今天不知道是怎么了？而且我们要赶着去学校开家长会！急死我了，他死活不肯走！”

苏格拉底对母亲说：“如果你的孩子平时不会有如此激烈的反应，那么这次玩具就不要给他买。因为某一件事情改变孩子以往的正面性格会让家长后悔。关键一点，通过我对你孩子脸部的观察，发现他的眼珠在左右晃，而大哭和眼泪却让你忽视了这一点。”

他对孩子笑着说：“孩子，其实你不想让妈妈去学校开家长会对吗，是由于成绩不好吗?”

孩子突然停止了哭，惊讶地看着苏格拉底，不好意思的承认了。母亲和路人恍然大悟，原来孩子的目的不在于玩具，而是为了拖延时间不让妈妈开家长会。

苏格拉底对母亲说：“母亲一定要善于全面观察孩子的脸，因为脸可以真实地反映孩子的情绪。”

启示　这个故事告诉我们：在教育家看来，每个孩子的脸上都挂着一张反映孩子即时精神状况以及心理动态的镜子，因而通过脸来判断孩子的心理是可行的。

一般来说，孩子脸上泛红晕，是羞涩或激动的表现；脸色发青发白是生气、愤怒或受了惊吓而异常紧张的表示。脸上的眉毛、眼睛、鼻子和嘴，更能表示极为丰富细致而又微妙多变的神情。皱眉一般表示不同意、烦恼，甚至是盛怒；扬眉一般表示兴奋、惊奇等多种感情；眉毛闪动一般表示欢迎或加强语气；耸眉的动作比闪动慢，眉毛扬起后短暂停留再降下，表示惊讶或悲伤。

（二）家庭因素

1. 家庭教养因素

家庭教养因素对幼儿行为的不良影响包括父母养育技能缺失、父母角色能力不足以及父母不良的人格特征和行为模式等。有效的养育技能对于培养幼儿正确的行为方式有着十分重要的作用。父母长期的否认拒绝等养育方式，可能损害幼儿的情绪控制和表达技巧，致幼儿常常采用直接的攻击行为来表达其愤怒和内心感受；或者使幼儿的主动性和积极性受损，不愿尝试学习新经验，从而出现社交退缩、多动等行为问题。

2. 家庭环境因素

家庭环境是影响幼儿行为环境因素中最基本、最重要的组成部分。父母间的关系与行为、文化素质、价值观念包括生活习惯都会对幼儿心理行为的形成产生潜移默化的影响。

案例导入

用爱和智慧唤醒孩子①

这是一个5岁的女孩，名字叫杨一凡。她的妈妈因为她显得不够灵活而把她送到了我们的绘画中心。她刚来的时候像睡着了似的，根本不可能动手去画画。我们了解到杨一凡的爷爷奶奶从她出生起一直把她抱在怀里，不让她随便乱跑，也不让她按照自己的意思去动那些她感兴趣的东西，更不让她与其他孩子一起玩，原因是怕被其他小孩欺负。这样，孩子作为人的所有技能都未被使用到。在孩子身体里，那颗作为人的灵魂很少被感动过，很少有痛苦也很少有愉快。

杨一帆被爷爷奶奶带成了“问题孩子”。当我把这个发现告诉她的妈妈时，她非常生气，以为我说她的孩子是智障。在我讲清智障与不会使用自己的肢体和大脑不一样时，她才舒了口气，但也意识到了问题的严重性，于是赶紧把孩子接回家里。她想，既然孩子因为缺少使用自己的大脑和肢体的机会才这样，那么赶紧让她多使用点弥补起来不就行了吗？由于不懂得孩子，不能很好地理解“儿童教育其实就是帮助儿童成长”这样的道理，只知道画画可以开

① 李跃儿.《谁拿走了孩子的幸福》，昆明：云南人民出版社，2005.

发孩子的智能，就找来简笔画逼着孩子拼命地画，一只小鸟要画5遍，直到完全背下来。这样反而使情况更糟。因为第一，这样造成了孩子对绘画的厌烦感，没有人能将自己讨厌的事情做好，儿童更是这样。由于他们还没有成长起掩盖真实自己的行为模式和思维模式，所以他们所表达出来的状态一定是他们真正的本质。那就是喜欢的事情一定会去做，不喜欢的事情就一定不会去做。如果一个孩子在成人面前才去做一件事，而成人走了马上就不做这件事了，那说明这件事是成人需要的而不是儿童需要的。如果孩子迫于成人的压力去做成人让他们去做的事，那这个孩子就不能由于做了这件事而获得发展，反倒是由此带来的痛苦会使他们失去身心的健康。杨一凡被妈妈训练后就变成了这样，只要妈妈不在，她就什么都不画了。

我们对这个孩子产生了深深的同情和怜悯，我们想唤醒她，使她获得作为一个孩子由于发展而获得的幸福感。在班里，我们想了好多办法，比如活跃她的周围气氛，不停地与她周围那些孩子们互动，跟他们一起用绘画来取乐，使杨一凡尽可能多地受到影响。

有一次，一个孩子说，老师，树怎么画呀？那个孩子正好坐在杨一帆旁边，我走过去，说：树嘛，太好画了！你瞧，拿上笔，这样，呜、呜、呜乱绕，三绕两绕，不就长出一棵树来了？

杨一帆一咧嘴，天哪，她有了反应。我心里一阵喜悦，暗想：我得趁热打铁，不断地寻找机会。为了杨一帆，那天到了评画的时候，我专门安排了点击的方式来评画，就是将画贴在黑板上面，让孩子依次来到黑板跟前，认为哪幅画画得最好就用小棍朝画点击一下。哪幅画被点击的次数最多，作者就算优胜者，全班的孩子一起高举起大拇指齐声大喊：“耶——”

孩子们纷纷上来，有的已经上来两三次了，杨一帆仍然坐着不动。我说杨一帆，你愿不愿上来点击一下？她听了很紧张，呆呆地望着我。我说杨一帆该你了，小棒子给你。我还想着她八成不会起来。可我的话刚说完，只见她抬了抬屁股，竟然站了起来！尽管磨磨蹭蹭，惶恐不安，但她还是走了上来，接过小棒，转身在一幅画上面点了一下。我笑着对全班说：杨一帆真勇敢，大家为她鼓掌！全班哗地拍起巴掌。这一下，杨一帆像是突然醒来了，活了，下去了还要上来，连续上来了5次，而且点击同一幅画。

她不是为了点击才上来的，她是在体验举手、点击以及从没有过的在大众面前表现的那种感觉。这种感觉使她的精神获得了愉悦，这种愉悦撞击着她的心灵，成为唤醒她的钟声。对于孩子来说这种愉悦来自于做了点击画这件事情，而孩子为了重复体验愉悦，就需要重复做能够给他愉悦的事。如果这件事情能使孩子获得发展，比如学习，那么孩子学习的动力就势不可挡。如果所有的孩子都能获得这样的机会去发展自己，怎么还会成为一个麻木而沉睡的人呢？

【案例分析】

很多时候，我们成人并不能真正理解孩子的一些行为。由于不理解而带给孩子许多痛苦，这些痛苦造成了孩子的问题，这些问题如果不被解决就会成为他们人格的一部分，成为将来他们性格中的一部分，为他们的生活和工作带来困难，影响他们的发展。如故事中的杨一凡，起初她的身体里像没有灵魂一样。她并不是天生就是这样麻木的，也不是不能改变的，我们成人完全可以避免孩子变成这样沉睡的状态。如果由于不懂使孩子成了这样，我们也可以引领她走出麻木和沉睡的状态。

所以，作为成人，我们需要智慧来帮助孩子成长。这种智慧就是我们要懂孩子，并能为孩子提供需要的帮助。可是很多时候，一些家长是没有这种智慧的。这里可以提供两种方法：一种是训练自己的智慧：观察孩子、倾听孩子、与孩子交流和沟通，并要懂得什么才是对孩子的发展是有益的；另一种，就是放开手，让孩子自己去探索这个世界。

（三）社会因素

良好的社会环境包括幼儿居住地区的社会风气和学习环境会使幼儿的行为向好的方面发展，有助于减少幼儿行为问题的发生；反之，会增加幼儿行为问题如品行障碍的发生。

知识链接

班杜拉攻击行为实验：“波比娃娃”

心理学史上有一个非常著名、非常有影响的实验，它阐述了儿童是怎样习得攻击行为的。这项研究是阿尔卡特·班杜拉和他的助手多萝西娅·罗斯以及希拉·罗斯于 1961 年在斯坦福大学完成的。班杜拉被称为“社会学习理论”心理学派的奠基人之一。

这项广为人知的研究在心理学界被称为“波比娃娃”研究，班杜拉想探讨孩子是否会将这种模仿学习泛化到榜样不出现的情境中去。

理论假设：研究者计划让儿童分别观察两名成人，一名表现出攻击行为，另一名不表现出攻击行为，随后在没有榜样出现的新情境中对儿童进行测试，以了解儿童在多大程度上模仿他们观察到的成人攻击行为。

依照这种实验操作，班杜拉和他的助手们作出了四种预测：

（1）观察到攻击行为的被试者不论榜样是否在场，都会模仿成人做出类似的攻击行为。而且这种行为明显不同于观察到非攻击行为或根本没有榜样的被试者。

(2) 对于观察到非攻击行为的儿童，他们的攻击性不仅比观察到攻击行为的儿童更低，而且也明显低于无榜样的控制组儿童。换句话说，非攻击性榜样能起到抑制攻击行为的作用。

(3) 因为儿童倾向于认同父母或与自己同性别的其他成人，被试者“模仿同性榜样的行为远远超过异性榜样的行为”。

(4) “由于在社会上，攻击行为主要是一种极典型的男性行为，所以男孩比女孩更倾向于模仿攻击行为，尤其是在给被试者呈现男性榜样时差异更明显”。

方法：这篇文章条理清晰地概括了实验中所用的方法，并作了适当的省略和简化，具体步骤如下：

被试者：

研究者得到了斯坦福大学附属幼儿园的管理人员和教师的支持和帮助，从而获得研究中所需要的被试者。参加这项研究的被试者由 36 名男孩和 36 名女孩组成，他们的年龄在 3~6 之间，平均年龄为 4 岁零 4 个月。

实验条件：

24 名儿童被安排在控制组，他们将不接触任何榜样；其余的 48 名被试者先被分成两组：一组接触攻击性榜样，另一组接受非攻击性榜样，另一半接触异性榜样。这样最终得到 8 个实验组和一个控制组。你可能会问这样一个问题：如果某些儿童原先就比其他人更有攻击性怎么办？班杜拉通过事先获得每个被试者的攻击性评定等级来克服这种潜在的问题。一名实验者和一名教师对这些儿童的身体攻击、语言攻击和对物体的攻击行为进行评定。这些评定结果使实验者可以依据平均攻击水平对各组被试者进行匹配。

实验程序：

每个儿童分别接触不同的实验程序。首先，实验者把一名儿童带入一间活动室。在路上，实验者假装意外地遇到成人榜样，并邀请他过来“参加一个游戏”。儿童坐在房间的一角，面前的桌子上有很多有趣的东西。有土豆印章和一些贴纸，这些贴纸颜色非常鲜艳，还印有动物和花卉，儿童可以把它们贴在一块贴板上。随后，成人榜样被带到房间另一角落的一张桌子前，桌子上有一套儿童拼图玩具，一根木槌和一个 1.5 米高的充气波比娃娃。实验者解释说这些玩具是给成人榜样玩的，然后便离开房间。

无论在攻击情境还是在非攻击情境中，榜样一开始都先装配拼图玩具。1 分钟后，攻击性榜样便开始用暴力击打波比娃娃。对于在攻击条件下的所有被试者，榜样攻击行为的顺序是完全一致的：

榜样把波比娃娃放在地上，然后坐在它身上，并且反复击打它的鼻子。随后榜样把波比娃娃竖起来，捡起木槌击打它的头部，然后猛地把它抛向空中，并在房间里踢来踢去。这一攻击行为按以上顺序重复 3 次，中间伴有攻击性语言，比如“打它的鼻子…”，“打倒它…”，“把它扔起来…”，“踢它…”和两句没有攻击性的话：“它还没受够”，“它真是个顽强的家伙”。

这样的情况持续将近 10 分钟，然后实验者回到房间里，向榜样告别后，把孩子带到另一间活动室。

在无攻击行为的情境中，榜样只是认真地玩 10 分钟拼图玩具，完全不理波比娃娃。班杜拉和他的同事们努力确保除要研究的因素——攻击性榜样对非攻击性榜样以及榜样性别——以外的所有实验因素对每一名被试者都是一样的。

愤怒或挫折感的激发：

10 分钟的游戏以后，在各种情境中的所有被试都被带到另一个房间，那里有非常吸引人的玩具，如救火车模型、喷气式飞机、包括多套衣服和玩具车在内的一套娃娃，等等。研究者相信，为了测试被试者的攻击性反应，使儿童变得愤怒或有挫折感会令这些行为更可能发生。为了实现这种目的，他们先让被试者玩这些有吸引力的玩具，不久以后告诉他这些玩具是为其他儿童准备的。并告诉被试者，他可以到另一间房间里去玩别的玩具。

检测对攻击行为的模仿：

在最后的实验房间内，有各种攻击性和非攻击性的玩具。攻击性玩具包括波比娃娃（当然会有）、一个木槌、两支掷镖枪和一个上面有人脸的绳球。非攻击性玩具包括一套茶具、各种蜡笔和纸、一个球、两个娃娃、小汽车和小卡车，以及塑料动物。允许每个被试者在这个房间里玩 20 分钟，在这期间，评定者在单向玻璃后依据多条指标对每个被试行为的攻击性进行评定。

攻击行为的评定指标：

总共评定了被试者行为中的 8 种不同反应。为清楚起见，在此我们只概述四种最鲜明的反应。首先，研究者记录所有对榜样的攻击行为的模仿，包括坐在波比娃娃身上，击打它的鼻子，用木槌击打它，用脚踢它，把它抛向空中。第二，评定被试者对攻击性语言的模仿，记录他重复“打它，打倒它”等的次数。第三，记录被试者用木槌进行的其他攻击行为（也就是用木槌击打娃娃以外的其他东西）。第四，用列表的方式列出成人榜样未做出而被试者自发做出的身体或语言的攻击行为。

结果：

观察者发现观察结果支持班杜拉和他的助手们在实验前提出的四种假设中的三种。

若被试者看到榜样的攻击行为，他们也就倾向于模仿这种行为，男性被试者每人平均有 38.2 次，女性被试者平均有 12.7 次模仿榜样的身体攻击行为。此外，男性被试者平均 17 次、女性被试者平均 15.7 次模仿榜样的言语攻击行为。这些特定的身体和言语攻击行为，在无攻击行为榜样组和控制控制组几乎没有发现。

启示　社会学习理论家认为：学习是人格发展的主要因素，并且这种学习发生在与他人的相互作用之中，比如，在你的成长过程中，父母、老师等重要人物强化某一行为而忽视或者惩罚其他行为。班杜拉认为除直接的鼓励和惩罚之外，行为的塑造还有一种重要的方式，既可以通过简单观察、模仿其他人的行为而形成。

第二节　幼儿问题行为指导的常用方法

一、强化法

强化法是指系统地应用强化手段去增加某些适应性行为，以减弱或消除某些不适应行为的方法。使用强化法，可以起到的作用包括增加适应性行为，提高期望行为发生的可能性，降低不适应行为。强化可以分为正强化、负强化。

强化法是以操作学习理论为基础的。个体自发做出的操作行为与其行为结果之间的相倚关系，控制着该行为以后发生的概率。即，一个行为如果得到强化，这个行为在以后就有可能再次发生；如果未得到强化，那该行为发生的概率就会减少。

（一）正强化

1. 正强化法的含义

正强化法也称阳性强化法或积极强化法，是指当一操作性行为在某种情境或刺激下出现后，即使得到一种正强化物，如果这种正强化物能够满足行为者的需要，则以后在那种情景或刺激下，这一特定的操作性行为的出现概率会升高。心理学家用强化来解释特定事件能够增强条件刺激，引发条件反应的趋势这一事实，这些事件就叫强化物。强化物在强化过程中具有举足轻重的作用，如培养幼儿兴趣与爱好，促进幼儿主动学习及建立积极的行为等。

2. 强化物的分类

强化物一般可分为以下几类：

（1）消费性强化物，如糖果、饼干、饮料、水果等一次性消费物。

（2）活动性强化物，如看电影（电视）、看画册、过生日、郊游等活动。

（3）操作性强化物，如玩球、涂颜色、绘画、跳绳、骑小车、游戏等。

（4）拥有性强化物，如有机会坐自己喜爱的椅子，穿上自己喜欢的衣服，有一块属于自己的“小天地”，以及小红旗、花纸等个人拥有物。其是指在一段时间内孩子可拥有享受的东西。

（5）社会性强化物，如口头赞扬、温情的轻拍、拥抱或点头、微笑，甚至仅仅是短暂的注视等。其是指个体喜欢接受的语言刺激或身体刺激。

3. 正强化法的基本方法

正强化法是行为矫正技术中的一种最基本方法，其操作程序如下：

（1）正确选择要强化的行为。所选择的要强化的行为应该是具体的、可观察的、可控的、可评价的行为（如把玩具装进玩具筐里），而不是一般的行为（如微笑），不是一般的社会化行为。

（2）正确选择正强化物。选择正强化物要因人而异，每个个体对待强化物的喜爱情况不一样，因此在选择正强化物时要将人的个体差异考虑进去。一般来讲，用来增强行为的正强化物必须强力有效，它应该具备以下几个主要特点：易用，即便于操作；易现，即能立即呈现在所需要的行为发生之后；不易满足，即多次使用不至于引起迅速的满足；省时，即不需要花费大量时间。

（3）正确实施正强化。首先，在正强化实施前，教师或治疗者应该把计划告诉被矫正者，以期取得其积极配合。幼儿对语言的理解能力有限，这需要教师或治疗者尽量采用简单、生动的语言解释。其次，在所需要的行为出现后立即予以强化，不要耽搁很长时间。再次，给予强化物时，要向幼儿描述被强化的具体行为。例如，表扬幼儿时应强调“你把玩具整理得真整齐”而不是说“你是一个听话的孩子”，这样能使幼儿明确今后该怎么做。最后，分配强化物时，最好能结合其他奖励，如口头赞扬、拥抱、微笑等。此外，值得注意的是，为了防止饱厌情况的出现，教师或治疗者要有效控制每次正强化物的呈现量，以确保正强化物在整个治疗过程中的最大有效性的发挥。

（4）逐渐脱离强化程序。当目标行为发生频率达到预期目标时，应逐渐减少可见强化物的使用情况，而采用社会性强化物来继续维持这个行为，从而帮助幼儿逐渐脱离强化物的使用，真正建立良好积极的目标行为。

（二）负强化

1. 负强化法的含义

负强化法是指幼儿发出某一种行为，结果可避免厌恶刺激（或称负强化物），则以后在同样情景下，该行为的出现率会提高。例如，某一幼儿有吮大拇指的不良行为，老师征得了家长的同意，在其拇指上涂上黄连粉，当幼儿一吮拇指就会产生苦的感觉，为了逃避这个厌恶刺激，幼儿就不把大拇指含在嘴里，若干次以后，幼儿知道不吮拇指可避免苦的感觉，并形成了回避条件反射，从而改掉了吮大拇指的习惯。由此可见，负强化法对于消除幼儿的不良行为表现具有一定效果，但由于负强化物均会引起幼儿不适宜感的刺激，包括强烈的否定性言语、警告、瞪眼、使其暂停某项活动、用力将其抓住以及能引起被试者不适感的刺激，如弹橡皮圈（被试者手腕上套橡皮圈，不良行为发生后，自己拉弹橡皮圈）、刺耳的声音、难闻的气味、轻微的电击、噪声、剥夺其喜爱物等，严重情况下甚至威胁幼儿的心理健康，因此，在使用负强化法时要考虑幼儿的安全和可承受范围。

负强化的基本原理就是惩罚那些不符合组织目标的行为，以使这些行为削弱甚至消失，从而保证目标的实现不受干扰。

2. 运用负强化法的程序

运用负强化法矫正幼儿的不良行为需要遵循以下程序：

（1）确立目标行为。确立的目标行为必须明确具体，要说明用何种良好行为来替代不良行为，不良行为最好是可观察或可测量的。

（2）选择适当的厌恶刺激。选择的厌恶刺激必须能使幼儿产生极大的不适感，如难受的苦味，难忍的强热、强冷、电击等。选择的厌恶刺激应该是一种在满意行为出现时能立即终止的刺激物。

（3）选定警告刺激。警告刺激又称为条件厌恶刺激，它是几秒钟后厌恶刺激到来的信号。铃的响声、灯泡发光乃至教师注视的目光、皱眉、口语都可作为警告刺激。

（4）尽量减少不良行为产生的诱因。矫正初期要尽量控制不满意行为的刺激，要尽量消除对不满意行为的可能的强化。

一般来说，负强化法比惩罚法更具有积极作用，而且当正强化物强度不够，无法吸引幼儿从事所期望的行为以改正不良行为时，就需要利用厌恶刺激，用负强化法来矫正不良行为，如幼儿的自伤行为、咬指甲、吮吸手指及爱哭等坏习惯。

正强化是当一种操作性行为在某种情境或刺激下出现后，立即得到一种强化物，以此增强这种行为出现的频率。负强化是当一种操作性行为出现后，减少或消除他不喜欢的刺激或情境，以此促进这种行为的出现。正强化和负强化的目的都是提高反应发生的概率，如，佳佳在幼儿园一天也没有哭，妈妈奖励她星期天去游乐场玩一天，这对佳佳是一种正强化；如果佳佳去幼儿园一天也没有哭，妈妈奖励她下周可以有一天不去幼儿园，这对佳佳就是一种负强化。正强化与负强化的比较如表所示。

表 8-1 **正强化与负强化的比较**

项目	正强化	负强化
针对行为的性质	适应性行为	
刺激物性质	好	坏
强化来源	给予刺激	撤销刺激
最终效果	适应性行为增加	

二、惩罚法

惩罚法是指幼儿在一定情景或刺激下产生某一不良行为后，及时使之承受厌恶刺激（又称惩罚物）或损失正在享用的正强化物，也就是将幼儿的不良行为与某种不愉快的或惩罚性的刺激结合起来，多次重复配对出现，使幼儿以后在类似情景或刺激下，该不良行为的发生频率降低，甚至消除。

（一）惩罚法的正确运用

惩罚法的使用要慎重，一般在正强化法、消退法等方法无效的前提下，迫不得已时才采用。单一使用惩罚法具有局限性，大多数情况下要与其他强化法结合运用。

首先，从教育的角度出发，大多数学者和专家都认为惩罚法是比较严厉的，强烈的惩罚会引起幼儿不良的情绪反应，或导致幼儿模仿成人的惩罚行为来对付别人；使用不当易对幼儿造成一定伤害或不良影响。因此，惩罚法的使用以穷尽其他方法为前提，不能轻易使用。

其次，单独使用惩罚法容易产生一些伦理道德问题。例如，以幼儿上课玩东西为例，教师将幼儿所玩东西没收以后，如果没有相应的处理结果，尤其是一些贵重的玩具等，就会让家长对教师产生不必要的误解。

再次，使用惩罚法容易让人上瘾，对幼儿的身心健康带来危害。研究表明，经常使用惩罚法会让施罚者获得一些快感，从而造成惩罚法的滥用，使幼儿产生较强的恐惧心理，从而对幼儿的身心健康带来危害。

（二）惩罚的类型

惩罚有三种类型：体罚、谴责和暂停。

1. 体罚

体罚是指随着幼儿不良行为的出现，及时施予一种厌恶刺激或惩罚物，以收到阻止或消除这种不良行为发生的功效。体罚程序对幼儿和家长而言，都会感到不愉快，应尽量避免使用。不得不使用体罚时要注意两点，一是对幼儿的身体无严重性伤害，二是事先征得幼儿家长的同意。

2. 谴责

谴责是指当幼儿出现不良行为时，及时给予强烈的否定的言语刺激或警告语句，以阻止或消除不良行为出现。谴责也可以采用肢体语言，如瞪眼睛、用力把他抓住等动作。值得注意的是，谴责行为或语句的后面必须偶尔地跟随别的惩罚刺激，否则谴责会失去其惩罚的作用。

3. 暂停

暂停是指当幼儿表现出某种不良行为时，及时暂停其正在享用的正强化物以阻止或削弱这种不良行为的再现，或把幼儿移到正强化物较少的情景中去。例如，幼儿正在参与有兴趣的活动时，若表现出不良行为，教师可及时停止其活动，等到幼儿表现良好时，再让他继续参加。

（三）惩罚程序实施前与实施中的注意事项

1. 惩罚程序实施前必须确保以下几点

（1）尽量为替代反应的产生创造条件，即要最大限度地引导和强化替代行为产生。

（2）尽量控制产生不良行为的情境出现。环境常常是诱发不良行为产生的一个重要因素，因此要消除或避免引起不良行为的情境出现，使不良行为的诱发因素降低到最低程度。

（3）成人执行惩罚的态度必须一致。家庭教育中常常出现教育观念不一致现象，常见的情况是父严母慈，这种不一致态度和标准的后果是幼儿对长辈的态度不一致，这将导致其不良行为不能真正得到改变。

2. 正式实施惩罚程序时要做到以下几点

（1）惩罚必须及时。不当行为发生后，惩罚与之间隔时间越短，效果越大，而拖延惩罚的时间常常会使惩罚效果减少，甚至产生不良影响。

（2）施行惩罚时必须保持平静。在实施惩罚时，惩罚者易产生激动情绪，这可能会加重惩罚的强度，因此惩罚者必须平静地面对事实，这样可减少惩罚者由于情绪激动而造成的危害。

(3) 惩罚应和替代行为的强化相结合。例如，有一个幼儿平时喜欢在水泥地上打滚，家长或教师除了要对该幼儿在水泥地上打滚的反应给予惩罚外，还要设法强化他坐在椅子上听故事、参加游戏和搭积木等良好行为。

三、模仿法

模仿法是幼儿通过观察榜样及所示范的行为，进而导致个体增加或获得良好行为，减少或消除不良行为的方法。班杜拉认为，人类的很多行为并不是通过直接经验和亲身实践从而受到直接的强化或惩罚获得的，而是通过观察他人的行为，看到他人的行为结果，从而产生共鸣，导致自身行为的改变。

在日常生活中，我们通过观察学习语言、态度、偏好和无数的技能（如幼儿的穿衣、漱口、用筷子吃饭等）。我们的许多习惯（如口语表达和肢体语言等）也是从我们认同的榜样（如父母、教师、偶像）身上学习而来的。可以说，观察和模仿影响了人们生活、学习的方方面面。

幼儿观察学习的榜样可以是活生生的具体的人物，可以是电影、电视、幻灯、照片、卡通片中的人物，也可以是存在于人们口头或书面语言中的人物。幼儿在模仿学习的过程中，可以是单纯地观察示范行为，也可以是边观察行为边模仿实践，因此模仿法可以分为真实性示范模仿、符号性示范模仿、参与性示范模仿、想象性示范模仿四种形式。

（一）模仿法的基本类型

1. 真实示范性模仿

让幼儿在现实环境中观察示范者的言行，从而改变幼儿的行为。真实的榜样可以自己把握所要示范的行为，或简缩，或重复，或突出，以便更有效地帮助幼儿。

2. 符号性示范模仿

以电影、电视、幻灯、照片、卡通片、文字说明等传播媒介代替真实的榜样来呈现示范行为，此法的优点是可以突出示范行为的组成、顺序、特征、关键部分等。

3. 参与性示范模仿

让幼儿一方面观摩榜样的言行，一方面在教师的指导下逐步参与活动，实际演练有关动作。

4. 想象性示范模仿

向幼儿描述特定的情境和条件，并说明应有的适当的行为反应，让幼儿借助想象来模仿榜样的行为。

（二）模仿法的基本程序

要有效地运用模仿法，教师还需遵循以下程序：

(1) 选择好要改变的行为。所确定的模仿行为必须是可观察和可测量的，能分解为一个个小步骤的行为，而且是幼儿有能力模仿的。

（2）确定学习、模仿的楷模。确定的楷模应与幼儿的年龄、性别相似，或者是幼儿熟悉的名人、心中的崇拜者等。

（3）吸引幼儿注意力。在示范某种特定行为时，应吸引幼儿注意力，引起其注意观察要模仿的行为。

（4）增加示范行为呈现的时间。缓慢地展示示范的行为，或者示范中止前暂停一会儿，能让幼儿多一些时间观看示范行为。

（5）模仿行为出现后要予以强化。在幼儿出现与示范行为大致类似的模仿或正确模仿之后，要立即给予强化，让幼儿明白他的行为对在哪里。

四、系统脱敏法

心理学家认为，人和动物的肌肉放松状态与焦虑情绪状态，是一对抗过程，一种状态的出现会对另一种状态起抑制作用。例如，在全身肌肉放松状态下的肌体，各种生理生化反应指标，如呼吸、心率、血压、肌电、皮电和儿茶酚胺等，都会表现出同焦虑状态下完全相反的变化。这种作用，即所谓交互抑制。而且，能够与焦虑状态有交互抑制作用的反应不仅是肌肉放松，就是进食活动也能抑制焦虑反应。如对猫吃食时进行电击的试验表明，猫饥饿想吃食，但又怕遭电击，这就造成神经紧张、焦虑。这是两种性质对立的反应。治疗方法是让猫少吃点食，不要电击，慢慢地猫也敢吃食了。据此研究，人们认为如果一个刺激所引起的焦虑或恐怖状态在求治者所能忍受的范围之内，经过多次反复呈现，他便不再会对该刺激感到焦虑和恐怖，治疗目标也就达到了。

系统脱敏法是由交互抑制发展起来的一种心理治疗法，所以又称交互抑制法。当患者面前出现焦虑和恐惧刺激的同时，施加与焦虑和恐惧相对立的刺激，从而使患者逐渐消除焦虑与恐惧，不再对有害的刺激发生敏感而产生病理性反应。实质上，“系统脱敏法”就是通过一系列步骤，按照刺激强度由弱到强，由小到大逐渐训练心理的承受力、忍耐力，增强适应力，从而达到最后对真实体验不产生“过敏”反应，保持身心的正常或接近正常状态。

系统脱敏疗法的理论基础是学习理论，即经典的条件反射与操作条件反射。基本假设：①个体是通过学习获得了不适应的行为的。②个体可以通过学习消除那些习得的不良或不适应行为，也可通过学习获得所缺少的适应性行为。

（一）类型

需要指出的是，除了想象脱敏以外，系统脱敏法还有四个变式：

1. 自动化脱敏

自动化脱敏根据同病人的一系列交谈的结果，治疗者将所识别出的病人的焦虑情境（如喧闹嘈杂的声音、拥挤的人群或爬行中的蛇录音、录像，然后利用这些制备好了的录音、录像对病人进行治疗。此法的优点是来访者可自由决定脱敏的速度，也可在家里独自进行。

2. 接触脱敏法

接触脱敏法是在渐进性焦虑层次的基础上，外加了示范和接触，让来访者观看治疗者处理其所害怕的刺激物，然后照着做，一直到用手握或触摸不感紧张为止，如让怕猫的孩子去摸猫的照片。

3. 实际场所脱敏

实际场所脱敏是采用实际的刺激物代替视觉性想象，来访者在他人陪伴下到实际生活中去逐级面对实际的刺激物来进行脱敏操作。这种方法较不易操作，但效果比较实在。例如，对于一个害怕拥挤和同生人接触的恐惧症病人，可以让他在治疗者的陪同下于清晨外面人少时乘车到闹市区去。到达后先让病人在车内坐几分钟，如果不感焦虑，可鼓励他下车到商店门口走走，一直到病人敢于进入拥挤的商店购物而无焦虑反应止。

4. 情绪性表象法

情绪性表象法是通过形象化的描述，诱发来访者的兴奋、骄傲和欢乐等积极情绪情感活动。这些积极的情绪情感活动与由恐惧所引起的焦虑反应互不相容，从而就可以逐渐抑制和消除恐惧心理。该法最适合儿童来访者。

在实际脱敏过程中，可根据实际情况及需要，灵活运用这些脱敏方式。

（二）系统脱敏法的治疗程序

系统脱敏法包括三个程序：放松训练、建立焦虑（或恐怖）等级表、系统脱敏。

1. 放松训练

放松训练是指幼儿从紧张状态松弛下来的一种练习过程。放松有两层意思，一是指肌肉放松，二是指消除紧张。放松训练的直接目的是使肌肉放松，最终目的是使整个机体活动水平降低，达到心理上的松弛，从而使幼儿保持内外环境平衡与稳定。对幼儿来说，可以采用游戏、听轻松愉快的儿童歌曲、讲情节愉快的故事等帮助幼儿进行放松训练。

知识链接

放松训练

放松训练（relaxation response），又称松弛疗法，是通过一定的程式训练学会精神上及躯体上（骨骼肌）放松的一种行为治疗方法。其核心的理论认为放松所导致的生理改变对应激所引起的生理改变是一种对抗方量。放松可阻断焦虑，副交感支配可以阻断交感支配。因此，各种放松技术的共同目标都是降低交感神经系统的活动水平、减低骨骼肌的紧张及减轻焦虑与紧张的主观状态。

1. 放松训练的主要类型

（1）渐进性肌肉放松；（2）自生训练；（3）自我催眠；（4）静默；（5）生物反馈辅助下的放松。

2. 实施放松训练的基本条件

（1）精神专一：要求自己集中注意力于身体感觉、思想或想象。默默地或出声地重复一个音、词、句子或想象，以促进逻辑的继发性过程性思维转变为较少现实依据的原发性过程性思维。

（2）被动态度：当思维或想象发生分心时，教导自己不理睬无关刺激而重新集中注意力于精神专一。

（3）减低肌肉能力：处于一种舒适的姿势，减低肌肉紧张。

（4）安静的环境：闭目以减少外来的分心，宁静的环境可以减少外来刺激的传入。

（5）有规律地进行训练。

3. 渐进性肌肉放松的技术

（1）环境要求：治疗室要求安静整洁，陈设简单，光线柔和，周围没有噪音和干扰。

（2）声音要求：治疗者在训练时，说话声音要低沉、轻柔、安详、愉快、坚定，吐字要清楚，发音要准确。可以低声播放轻松、缓慢、柔和的音乐，音乐节拍以每分钟约 60 拍为宜。

（3）准备工作：患者在治疗前可少量进食，排空大、小便，宽松衣袋、鞋带和颈部衣扣，坐在舒适的沙发或椅子上，头向后靠，双手自然下垂置于腿上，整个身体保持舒适、自然的姿势。

（4）具体实施的步骤：

①握紧拳头（停 5 秒左右）——放松；伸展五指（停 5 秒左右）——放松。

②收紧二头肌（停 5 秒左右）——放松；收紧三头肌（停 5 秒左右）——放松。

③耸肩向后（停 5 秒左右）——放松；提肩向前（停 5 秒左右）——放松。

④保持肩部平直转头向右（停 5 秒左右）——放松；保持肩部平直转头向左（停 5 秒左右）——放松。

⑤屈颈使下颌触到胸部（停 5 秒左右）——放松。

⑥尽力张大嘴巴（停 5 秒左右）——放松；闭口咬紧牙关（停 5 秒左右）——放松。

⑦尽可能地伸长舌头（停 5 秒左右）——放松；尽可能地卷起舌头（停 5 秒左右）——放松。

⑧舌头用力抵住上腭（停 5 秒左右）——放松；舌头用力抵住下腭（停 5 秒左右）——放松。

⑨尽力张大眼睛（停 5 秒左右）——放松；紧闭双眼（停 5 秒左右）——放松。

⑩尽可能地深吸一口气（停 5 秒左右）——放松。

⑪肩胛抵住椅子，拱背（停 5 秒左右）——放松。

⑫收紧臀部肌肉（停 5 秒左右）——放松；臀部肌肉用力抵住椅垫（停 5 秒左右）——放松。

⑬伸腿并抬高 15～20 厘米（停 5 秒左右）——放松。

⑭尽可能地收紧腹部（停5秒左右）——放松；绷紧并挺腹（停5秒左右）——放松。

⑮伸直双腿，足趾上翘背屈（停5秒左右）——放松；足趾伸直趾屈（停5秒左右）——放松。

⑯屈趾（停5秒左右）——放松；翘趾（停5秒左右）——放松。

（5）注意事项：

①第一次进行放松训练时，治疗者与患者同时做，这样可减轻患者的焦虑程度，并能提供模仿的信息。

②放松的引导语，有录音和口头两种。在训练开始时使用口头语，更便于患者接受和掌握。

③在放松过程中，要帮助患者体验身体放松后的感受。

④患者除了在治疗师的指导下进行放松训练之外，还可以听录音自己在家练习，每天1~2次。待掌握要领后可逐渐脱离录音带，独立练习，每次10~15分钟。

启示　教师或家长学习一些放松训练的具体办法，在幼儿需要的时候，可以为幼儿提供有效的帮助。

2. 建立焦虑（或恐怖）事件等级

通过访问、观察、收集与幼儿有关的家庭生活史、教育背景、现有的社会关系等方面的信息，从而了解幼儿问题行为的情景及产生焦虑的主要原因。同时，让幼儿依据自己感到害怕的程度，对各种刺激情景排序，产生一份焦虑（恐惧）等级表。焦虑程度为零的事件称作控制事件，如“听轻松愉快的儿歌”、“在游乐园玩耍”等，在幼儿出现紧张或不适时引用，以帮助放松。

3. 实施脱敏

实施脱敏可以分为两种：一是想象脱敏，二是现实系统脱敏。想象脱敏是向幼儿口头描述其焦虑等级的某一事件，让幼儿进入想象中的情境并体验焦虑，同时配合全身放松训练，逐级控制由小到大的不同等级的焦虑，直到最后完全消除焦虑。现实系统脱敏是让幼儿直接接触或进入导致焦虑的现实刺激或情境，体验焦虑，反复多次后，幼儿逐渐适应该情境，不再害怕；然后将幼儿引入下一焦虑等级的现实情境。如此逐级反复进行，直到每一等级的焦虑被消除为止。最后迁移到现实生活中，不断练习，巩固效果。

（三）系统脱敏法的注意事项

由于幼儿想象力的发展不完善，因此在实施脱敏过程中，一般采取的是现实系统脱敏法，能够让幼儿在亲身体验中克服焦虑或恐怖的情绪。每次脱敏的时间不能过长，一般为30分钟左右；每次脱敏的事件不能过多，最多不超过4个。不能操之过急，一定要确认一个事件已经不再产生紧张才能进行下一个事件的脱敏。同时需要家庭的配合，需幼儿做一些家庭作业。

案例导入

脱敏法治疗恐惧症的案例

父母因为没时间照顾孩子，将2岁的儿子交与老人抚养，期间与其他儿童交往甚少。十个月后，接回孩子，发现孩子不愿出去和同龄幼儿玩耍，宁愿待在家里听父母讲故事或者自己画画、看动画片。如果强行带他出去和其他幼儿交往，他会表现出强烈的反抗情绪，甚至哭闹着反对。在路上遇到其他幼儿时表现为退让回避。其他儿童抢其玩具时不知所措，往往任人抢去而没有任何反抗行为。幼儿集体活动时表现被动，基本不和其他幼儿交流。

分析：在童年早期，当儿童遇到陌生的或具有社会性威胁的情景时，会出现一定程度的担心害怕或焦虑。但是，儿童如果表现对陌生人（针对成人或小伙伴，或两者兼有）的持久或反复害怕或回避，这种害怕的程度超出了儿童的年龄所应有的正常界限（但能正常和有选择地依恋父母或其他熟人），发生时年龄不满6岁，并伴有社会功能受损，而且不是某种更广泛的情绪障碍的组成部分，即可诊断为儿童社交恐惧症。导致患儿社交恐惧症产生的原因主要是：从2岁7个月到3岁5个月这十个月之间，患儿严重缺乏与其他同龄儿童交往的机会，导致社交能力不足，产生社交挫折感，引起社交中的负面情绪。久而久之，就会不自觉地形成一种紧张、不安的心理状态，从而对社会交往活动产生恐惧感。

1. 确定目标行为基线

表8-2　**具体行为等级表**

等级	具体行为
1	独自与同龄儿童交往、交流
2	在父母陪同下与同龄儿童发生矛盾
3	在父母的陪同下与同龄儿童一起做游戏
4	在父母的陪同下与同龄儿童说话
5	在父母的陪同下待在同龄儿童附近
6	跟父母出去并在其陪同下远远地看见其他同龄儿童
7	不愿出去和同龄幼儿玩耍，如果强行带他出去和其他幼儿交往，他会表现出强烈的反抗情绪，甚至哭闹

2. 确定合作人选

父母（患儿只愿待在家里，听父母讲故事等等，所以父母是最合适的人选）。

3. 具体的实施程序

（1）矫正开始时把计划告诉患儿，让孩子懂得不与同龄儿童交往是不好的。

（2）建立恐怖或焦虑的等级层次。

（3）按照目标行为基线制订具体措施。

4. 确立恐惧等级

与患儿协商，经父母、亲人和同学的描述，尽量找出所有使儿童感到恐惧或焦虑的事，并列出对每一事件他感到恐惧或焦虑的主观程度，这种主观程度可用主观感觉尺度来度量。这种尺度为 0~100，一般分为 10 个等级，单位为 sud ，如下图（恐惧的主观度量尺度）：

0　　25　　50　　75　　100

心情平静　轻度恐惧　中度恐惧　高度恐惧　极度恐惧

表 8-3　　**恐怖等级排序表**

	事　件	恐惧程度（sud）
6	在父母的陪同下远远地看见其他同龄儿童	恐惧程度
5	在父母的陪同下在同龄儿童附近	注：因患儿年龄较小，无法主动报告恐惧数值（ sub ），故并未列出，只是把患儿认为恐怖的事件按照他认为从轻微到严重的程度进行排列
4	在父母的陪同下与同龄儿童说话	
3	在父母的陪同下与同龄儿童一起做游戏	
2	在父母的陪同下与同龄儿童发生矛盾	
1	独自与同龄儿童交往	

5. 按照目标行为基线制定具体措施

（1）在父母的陪同下远远地看见其他同龄儿童。矫正时间主要安排在晚上 7：00——9：30。父母每天晚上以散步或买东西为借口，带患儿到其他同龄儿童喜爱去的场所，父母陪在患儿身边看着其他儿童玩耍，若患儿出现一些紧张的现象，如紧紧抓着父母的手，父母需要用言语安慰儿童，告诉儿童没有危险，这里很安全。患儿的紧张度有所缓解后，父母可以介绍其他儿童所玩的游戏是什么，怎么玩的以引起孩子的兴趣。这个阶段需要持续 15 天左右，需要每天进行记录。

(2) 在父母的陪同下在同龄儿童附近。这个阶段的患儿仍然不敢和同龄人一起玩耍，父母需要鼓励孩子勇敢地和大家一起玩，父母可以买能够吸引儿童兴趣的玩具以邀请其他孩子跟患儿一起玩，但父母不可以离开以防孩子出现不良反应。此阶段大约持续 40 天左右。

(3) 在父母的陪同下与同龄儿童说话。儿童在父母的鼓励下向同龄儿童借玩具玩，并能说出"谢谢"，当其他儿童对患儿说谢谢时，父母需要给予言语强化："其他小朋友都是很喜欢你的，都愿意跟你玩。"此阶段大约持续 20 天左右。

(4) 在父母的陪同下与同龄儿童一起做游戏。经过前几个阶段的矫正，患儿已经能和同龄儿童待在一起并进行简单的言语交流，但仍然不敢和儿童讲太多，更不敢和他们做游戏。在这一阶段，父母鼓励患儿参与到游戏中，每次晚上出去时，父母总是让患儿带上一些零食或者玩具。到了孩子们玩耍的地方以后，帮助患儿给其他的儿童分配零食或是借玩具给他们玩，患儿能主动示范如何操作玩具。此阶段大约持续 30 天左右。

(5) 在父母的陪同下与同龄儿童发生矛盾。患儿已经能够和伙伴正常相处了，但是，患儿不懂得表现出反对或拒绝，只会一味地对其他儿童的意见和行为表现为接受，父母需要不断教育孩子：要保护好自己的玩具。而且告诉孩子：你自己的东西，想借给别人就借给别人，不想借给别人就可以不借给别人。此阶段大约持续 50 天左右。

(6) 独自与同龄儿童交往。患儿渐渐远离父母，但是在玩过一段时间后，还是会回来看看父母有没有在等着自己，这时，父母需要耐心地告诉孩子：爸爸妈妈总是会等着你的。慢慢地患儿也会脱离父母，自己独立和伙伴玩了。此阶段大约持续 20 天左右。

此方案在实施过程中若有反复，则马上回到前一阶段或者更前面的阶段，而孩子在矫正过程中一有改变，父母必须给予强化，主要是言语强化，也可以结合代币制来实施各项措施。

【案例分析】

根据幼儿在生活中的表现，如孩子不愿出去和同龄幼儿玩耍，如果强行带他出去和其他幼儿交往，他会表现出强烈的反抗情绪，甚至哭闹着反对；在路上遇到其他幼儿时表现为退让回避；其他儿童抢其玩具时不知所措，往往任人抢去而没有任何反抗行为；幼儿集体活动时表现被动，基本不和其他幼儿交流，并结合社交恐惧幼儿的一般表现判定该幼儿为社交恐惧症。

通过分析了幼儿产生社交恐惧症的原因，采用了实际场所脱敏的方法帮助幼儿。依据脱敏程序和脱敏注意事项，制订了详细的脱敏计划。确定目标行为基线、确定合作人选（父母：患儿只愿待在家里，听父母讲故事等，所以父母是最合适的人选）、具体的实施程序①矫正开始时把计划告诉患儿，让孩子懂得不与同龄儿童交往是不好的；②建立恐怖或焦虑的等级层次；按照目标行为基线制定具体措施）。

案例的整个实施程序很完整、规范。确立的恐惧等级事件比较符合该幼儿，通过与父母共同努力逐级帮助幼儿脱离恐惧事件：在父母的陪同下远远地看见其他同龄儿童；在父母的陪同下在同龄儿童附近；在父母的陪同下与同龄儿童说话；在父母的陪同下与同龄儿童一起做游戏；在父母的陪同下与同龄儿童发生矛盾；独自与同龄儿童交往。并且明确了克服每一个恐惧事件的需要的时间。最后还提出，实施过程中若有反复，则马上回到前一阶段或者更前面的阶段，而孩子在矫正过程中一有改变，父母必须给予强化。总体来说，这个方案对于帮助幼儿克服社交恐惧是比较合理、切实可行的。

针对幼儿出现的各种问题行为，教师一定要全面搜集资料，找出问题行为产生的原因，制订出完整、规范、切实能帮助幼儿的措施。

五、代币法

代币法，也称表征性奖励制。用奖励强化所期望的行为，用惩罚消除不良行为而达到目的。代币法就是运用代币并编制一套相应的激励系统来对符合要求的目标行为的表现进行肯定和奖励。代币起着表征的作用，只是一个符号，在幼儿园通常以小红花、五角星等为代表，也可以是计分卡、点数等，可以根据情况灵活运用。

（一）代币法的优势

代币法有明显的优势，可以使得强化作用更有效，使得反应代价容易实施，也有利于培养幼儿的自我管理能力。

（1）用代币作为强化物的优点在于不受时间和空间的限制，使用起来极为便利，还可进行连续强化；只要幼儿出现预期的行为，强化马上就能实现；用代币去换取不同的实物，从而可满足受奖者的某种偏好，可避免对实物本身作为强化物的那种满足感，而不至于降低追求强化（奖励）的动机。

（2）代币应该具有现实生活中“钱币”那样的功能，即可换取多种多样的奖励物品或幼儿所感兴趣的活动。

（3）幼儿所积累的代币数量可以使其明确看到自己的进步。

（4）在幼儿出现不良行为时还可扣回代币，从而使得对不良行为的惩罚提供了可能性。

（二）代币法的程序

运用代币法需要遵循以下程序：

（1）明确目标行为。成人可以确定多个目标行为，但是对于各个目标行为要给予明确的界定，即明确希望幼儿增加的良好行为，明确希望幼儿做什么。根据这一点，在实际生活中选择有价值的行为，并加以明确的界定，避免使用“不合作”、“捣乱”、“无合理动机”等抽象和含糊的语词，明确指出所希望增加的良好行为。例如，不要笼统地说：“养成卫生习惯”、“不遵守规则”，而要指出“饭前要洗手”、“知道排队等候”等具体的肯定行为。

（2）确定代币。代币应吸引人、重量轻、便于携带、方便发放、耐用、不容易伪造。如塑料片、五角星、小红花、粘贴纸、积分卡等。例如，老师对幼儿的良好行为表现，给幼儿贴五角星，当五角星粘贴到一定数量（如 5 个）时，就以孩子爱吃的糖果（如 1 颗）作为奖励。

（3）选定支持性强化物。支持强化物要是幼儿喜欢的物品或活动，幼儿获得了一定数量的代币后，会拿代币交换作为强化的物品或活动。如自由支配时间、阅读卡通图书、帮助老师做事、玩玩具、看电视、听音乐等，它们并不昂贵，无需花费多少金钱，却能极大限度地满足个体的需要。

（4）拟定代币交换系统。代币系统应指出何种行为可以获得一个或几个代币（代币必须在期望行为发生后立即给予）；让幼儿知道积累多少代币才能换得相应的支持性强化物；规定交换的时间、地点，并监督其交换。

（5）严格具体操作。在幼儿出现满意行为后，立即以友好的、微笑的赞许等方式发给幼儿代币，并告知幼儿为什么得到代币。

（6）把代币制泛化到自然环境中去。当幼儿的目标行为达到期望的满意程度后，通过逐渐取消代币或者是逐渐降低代币价值，逐渐帮助儿童脱离代币制。

本章小结

问题行为是指任何一种引起麻烦的（妨碍儿童身心健康发展和智能发展，干扰集体发挥有效作用）偏离行为。可分为“品德性问题”、“性格问题”、“情绪问题”和“社交不成熟”等类型。问题行为和问题儿童在心理学上是两个不同的术语。当幼儿偶尔出现问题行为时，家长和教师不能武断地把他们当做问题儿童。

幼儿问题行为的一般特征包括：第一，行为不足：指社会所要求和人们所期望的行为很少发生或从不发生。第二，行为过度：是指某一类或某一种行为发生的次数太多或者持续时间过长，反应过于强烈。第三，不适当行为：指期望的行为在不适宜的时间、地点、情境中出现，在适宜的条件下却不发生。

幼儿常见的问题行为有：攻击性行为、捣乱行为、破坏性行为、情绪及依赖行为、社会交往和幼儿园活动中的问题行为。幼儿园教师需要掌握常见的问题行为及其成因，并根据实际情况思考和制订切实可行的矫正策略。影响幼儿问题行为的因素包括：幼儿自身因素、家庭因素、社会因素。教师可以从这三方面着手进行考查、分析幼儿的问题行为。

本章针对幼儿出现的各种问题行为，提出了几种常用的指导方法：强化法、惩罚法、模仿法、系统脱敏法、代币法。幼儿园教师需要掌握不同方法的特点和实施程序，并在实际纠正幼儿问题行为的过程中进行适当运用。

思考题

1. 幼儿问题行为的内涵及特征。
2. 幼儿常见的问题行为及成因。
3. 影响儿童问题行为的因素。
4. 幼儿常见问题行为的指导方法有哪些，如何实施？

推荐阅读

《孩子的世界》

[美] 帕帕拉，奥尔兹，费尔德曼　著，郝嘉佳　等译，人民邮电出版社，2013 年 1 月第一版。

《孩子的世界》是一本关于儿童身心发展的心理百科书，分为 6 编，共 17 章。它从怀孕开始系统全面地揭示了一个新生命诞生和发展的历程。第 1 编“走进孩子的世界”指出遗传和环境共同影响孩子的成长；第 2 编“人之初”阐述了怀孕、胎儿发育、产前护理、分娩、新生儿的特征等知识，并给出了建设性的指导；第 3~6 编探讨“婴儿期和学步期”、“儿童早期”、“儿童中期”以及“青少年期”孩子的成长过程，揭示了 0~18 岁儿童大脑、身体、视觉、听觉、语言、思维、情绪、信任、道德、行为等方面的特征，揭示出儿童发展的规律。《孩子的世界》是一本集科学性、知识性和指导性于一体的好书，适合发展心理学、教育学专业的学生和研究人员，以及关注孩子发展的父母和儿童教育培训机构的人员阅读。

《童年，人生幸福之源》

【美】爱德华哈洛韦尔（Edward M. Hallowell）著，浙江人民出版社，2013年4月第一版。

《童年，人生幸福之源》一书是著名学府哈佛大学为美国中学生列出的50本必读书之一。书中提出了卓有成效的“五步循环法”——“联结—玩耍—练习—精通—认同”，来帮助家长教出乐观的小孩，让孩子获得幸福一生的能力。

《幼儿问题行为的识别与应对》

【美】Eva Essa　著，王玲艳，张凤，刘昊 译，中国轻工业出版社，2011年1月第一版。

“儿童是花朵，教师是园丁。”当成长中的花朵遭遇一些小问题时，园丁们该怎么办呢？本书通过诸多实例，系统而全面地论述了幼儿最经常出现的41种问题行为：打人、咬人、撕书、发脾气、不参加活动、不爱说话、挑食……探讨了它们形成的潜在原因以及步骤明确的处理方法，为幼儿教师提供了一部翔实的“园艺指南”。同时，它也告诉我们，幼儿问题行为的处理，是一项春风化雨、润物无声的“园艺系统”工程，而不是“头痛医头、脚痛医脚”的外科手术。

拓展训练

1. 爱哭的斯蒂文

“老师!”4岁的斯蒂文叫道。考特尼老师转过身来走向斯蒂文，但中途却被两个要推倒积木塔的小朋友吸引了过去。没一会儿，斯蒂文开始哭起来。拯救了积木塔之后，考特尼老师走向了斯蒂文。她把胳膊搭到他身上，问他为什么哭。斯蒂文不说话只是哭，在老师哄劝了半天后才终于抑制住哭声，说：“我还要一些画纸。”“没问题啊。”考特尼老师说完，放开了斯蒂文，从画架上撕下一张纸递给他。斯蒂文又哭了一会儿，才开始接着画画。在这几分钟时间里，考特尼老师仍然不停地安慰着他。

那天早上的晚些时候，斯蒂文又哭了几次：当他不能和朗达坐左一起听教师讲故事时，当吉半叫他“爱哭鬼”时，当他没有积木玩时，当他右手边的小朋友没有把点心递给他时，他哭了。在他入园来的这四个月时间里，教师们已经帮他擦了无数次眼泪。

2. 行为表述

这名儿童经常哭泣，尽管可能并没有什么不顺心的事，或者只是因为一些微不足道的小事。

3. 行为观察

利用一段时间来观察这名儿童，以便对他爱哭的行为有更多的了解。

● 他一般什么时候会哭?

不好预测，在一天中的任何时间都有可能：早上刚到幼儿园后不久；下午快要回家时；在午休时间；在午餐时间；在结构化的或敦师主导的活动期间；在自由活动时间；在户外活动时间；在整理时间；在游戏活动结束时；在活动间的过渡环节。

● 在如厕时间这名儿童在哭之前发生了什么事情?

另一个小朋友手里有他想要的东西；别的小朋友拿走了他的一件东西；某一个或几个小朋友不让他参与他们的游戏；他和另一个小朋友有言语或身体上的冲突；他向教师发出请求或提问，但没有得到教师的回应；教师拒绝了他的请求；他的父母刚刚离开；他不能完成某项活动；教师或其他小朋友不允许他参加某项活动；他说自己身上很疼；他跌倒了或者绊倒了，弄疼了自己。

● 没有明显的刺激事件这名儿童在哭时会有怎样的行为表现?

当问题得到解决后（如得到了想要的玩具)，他就停止了哭泣；即使得到了想要的东西，他仍然会接着哭；当有教师关注和安慰他时，他就会停止哭泣；只有在教师抱了他一会儿后，他才会停止哭泣；拒绝教师的拥抱和安慰；告诉他人自己为什么会哭（如“想找妈妈”）；不说话，只是哭；当教师跟他讲道理时，他会做出回应；不理会教师的说教；当有人跟他说话时，他会哭得更凶。

使用上述观察所得到的信息，寻找消除这名儿童问题行为的最好办法。

第九章　幼儿社会教育评价

学习目标

1. 本章导读：教育评价是衡量教育教学工作及幼儿发展状况的有利手段，具有诊断幼儿发展及教育教学问题、导向和改善教育教学质量，促进幼儿积极发展的作用。幼儿社会教育评价是对幼儿社会性发展及幼儿社会教育活动进行的价值性判断，教育工作者需要具备评价的技能，并从评价中分析问题、适当调整、积极应对。

幼儿社会性发展的评价是判断幼儿社会认知、情感、行为等方面发展状况的过程。通过评价，教育者可以了解幼儿的现实发展水平及特点，采取适宜的教育策略来促进幼儿发展。教师应该掌握好幼儿社会性发展评价的主要内容和主要方法。

幼儿社会教育活动的评价是判断教学活动设计、实施等方面情况的过程。幼儿教师需要明确教育活动评价的主要内容和方法，积极开展评课活动，锻炼自身授课、评课水平，努力提高社会教育活动的教学质量。

2. 教学重难点：了解幼儿社会教育评价的内涵与意义；掌握幼儿社会教育评价的原则；掌握幼儿社会性发展评价的主要内容和方法，并在实践中尝试运用；掌握幼儿社会教育活动评价的主要内容和方法，开展评课活动，将所学应用于实际教学中。

3. 教学课时：3 课时。

《幼儿园教育指导纲要（试行）》中指出，教育评价是幼儿园教育工作的重要组成部分，是了解教育的适宜性、有效性，调整和改进工作，促进幼儿发展，提高教育质量的必要手段。教育评价就是衡量教育工作的价值，幼儿社会教育评价是对幼儿社会教育工作价值的判断与衡量。

第一节 幼儿社会教育评价概述

一、幼儿社会教育评价的内涵

幼儿社会教育评价是评价者根据幼儿社会教育的目标，采用一定的方法，对幼儿的社会性发展以及社会教育活动进行客观科学的价值判断的过程。理解幼儿社会教育评价的内涵要抓住几个方面的内容，即谁评、评什么和怎么评。或者说，我们要明确教育评价的评价者、评价内容和评价方法等。在幼儿社会教育评价中，教师应该掌握：幼儿园管理人员、教师、幼儿及其家长都是教育工作评价的主体；幼儿的社会性发展及社会教育教学活动是评价的主要内容；评价方法应综合利用，适用于评价的具体对象及内容。

知识链接

幼儿社会领域教育评价的后现代审视①

后现代主义在教育评价上的观点，给我们展示了一幅新的图画。用后现代的观点审视幼儿社会领域教育的评价，可以得到许多启示。

1. 幼儿社会领域教育评价应提倡否定批判性的思维方式

幼儿社会领域教育虽然在概念、内容、目标、方法和途径等方面有一定的研究，但仍有许多问题急需解决。具有导向、诊断、激励、调节作用的评价部分，其理论研究尚未形成系统，实践操作也难以把握。因此，在现在多元开放的后现代时代里，用否定批判式的思维方式思考幼儿社会领域教育存在的问题，是我们需要迫切解决的问题。

2. 幼儿社会领域教育评价应提倡平等和多元化

幼儿社会领域教育评价的多元化和平等，含义十分广泛。它包括：①评价主体的平等和多元化。《纲要》曾指出，在教育评价中，“管理人员、教师、幼儿及其家长均是幼儿教育评价的工作者”。幼儿社会领域教育评价，一方面，要求评价者和被评价者平等、自由、宽容、帮助和尊重，决不允许评价者高高在上、冷面无私；另一方面要求评价主体多元化，教师、幼儿、家长、其他教育工作者都应成为评价主体。②“教”与“学”评价的平等和多元化。教与学是教学的两个方面，过去常常以教评学，将教作为评价的中心和标准，而现在，教育评价要包括“学”，评价幼儿

① 冯季林. 幼儿社会领域教育评价的后现代审视 [J]. 当代教育论坛，2007 (12). 有删减和修改。

在教学中的行为表现、情绪体验、参与程度以及师幼互动程度等。③评价目标和内容的平等和多元化。它应该包括自我意识、社会认知、社会情感等心理方面的教育，也包括社会行为规范以及如何对待各民族文化等方面的教育。我们应改变过去传统教学只注重知识技能的教育而忽视情感和态度的做法，切实做好幼儿社会领域教育各方面内容的教育工作。

3. 幼儿社会领域教育评价应建立动态生成的评价机制

后现代主义教育评价的过程性和动态性告诉我们，幼儿社会领域教育过程是师幼共同参与的建构过程，它不是教师教案的简单再现，而是课程的修改、重组和生成过程。因此，幼儿社会领域教育评价应建立动态生成评价机制。我们应做到：①进行目标游离的评价。目标游离评价是指评价者从考察课程计划预期的结果转向课程的实际结果，不管这结果是预期或非预期。②进行不确定性评价，即不用数量化而用文字描述的方式来表明幼儿社会性情感和社会行为等方面的发展，以及社会领域教育过程的动态和变化。

4. 幼儿社会领域教育评价应坚持评价方法的多样性

后现代主义研究方法的多样性，要求我们进行幼儿社会领域教育评价时，应坚持从多视角的角度，采用多样化的方法进行。①从内容的关联性来看，可借助其他领域的评价方法进行社会领域教育的评价。②从差异性来看，被评价者的不同决定着不同的评价标准、目标和方法。同时，不同地域、民族和国家的社会教育评价标准和方法也应多样化。③从幼儿社会领域教育评价最适宜的方法来看，其研究方法也是多种多样，如观察法、访谈法、群体成员关系测量法、情景压力测验法等。

二、幼儿社会教育评价的意义

（一）了解幼儿社会性发展状况和问题

幼儿由于年龄、个性、地域和教养的差异，在社会性发展方面呈现出不同的发展水平，且存在明显的个体差异性。通过对幼儿社会性发展的评价，可以让教育工作者了解幼儿社会性发展的现实状况，从而发现存在的问题。如有研究通过评价发现留守幼儿与非留守幼儿由于家庭环境的差异，在自我评价、自我体验和自我控制力方面都表现出差异，留守幼儿的自我评价和自我体验的发展水平低于非留守幼儿。①

① 李颖. 农村“留守幼儿”社会性发展研究——以湖北省黄冈地区为例.［D］华中师范大学硕士毕业论文，2009.

（二）检验幼儿社会教育工作，为提高教育质量提供依据

通过社会教育评价，教师可以检视幼儿社会教育工作各个环节的设计和实施情况，如社会教育工作是否立足于本地区和幼儿园实际情况，是否符合国家规定的要求，是否适合幼儿的身心发展特点，是否利用了有效的教育资源，是否具有现实价值等。评价者可以根据评价的结果进行分析，找出教育工作中存在的问题，进行调整和改进，以促进教育质量的提高。

（三）指导教育活动改进方向，使教育活动更科学、有效

幼儿教师设计的社会教育活动是否适宜合理，实施是否科学有效，都可以通过社会教育活动评价来鉴别。通过评价，教师可以了解教学活动设计和实施的效果是否良好，是否符合幼儿的需要，哪些是较好的地方，哪些环节还不够好，哪里需要改进和弥补，从而指导教师调整的方向，使教育活动更科学、更有效。

（四）促进教师专业发展，提高教师教学水平

对幼儿社会教育进行科学评价，需要教师不断学习和运用幼儿教学理论知识，提升自身专业理论水平。评价中，教师运用相关知识进行价值判断，审视社会教育中存在的问题，并联系实际分析问题的原因，继而提出更好的改进方案，有助于教师专业化发展水平的提高。社会教育评价包括对教师职业素质和指导策略的评价，这可以帮助教师明确自身教学方面的不足之处，引导教师努力的方向，提高教师的教学水平和专业素养。

案例导入

大班社会教育活动“我是中国人” 的评价与反思

今天开展的社会活动是“我是中国人”，我在活动中预设了两个活动目标：一是让幼儿了解我国悠久的文化历史；二是培养幼儿从小热爱祖国的情感，感受做中国人的自豪。从整个活动的效果来看，两个目标都达到了。

因为在活动前我们已经丰富了幼儿的国庆节常识，所以在活动开始我就以谈话的形式引入：如我们都是哪国人呀！这样直接切入主题，既简单又明了。接下来再出示国旗，引导幼儿认识我国的国旗，在这个基础上让幼儿来观看我们的四大文明、我国的主要服装唐装、我国的国粹中国功夫。通过这一系列的观看，让幼儿层层递进地了解我国的悠久历史文化。因为我采用的是视频的方式，所以幼儿能在动静结合下始终保持良好的注意力。再以游戏的形式来让幼儿体验身为中国人的自豪。

活动中不足的是：教师在活动的最后没有及时提升幼儿的情感，幼儿对自己热爱祖国的情感没能很好给予抒发。在游戏环节上，教师没有及时地提出要求，所以幼儿游戏时有点乱。从今天的活动中，我了解到自己要时时注意每个环节的衔接，这样活动才能更流畅、更完美。

（资料来源：http://www.jy135.com）

【案例分析】

教师在进行教学活动之后，进行评价与反思可以通过回顾、分析来明确本次活动的实施情况，找出活动的优点和不足之处，有利于活动的进一步调整和完善，有利于教师查漏补缺，提高自身专业水平。案例中，教师分析了教学活动的目标达成情况，肯定了活动中有利于目标达成的各个教学环节，也指出了活动中存在的不足，为今后教学活动的实施积累了经验教训，有利于自身的专业化发展。

三、幼儿社会教育评价的原则

（一）目的性原则

目的性原则是指幼儿社会教育评价必须有明确的目的。任何教育评价都需要有明确、具体的目的，避免任务式的突击检查和机械地为评价而评价。评价的具体目的不同，评价者选取的评价内容、采用的评价方法、分析和处理评价的结果也不同，也影响着评价的有效性。幼儿社会教育评价的主要目的在于促进每个幼儿的发展、提高教师的专业化水平以及提升幼儿社会教育的质量。强调评价的目的性原则就是要树立正确的评价目的观，明确评价的具体目的，使社会教育更有益于幼儿的社会性发展服务。

（二）客观性原则

客观性原则是指在进行幼儿社会教育评价时，要采取实事求是、公平公正的科学态度，依据客观的评价标准来评价幼儿或教师，避免评价者个人主观偏好的评价。评价者要选择科学编制反复验证的评价指标体系，使用统一的评价标准对被评价者进行评价，不能随意更改评价标准或采用不同的评价标准。评价者要格外注意，在评价时不能掺杂个人的情感偏好，应该公正公平，杜绝对喜欢的孩子评价较高而不喜欢的孩子评价过低的现象。

（三）全面性原则

全面性原则是指在进行幼儿社会教育评价时，要注意评价目标和内容的全面性，即幼儿的社会认知、社会情感、社会行为、人际交往和社会适应等的协调统一。不仅关注幼儿的认知结果，还需要强调社会情感、能力、行为及个性发展等方面，进行多方面评价。强调全面性原则还意味着幼儿社会教育评价不仅包括对幼儿社会性发展的评价，还包括对社会教育活动的评价。评价教育活动需要对活动的目标、准备、过程、方法、延伸以及师幼互动和整体活动效果进行评价。

（四）综合性原则

综合性评价是指评价者在评价时要采取多种评价方法相结合的综合评价方法。如定量评价和定性评价相结合，可以从数字化和描述性的评价资料中获取更全面的评价资料，确保评价结论的客观、全面；静态评价和动态评价相结合，可以将幼儿的实际发展水平和不断发展的动态过程联系起来，对幼儿的过去、现在和未来进行全程考察；全体性评价和个别性评价相结合，既能判断全体幼儿的社会性发展水平，了解每一个幼儿在平均水平线上下波动的情况，还能帮助教师根据幼儿不同的特点采取相应的教育措施。

（五）发展性原则

发展性原则是指幼儿社会教育评价过程中，评价者要用发展的眼光进行评价。评价者要把幼儿当做不断变化发展的个体，强调幼儿发展的动态性，从不同的评价角度观察和了解幼儿每天的进步，建立幼儿的自信。评价者还需要把教师的教育活动及教师的专业发展当做一个不断发展、持续的过程。社会教育活动是相互交叉，持续作用于幼儿的，而教师也具有专业发展性，评价者要将评价的时间和空间放大，重点和整体进行把握。

（六）肯定性原则

肯定性原则是指对幼儿的社会行为进行评价时，应持肯定和鼓励的态度，以精神奖励为主，物质奖励为辅，培养幼儿良好的行为动机。教师应该多进行肯定性评价，强化幼儿的亲社会行为，提高幼儿的积极主动性，注意评价的适当时机，避免过多使用物质奖励。

案例导入

案例一：某教师总习惯在每次活动结束时奖励幼儿不同的奖品，如糖果、小星星、饼干等。一天，晨间活动后，教师只是口头表扬小朋友把玩具送回家，比昨天有进步，却忘记了准备奖品。班里所有的幼儿都嚷道：“老师，你今天奖给我们什么啊？比昨天的更多吗？”

案例二：在“剥豆”活动中，幼儿都很认真地听老师介绍剥豆的方法。突然，老师停止教学，说道：“丽丽小朋友听得可认真啦，奖她一颗小星星。”

说着走过去，将小星星贴到了丽丽的额头上。顿时，教室里开始躁动起来，所有幼儿的注意力都转移到小星星上。孩子们无法再认真听讲，老师也无法继续上课了。

【案例分析】

案例一中教师频繁使用物质奖励容易让幼儿养成“有奖品才做事”的习惯，不利于幼儿的发展，容易使幼儿产生惰性，也不利于幼儿获得精神上的满足。案例二中教师的评价时机不恰当，反而适得其反、弄巧成拙。所以，教师在进行肯定性评价时要把握物质奖励的“度”，以精神奖励为主，物质奖励为辅。进行奖励时，教师要讲究适当的时机和方式，在恰当的时机用恰当的方式进行肯定性评价，激励幼儿的良好行为。

（资料参考：叶翔. 幼儿社会教育中肯定性评价的实施要领［J］. 教育导刊，2007（5）.）

第二节 幼儿社会性发展评价

幼儿社会教育评价的内容之一是对幼儿社会性发展的评价。教师为了了解幼儿社会性发展状况和发展需要，更好地设计和实施幼儿社会教育活动，就需要对幼儿社会性发展方面进行评价和指导。幼儿社会性发展评价是根据幼儿社会性发展的目标，运用相应的理论和方法，对幼儿社会性发展进行有目的、有计划的价值判断过程，可以是幼儿整体社会性发展的评价也可以是幼儿社会性发展的某个方面的评价。教师在进行评价之前要明确幼儿社会性发展评价的主要内容和方法。

一、幼儿社会性发展评价的内容

（一）幼儿自我系统发展评价

幼儿自我系统的发展主要包括自我认识、自我评价、自我调节（包括主动性、独立性、坚持性和自制性等）、自尊心、自信心、自我价值感、成就感、好胜心、性别角色社会化等。幼儿自我系统发展的评价就是侧重于以上目标和内容的评价。表 9-1 是《幼儿社会性发展评价量表》的一部分，涉及幼儿自我系统发展的主要内容，划分了三个等级标准，分别对应幼儿园小、中、大班三个年龄阶段。教师和家长可以按照量表的等级标准测评幼儿的实际发展情况。

表 9-1　　　　　　　　**幼儿自我系统发展的评价量表①**

项目	内容	等级标准		
		一	二	三
自我系统	自我认识	知道自己的姓名、性别和年龄	知道自己的爱好	知道自己的优缺点
	自信心	完成简单事情或任务时有信心	完成稍有难度任务时有信心	完成没有做过或有较大难度任务时有信心
	独立性	在教师的鼓励和要求下能独立做事	自己能做的事不请求帮助	喜欢独立做事情和独立思考问题
	坚持性	能有始有终地完成一件事	能坚持一段时间完成稍有难度的任务	经常能在较长时间内主动克服困难，实现活动目标
	好胜心	在感兴趣的活动中努力做好	在竞赛情境及与他人同时进行的活动中努力争取好成绩	做任何事都争取好结果

知识链接

幼儿自我控制能力发展的评价研究

幼儿自我控制能力由自制力、自觉性、坚持性、自我延迟满足四个方面组成。通过“幼儿自我控制能力发展教师评定问卷”对幼儿自我控制能力各因素进行测评，最终得出结论。“幼儿自我控制能力发展教师评定问卷”具有较高的信度和效度，可以作为幼儿自我控制能力的测量工具。幼儿自我控制能力各因素及其总的发展随年龄的增长而呈上升趋势。3~4 岁发展较快，4~5 岁相对减慢。3 岁幼儿的自我控制能力水平往往较低，4、5 岁幼儿自我控制能力对比 3 岁的幼儿，出现了非常迅速的发展飞跃时期。3~4 岁是规则逐渐内化的转折时期，表现出自我控制能力发展较快。男女幼儿自我控制能力各因素及总的发展都具有明显的性别差异，且所有的差异都表现为女孩分数高于男孩。②

---

① 白爱宝. 幼儿发展评价手册［M］. 北京：教育科学出版社，1999.

② 杨丽珠，宋辉. 幼儿自我控制能力发展的研究［J］. 心理与行为研究，2003（1）：51-56.

表 9-2　　　　　“幼儿自我控制的评定问卷”的部分题目摘录表①

题号	题　　目	从不这样	较少这样	有时这样	经常这样	总是这样
1	他/她在教室中能不大声喧哗。	1	2	3	4	5
2	每次学习新东西时，他/她都肯花很多时间练习。	1	2	3	4	5
3	提出要求后不立即满足，他/她也能克制自己。	1	2	3	4	5
4	做游戏时，老师说好好排队的小朋友会奖励小贴画，他/她便会去排队等待。	1	2	3	4	5
5	游戏时别的小朋友中途离去，他/她仍能一直把游戏做完。	1	2	3	4	5
6	他/她用餐时能保持安静。	1	2	3	4	5
7	当受到其他小朋友的碰撞时，他/她不会马上反击。	1	2	3	4	5
8	吃完水果后，老师让把果盘摆好，摆好的小朋友先出去玩，他/她会去努力摆好。	1	2	3	4	5
9	老师要求听故事时保持安静，老师离开时他/她也能做到。	1	2	3	4	5
10	学习新东西时，他/她能反复操练，直至学会为止。	1	2	3	4	5

（二）幼儿情绪情感发展评价

幼儿情绪情感的发展主要包括一般情绪状态、情绪的表达与控制、同情心、好奇心和兴趣等内容。幼儿情绪情感发展的评价就是对幼儿情绪情感方面的价值判断过程，是客观鉴别幼儿情绪情感的有效方法，可以为幼儿社会情绪情感教育提供相应的依据。

知识链接

小班幼儿情商的评价结果②

情商，即情绪智力商数，主要包括认识自身情绪的能力、妥善管理情绪的能力、自我激励的能力、认识他人情绪的能力、人际关系的管理能力。有研究者通过观察

① 沈悦. 幼儿自我控制的发展特点及影响机制研究［D］. 辽宁师范大学博士论文，2011.

② 李香玲. 幼儿情商状况的调查与分析［J］. 当代学前教育，2009（4）：13-15.

和问卷的形式对幼儿情商进行测查和评价，得出幼儿在以上五个方面的发展情况大多处于“一般”水平，比例分别为58%、52%、44%、61%、44%（对应前面描述的顺序）。

幼儿在认识自身情绪方面的能力差主要问题是，有的幼儿知道自己的情绪反应，但不能很好地用语言表达出来；幼儿在管理情绪方面能力差的主要问题是幼儿情绪控制缺乏方法，易受环境的影响；幼儿认识他人情绪能力差的主要问题是，有的幼儿能够认识他人情绪，但不会主动关心他人；此外，幼儿的情商水平高低还与家长的溺爱、幼儿的成熟度、先天素质以及后天教育有密切的关系。家庭和幼儿园都应该关注幼儿的情商教育，努力提高幼儿的情商水平。

（三）幼儿社会交往发展评价

幼儿社会交往的发展主要包括交往态度、交往能力（如合作、分享、轮流、互助、遵守规则、解决冲突等）、人际关系（如亲子关系、同伴关系、幼儿与教师的关系等）。幼儿社会交往发展评价的研究不多，对幼儿社会交往态度评价的研究较少，大多集中于幼儿交往能力和人际关系方面评价的研究。涉及幼儿社会交往发展方面的内容如表9-3所示：

表9-3　**幼儿社会性发展评价量表①**

项目	内容	等级标准		
		一	二	三
文明行为	礼貌	在成人的提醒下能使用礼貌用语	能主动使用礼貌用语	能在不同情境下主动使用礼貌用语，举止文明
	诚实	不说谎话，不随便拿别人东西	做错事能承认，拾到物品能主动归还	做错事能承认并努力改正，不背着成人做被禁止的事
	合作	能与小朋友一起游戏	喜欢与小朋友合作游戏和做事	能成功地与小朋友合作游戏和做事
	遵守规则	经提醒能遵守规则	能自觉遵守规则	能自觉遵守并维护规则
交往行为	与教师交往	对教师的主动交往能做出积极反应	有时能主动与教师交往	经常主动发起于小朋友的交往
	与小朋友交往	对小朋友的主动交往能做出积极反应	有时能主动与小朋友交往	经常主动发起与小朋友的交往

① 白爱宝. 幼儿发展评价手册［M］. 北京：教育科学出版社，1999.

续表

项目	内容	等级标准		
		一	二	三
交往行为	与客人交往	见到客人不害怕、不回避	对客人的主动交往有积极反应	能主动与客人交往
	解决冲突	与小朋友发生冲突经教师帮助能和解	能用适宜的方式自己解决与小朋友的冲突	能帮助解决其他小朋友之间的冲突

知识链接

幼儿社会技能的现状及评定表编制①

苏玲等对幼儿社会技能发展进行了评价及评价工具的编制。以幼儿社会技能表现为对象，参考前人的研究成果进行评价量表的编制，最终形成《幼儿社会技能教师评定表》，共70个题项。通过测评研究得出，幼儿社会技能表现不足，得分大致达到中等水平，即“有时出现”水平。幼儿社会技能的行为表现可划分为环境适应技能、人际交往技能和自我控制技能三种相互关联的成分。教师对幼儿社会技能的评价呈现出随幼儿年龄增长由低到高的发展趋势，对女孩的评价明显高于男孩，低于家长对幼儿社会技能的评价。

表9-4　**“幼儿社会技能家长评定量表”的部分题目摘录表②**

孩子行为		频繁程度		
题号	题　　目	从不	有时	经常
1	遵从您的指示。	0	1	2
2	主动帮家长做点家务。	0	1	2
3	当父母对孩子的要求不合理时，孩子能提出质疑。	0	1	2
4	对日常生活中的小问题，能尝试着独立完成。	0	1	2
5	赞扬或夸奖别人。	0	1	2
6	愿意和小伙伴一起玩。	0	1	2
7	有礼貌地拒绝他人的无理要求。	0	1	2
8	不用告诉就能主动向别人介绍自己。	0	1	2
9	家长没有时间时，能自己玩。	0	1	2

① 苏玲. 幼儿社会技能评定表编制与表现现状研究［J］. 教育探索，2008（2）：14-17.

② 徐杰. 幼儿社会技能量表家长版的初步修订和使用［D］. 东北师范大学硕士论文，2007.

（四）幼儿品德发展评价

幼儿品德发展主要包括爱周围人、爱集体、爱祖国、礼貌、诚实、爱劳动等。幼儿品德发展的评价主要是对上述内容的评价，相应的理论研究较少。《幼儿园工作规程》指出："幼儿园品德教育应以情感教育和培养良好行为习惯为主，注重潜移默化的影响，并贯穿于幼儿生活以及各项活动中。"幼儿教师在评价幼儿品德发展时，可以重点从幼儿品德情感和行为两个方面进行。如评价幼儿"爱周围人"可以设计三个等级标准，即"热爱、尊敬父母"、"亲近班里的老师和小朋友"、"关心父母、老师和小朋友，喜欢帮助他们做力所能及的事"；评价"爱集体"的等级标准是"喜欢幼儿园，愿意参加集体活动"、"在教师引导下，能关心班里的事，为集体做好事"、"能主动关心班里的事，为集体做好事，维护集体荣誉"。

知识链接

幼儿品德行为评价的艺术①

1. 重点评价幼儿的品德行为

在日常生活中，当你发现地上的纸团已影响了环境的清洁而要某某幼儿捡起来时，往往会听到"那不是我扔的"的回答。这样的回答对于集体荣誉意识还没萌发的幼儿来说不足为奇，因为他们还没有意识到"捡纸团"是一种良好的行为。因此，在对幼儿品德行为进行评价时，应注意将评价的重心放在幼儿的行为上。如：当一个纸团掉在地上，某小朋友将它捡起来后，应这样评价："某某小朋友看到地上的纸团，能把它捡起来扔进纸篓中，真不错！"而不是笼统说："某某真不错！"只有重点评价幼儿的行为，幼儿才能明确什么样的行为能得到人们的肯定，并乐意效仿这种行为。同样，对幼儿的一些不适宜行为进行评价时，更应注意指向幼儿的行为，而不指向幼儿本身。

2. 评价应着重激发幼儿的内在行为动机

有时候，为了强化幼儿某种良好的品德行为，而使用一些物质刺激的手段，偶尔一用也未尝不可，但不宜常用，否则，会造成幼儿为追求物质奖励而付出某种特定行为的倾向。我在带中班时，让一张桌子上的四位小朋友轮流当值日生，帮助老师负责一天内的取碗、送碗、室内卫生。起初，孩子们做得很负责，但三轮之后，孩子们都争着取碗、送碗，室内卫生的打扫无人问津，我再三启发，也收效甚微。我决定给幼儿一些物质刺激，以激发幼儿的责任感。我告诉幼儿谁搞室内卫生积极，谁将得朵小红花。这样一来，立竿见影。但我从一次为争小红花而发生的互不相让

① 王雪莲. 幼儿品德行为评价的艺术［J］. 早期教育，2001（7）：36.

的抢拖把事件中发现，小红花并没有起到真正的作用，幼儿只是对小红花感兴趣，而没有认识到小红花背后真正的东西。针对这次教育的失误，我在幼儿中就“为什么要搞室内卫生”、“为什么要得小红花”、“如果不给小红花你还争着搞卫生吗”等问题进行了一次谈话。谈话结果表明：小红花在一定程度上对幼儿的自我服务行为起到了巩固促进作用，但它并没有使幼儿的良好行为内化为他们自身的内在素质。所以，我决定不再给幼儿任何奖励，而在认真观察幼儿行为的基础上，采取了树立榜样、正面说服、积极鼓励等方式方法，努力激发幼儿的自我服务和为他人服务的意识。这样经过一段时间的培养巩固，体现了教育的实效。

3. 评价应考虑幼儿的个体差异

一次，我去看中班幼儿的活动，一向内心、被动，看见争抢场面就后退的茜茜，那天也争着抢球投篮了。这时，开朗的乐乐走来说他也要玩，茜茜不给，两个人争吵起来。站在一旁的老师说：“我看谁是谦让的好孩子?”茜茜很不情愿地把皮球给了乐乐，独自在他的座位上坐下了，而乐乐却以胜利者的姿态玩去了。我想，一个人的良好品德不仅仅是谦让，诚实、勇敢、自信、热情、友爱以及活泼开朗的个性品质都是不可忽略的。茜茜的谦让已使她懦弱，丧失自信。她是在老师的引导下作出的不情愿让步。但从她的个性倾向上考虑，她能与人争吵已经是一种进步了，这种争吵对于她的发展来讲，比她已经拥有的“谦让”更重要。所以我认为，教师在教育幼儿形成谦让等品德的同时，对个性差异较大的孩子的教育应通过与孩子的接触，从其表情、动作、言语当中理解孩子内心的感受和体验，从促进幼儿个性健康发展的角度考虑，可以做出具有个性化的指导与评价。

二、幼儿社会性发展评价的方法

（一）观察法

观察法是幼儿社会性评价普遍使用的方法，包括自然观察法和模拟观察法。

1. 自然观察法

自然观察法也叫做直接观察法，是评价者有目的、有计划进行的，通过观察日常生活情境中幼儿的社会行为表现获取评价资料，继而做出判断的过程。观察幼儿的社会行为可以根据不同的评价目的选择不同的观察方法。在幼儿社会行为发展评价中，自然观察最常用的方法有时间抽样法、事件抽样法。

时间抽样法是指在规定的时间单位内进行的观察，对观察内容进行分类或记分。如教师确定观察时距为每天上午户外活动的 30 分钟，观察内容确定为幼儿的亲社会行为出现与否，就可以根据表 9-5 进行观察并记录。

表 9-5　　幼儿亲社会行为出现与否/出现频次观察记录表

被观察幼儿：________　班级：______　年龄：______　性别：______　观察者：________

日期	时间段	幼儿行为							备注
		合作	分享	互助	安慰	谦让	保护	同情	
3月1日	10：00—10：30								
3月2日	10：00—10：30								
3月3日									
……									

注：出现亲社会行为便在相应的表格中打"√"。

教师在记录行为出现与否的同时还可以观察和记录行为持续存在的时间，填写在相应表格中"√"的旁边。教师如果将观察目标变成"幼儿亲社会行为出现的频次"，则可根据上表在相应的位置记录出现的频次，每出现一次亲社会行为就在相应的表格中打"√"，"√"的个数就是幼儿行为的频数。

教师如果将观察样本扩大，则可以设计每个幼儿观察的时间，如 30 分钟内观察 6 个幼儿的行为，则每个幼儿平均观察 5 分钟。在进行记录时，教师需要确定记录的时间间隔，即每隔多长时间记录一次。

表 9-6　　幼儿亲社会行为记录表

班级：________　日期：________　时间段：______　幼儿数：___6___　观察者：________

幼儿姓名	记录时间	幼儿行为						
		合作	分享	互助	安慰	谦让	保护	同情
幼儿一	1 分钟							
	2 分钟							
	3 分钟							
	4 分钟							
	5 分钟							
幼儿二	……							

注：出现亲社会行为便在相应的表格中打"√"。

此外，教师的观察还可以运用描述性语言进行陈述，如每隔 20 分钟教师观察一次：

某幼儿人际交往情况的观察：

上午 9：00，来到幼儿园，她主动和老师打招呼，交流昨天在家里发生的事情……

上午 9：20，参与科学活动。在教师的引导下，她和所在小组的幼儿合作完成了任务……

上午 9：40，参与美术活动。自己一个人在画画，没有理会向她求助的幼儿……

上午 10：00，自由游戏。她和几名幼儿一起玩角色扮演游戏……

上午 10：20，户外活动时间。与某幼儿争抢玩具球……

……

事件取样法是指观察者事先确定好观察目的，选择某种或某类事件作为观察目标，在观察中等待该事件的发生并仔细观察和记录事件全过程的方法。

案例导入

事件取样法观察案例

观察目的：了解阳阳发生打扰其他幼儿活动发生的情况。

观察目标：思考阳阳行为发生的原因并设计有效管理他这种行为的适宜活动。

观察方法：事件取样法。

观察背景：阳阳在家、在幼儿园都会做一些打扰他人活动的行为。

观察者：孙亚楠

观察日期：2012 年 5 月 22 日、24 日。

幼儿基本信息：阳阳，男，2008 年 3 月生，活泼好动，总有打扰他人活动的行为。

表 9-7 “阳阳打扰行为”的观察记录表

事件序号	日期和时间	场景	事件与干预
1	2012 年 5 月 22 日 上午 8：45	排队去户外活动，阳阳站在海洋身后。	阳阳用小手做拳头，像敲小鼓那样捶海洋的后背，嘴巴里嘟囔着什么，观察者走近他，想看清他想做什么，海洋看向观察者，像是求助，观察者轻轻拍了一下阳阳的手，告诉他海洋不喜欢这样。
2	2012 年 5 月 22 日 上午 10：50	区域结束，观察者放音乐，幼儿开始收玩具。	阳阳一边把小建构建的玩具装到筐子里，一边大声喊“收玩具了，收玩具了”，观察者做了个“嘘安静”的手势，告诉他，大家知道收玩具的，如果他再大声喊，大家就听不到音乐声了。

续表

事件序号	日期和时间	场景	事件与干预
3	2012年5月24日 上午7：35	早入园时间，家长带孩子入园。	阳阳走进园门，没看到他的家长，于雪妈妈拉着哭着的于雪生气地走进来，问阳阳的家长在哪，阳阳用石子打到了于雪的耳朵，观察者请配班老师打电话请阳阳的家长来园沟通解决。
4	2012年5月24日 上午10：10	过渡环节	阳阳用胳膊夹着一个小朋友的脖子，观察者拍阳阳的手，分开他们，问他为什么这么做，他说这个小朋友在洗完手以后没有甩手，说他他不听，于是就动手了。
5	2012年5月24日 中午12：30	午睡环节，睡眠室	孩子们都躺在自己的床上，准备午睡，阳阳用小手敲窗，小嘴巴发出嘟嘟的声音，观察者做安静地手势，希望他安静下来。

分析与结论：阳阳自这学期初开始表现出较多的打扰其他幼儿活动的行为，阳阳的行为大部分是为了班内的规则，有的用语言，有的用行为，观察者了解阳阳用语言表达时容易断断续续，他更喜欢用行为解决和沟通问题，可见，阳阳需要一个用语言而非行为解决问题的环境。在午睡时，阳阳的表现是发泄自己的精力，引起老师的注意以满足他的需要。观察者与阳阳家长沟通得知，阳阳在家中也会表现类似的行为，存在攻击性行为，偶尔也会受伤，其父母并没有攻击性行为。

教师的策略：①给阳阳更多关注，在他打扰他人行为发生时，立即制止，但不过多解释，给他时间自己思考。②为阳阳创设一个用语言而不是行为解决和沟通问题的环境，取得其家长的支持，保持家园一致。③给阳阳更多表达自己的机会，重点发展阳阳的语言表达能力。④持续观察，及时教育，适当调整策略。

（资料参考于：http://blog.sina.com.cn/s/blog_9f16358f0100z58v.html）

【案例分析】

案例中，教师确定了观察的目的和目标，选取了幼儿阳阳——具有打扰他人活动行为的幼儿作为观察对象，采用事件取样法进行多次观察，并在观察记录表中详细记录了观察时间、场景和事件过程。观察之后进行分析和得出结论并提出了相应的教育策略。我们在运用事件取样法进行观察时，可以参考此案例进行。当然，大家需要根据自己观察的目的和具体目标进行观察方案的设计和实施，按照具体情况进行相应的调整。

2. 模拟观察法

当观察行为在自然观察情境中很少出现时，观察者就可以设计模拟观察情境促使某些行为出现，进而观察、记录和分析。模拟观察法，或称情景测验法，是指幼儿园教师事先设计好一个模拟情境，对幼儿在模拟情境中的目标行为加以诱导，并对幼儿的言行进行观察记录的一种方法。角色扮演法是一种常用的模拟方法。如教师可以事先将幼儿园户外区域设置不同的“破坏环境的人”，告诉幼儿他们今天扮演的是“环保小卫士”，需要对破坏环境的人和行为进行阻止和规劝。让幼儿在巡逻时发现这些人并做出反应，观察、记录幼儿的不同反应，再分析幼儿的社会性发展情况。

案例导入

幼儿同伴分享行为的情境观察

教师将幼儿分成两组，分别进行每组的交流。教师给第一组幼儿每人发放5张带有编号的玩具代金券，并告诉他们这些玩具代金券可以换取玩具室里的玩具。这些编号是教师事先记录好的，但告诉幼儿每个人的代金券都是一样的。玩具需要的代金券不同，有的需要1张或2张，有的需要3张、4张或5张，幼儿可以根据自己所喜欢的玩具选择一个或多个玩具。在幼儿进入玩具室换取玩具之前，教师还要告诉他们，第二组幼儿没有玩具代金券，换不到玩具，如果他们愿意将自己的代金券拿出来分给第二组的小朋友，则可以将代金券放在玩具室里的捐券箱里。随后，教师让第一组幼儿分别进入玩具室内，一次进一人，待幼儿全部回来之后，教师打开捐券箱进行观察并记录。按此方法，将第二组幼儿进行互换观察。

【案例分析】

在案例中，教师创设了一个特定的模拟情境来观察幼儿的分享行为。运用模拟观察，需要教师事先做好相应的准备工作，并设计较合理的观察方案。案例中，教师事先准备了相应的玩具、玩具代金券和捐券箱等，还设计了两组互换、每个幼儿依次进入玩具室等方法，可以保证每个幼儿都参与观察，并不受观察意图的暗示或他人的“监督”，能有效地完成观察。

（二）问卷调查法

问卷调查法是指评价者根据评价目的，向幼儿教师或家长等人发放问卷，请他们提供幼儿社会性发展情况的书面材料的一种方法。由于幼儿的年龄特点，问卷的填写人一般不选取幼儿本人，而是与幼儿密切接触的教师或家长。问卷调查法可以较大样本进行评价，且省时省力。

如北师大陈会昌等人编制的《4~7 岁儿童社会性发展量表》是以问卷的形式，对幼儿社会性发展调查和评价的工具。此量表共有 15 个维度，60 个项目，采用五点量表计分。量表的部分内容如表 9-8 所示：

表 9-8　　　　**“4~7 岁儿童社会性发展量表”家长问卷**

项　　目	不符合	不太符合	中等程度	较符合	完全符合
1. 在幼儿园里遵守各项常规和记录					
2. 能站在别人角度看问题并修正自己的意见					
3. 做事善于坚持，不达目的不罢休					
4. 晚上睡觉和早上起床很痛快					
5. 家里来生人不害怕，喜欢往跟前凑					
……					
59. 做事不成功时总是不服气					
60. 爱听好话，不爱听坏话					

案例导入

评价幼儿主动性的家长问卷

1. 需要父母为他安排在家里的游戏和活动。
   A. 经常　B. 有时　C. 很少
2. 主动告诉父母对图书、玩具和外出参观、游览的愿望。
   A. 很少　B. 有时　C. 经常
3. 身体不舒服时主动告诉父母。
   A. 很少　B. 有时　C. 经常
4. 向父母提问题或引发话题与父母讨论。
   A. 很少　B. 有时　C. 经常

5. 主动为父母表演在幼儿园学过的儿歌、故事或歌舞。

A. 很少　B. 有时　C. 经常

6. 主动提出帮父母做事。

A. 很少　B. 有时　C. 经常

7. 能主动完成父母要求做的事情。

A. 很少　B. 有时　C. 经常

【案例分析】

此案例是对幼儿主动性的调查问卷。研究者在运用问卷调查法时需要注意：问卷的填写者应是幼儿教师或家长；问卷的问题应集中体现调查和评价的目的；问卷的问题个数不宜太多，答卷时间不要超过半小时；问题的表述应该清晰、明了；问卷的结果需要进行统计和分析。此外，对幼儿社会性发展进行评价，有时会将几种评价方法相结合。如在问卷调查的基础上，再在日常生活中对幼儿主动性进行观察，会更有利于评价结果的有效性。

（三）社交测量法

社交测量法，或称社会测量法，是指研究者通过某种特定的方法以了解某一特定团体的社交结构以及该团体内人际交往模式的方法。在幼儿园中运用社交测量法，其主要作用在于了解幼儿在班级里的人际交往状况、结构以及其在班级中的地位等。

1. 同伴提名法

同伴提名法是幼儿根据某种标准选择同伴的评价方法。如让幼儿看班里小朋友的照片，分别就谁是你最（不）好的朋友、最（不）喜欢和谁一起玩、最（不）喜欢和谁一起学习等问题进行提名，每种类型一般要提出 3 个同伴的名字。根据提名情况了解幼儿被同伴接受和拒绝的分数，以说明其在同伴中的地位。运用提名法要注意，幼儿必须同时进行正提名和负提名，注意被同伴忽视的幼儿和无争议的幼儿，参与提名的幼儿人数应与总人数成比例。

2. 配对比较法

配对比较法是一种让幼儿根据某种标准比较配对出现的幼儿，并作出选择的方法。如教师将两个幼儿的照片或名字配对，同时呈现在被测幼儿面前，说：“这两个小朋友中，你最（不）喜欢谁？为什么？”通过配对比较可以计算出某一儿童被接受和被拒绝的次数，每一个幼儿都有机会获得比较，但是比较费时。

3. 同伴评定法

同伴评定法是幼儿将全班幼儿按照三级标准进行评价的方法。首先，教师要给被测幼儿一份全部幼儿的名单或照片。然后问幼儿相应的问题，请被测幼儿对全班幼儿做出评价，评价为三级标准，即笑脸、中性表情和哭脸。问题如“你在哪种程度上喜欢他？”，幼儿根据同伴的行为表现选择相应的表情，教师进行记录。问题可以是多个，也可以就某一个问题进行评价。具体操作可以是：教师事先准备三个盒子，分别贴上三种不同表情，让幼儿最喜欢、一般的和最不喜欢的同伴名字或照片投入盒子。最后计算每个幼儿在不同程度上的得分。

社交测量法的优点在于能在较短的时间内得到较多幼儿同伴地位、关系、交往情况的信息，可以了解不同年龄班、不同性别的幼儿在社会结构和择友标准方法的发展特征，还可以发现处于较边缘地带的幼儿，加以适当的指导。此外，每一个幼儿都有被同伴评价的机会，同时参与评价和被评价，结果较真实，较少受成人暗示的影响。社交测量法还存在一些缺点，如只能提供幼儿被同伴接受或拒绝的信息，无法解释其中的因果关系，幼儿在测量时容易受到情境或某种事件的影响，容易出现前后测量的偏差。

（四）谈话法

谈话法是指评价者与幼儿面对面口头交流，根据幼儿对问题的回答情况收集幼儿社会性发展资料的一种方法。谈话法可以是纯语言交流，也可以结合图片、故事等进行。如皮亚杰使用“对偶故事法”、科尔伯格使用“两难故事法”来研究儿童的道德发展，这些方法就属于谈话法。教师可以根据评价的目的进行有针对性的提问，根据幼儿的回答情况来判断幼儿社会性发展状况。如“你认为谁是你最好的朋友？为什么？”、“小明为生病的妈妈倒水，不小心打破了水杯，妈妈是否应该批评他？为什么？”、“放学好一会儿了，佳佳的妈妈还没有来接她，她现在是什么心情？你应该怎么做？”等。

案例导入

某3岁幼儿对“朋友” 理解的谈话记录

问：你有没有朋友？

答：有啊！

问：什么是朋友？

答：哲哲就是我的朋友。

问：为什么哲哲是你的朋友？

答：她给我好吃的，那次她带来了饼干，给了我了。

问：你觉得朋友重要吗？没有朋友可以吗？

答：不可以，我不能没有朋友。

问：为什么？

答：没有朋友我会很难过，就没有人和我玩了。

问：你的朋友是什么样子的呢？

答：我的朋友和我一样，都是女孩子……嗯，有的是短头发的女孩，有的是长头发的女孩。他们男孩都是光光的头。

问：你和朋友都在一起干什么？

答：那天，我们一起去（动物园）看老虎和狮子。

……

【案例分析】

谈话法是通过问答的形式来了解幼儿某方面发展的情况的。在案例中，研究者考察了幼儿对朋友的理解情况，通过谈话可以分析出此幼儿处于将朋友指向具体人物的水平，较注重朋友的外形特征而非内在，较多参与生活和游戏活动，较少涉及学习和互助活动，倾向于满足物质需求多于精神需求的状况。

（五）档案袋法

档案袋法是指评价者有目的、有系统地收集幼儿社会性发展中的相关作品及其证据，进而分析和评价幼儿在社会性学习和表现方面的优势与不足。档案袋物品的收集需要幼儿、教师及家长的共同参与，并通常围绕某一主题进行收集。这些物品包括幼儿的作品、日常观察情况、模拟情境观察情况、谈话情况、幼儿的自我评价、教师评语、同伴评语和家长评语等内容。档案袋评价的类型包括三种，即展示型档案袋、过程型档案袋和综合型档案袋。不同类型的档案袋其用途和评定方式也有不同。

表 9-9 **不同类型档案袋的用途与评定方法①**

类型	用途	整体评定	单独评定
展示型	展现优秀成果	不必进行整体评定	收入之后不必进行专门的单独评定
过程型	呈现和描述过程	不必进行整体评定	尽量给每件作品进行单独评定
综合型	总结性，水平评估	一定要有整体评定	是否进行单独评定须视具体情况而定

运用档案袋法评价，需要教师明确实施的具体步骤。首先，制定档案袋评价方案，确定评价的具体目的和内容。其次，依据方案收集所需的评价信息，如幼儿的作品、观察记录表等。接下来，进行资料的整理和分析，并寻求幼儿社会性表现的原因，提出合理的教育策略。之后，将评价资料进行归档保存，并持续关注档案的丰富和延续工作。

① 参考于张丽萍. 运用档案袋法评价小班幼儿发展的行动研究［D］. 西北师范大学硕士毕业论文，2005.

知识链接

表 9-10 **幼儿社会性发展情况档案袋目录①**

姓名		性别		出生年月	
家庭住址					
联系方式					
资　料					
序号	内　容				份数
1	评价结果表，每月一份				
2	观察记录表，每月一份				
3	父母、同伴评价情况				
4	我的作品				
5	成长照片				
6	我的变化				
7	我的奖励				
8	教育教学建议				

表 9-11 **幼儿社会性发展情况评价结果表（部分）**

维度	指标	观察记录表号	教师评语	发展水平					教学建议
自我系统	自我认知			5	4	3	2	1	
	自信心								
	独立性								
	坚持性								
	好胜心								
……									

① 参考于张丽萍. 运用档案袋法评价小班幼儿发展的行动研究［D］. 西北师范大学硕士毕业论文，2005.

表 9-12　　　　**幼儿社会性发展情况观察记录表（部分）**

维度	指标	评 价 内 容	评价方法	记录与评析
自我系统	自我认知	知道自己的姓名、性别、年龄；知道自己的爱好；知道自己的优缺点。	个别谈话	
	自信心	完成简单任务时有信心；完成稍有难度的任务时有信心；完成有难度的任务时有信心。	日常观察、家长访谈	
	独立性	在教师鼓励和要求下能独立做事情；自己能做的事情不请求别人；喜欢独立做事情和独立思考问题。	日常观察、家长访谈	
	坚持性	能有始有终地做完一件简单的事；能坚持一段时间完成稍有难度的任务；能在较长时间内主动克服困难，实现活动的目的。	日常观察、情境观察	
	好胜心	在感兴趣的活动中能努力做好；在竞赛情景及与他人进行的活动中努力争取好结果；在做任何事都努力争取好结果。	日常观察、家长访谈	
……				

李某某幼儿独立性的观察与描述：

他一直很坚强，也很勇敢，从入园第五周开始就自己坐校车入园、离园。这种情况在小班孩子中几乎没有。一天，教师带来很多纸做的水果宝宝，希望小朋友们把水果涂上颜色。教师问："怎样打扮水果宝宝呢?"他说："用材料"。他说出了其他幼儿没能想到的名字，老师表扬了他。在制作过程中，他很专注，但是有点慢，旁边的同伴要给他帮忙，他不高兴地说："我自己能行!"

韩某某幼儿的家长评语：

她生活在一个相对固定的环境中，在熟悉的人面前表现得特别疯，而在陌生人面前则一言不发。对于不认识的小朋友，也不敢主动去接近。她从小特别诚实，喜欢与小朋友一起分享和合作。她性子急，脾气大……自从上幼儿园，最突出表现就是变得胆大了，也有礼貌了。

针对王某某幼儿的表现提出的教育策略：

（1）建构有效的主题活动。

（2）抓住日常生活契机，树立幼儿自信心。

（3）在游戏中让幼儿摆脱自我中心，正确认识自己与他人。

第三节　幼儿社会教育活动评价

幼儿社会教育活动评价是幼儿社会教育评价的重要内容之一，是指对社会教育活动的各个要素进行价值判断的过程。教育活动评价的目的在于使教师更好地在教育实施过程中改善自己的教育行为，提高教育活动的质量，以促进幼儿的发展。在实施评价之前，我们首先要掌握教育活动的具体评价内容有哪些？我们可以用哪些方法进行评价？

一、幼儿社会教育活动评价的内容

《幼儿园教育指导纲要（试行）》指出教育活动评价宜重点考察以下方面：教育活动的目标、内容、组织与实施方式以及环境能否向幼儿提供与本指导纲要所要求的教育目标相一致的学习经验，满足幼儿全面发展的需要；教育内容和活动方式是否适合幼儿的兴趣和学习特点，贴近幼儿的生活，对他们有吸引力；活动内容、方式以及教师的指导是否既适合大多数幼儿的发展水平和需要，又体现了对个体差异的尊重和适应，使每个幼儿都有成功的体验；教育内容、方式、环境条件是否有利于幼儿积极参与活动，在活动中动手动脑，探索创造；教师的指导是否有利于幼儿进一步探索与思考，有利于扩展、整理和提升幼儿的经验。总的来说，我们应从教育活动的要素着手进行活动评价。

（一）教学活动目标的评价

教学活动目标的评价标准主要有：①活动目标是否全面，即是否包括了认知、情感、技能三方面的内容；②活动目标是否符合《幼儿园教育指导纲要（试行）》的教育精神，是否与各领域教育目标、年龄阶段目标、单元教育目标和教材目标相一致；③活动目标是否适合本班幼儿的实际发展水平和兴趣；④活动目标表述是否具体、明确、清晰，具有可操作性，表述主体是否一致；⑤活动的重难点是否突出，是否把握准确，处理得当；⑥活动目标能否始终贯穿于教学的各个环节中，是否有较强的目标达成意识；⑦活动目标是否具有激励性，能否引发幼儿的主动学习和促进幼儿的发展。⑧活动目标的难度是否合适，目标数量是否过多或过少，应保持在 3 个左右等。

案例导入

小班社会活动：　和小鱼做朋友

活动目标：

(1) 培养幼儿的操作能力和爱思考的习惯。

(2) 能够给小鱼换水、喂小鱼，具有合作的意识和技能。

(3) 使幼儿大胆、清晰地表达自己的想法。

【案例分析】

教师在制订目标时能够考虑到三维目标的全面性；目标的表述主体不统

一，目标（1）、（3）的主体是教师，而目标（2）的主体是幼儿，可将目标2改成：通过给小鱼换水和喂小鱼的活动，培养幼儿初步的合作意识和技能；此外，教师可以从幼儿实际情况出发，适当设置目标的难度，如目标（3）可以调整为：使幼儿能用简单的话或肢体动作表达自己的想法，乐意与同伴交流。

（二）教学活动内容的评价

教学活动内容的评价标准主要有：①活动内容是否符合幼儿的社会教育需要，是否符合幼儿的兴趣和实际水平；②活动内容是否联系了幼儿的实际生活，是否容易被幼儿所接受；③活动内容是否具有科学性、教育性和现实性；④活动内容的量是否适中，环节安排是否合理恰当，教学内容、教学形式和教学方法是否相对应等。

案例导入

教学内容的“量”

在我们的课堂中，让学生充当老师和幼儿进行教学演练是经常的，而我发现了一个很普遍的问题就是，学生在进行教学设计时总是把握不好教学的“量”。下面是两位“模拟教师”为小班幼儿准备的活动。

模拟课堂活动一：李佳老师今天给大家带来了一个非常好听的故事，故事的名字是《三只小猪盖房子》。当故事逐张讲完一遍（13分钟）之后，李佳老师说道：“小朋友，我们从这个故事里学到了什么呢？我们要做事勤劳，乐于助人。大家记住了吗？好了，我们今天的课就上到这里吧。再见！”

模拟课堂活动二：张旭杰老师模拟课堂的主题是“能干的小手”。环节一：手指律动；环节二：谈话：说说小手的用处。环节三：认识我们的手指。环节四：看图猜一猜，小手都在干什么？环节五：谈话：怎样保护我们的小手。环节六：看图片判断保护小手的方法是否正确。环节七：我们一起去洗手。整个活动用了27分钟。

两个活动结束之后，大家纷纷评价道：“这两个活动都不适合小班的幼儿，活动设计欠考虑，要么环节太少成了纯粹的讲故事，要么环节太多变成了大杂烩！”

【案例分析】

在上面的案例中，我们可以看出活动一环节太少，开场白后直接讲故事，而故事张数太多，内容太长，不适合小班幼儿，在故事讲了十多分钟之后仓促结尾；活动二可谓“无所不包”，把认识小手、小手的用处以及保护小手都囊括在活动内容中，而且还有两个截然分开的看图片猜测、判断的环节。所以，教师在活动内容选择和设计时需要认真思考相应的评价标准，用评价标准反过来促进教学的有效实施。

（三）教学活动准备的评价

教学活动准备的评价标准主要有：①活动准备是否涉及全面，即是否有相应的物质、环境、经验和心理的准备；②活动的物质材料准备是否合理、充分、丰富多样，且符合活动目标和内容的要求；③活动材料的利用率是否较高，使用效果是否较好；④活动环境的创设是否完备恰当，是否具有教育暗示性，是否符合幼儿的学习兴趣；⑤教师是否具备活动的相关知识结构，知识准备是否充分、准确；⑥幼儿是否做好活动学习的经验准备等。

案例导入

“老师，我好像讲错了。”

在一次大班社会活动“垃圾分类”的模拟课堂上，学生准备了各种各样的垃圾作为活动准备材料，试图教幼儿学会如何分辨可回收、不可回收及有害垃圾。而在模拟教学中，学生却将餐巾纸作为可回收垃圾进行授课。活动之后，我向学生提出了几个问题：“什么是可回收垃圾？什么是不可回收垃圾？”“像纸张类的可以回收，而果皮类的就不可回收。”“那你准备的材料里，纸张类的有哪些？”“嗯……旧书、包装盒。”“还有餐巾纸是吗。”“餐巾纸是属于哪种？”“嗯……老师，我好像讲错了啊！”“不是好像，就是讲错了。咱们现在是模拟课堂，没有孩子，如果有孩子参加了你的活动，你可能就会造成这些孩子的错误认知，这是多么可怕的事情啊！”

【案例分析】

通常，我们在进行活动前要精心准备各种物质材料，仔细思考幼儿的以往经验准备等，而常常忽略了教师自身的知识学习。在案例中，模拟幼儿教师错误地将餐巾纸也归类于可回收垃圾说明她在准备活动之前没有很好地进行知识检验，将自己在日常生活中存在的错误知识传递给幼儿，导致了活动的无效。

（四）教学活动过程的评价

教学活动过程是幼儿社会教育活动评价的最重要内容，其体现着教育活动的质量及教师教育能力的高低。教学活动过程的评价标准主要包括：①教学活动的思路和主线是否清晰，是否完整，即包括开始、基本和结束三环节；②教学过程的结构和环节是否合理紧凑；③活动是否面向全体幼儿，是否尊重幼儿的个体差异；④活动是否体现了“双主体”，是否充分激发了幼儿的积极主动性，是否让幼儿有机会体验、操作和表达；⑤活动的开展是否具有层次性和条理性，是否遵循了由易到难、循序渐进的原则；⑥教师是否运用了新颖的导入方式，吸引幼儿的注意力，是否进行了活动的总结，合理评价幼儿的行为；⑦教师是否能根据幼儿的反馈及时调整教学，灵活处理教学突发事件等。

案例导入

大班社会活动“介绍我自己”

活动描述：

为了让幼儿更好地了解自己的外貌，用语言介绍自己，教师组织了这次活动。教师首先用装着小镜子的布袋吸引幼儿的注意，谈话引发幼儿的好奇，掏出镜子之后让幼儿对着镜子看一看，引导幼儿说出自己在镜子里看到的脸，并用形容词来描述，如大大的眼睛、白白的皮肤、厚厚的嘴唇等。教师进行自我介绍的示范，将自己介绍给大家，然后幼儿分组进行介绍。接下来，教师让几位胆子大的幼儿面对全体幼儿进行介绍，如文文说：“大家好，我叫文文。我是一个漂亮的女孩，我有一只可爱的斑点狗，每天……”老师说：“文文，请你说说你的外貌是什么样子的？”于是，文文说：“我有大大的眼睛、白白的皮肤、高高的鼻子和薄薄的嘴唇。”老师说：“好的，文文说的真棒，大家给她鼓鼓掌！”……

【案例分析】

教师为了让幼儿更好地了解自己的外貌并用语言介绍自己的外貌组织了这次形式较灵活，环节较丰富的教学活动。但在教学过程中，当幼儿介绍自己而说到描述外貌之外的一些话时，教师总是把幼儿的思路“纠正”过来，按照教师的模板进行，如文文。教师固执地将幼儿拉回既定轨道的做法导致了孩子们介绍自己的话大致相同，缺乏新颖性。其实，教师在教学过程中灵活处理预成和生成的关系能体现出她的教学智慧。我们说，流程是死的，幼儿是活的，教师有时候需要根据幼儿的表现进行启发，积极反馈，适当调整教学设计。

（五）教学方法的评价

教学方法的评价标准主要包括：①教学方法是否符合活动目标和内容，是否符合教师和幼儿的特点；②教学方法是否丰富多样，灵活多变；③教学方法是否具有创新性；④是否运用了现代多媒体教学手段；⑤是否突出了幼儿的自主性和主体性；⑥教学方法是否与现实环境相呼应等。

（六）教师素质的评价

评价教师的教学素质，其评价标准主要有：①是否使用普通话进行教学，教学语言是否规范简洁流畅、生动形象；②教态是否自然、亲切，端庄、大方；③是否具有良好的专业技能，教学示范是否准确、规范；④能否熟练运用现代化的教学手段；⑤是否具备较强的课堂操控能力；⑥是否具有教育机智，能否在教学中出现问题时及时调整教学等。

案例导入

对李阳阳同学教学基本功的评语

——基于模拟课堂教学活动的表现

评语一：李阳阳同学很大气，她在模拟课堂中总体上比较自然，不过能看出来，她很紧张，尤其是一开始的时候，出现了两次语误，而且她还有一个口头禅“是吧”，语言不是很简练。她能够控制好课堂活动的节奏，让我们紧跟着她的思路走，把控力比较强。

评语二：她在教态上比较自然，有一定的“幼儿教师范儿”，精神饱满，态度亲切，穿着朴素得体，普通话发音比较准确但重复的话太多。能够利用现代多媒体技术进行教学，播放的视频具有一定的吸引力和趣味性。

评语三：我觉得李阳阳挺有应变能力的，比如，她前面说错了，大家哄笑的时候她能够及时意识到错误并改正，迅速把大家又拉回到活动中。这一点很难能可贵。

【案例分析】

在同学们的评语中，可以看出李阳阳同学在模拟课堂中表现出了应有的教学素质。从教态、教学语言、教学技能以及应变能力四个方面来看，其教态、技能和应变能力都不错，但是教学语言方面存在一定的问题——不够简练，重复，由于紧张而出现语误。日后，该同学要在教学中多注意教学语言的练习。

（七）教学活动效果的评价

教学活动效果评价的标准主要包括：①教学目标是否达成，幼儿是否在原有基础上获得进步；②幼儿是否有较高的学习兴趣，能否学会目标知识，是否具备一定的学习技能；③课堂气氛是否活跃，师生互动是否良好，教学整体效果如何；④课堂信息量是否适度，是否在有限的时间里达成教学高效；⑤教师能力是否充分展示，是否具有个性的教学风格；⑥教学特色是否突出。

二、幼儿社会教育活动评价的方法

（一）综合叙述评价法

综合叙述评价法是指评价者在仔细观摩幼儿社会教育教学活动之后，从整体上综合评价活动情况，对活动进行口头或书面形式的意见反馈、判断、建议等。这种方法适合于教师对活动的反思评价，也适合于同行之间的综合性点评。如在观摩完某次教学活动之后，在座的每一个人都可以发表自己的观点进行综合叙述的评价。书面形式可参考表9-13。

表 9-13　**幼儿社会教育教学活动观察评价表**

<table>
<tr><td>班级</td><td></td><td>教师</td><td></td><td>日期</td><td></td></tr>
<tr><td>活动名称</td><td colspan="5"></td></tr>
<tr><td colspan="3">活动过程</td><td colspan="3">意见和建议</td></tr>
<tr><td colspan="3"></td><td colspan="3">优点：
不足：
建议：</td></tr>
<tr><td>综合评语</td><td colspan="5"></td></tr>
</table>

这种方法的自由度较大，既不需要做量化的分析，也不需要专门的测量工具和评价的复杂程序。评价者根据观察的活动情况进行全方位的或重点式的叙述，并加以分析和评价，有助于展开评价的多维视角和激发个性化建议。评价者可以对活动中静态的因素加以分析，如活动目标、内容、材料、环境和方法等，也可以对活动中动态的因素加以分析，如活动的进展情况、教师和幼儿的互动表现等。评价者可以对活动中教师因素进行评价，如教师设计活动情况、实施活动情况、突发应对情况等，也可以对活动中幼儿因素进行评价，如幼儿的参与情况、情感体验状况、获得发展的情况等。

（二）要点等级评定法

要点等级评定法是将幼儿社会教育活动评价的基本内容确定为评价指标，根据评价指标设置相应的评价要素，再根据评价要素的实施情况进行等级划分，通过表格的形式呈现量化评价分数的方法。这种方法既可以从评价指标出发，分析判断教学活动各因素的实施情况，也可以从各指标实施情况的等级出发，分析判断教学活动的总体水平。如教师根据教学活动中活动目标的第一个评价项目确定等级，在相应的等级位置打勾，并在评分中打出分数，将所有项目的分数相加，最终得出总分。

知识链接

幼儿园社会领域教育活动评价表

被评价人：　　　　　评价人：　　　　　日期：

评价指标	评价项目	评价等级					评分
		1	2	3	4	5	
活动目标（10）	1. 根据《纲要》制定明确、具体活动目标，领域核心目标突出，能有机结合情感、态度、能力、知识、技能等方面的发展						
	2. 适合幼儿年龄特点和本班实际水平						
	3. 能促进幼儿正确社会认知、激发社会情感、形成良好的社会行为，在自我、人际关系和社会规范方面得到发展						
活动内容（15）	1. 与活动目标相适应						
	2. 教学内容准确、科学，教学容量适度						
	3. 贴近幼儿生活经验，符合幼儿的年龄特点						
	4. 符合幼儿兴趣，满足发展需要						
	5. 适合幼儿体验和感受						
活动组织（15）	1. 创设接纳、关爱、支持幼儿活动的环境，师生关系和谐，精神环境宽松						
	2. 挖掘并利用多种教育资源，拓展学习活动空间						
	3. 灵活运用集体教育活动，可采用游戏、参观、劳动等园内、园外多种活动途径，调动幼儿学习主体性						
	4. 根据目标及幼儿活动特点，选择集体、小组等组织形式进行教育活动，可体现过程性和连续性特点						

续表

评价指标	评价项目	评价等级					评分
		1	2	3	4	5	
活动过程（30）	1. 围绕目标组织教育活动，活动过程安排合理						
	2. 突出社会领域教育的特点，为每个幼儿提供能够获得体验和感受的活动机会与条件						
	3. 注重幼儿的体验和感受活动过程，进行及时指导，使幼儿获得社会性发展						
	4. 关注每个幼儿在体验和感受活动中的表现和反应，及时、有效应答幼儿需要						
	5. 用自身感染力与幼儿之间形成有效的师生互动						
	6. 及时捕捉教育契机，随时调整教育策略						
	7. 充分发挥幼儿的主体性，调动幼儿活动积极性，使幼儿在活动中获得有意学习经验						
教学技能（15）	1. 教态亲切自然，精神饱满，师幼情感交融						
	2. 教学语言准确，简练、生动，逻辑严密且通俗易懂，能体现社会领域特色						
	3. 知识技能运用娴熟，有驾驭课堂的应变调控能力						
活动效果（15）	1. 幼儿对活动感兴趣，积极主动参与活动，大胆表达和表现						
	2. 幼儿有良好的学习及行为习惯						
	3. 幼儿能与周围人、事、物形成积极有效的互动						
	4. 幼儿在社会认知、社会情感、社会行为等方面获得不同程度发展，在活动中获得新经验						
总分							
综合评语							

注：1 为很满意；2 为满意；3 为一般；4 为不满意；5 为极不满意。

（三）依序逐环评价法

依序逐环评价法是指评价者根据教学实施的时间顺序一个环节一个环节地进行较为

详细的评价。评价者可以先简要回顾被评价者的教学表现，然后再陈述自己的看法和意见。这种方法比较适合于经验少的青年教师，评价者是经验丰富的老教师，通过老教师依序逐环的评价，青年教师可以得到较为全面和翔实的反馈意见，有时还会获得老教师经验的传授，有助于提高青年教师的教学水平。

案例导入

大班社会活动“我爱爸爸妈妈” 评课

这是一个心理健康活动，从这个活动中我们能明显地感受到教师的用意，她要升华的是孩子爱的情感，要让孩子知道爱父母，怎样爱父母。由于现在的孩子多为独生子女，很多孩子都表现出了自私，只知道索取却不知道回报，所以对孩子的关爱教育是极为重要的。孩子首先爱的是自己，然后是亲人，再是身边的人，再往后就是对祖国的爱，在大班进行爱身边亲人的教育是非常符合孩子年龄特点的，也是极为需要的。

1. 评目标

虽然我并没有看到过这个活动的目标，但通过观摩整个教学活动，却能让我深刻地感受到活动的目的所在，那就是对孩子爱的教育，让孩子学习表达自己对父母的爱，而且活动目标的达成度是很高的。

2. 评准备

（1）教师自身的准备：活动中教师态度温和，声音轻柔，非常有亲和力，这就使整个活动氛围轻松，孩子在活动中没有一丝紧张感，孩子都能大胆地表达自己的想法；教师为活动创编了手的情境表演，虽然很简单，却能深深地吸引孩子的注意力，而且又能很好地诠释故事的情节，增加活动的趣味性。

（2）物质准备：教师在活动中准备了砖块、爱心卡和音乐，这些材料是随手可得的，但却都体现了教师的用心：所选取的音乐紧扣活动主题，又能给活动营造出一种轻松的氛围；砖块是让孩子来体验付出和分担的，更能使孩子感受到父母的辛苦，以及自己该为父母分担一些力所能及的事，为实现教育目标服务；爱心卡是鼓励孩子让旁边听课的老师画的，增进了全场的融洽，而且最后汇集爱心卡，让孩子集中交流，互相分享彼此的经验。

3. 评流程

观摩活动之后，我觉得活动主要有四个大的环节组成：引题——知道父母对自己的爱——搬砖感受父母的辛苦——表达对父母的爱，四个环节一气呵成，一环紧扣一环，每一环节都能充分为活动的目标服务。特别是在活动中采用让孩子搬砖的方式，其用意是让孩子体验父母的辛苦，以及自己应该为父母分担一些事情，减轻他们的负担，这种简单的方式却很好地将付出与分担诠释了出来，非常具体和直观。

教法方面，教师在活动中运用了很多个提问，但每一个提问都是开放性、发散性的，孩子能根据自己已有的经验表达自己的想法，而且教师充分关注到了所有的孩子，让每一个孩子都有机会表达，与同伴分享自己的经验。

4. 评效果

一是教学效率高，幼儿思维活跃，积极参与活动。二是教师能面向全体幼儿，特别是能针对不同能力水平的幼儿，提出难易程度不同的问题，使不同程度的幼儿在原有基础上都有所进步。三是目标达成度高，教师能将教学目标渗透到教学的每一个环节中，在有效的教学时间内，圆满地完成教学任务。

5. 评教师素质

教师非常有亲和力，说话轻柔，很能让人觉得亲切、放松。在活动中教师都能做到与孩子蹲下来说话，可见教师的教育观念：尊重孩子、用心与孩子交流，而且对于孩子的每一个回答教师都能给予积极回应，给予肯定，为孩子营造了想说、敢说、有机会说的环境。

6. 建议

今天这个活动是让孩子表达对父母的爱，我觉得以后可以生成一个有关爱的主题教育活动，从对自己的爱，到对父母的爱，再让孩子学习对社会上其他人的爱，比如敬老院的爷爷奶奶、残疾人、各行各业辛苦工作的人，还可以让孩子知道要爱各种小动物、爱大自然、爱祖国等等，相信在这样一系列的爱的主题教育活动之后，孩子的心胸会更宽广，爱的涓涓细流会连绵不断。

【案例分析】

此评课稿是围绕评课内容的几大方面进行评析的，评价者基本上能较为准确地把握从目标、准备、过程、效果、教师素质等方面进行评价。但此评课稿存在两个明显的问题：①评价者在评课前并没有对本次教学活动进行更为全面的了解，在不知道执教者教学目标的情况下去评目标，评整个教学，犯了凭经验评课的大忌；②评价者只说出值得肯定的表面现象以及与本次活动关系不大的建议，却没有提出教学过程中存在的问题及解决问题的适当办法，这对执教者进一步改进、完善教学是无益的。建议评价者在对优点谈足的情况下，还应找准存在的问题，提出改进的建议。

（资料来源：但菲，赵小华，刘晓娟编著的《幼儿园说课、听课与评课》，北京师范大学出版社，2012.）

（四）专题研讨评价法

专题研讨评价法是指评价者围绕某一个专门的研究性课题进行评议。如园本课改研究，通过“一课多上”的评价方法对不同教师的同一主体活动进行评议，探讨哪些方法更可取，哪些方法不适宜等一系列问题。

知识链接

对幼儿园社会教育活动评价的思考①

我们组织的幼儿园社会课“一课多上”观摩评议活动激起了教师们对幼儿园社会课教育评价的热议。所谓“一课多上”，即有多位教师围绕同一活动主题设计组织活动，并让所有听课教师参与评价，达到教学相长、相互促进的作用。为了体现课堂的真实性、随堂性，要求所有参与上课的教师在相同时间内设计组织一节大班社会活动，课题为《能干的我》。结果A教师组织的课堂气氛活跃，孩子们参与热情十分高涨，个个都展示出令人满意的“能干”；B教师组织的课堂相对来说比较安静，值得争议的地方较多；C教师认为这一“课题”的设计很难贴近幼儿生活实际，整个课堂多以教师讲述“能干的小朋友”是什么样的为主。到底谁的课堂更精彩，更灵动，更有效？本文结合B教师的课例谈对幼儿园社会课堂教学评价的一些看法。

观点一：在教师的支持下，孩子们对“能干”的意义是否有更深层次的了解

社会领域的终极目标是要把孩子培养成一名社会人，成为一个符合社会要求的人。如果把能干的意义停留在孩子们所说的“我会吃饭、我跑步很快、我会弹钢琴”等，课堂设计就会像A教师那样在课堂上尽情地让孩子们表演能干，甚至把原本整齐洁净的教室弄得凌乱不堪，让孩子们去收拾教室。当我们静下心来思考：孩子们在表演过后获得了什么？也许只有表面的热闹而已。相比而言，B教师紧贴孩子的生活，围绕班上小朋友关心照顾生白血病的同伴这一爱心故事，提升了孩子对“能干”意义的理解：关心帮助别人是能干，为别人带来快乐是能干，发现别人的优点也是能干。对社会教育活动的内容要有深层次的理解，不能就事论事或追求形式上的热闹。

观点二：在教师的鼓励下，孩子们的表现是否“能干的”

幼儿社会能力的发展不取决于他所知道的“关于社会知识”的多少，而在于他对社会基本价值的把握、理解、践行的能力。B教师设计的舞台剧能充分反映出孩子们的表现是自主的、宽松的、能干的。

细节一：幼儿把给自己贴上星星的画像贴到展板上去的时候，教师没有为了节约时间而去帮助他们，任凭孩子们“自己能做的事情自己做”，体现出了教师对孩子们的信任和尊重。

细节二：舞台剧“丑小鸭”环节设计，让孩子们扮演能干的演员、能干的导演、能干的化妆师等。大家欣赏了每一个独特又能干的孩子，也为幼儿自信地展示自己

① 胡晓花. 对幼儿园社会教育活动评价的思考［J］. 新校园，2011（6）.

搭建了舞台。

B 教师之所以能成功地把握细节是因为她对社会教育本身具有深刻的理解："社会需要各类能干的角色，孩子们长大后都将是能干的社会的一员"。相比而言，很多教师不能把握社会课的特质而把社会活动上成语言课、科学课等。如有位教师组织的大班社会活动"我为盲人亮盏灯"，让他们了解全国有多少盲人，导盲犬是怎么回事，盲文是怎么回事。一节课下来，孩子们虽然很快乐，也记住了一些知识，却没有体验到盲人生活的不便，不能发自内心地去关爱、帮助盲人。

因此，幼儿园社会教育不能把孩子们记住关于知识的多少作为评价的尺度，而应考虑他们内心的体验和在具体情境中是否会有能干的表现。

观点三：在教师的启发下，孩子们展示"能干"的愿望是否得以实现，B 教师组织的课堂"爱心自选"这一环节出现了意想不到的情景：原以为全班孩子都会开心地为自己贴上爱心，可是有一位小女孩却无动于衷。是因为不自信，还是有其他原因？正当 B 教师想弄明白的时候，孩子们七嘴八舌地指责让小女孩的头埋得更低。显然，从孩子们的表达中了解到小女孩是个顽皮的孩子，常在教室里捣乱。B 教师把这一突发事件作为一种有效的教育资源及时加以点拨和引导，让孩子明白："宽容别人也是一种能干"。在教师的帮助下小女孩的自尊心受到了保护，也让其他孩子有了一次深刻的宽容别人的体验。

这一环节的进行虽然没有像预设中那样水到渠成，但是，教育是培养人的活动，不能急功近利，也不能急于求成，更多的时候它表现为一种期待、一种鼓励。

幼儿园社会教育的一项很重要的目标就是培养孩子的自信心。因为用发展的眼光看每个孩子都是能干的、独特的。他们都有很强的表现和自我能干的愿望，仅舞台剧的表演还不足以展示孩子能干的愿望，还需教师适时、及时地给予他们体验与展示的舞台。

（五）追踪观察评价法

追踪观察评价法是指评价者持续观察某教师或某类型的教学活动一段时间，通过分析某教师或某类型教学活动的变化来进行评价，突出评价的持续性。如评价者在本学期约 16 周的时间里，每周对某教师的社会教育活动进行观察和评价一次，持续一学期之后通过分析某教师在 16 次活动中的实施情况，判断该教师在一学期中教学活动的变化方向及程度，进行趋势性评价。

（六）自我评价法

自我评价法，或称为教学反思，是指授课教师对教学活动设计、实施过程的自我反思与判断，主要分析教师自身在活动中的收获、不足及变化等。

案例导入

大班社会教育活动“会说话的衣服”教学反思

我组织的大班社会教育活动是“会说话的衣服”，此次活动有成功的一面，如站在一个全新的角度帮助幼儿树立生活中较熟悉的几种职业，并认识职业装的作用，人们上班时为什么要穿制服等；活动以医生和警察身着制服走到孩子中来为吸引点，使幼儿在活动中兴趣比较高；整个活动流程安排和组织非常清晰。活动也存在一些问题，反思如下：

1. 对社会领域的把握不够准确

社会领域的活动重在渗透，想在一节活动中把社会中的人都让幼儿了解是不可能的。活动应该是抛砖引玉，让幼儿通过一次活动对他身边存在的任何现象发生兴趣，而不是教师把什么都告诉他。

2. 对幼儿的社会认知水平把握不够准确

教师对幼儿的社会认知程度没有把握到位，从而出现了未预料到的结果，孩子们认不出清洁工的服装。我的感触是借班上课的教师必须要对孩子有一个阶段性的了解和熟悉，在充分掌握了孩子特点及认知程度后才能更好地组织实施教学，不能领来就用。

3. 教师的设计准备过程存在一定问题，活动准备不够到位

课前设计的是一种职业装引入——重点介绍两三种职业装——了解其他几种职业装。而一到课堂上生怕哪一种职业没讲到，而出现了面面俱到，不分主次的课堂效果，主要原因在于教师课前准备不足，课堂随意性太强。

【案例分析】

社会教育活动评价的主体应该是多样化的，被评价者也可以是评价者。教师的教学反思是一种对自己教学活动实践的再认识、再思考，由此总结经验教训以进一步提高教学水平。案例中的教师通过自我评价，认识到了活动中的收获与不足，有利于其日后教学质量的提高。

本章小结

本章共分为三小节，第一节介绍了幼儿社会教育评价概述，主要包括幼儿社会教育评价的内涵、意义和原则；第二节介绍了幼儿社会性发展评价的主要内容和方法；第三节介绍了幼儿社会教育活动评价的主要内容和方法。

目前，幼儿社会教育评价的研究还不够深入和系统，但教育评价的现实意义使幼教工

作者越来越认识到评价的重要性。因此，幼儿教师需要了解和掌握幼儿社会教育评价的相关问题。如谁是评价的主体、评价的目的、评价什么和如何去评价等。

从内容上来看，幼儿社会教育评价主要分为幼儿社会性发展评价和幼儿社会教育活动评价。幼儿社会性发展评价的内容主要包括幼儿自我系统发展评价、情绪情感发展评价、社会交往发展评价和品德行为发展评价，主要评价方法有观察法、问卷调查法、社交测量法、谈话法和档案袋法。幼儿社会教育活动评价的内容主要包括活动目标、活动内容、活动准备、活动过程、活动方法、教师素质及活动效果等的评价，评价方法有综合叙述评价法、要点等级评价法、依序逐环评价法、专题研讨评价法、追踪观察评价法、自我评价法等。

通过本章的学习，幼儿教师要掌握幼儿社会教育评价的基本内容和方法，注意要在实际教学中不断锻炼评价的技能。当然，我们要树立正确的评价观，不要为了评价而评价，而要将评价用于和服务于幼儿教学工作和幼儿的健康发展上来。

思考题

1. 简述幼儿社会教育评价的意义。
2. 简述幼儿社会教育评价的原则。
3. 幼儿社会性发展评价额主要内容包括哪几个方面？
4. 请运用所学知识，设计采用观察法进行评价的评价方案。
5. 请你说说社交测量的几种常见的方法。
6. 请查阅相关资料，收集和整理有关幼儿社会性发展评价的典型问卷，并谈谈你对问卷调查法的认识？
7. 幼儿社会教育活动评价的主要内容有哪些？
8. 请你对自己设计并实施的幼儿社会教育活动方案进行自我评价，形成书面材料。
9. 结合你的实际情况，对观摩过的活动进行评价，并撰写评课稿？

推荐阅读

《儿童评价》

【美】萨特勒等著，陈会昌等译，中国轻工业出版社，2008。

这本书共九章，包括评价的重要术语、实施因素、访谈法、观察法及行为评价以及如何撰写报告等内容。书中系统介绍了儿童评价的理论和方法，同时还包含大量可供实际使用的访谈提纲、观察表格以及丰富的量表介绍，是一本全面而实用的儿童评价手册。

《聚焦幼儿园教育教学：反思与评价》

刘占兰，廖贻主编，北京师范大学出版社，2007。

本书将教育教学评价理论与实际案例相结合，具有较强的实际操作性和指导性，非常适合幼儿教师在教学实践中学习领悟。本书按照教育教学之前、之中、之后的时间顺序与案例研究线索，以一个个生动而具有典型意义的实例，引导教师从思考主题和目标的确立开始，逐步学习提供适宜的环境与资源，体会真正的主动学习的“课堂”，感悟如何根据幼儿不同领域学习的特点、发展进程进行有效的支持与促进，再尝试着反思与改进教学。

《幼儿园说课、听课与评课》

但菲，赵小华，刘晓娟编著，北京师范大学出版社，2012。

本书主要从教师教学技能出发，重点介绍了幼儿园说课、听课和评课的相关知识，其中辅以相应的案例，操作性和实践性较强，有助于幼儿教师在实际教学工作中提升说课、听课和评课的基本技能。

拓展训练

1. 请学生在模拟课堂训练中分组采取不同的评价方法进行教育活动评价。
2. 各小组学生分别制订评价方案一份，去幼儿园进行教育评价练习。
3. 搜集优秀的活动案例，运用所学知识，评析活动案例。

参考文献

[1] [奥] 阿尔弗雷德·阿德勒 著，彭正梅，彭莉莉译. 儿童的人格教育 [M]. 上海：上海人民出版社，2011.

[2] [美] 埃萨著，王玲艳，张凤，刘昊译. 幼儿问题行为的识别与应对 [M]. 北京：中国轻工业出版社，2011.

[3] [美] 劳拉·E. 贝克著，吴颖等译. 儿童发展（第五版） [M]. 南京：江苏教育出版社，2002.

[4] [美] 诺特. [美] 哈里，李耘译. 孩子从生活中学到什么 [M]. 海口：南海出版社. 2008.

[5] [日] 千野阳一. 关于理解社会教育本质的研究方法 [J]. 华东师范大学学报，2007 (1).

[6] [法] 埃德加·莫兰. 复杂性理论与教育问题 [M]. 北京：北京大学出版社，2004.

[7] 白爱宝. 幼儿发展评价手册 [M]. 北京：教育科学出版社，1999.

[8] 蔡迎旗. 学前教育概论 [M]. 武汉：华中师范大学出版社，2006.

[9] 陈帼眉. 学前心理学 [M]. 北京：人民教育出版社，2006.

[10] 戴蒙著. 林崇德，董奇译. 儿童心理学手册（第三卷上） [M]. 上海：华东师范大学出版社，2009.

[11] 但菲，赵小华，刘晓娟. 幼儿园说课、听课与评课 [M]. 北京：北京师范大学出版社，2012.

[12] 丁尧清. 学校社会课程的演变与分析 [M]. 广州：广东教育出版社，2005.

[13] 董纯才. 中国大百科全书·教育 [M]. 北京：中国大百科全书出版社，1985.

[14] 冯季林. 幼儿社会领域教育评价的后现代审视 [J]. 当代教育论坛，2007 (12).

[15] 冯天荃，刘国雄，龚少英. 3~5 岁幼儿对社会规则的认知发展研究 [J]. 教育心理研究，2010 (1).

[16] 甘剑梅，刘黔敏. 学前儿童社会教育 [M]. 北京：高等教育出版社，2013.

[17] 甘剑梅. 学前儿童社会教育的内涵、性质与课程地位 [J]. 学前教育研究. 2011 (1).

[18] 管旅华. 3~6 岁儿童学习与发展指南——案例式解读 [M]. 上海：华东师范大学出版社，2013.

[19] 何艳萍. 幼儿园区域活动的实践与探索 [M]. 北京：北京师范大学出版社，2010.

[20] 胡晓花. 对幼儿园社会教育活动评价的思考 [J]. 新校园，2011 (6).

[21] 基础教育教学研究课题组. 幼儿园主题教育活动指导 [M]. 北京：高等教育出版社，2014.

[22] 嵇珺. 我国幼儿园社会领域教育实践存在的问题及其对策思考 [J]. 幼儿教育（教育科学），2011 (7、8).

[23] 嵇珺. 我国幼儿园社会领域教育研究 [D]. 南京师范大学博士学位论文，2012.

[24] 教育部基础教育司. 幼儿园教育指导纲要——解读 [M]. 南京：江苏教育出版社，2002.

[25] 教育部教育管理信息中心组编. 全国优秀幼儿社会教育活动课例评析 [M]. 重庆：西南师范大学出版社，2011.

[26] 李季湄，冯晓霞. 3~6 岁儿童学习与发展指南——解读 [M]. 北京：人民教育出版社，2013.

[27] 李生兰. 学前教育学 [M]. 上海：华东师范大学出版社，2006.

[28] 李希贵. 幼儿社会教育视野下的教师职业准备 [J]. 学园，2013 (25).

[29] 李香玲. 幼儿情商状况的调查与分析 [J]. 当代学前教育，2009 (4).

[30] 李瑶. 大班幼儿对父母的认知研究 [D]. 南京：南京师范大学硕士论文，2013.

[31] 李颖. 农村“留守幼儿”社会性发展研究——以湖北省黄冈地区为例. [D] 华中师范大学硕士毕业论文，2009.

[32] 李幼穗. 儿童社会性发展及其培养 [M]. 上海：华东师范大学出版社，2004.

[33] 李跃儿. 谁拿走了孩子的幸福 [M]. 桂林：广西科学技术出版社，2008.

[34] 梁瑞雪. 我国不同时期幼儿园社会教育特点研究 [D]. 北京师范大学硕士学位论文，2013.

[35] 梁志燊. 学前教育学 [M]. 北京：北京师范大学出版社，2014.

[36] 林崇德. 发展心理学 [M]. 北京：人民教育出版社，1997.

[37] 林佩芬. 新世纪幼儿园说课稿精选 [M]. 宁波：宁波出版社，2010.

[38] 刘雅琴. 我国幼儿园社会教育的进展、问题及改进策略 [J]. 教育研究，2008 (2).

[39] 刘雅琴. 我国幼儿园社会教育的进展、问题及改进策略 [J]. 教育研究，2008 (2).

[40] 马晓红，王娟. 从复杂性视野看幼儿社会教育 [J]. 学前教育研究，2010 (1).

[41] 全海英. 体育活动发展 3~6 岁幼儿亲社会行为的理论与实践研究 [D]. 大连：辽宁师范大学，2012，6.

[42] 沙莉. 学前儿童心理发展 [M]. 北京：清华大学出版社，2014.

[43] 佘双好. 青少年社会教育的本质与内涵 [J]. 中国青年研究，2007 (12)：5.

[44] 沈悦. 幼儿自我控制的发展特点及影响机制研究 [D]. 大连：辽宁师范大学博士论文，2011.

[45] 双立珍，郭铁成. 幼儿园教师职业准入社会教育知识技能标准的构成与实施建议 [J]. 学前教育研究，2014 (5).

[46] 苏玲. 幼儿社会技能评定表编制与表现现状研究 [J]. 教育探索，2008 (2).

[47] 唐淑. 我国第一个幼稚园课程标准简介 [J]. 学前教育研究. 1995 (02).

[48] 王冬兰. 当前幼儿园社会领域教育活动存在的问题 [J]. 学前课程研究. 2007 (2).

[49] 王微丽. 幼儿园区域活动——环境创设与活动涉及方法 [M]. 北京：中国轻工业出版社，2014.

[50] 王雪莲. 幼儿品德行为评价的艺术 [J]. 早期教育，2001 (7).

[51] 吴晓燕，佟舒眉. 幼儿园教育活动教师参考用书社会领域 [M] 北京：人民教育出版社，1996.

[52] 伍香平. 幼儿园优秀社会活动设计 65 例 [M]. 北京：中国轻工业出版社，2013.

[53] 邢莉莉. 3~5 岁幼儿对“朋友”的理解研究 [D]. 华中师范大学硕士论文，2011.

[54] 徐杰. 幼儿社会技能量表家长版的初步修订和使用 [D]. 东北师范大学硕士论文，2007.

[55] 徐明. 幼儿社会教育 [M]. 北京：中国劳动社会保障出版社，2008.

[56] 杨丽珠，宋辉. 幼儿自我控制能力发展的研究 [J]. 心理与行为研究，2003 (1).

[57] 杨亮亮. 德国父母的教子心经 [M]. 北京：化学工业出版社，2013.

[58] 叶翔. 我国当前幼儿园社会教育的现状调查 [J]. 长沙铁道学院学报（社会科学版），2012 (3).

[59] 叶翔. 幼儿社会教育中肯定性评价的实施要领 [J]. 教育导刊，2007 (5).

[60] 由显斌，左彩云. 学前教育研究方法 [M]. 北京：高等教育出版社，2010.

[61] 于开莲. 李莉. 我国幼儿园社会领域课程研究的历史沿革与当代发展 [J]. 学前教育研究，2009 (06).

[62] 于开莲. 幼儿园社会领域课程目标的国际比较 [J]. 学前教育研究. 2012 (3).

[63] 张建人. 幼儿人际交往中的心理卫生问题及对策 [J]. 山东教育，2000 (9).

[64] 张丽萍. 运用档案袋法评价小班幼儿发展的行动研究 [D]. 西北师范大学硕士毕业论文，2005.

[65] 张明红. 学前儿童社会教育与活动指导（第 2 版） [M]. 上海：华东师范大学出版社，2014.

[66] 张文新. 儿童社会性发展 [M]. 北京：北京师范大学出版社，1999.

[67] 张岩莉. 学前儿童社会教育 [M]. 上海：复旦大学出版社，2012.

[68] 赵旭莹，周立莉. 幼儿园综合主题活动——设计技巧与幼儿秀案例 [M]. 北京：中国轻工业出版社，2014.

图书在版编目(CIP)数据

幼儿社会教育与活动指导/邢莉莉主编．—武汉：武汉大学出版社，2015.11

应用型学前教育专业系列教材/蔡迎旗主编

ISBN 978-7-307-17022-3

Ⅰ.幼…　Ⅱ.邢…　Ⅲ.学前教育—社会教育—高等职业教育—教材　Ⅳ.G611

中国版本图书馆CIP数据核字(2015)第248789号

责任编辑:黄汉平　　责任校对:汪欣怡　　版式设计:韩闻锦

出版发行:**武汉大学出版社**　(430072　武昌　珞珈山)

(电子邮件:cbs22@whu.edu.cn 网址:www.wdp.com.cn)

印刷:湖北金海印务有限公司

开本:787×1092　1/16　印张:24　字数:547千字　插页:1

版次:2015年11月第1版　2015年11月第1次印刷

ISBN 978-7-307-17022-3　定价:42.00元